·北京师范大学史学探索丛书·

U0573771

WanQing GuoCuiPai WenHua SiXiang YanJiu

晚清国粹派文化思想研究

郑师渠　著

北京师范大学出版集团
BEIJING NORMAL UNIVERSITY PUBLISHING GROUP
北京师范大学出版社

图书在版编目(CIP)数据

晚清国粹派文化思想研究/郑师渠著. —北京：北京师范大学
出版社，2014.7
 （北京师范大学史学探索丛书）
 ISBN 978-7-303-17200-9

 Ⅰ.①晚… Ⅱ.①郑… Ⅲ.①学术思想－思想史－研究－
中国－清后期 Ⅳ.①B250.5

中国版本图书馆 CIP 数据核字(2013)第 248440 号

营销中心电话 010-58802181 58805532
北师大出版社高等教育分社网 http://gaojiao.bnup.com
电 子 信 箱 gaojiao@bnupg.com

出版发行：北京师范大学出版社 www.bnup.com
　　　　　北京新街口外大街 19 号
　　　　　邮政编码：100875
印　　刷：三河兴达印务有限公司
经　　销：全国新华书店
开　　本：170 mm×230 mm
印　　张：23.75
字　　数：350 千字
版　　次：2014 年 7 月第 1 版
印　　次：2014 年 7 月第 1 次印刷
定　　价：78.00 元

策划编辑：刘松弢　　　　　责任编辑：赵雯婧　刘松弢
美术编辑：王齐云　　　　　装帧设计：王齐云
责任校对：李　菡　　　　　责任印制：陈　涛

北京师范大学史学探索丛书
编辑委员会

出版说明

  在北京师范大学的百余年发展历程中，历史学科始终占有重要地位。经过几代人的不懈努力，今天的北师大历史学院业已成为史学研究的重要基地，是国家"211"和"985"工程重点建设单位，首批博士学位一级学科授予权单位。拥有国家重点学科、博士后流动站、教育部人文社会科学重点研究基地等一系列学术平台。科研实力颇为雄厚，在学术界声誉卓著。

  近年来，北师大历史学院的教师们潜心学术，以探索精神攻关，陆续完成了众多具有原创性的成果，在历史学各分支学科的研究上连创佳绩，始终处于学科前沿。特别是崭露头角的部分中青年学者的作品，已在学术界引起较大反响。为了集中展示北师大历史学院的这些探索性成果，也为了给中青年学者的后续发展创造更好条件，我们组编了这套"北京师范大学史学探索丛书"，希冀在促进北师大历史学科更好发展的同时，为学术界和全社会贡献一批真正立得住的学术力作。这些作品或为专题著作，或为论文结集，但内在的探索精神始终如一。

  当然，作为探索丛书，特别是以中青年学者作品为主的学术丛书，不成熟乃至疏漏之处在所难免，还望学界同仁不吝赐教。

北京师范大学历史学院

北京师范大学史学理论与史学史研究中心

北京师范大学史学探索丛书编辑委员会

2014 年 3 月

再版序言

回想二十多年前，初定以晚清国粹派文化思想研究作为自己博士学位论文的选题时，心中颇有畏难之感。包括章太炎、刘师培在内的晚清国粹派多是著名的国学大家，其主要发表在《国粹学报》上的那些古色古香的学术论著，博大精深，但又佶屈聱牙，艰深难读。同时，20世纪80年代学术界已有的相关研究成果不多，且于国粹派多认是封建复古派，持贬斥的否定观点。因之，如何重新为国粹派作出实事求是的评价，也实非易事。我对导师龚书铎先生说，题目可能太难了。先生回答说："题目要是没有点难度，还能成为博士论文？"先生的话最终坚定了自己的信心，知难而进。在职攻博按学校规定只能减免一半的工作量，所以是一边忙于上课，一边忙于跑图书馆，自觉时间不够，一天也不敢放松。我十分感谢北京师范大学图书馆允许自己将全套82期的《国粹学报》长期借出，这的确为我节省了大量的时间。功夫不负有心人。数年的辛苦没有白费，1991年近30万字的博士论文答辩获顺利通过。次年，论文以《国粹、国学、国魂：晚清国粹派文化思想研究》为题，在中国台湾文津出版社出版，列入其"大陆地区博士论文丛刊"。1993年北京师范大学出版社也将本论文出版，书名改为《晚清国粹派文化思想研究》。并荣获1995年国家教育委员会"第二届全国高等学校出版社优秀学术著作奖"。1997年本书再版。

本书自出版以来，颇得师友的赞许，一些高校将之列为研究生的参考书。同时，中国近代文化史的研究取得了很大的发展，可以说成果累累。有关晚清国粹派的研究，也有了新的进展。1998年韩国学者曹世铉在《关于辛亥革命时期国粹派的研究述评》中说，在国粹派文化思想研究方面，最有代表性的研究者是《晚清国粹派文化思想研究》的作者。这说明本书仍不失其自身的价值。

本书第一次明确提出，晚清国粹思潮是资产阶级民主革命思潮的一部分，章太炎等国粹派一身二任，他们不仅是其时资产阶级革命派的一翼，而且是一批富有新时代诗情的国学大家。章太炎诸人的学术研究有力推动了中国传统学术的近代化。国粹派尤其以复兴中国文化为己任，他们对于发展中国新文化的思考，富有可贵的前瞻性。这些论点现在已为多数学者所认可。不过本书没有将国粹派定性为"文化保守主义者"，因为我认为这并不准确。"保守主义"或"文化保守主义"的概念自20世纪80年代开始引进，近年使用频率更高。美国哈佛大学教授史华慈在《论保守主义》一书中说：保守主义、自由主义、激进主义"这三项范畴大致同时出现的事实，恰足以说明他们在许多共同观念的同一架构里运作，而这些观念是出现于欧洲历史的某一时期"。[①] 这里所谓"欧洲历史的某一时期"，实指法国大革命之后。保守不等于守旧，将文化保守主义新概念引入中国近代思想文化史的研究是有益的，它为人们提供了一个新的视角和分析的工具，可以避免传统的简单化倾向。但是，它毕竟是从欧洲的历史场景中概括出的概念，将之移植用以分析中国近代的历史现象，却又必须是十分慎重的，否则又可能出现另一种简单化，即陈寅恪先生所批评的"格义"。我个人认为，五四时期的中国社会已确立了真正现代的基础，用文化保守主义界定东方文化派，强调在继承传统基础上创新的文化主张是合适的，因为他们与胡适等新文化运动倡导者们确实"在许多共同观念的同一架构里运作"，这有助于纠正以往对前者的简单否定。但是，将晚清的康有为和国粹派都说成是文化保守主义者，却未必准确。从表面看，康有为倡言

① 《近代中国思想人物论——保守主义》，20页，台北，台湾时报文化出版事业有限公司，1980。

公羊"三世"说，主张光大孔教，很像是"文化保守主义"；但是，他公然宣传"孔子改制"、"新学伪经"，欲推翻封建统治的正统学说古文经学，为维新变法提供理论根据，这在当时被顽固派视为洪水猛兽，大逆不道，是何等的激烈！康有为诸人就是当时的激进派，如何能定之为"保守主义"！辛亥时期的国粹派，主张保存国粹，反对"醉心欧化"，似乎也很"保守"；但是，他们提升诸子，贬抑孔子，章太炎甚至著有《问孔》、《订孔》的雄文，直截了当指斥孔子是中国的祸根。在当时还有人比这更激烈的吗？保守主义是西方的话语，史华慈明明说保守主义、自由主义和激进主义这三项范畴大致是同时出现于欧洲的某一历史时期的。保守主义是与自由主义、激进主义相对待的，离开了后者，保守主义便成了随意性很强的概念，而且在中国的语境中，它很容易便平添了贬抑的意味。这也正是本书一开始便不主张用文化保守主义去给国粹派定性的原因所在。耐人寻味的是，当年力倡文化保守主义新概念，以研究近代中国思想文化史的史华慈，后来复强调："必须指出，现代中国知识分子和整个文化遗产的关系，不能简单地等同于保守主义与激进主义的问题。20世纪中国文化的危机所涉及的问题，超出了这种非此即彼的二分法。"① 他显然也意识到了中国的历史文化现象较当年的欧洲更加复杂。当然，近年来学术界又出现了另一种倾向，即贬抑所谓的激进主义，而将保守主义越抬越高。但这与实事求是评价国粹派本身无关。在特定历史条件下发生的思想家的思想，包含着丰富的可能性。后人的思想受前人影响是一回事，前人的思想是否因此即与后人同构，是另一回事。尽可以说五四时期的文化保守主义与国粹派有相通之处，但却没有理由一定也要将晚清国粹派判定为文化保守主义者。

　　十分感谢北京师范大学出版社复将本书收"北京师范大学史学探索丛书"。这不仅使作者得以重新回味了攻博的岁月，而且更体悟到了学术发展的无止境，从而激励自己不敢懈怠，自强不息。本书此次再版，只改正了个别错字，其他一仍其旧。

---

　　① 《论五四前后的文化保守主义》，见《五四：文化的阐释与评价》，162页，太原，山西人民出版社，1989。

序　言

　　20世纪初，在中国大地上发生了孙中山领导的资产阶级民主革命。这次革命，以推翻腐败的清政府、建立资产阶级共和国为目标。其指导思想为民主主义，具体为孙中山归结的三民主义。但是，在革命发展过程中，革命党人内部意见不一，思想杂陈。一个明显的表现，是国粹思想和无政府主义思想的流播。这两种思潮，在当时的历史条件下，都不同程度地产生过积极作用和消极影响。国粹思想趋向保守，无政府主义则是过激。然而，历史现象又是复杂的。国粹派的主要人物章太炎曾受无政府主义的影响，他的一些作品有着浓厚的无政府主义色彩。另一个主要人物刘师培更为突出，他既大力宣传国粹，又狂热鼓吹无政府主义。从资产阶级民主革命的任务来衡量，刘师培既是保守，又很激烈。换句话说，是既偏右，又极左。这种现象，在近代中国并不罕见。就刘师培来说，他的无政府主义最终归于复古主义。他和章太炎一样，都跟孙中山、同盟会闹分裂，而且走得更远，乃至变节投靠清方。辛亥革命后，刘师培参加发起"筹安会"，拥护袁世凯复辟帝制。新文化运动兴起，他办《国故月刊》，以"国故"对抗新文化。从宣传国粹到鼓吹"国故"，虽不能等同视之，但其间自有一脉相承之处，而不是截然两橛。刘师培的这种现象，是个人的悲剧，也是时代的悲剧。在近代中国，不仅封建势力顽强地存在着，封建思想意识也浓厚地笼罩着社会。即如自称"激烈派第一人"的刘师培，仍然具有浓厚的封建思想，他的无政府主义不免带有封建性的特色。这就是"死"的拖住"活"的。

这里无意也不可能对国粹思潮及其代表人物作全面的论述，只不过是由之引发的片断感言而已。国粹思潮是清末有影响的社会思潮之一，学术界对它虽有所研究，但不够系统、全面，评价也不一，有待进一步深入探讨。对这股思潮简单地予以否定，并不符合历史实际。至于怎样的评价才恰当，不仅是史实问题，还有认识问题，方法论问题，甚至有感情问题。所谓感情问题，就是说研究者对他的研究对象往往容易偏爱，带着感情色彩而影响了客观性。研究历史要实事求是，从历史实际出发。当然说起来容易，做到并不容易，需要努力求索。

郑师渠同志在考虑博士学位论文的选题时，有感于晚清国粹思潮的历史意义和研究的不足，确定以此作为研究的课题。他从收集原文献入手，查阅了《国粹学报》、《政艺通报》等20余种当时出版的报刊，参考和利用了近百种其他文献，用力颇勤。在完成论文撰写并通过学位答辩后，又作了必要的修改、润饰，成为这部著作出版，应该说基础是扎实的。书中的内容涉及国粹派和国粹思潮的兴起，国粹派的文化观，国粹派的经学思想、史学思想、伦理思想，国粹思潮的历史地位和局限性等等，是目前研究国粹派及其思想的一部较系统、全面的著作。对于这诸多方面的问题，作者都是在丰富史料的基础上逐一加以详细阐述，提出了自己的见解，有所创获。有些论断或提法，研究者和读者未必都赞同，亦属正常。百家争鸣，各抒己见，有助于研究的问题趋于符合历史实际，有利于学术的发展。

龚书铎

前　言

　　20 世纪最初十年，是经庚子之役创钜痛深之后，近代中国民族民主革命空前高涨的重要时期。与此相应，晚清的政治格局和文化思潮也发生了急剧的变动。就前者而言，集中表现为资产阶级革命派与立宪派的对立迅速激化和排满革命风潮洪波涌起；就后者而言，则集中表现为自 19 世纪中叶以来，日趋激烈地否定中学、追求西学的社会文化思潮的发展态势发生了变异，社会文化心理呈现出向传统文化回归的新态势；而国粹派和国粹思潮的崛起，正是其重要的表征。

　　以章太炎、刘师培、邓实、黄节诸人为代表，晚清国粹派一身二任，既是资产阶级革命派的一翼，又是一批精通国学的学者。作为排满革命派，国粹派有别于一般党人，不仅擅长借经史为革命酿造激情，而且更关切中国传统文化的命运。他们看到了民族危机与文化危机的一致性，相信文化危机是更本质、更深刻的民族危机。因此提出"保种、爱国、存学"的口号，呼吁人们重视保持民族文化的独立性。他们不仅孜孜以复兴中国文化为己任，而且鲜明地提出了以固有文化为主体，积极整合西方文化，发展民族新文化具有前瞻性的新思路；作为学者，国粹派也不同于传统士人，而具有共和革命者的立场、情思即时代感。他们将西方近代资产阶级社会科学的某些理论与方法，运用于传统的学术研究领域，在"研究国学，保存国粹"和"古学复兴"的名义下，身体力行，有力地推进了中国传统学术的近代化。要言之，国粹派及国粹思潮的崛起，实从一个侧面鲜明地彰显了20世纪初年中国社会政治、文化变动及其相互交感的时代品格。因此，国粹派及国粹思潮的出现，决非如某些论者所说，是封建地主阶级复古思潮在革命派队伍中的顽强表现；而应当说，是资产阶级民主革命思潮在传统的学术文化领域的延伸。同时，也惟其如此，研究国粹派及其国粹思潮，不仅是研究中国近代文化史的重要课题，而且，我们对于辛亥革命史乃至整个中国近代历史的理解，也可缘此获致进一步的深化。

长期以来，学术界对国粹派及国粹思潮的研究，是很不够的。这在大陆地区，尤其是如此。20世纪70年代以前，大陆学者发表的有关研究成果，总共只是一篇文章而已，可见寂寞之甚。邓实是国学保存会的主要创始人和晚清国粹派学术活动的主要组织者，柳亚子先生称赞他"是个了不起的人物"。但有关他生平稍稍完整的资料，我们甚至迄今都很难找到，同样也反映了这一点。不惟如此，学术界对国粹派虽然缺乏研究，但长期以来却持论奇刻，贬多于褒。大致到80年代初为止，大多论者总难忘情于将国粹派及国粹思潮，说成是封建复古思潮在革命派队伍中的顽强表现，最终予以贬斥。80年代初出版的两种在国内有重要影响的大型辞书，不约而同，都仍将"国粹"一词作保守贬意的注释，足见定势思维，影响之深。近些年来，随着近代文化问题开始为人重视，情况才有了转机。相关的研究成果增加了，许多论者也开始注意打破传统思维，客观评价国粹派的正面价值。这也是十多年来思想解放的潮流促进史学繁荣和发展的又一征候。但从总的说来，对国粹派及国粹思潮的研究，还只是刚刚起步，这不仅表现在已有的研究成果屈指可数，而且还表现在系统研究的著作，尤其尚付阙如。

国粹派所以为国粹派，说到底，是因其提出了独特的文化理论和主张，在20世纪初年别树一帜，且产生了广泛的影响。因之，无论人们或臧或否，国粹派的文化思想毕竟是构成其历史地位的主要基石。其优长集中于斯，其失误也主要集中于斯。本书拟在系统考察晚清国粹派崛起的历史机缘及其新学知识系统的基础上，对国粹派的文化思想，包括文化观、史

北京师范大学史学探索丛书

学思想、伦理思想、经学思想，作具体深入的研究。并力图在 20 世纪初年中国社会政治、文化变动的大背景下，为之定位，作出实事求是的评价。但因问题本身的复杂性和著者学养有限，本书的不当和错误之处，实所难免。敬祈读者指正。

目　录

北京师范大学史学探索丛书

第一章　晚清国粹派的崛起

一、从"国粹"一词说起

"国粹二字，于古无征。"①"国粹"，这 20 世纪初年风行一时的新名词，本非中国所固有，而是舶之于日本。黄节在《国粹学社发起辞》中说："国粹，日本之名辞也。吾国言之，其名辞已非国粹也。"②可见，晚清国粹派的出现，最初是受到了日本的影响。所以，日本的国粹思潮曾是怎样的一种社会思潮？它最早又于何时传入中国？这些显然都是研究晚清国粹派及其文化思想首先必须正视的问题。

日本的国粹思潮最初出现于明治中期，其缘起是对明治政府片面推行"欧化"政策的反拨。

19 世纪中叶西方列强迫使日本订立了不平等条约，从此日本也陷入了沦为半殖民地的危机。1868 年明治维新开始之后，日本政府即争取修改不平等条约；但它迎合西人关于日本"不开化"、"没有资格修改条约"的说法，力倡"欧化"、"洋化"，积极推行"欧化主义"的政策。外相井上馨的"名言"是："要使我国化为欧洲的帝国，要使我国人化为欧洲的人民。"③在首相伊藤博文与外相井上馨倡导下，政府花了三年时间，于 1883 年在东京建成了一座专门用以接待外国客人的迎宾楼，取名"鹿鸣馆"。达官贵人于此举办化装舞会，花天酒地，沸反盈天，由是形成了一个"欧化"的"鹿鸣馆时代"。日本明治维新的主流，固然是主张学习西方、促进社会的近代化；但它在推进的过程中，又明显地出现了不顾国情，一味模仿西方文化的狂热倾向，以至于有人公然提倡改换日本人种，废除日本文字，改行罗

---

① 沈宗畸编：《国学粹篇》，第 1 期，"本社简章"，1905。

② 黄节：《国粹学社发起辞》，载《政艺通报》，1904 年，第 1 号。

③ 万峰：《日本近代史》（增订本），184 页，北京，中国社会科学出版社，1984。

马字母，鼓吹全盘西化。上述所谓"鹿鸣馆时代"，正是此种消极思潮泛滥的时期。这种情况引起了社会广泛的不满。1888 年(明治 21 年)，三宅雪岭、志贺重昂、井上丹了等人发起成立政教社，刊行《日本人》杂志，倡言"国粹保存"，以与之相抗。日本的国粹思潮便由是发端。

志贺等人在论及《日本人》旨趣时说："长久以来，大和民族的成长是有目共睹的事实。它玄妙地孕育出自己独有的国粹(Nationality)，此一国粹在日本本土发展，随着环境而有不同的回应。从孕育、出世、成长到发扬，经过不断地传承与琢磨，它已经成为大和民族命脉相系的传国之宝"①。耐人寻味的是，"国粹"一词也并非日本独创，而是从英文"Nationality"一词翻译来的②。英文"Nationality"的词义是："民族"、"民族性"、"民族主义"、"独立国地位"。政教社同人大体上正是在原来的词义上使用国粹一词。他们认为，日本岛国特有的地理环境在"不知不觉间"化育了大和民族。国粹就是日本民族的"民族性"、"特性"，它是"顺应大自然法则的产物"，因而不是主观的而是客观的存在。日本独特的国粹，"即国家民族独立的体系"③或叫"民族精神"、"民族精髓"。尽管日本国粹派对国粹未曾有严格的界定，但他们明确地反对将神道、佛教、儒学或是其他宗教、哲学视为日本的国粹。一般说来，他们认为国粹是：一种无形的民族精神；一个国家特有的遗产；一种无法为其他国家模仿的特性④。

国粹思潮的出现，反映了人们对西方列强侵略威胁的警惧和对日本民族独立地位的执著追求。国粹论者是民族主义者，但不是锁国论者。他们反对的是政府盲目的"欧化"政策，而非其"欧化"的本身。三宅作为东京大学哲学馆的学生，不仅对培根、笛卡儿、黑格尔等西方哲学家"备极尊

北京师范大学史学探索丛书

---

① 《志贺重昂全书》，第 8 册，东京，第 1 页。转引自 Hartin Bernal：《刘师培与国粹运动》，见《近代中国思想人物论——保守主义》，台湾《时报》文化出版有限公司，1982。

② [日]松本三之介：《明治精神的构造》，126 页，东京，岩波书店，1981。

③ [日]中里良男：《志贺重昂》，见中村之等著：《近代日本哲学思想家辞典》，日文版，1982。

④ Hartin Bernal：《刘师培与国粹运动》。

崇"，而且"毕生敬重西乡隆盛"①，是明治维新的热情拥护者。志贺同样"热衷于欧美"。他倡言"实学"，与福泽谕吉并无二致②。他们与一般欧化主义者的不同在于，他们强调"欧化"不应当是生硬的全盘照搬，应是基于"民族和国家的特色为媒介"而产生的"日本的开化"。志贺把国粹比作人体的胃脏，认为"欧化"必须通过日本文化自身的机制来实现，从而明确地把自己的主张与守旧派区分开来："我辈决非死守日本传统的守旧分子，而只是想把西方的开化输进来，用日本国粹的胃脏来咀嚼消化它，使其同化于日本身体之内罢了"③。

在东西文化观上，政教社诸人反对一味贬斥东洋文化的偏见，相信各民族互有优劣。三宅写了《真善美日本人》一书，肯定日本国民的长处；但同时又写了《伪恶丑日本人》一书，直言不讳地批评了当代日本人的缺点。他们相信，人类文化发展只能是多样性的统一；因此，各国文化应当是异彩纷呈的"浑一"，而不应是僵死单调的彼此同化。三宅在《真善美日本人》一书封面上的题词是："发扬民族特色，裨补人类的发展。"他说："为自己国家尽力，就是为世界尽力，发扬民族的特色是裨补人类的发展，护国和博爱为什么要对立起来呢？"④

许多日本学者对明治中期的国粹思潮给予了很高的评价，以为它与德富苏峰的平民主义双峰并秀，同为当时思想界带来了"新风"。例如，鹿野正直说，国粹主义是一种具有独到见解的"近代化的构想"。在欧化风潮滔滔之际，三宅等人提出东西洋"浑一"的哲学观点，是"一个伟大的创举"⑤。1981年出版的《明治精神的构造》一书的作者松本三之介也指出，政教社同人强调"发扬民族个性"，绝非是"狭隘的排外主义"；相反，它反映了明治以来在"文化开化和欧美的新思潮中成长起来的青年们"，对日本"民族性的自觉"。国粹主义者是"名副其实的富国强兵论者，是民族主义者"，同

---

① ［日］野鹿正直：《三宅雪岭》，见中村之等著：《近代日本哲学思想家辞典》。
② ［日］中里良男：《志贺重昂》，见中村之等著：《近代日本哲学思想家辞典》。
③ ［日］松本三之介：《明治精神的构造》，125页。
④ ［日］松本三之介：《明治精神的构造》，24页。
⑤ ［日］野鹿正直：《三宅雪岭》，见中村之等著：《近代日本哲学思想家辞典》。

时他们反对明治政府日趋增强的专制主义，主张政治民主化，这与德富苏峰的平民主义又是相通的。因此国粹思潮具有广泛的社会性①。

不过，日本的国粹主义在明治后期便逐渐走向反面。"大日本国粹会"于1919年成立时，已经是一个与军国主义结伴而行极端狭隘的排外主义的团体了。

日本国粹思潮对中国的影响，当始于甲午战争后中国留学生竞相东渡之时。1898年，梁启超在横滨创《清议报》，曾将"发明东亚学术，以保存亚粹"②列为该刊四宗旨之一。这里的"亚粹"，显然是脱胎于"国粹"一词。1901年9月梁启超在《中国史叙论》中说："中国民族固守国粹之性质，欲强使改用耶稣纪年，终属空言耳。"③据著者所知，这是梁本人也是国人第一次在报章上使用"国粹"一词。而正式讨论国粹问题，更要晚到1902年。是年4月，梁致书康有为，其中说：

> 孔学之不适于新世界者多矣，而更提倡保之，是北行南辕也……弟子意欲以抉破罗网，造出新思想自任，故极思冲决此范围。明知非中正之言，然今后必有起而矫之者，矫之而适得其正，则道进矣。即如日本当明治初元，亦以破坏为事，至近年然后保存国粹之议起。国粹说在今日固大善，然使二十年前而昌之，则民智终不可得开而已④。

戊戌维新失败后，梁亡命日本，先后创办了《清议报》和《新民丛报》。他猛烈抨击清廷腐朽和封建文化对国民的禁锢，一时思想日趋激进。其时他正撰述《新民说》，热衷于思想"破坏"；不过，他绝非"醉心欧化"论者。他肯定日本的"国粹说"为矫正之道，是"大善"；只是认为在中国倡此说，尚非其时罢了。然而，梁启超毕竟是多变的，是年秋天，他即转而拟办《国学报》，"谓养成国民，当以保国粹为主义，取旧学磨洗而光大之"，似

北京师范大学史学探索丛书

---

① ［日］松本三之介：《明治精神的构造》，122、125、127页。

② 《清议报叙例》，见《饮冰室合集·文集》，第1册。

③ 《中国史叙论》，见《饮冰室合集·文集》，第6册。

④ 丁文江、赵丰田编：《梁启超年谱长编》，278页，上海，上海人民出版社，1983。

乎又成了急切的国粹论者了①。

但梁启超的上述言论，仅见于私人信件。报刊上最早介绍日本国粹主义的文章，当是1902年7月《译书汇编》第五期上刊登的佚名者著《日本国粹主义与欧化主义之消长》一文。是文甚短，却相当清晰地勾画了日本两种思潮对垒的一般态势：

> 日本有二派，一为国粹主义。国粹主义者谓保存己国固有之精神，不肯与他国强同，如就国家而论，必言天皇万世一系；就社会而论，必言和服倭屋不可废，男女不可平权等类。一为欧化主义，欧化云者，谓文明创自欧洲，欲己国进于文明，必先去其国界，纯然以欧洲为师。极端之论，至谓人种之强，必与欧洲互相通种，至于制度文物等类无论矣。

作者显然是"欧化"论者。他认为，日本的国粹主义"即保守之别名"；进化无穷，"欧化"不止，遽言保守，只能故步自封。他且引申说，日本尚且如此，中国、朝鲜"其更当知所从乎"？作者对日本国粹主义的判断虽然并不切当，但他毕竟是第一次向国人公开传递了日本国粹主义的信息。

第一次将日本国粹主义向国人作肯定介绍的是黄节。同年12月30日，他在《政艺通报》上发表了《国粹保存主义》一文，其中说：

> 夫国粹者，国家特别之精神也。昔者日本维新，欧化主义浩浩滔天，乃于万流澎湃之中，忽焉而生一大反动力焉，则国粹保存主义是也。当是时入日本国民思想而主之者，纯乎泰西思想也，如同议一事焉，主行者以泰西学理主行之，反对者亦以泰西学理反对之，未有酌本邦之国体民情为根据而立论者也。文部大臣井上馨特谓此义，大呼

---

① 丁文江、赵丰田编：《梁启超年谱长编》，292页。是为梁致好友黄遵宪书中所说。黄复函以为，时下当以介绍新学为主，提倡国粹容俟数年之后："公之所志，略迟数年再为之，未为不可。"（见同书第293页）梁大致接受了黄的意见，虽心存国粹，却趋重介绍西学。

国民，三宅雄次郎、志贺重昂等和之。其说以为宜取彼之长，补我之短；不宜醉心外国之文物，并其所短而亦取之，并我所长而亦弃之。①

黄节1900—1901年间曾游历日本，② 显然是受到了日本国粹思潮的直接影响，有所感而发为此文的。他肯定日本的"国粹"说"其说颇允"，但又认为，从"论理上观之"，还存在缺点：日人只认本国固有者为国粹，不知输入本国宜为我用者，也是国粹。所以，黄文也是中国国粹派倡言国粹的第一篇重要文论。

1903年6月，《浙江潮》"社说"肯定"国粹主义"与"世界主义"，同为一国进化的"两大主义"③。1904年4月，梁启超第一次在报章上也明确提出"于祖国国粹，固当尊重"④。至此，从总体上看，无论革命派还是改良派的刊物，都对保存国粹持肯定的态度；国粹一词的使用频率，也迅速增加了。

至于清政府讲"国粹"，当始于光绪二十九年(1903年)11月颁布的《学务政纲》。其中说，学堂须重国文，以便读经书，"外国学堂最重保存国粹，此即保存国粹之一大端"⑤。此后，清廷大吏的奏议也常作是说。例如，光绪三十一年(1905年)8月，袁世凯、赵尔巽、张之洞等会衔奏请废科举广学校章程，就强调说学堂"首以经学根柢为重"，"盖于保存国粹，尤为兢兢"⑥。

国粹说既刊之报章，腾诸奏牍，由日本舶来的"国粹"一词便成为一种时髦的语言符号，在中国社会上广泛传播开去了。"近数年来，中国之号称识者，动则称国粹。环海内外，新刊之报章书籍，或曰保存国粹，或曰发挥国粹，甚者则曰国粹之不讲则中国其真不可救药"⑦。与此相应，国粹

---

① 《国粹保存主义》，见《壬寅政艺丛书》，政学编，卷5。
② 《黄节年表简编》，见刘斯奋：《黄节诗选》，附录，广州，广东人民出版社，1984。
③ 《国魂篇》，载《浙江潮》，1903年，第1期。
④ 《时报缘起》，见《梁启超年谱长编》，338页。
⑤ 舒新城：《中国近代教育史资料》上册，204页，北京，人民教育出版社，1980。
⑥ 《光绪朝东华录》(五)，5390页。
⑦ 《国粹之处分》，载《新世纪》，第44期。

思潮在晚清社会的兴起，也就成了不可避免。

二、国粹派的界定

尽管晚清"国粹"说盛行一时，主张保存国粹者比比皆是，但却非持是论者皆得冠之为"国粹派"。国粹派是有自己明确的内涵与外延的概念。学术界历来用以专指革命派内部以章太炎、刘师培、邓实等为代表力主保存国粹的一派人，这无疑是正确的。但为了便于以下论述，有必要就国粹派的界定，稍加申论。

著者认为，所谓晚清国粹派，当具备三种要素：

1. 有相对稳定的以保存国粹为共同旨趣的团体与刊物，因而得以形成自己独具特色的国粹理论。

2. 晚清国粹思潮所以能产生广泛的影响，原因在于它是其时民主革命思潮的一部分；具体说，国粹派的国粹论直接助益于排满革命论，因而体现了时代的精神。这也就决定了国粹派当具有排满革命派的品格。

3. 有在自己国粹思想的指导下研究国学的实践，换言之，即是他们保存国粹的理论与实践，具有推动中国传统学术变革的意义。

据此衡量，以张之洞为首的清朝大吏虽然侈谈保存国粹，却不足称国粹派。1903 年张百熙、荣庆、张之洞会衔的《学务纲要》强调："中国之经书，即是中国之宗教，若学堂不读经书，则是尧舜禹汤文武周公孔子之道所谓三纲五常者尽行废绝，中国必不能立国矣。"[1]张之洞 1907 年改湖北经心书院为存古学堂，并有《保存国粹疏》流传海内，在其时附庸风雅、倡言保存国粹的清朝大吏中更是佼佼者；但其奏疏同样写道："存古学堂重在保存国粹……无非以崇正黜邪为宗，以喜新忘本为戒。夫明伦必以忠孝为归，正学必以圣经贤传为本。"但学堂新进之士，喜新忘本，竟有罢读四书五经者，"正学既衰，人伦亦废。为国家计，则必有乱臣贼子之祸；为世道计，则不啻有洪水猛兽之忧。此微臣区区保存国粹之苦心，或于世教不

---

① 舒新城：《中国近代教育史资料》上册，203 页，北京，中华书局，1933。

无裨益。"①由此可见，张之洞等清朝大吏谈国粹，无非是将尊孔读经、封建的纲常名教均冠以国粹，借此阻遏新学，排拒革命而已。

梁启超为首的一些立宪党人肯定国粹说，与张之洞之流自然不可同日而语，像梁本人且著有《论中国学术思想变迁之大势》等多种有影响的国学研究著作；但他们的团体与刊物，毕竟并不以保存国粹为宗旨，尤其他们不赞成借国粹宣传排满革命。所以，梁启超诸人对国粹理论也少所发明，同样不能目之为国粹派。

这样，在革命派队伍内部，以保存国粹为标帜，成立了专门的团体与刊物以推进国粹思潮和传统学术近代化的章太炎、刘师培、邓实一派人物，应当视作晚清真正的国粹派，自然是千真万确的了。

因此，我们可以对晚清国粹派作如下界定：

国粹派是革命派队伍中的一个派别。他们多是一些具有传统学术根柢的资产阶级小资产阶级知识分子，不仅主张从中国的历史与文化中汲取精灵，以增强排满革命宣传的魅力；而且强调在效法西方改革中国政治的同时，必须立足于复兴中国固有文化。所以，他们一身二任：既是激烈的排满革命派，又是热衷于重新整理和研究传统学术、推动其近代化著名的国学大家。他们追求中国社会的民主化，但更关切传统文化的命运，孜孜以复兴中国文化自任。也唯其如此，他们倡言的国粹思潮不是独立的思潮，而是民主革命思潮的一部分；只是因经受中国历史文化更多的折光，而呈现出古色古香独异的色彩罢了。

三、国学保存会的成立

1905 年 1、2 月间，邓实、黄节等人在上海成立国学保存会②，以"研

---

① 《保存国粹疏》，光绪三十三年江苏活字刻本。

② 邓实《国学保存会小集叙》（《国粹学报》，第 1 年，第 1 期）说："粤以甲辰季冬之月，同人设国学保存会于黄浦江上。"按阳历计，"甲辰季冬之月"，当在 1905 年 1、2 月之间。

究国学，保存国粹"为宗旨①；2月23日，其机关刊物《国粹学报》正式发行。这是晚清国粹派崛起的重要标志。由此，国粹派在"保种、爱国、存学"的旗号下，迅速展布了自己的阵势，在革命派队伍中独树一帜；国粹思潮也因此浸浸而起。

国学保存会无疑是国粹派组织国学研究和宣传国粹思想最重要的团体。关于它的缘起，论者通常都追溯到与其有连带关系的《政艺通报》。是报同样由邓实、黄节于1902年12月创于上海，为半月刊。邓实说："是时国家方丁庚子之变，念亡国之无日，惧栋榱之同压，于是皇然而有《政艺通报》之刊。"②目的虽在救国，但其旨趣是要致力于介绍西方的政治与科技，讲求政、艺"二通之学"。邓实认为，中西强弱相异，原因不仅"其大在政，其小在艺"，而且还在于西方"政艺合"，中国"政艺分"③。所以，《政艺通报》同时介绍西方的政治与科学技术。其体例：报首恭录上谕，次分上下二篇。上篇言政，下篇言艺。言政之目有七：政艺文篇、政书通辑、内政通纪、外政通纪、西政丛钞、历代政治文钞、皇朝政治文钞；言艺之目有四：艺学文编、艺书通辑、西艺丛钞、艺学图表。

显然，《政艺通报》没有超出当时改良派报刊的范围，那么，邓实等人何以能立足该报，而为作为革命派一翼的国粹派开辟新的阵地呢？要说明这一点，仅仅局促于《政艺通报》本身是不够的，事实上，国学保存会的缘起，肇端于中国教育会及其余绪。

1902年4月，蔡元培、蒋智由、黄宗仰、林獬等在上海发起成立中国教育会，"表面为办理教育，暗中鼓吹革命"④。这是当时中国国内第一个革命组织。它属下的爱国学社、《苏报》三位一体，很快构成了上海革命宣传的中心，吸引着大批热血青年加入革命。在中国教育会的成员中，就包括了章太炎、林獬、刘师培、柳亚子、陈去病、马君武、朱少屏等后来组

① 邓实：《国学保存会简章》，载《国粹学报》，第2年，第1期。
② 邓实：《第七年政艺通报题记》，载《政艺通报》，第7年，第1号。
③ 邓实：《政艺通报叙》，载《政艺通报》，第1年，第1号。
④ 蒋维乔：《中国教育会之回忆》，见近代史资料丛刊《辛亥革命》（一），485页，北京，中华书局，1957。

成国粹派的大部分中坚分子。

《政艺通报》同人转向排满革命，当在癸卯、甲辰（1903、1904 年）之交。马叙伦在《石屋余沈》中写道："余之主撰《新世界学报》也，邻有顺德邓秋枚实所治之《政艺通报》。然初不相往还，及学报中废，而秋枚时尚为科举之业，欲赴开封应顺天乡试……乃徵余为代，既而乃有国粹学报之组织。其始仅秋枚与余及黄晦闻节陈佩忍去病数人任其事，实阴谋借此以激动排满革命之思潮。其后刘申叔、章太炎皆加入焉。"①庚子后，清廷被迫暂将顺天乡试移闱开封，壬寅、癸卯连开恩正两科。查《新世界学报》停刊于 1903 年 4 月，马叙伦正式代主《政艺通报》更在 8 月间②，可知其时邓实乃赴是年 9 月于开封举行的癸卯乡试。因是又知，"激动排满革命之思潮"的策划，自然是在邓应试失败之后，即 1903 年底的事了。

邓实等人转向革命，主要也是受中国教育会影响的结果。他们常到张园听蔡元培、章太炎等人的演讲革命。马叙伦回忆说："张园开会照例有章炳麟、吴敬恒、蔡元培的演说……遇到章炳麟先生演说，总是大声疾呼的革命革命；除了听见对他的掌声以外，一到散会的时候，就有许多人像蚂蚁附着盐鱼一样，向他致敬致亲，象征了当时对革命的欢迎。"③《政艺通报》同人于章太炎尤为崇敬，彼此过从甚密。马叙伦说，"我在上海办报的时候，和章先生是时常碰头的，所以我们是谊在师友之间"④。1906 年章出狱东渡，邓实、黄节也曾"置酒市楼劳之，并作诗送之东渡日本"⑤。

因此，中国教育会的建立，为后来国学保存会的成立，准备了共同的政治基础和干部，此其一。

在中国教育会中，固然是"大家醉心新学"，但国学一门，仍是极受重视的科目。如章太炎讲国文，黄宗仰讲"革命佛学"，就大受爱国学社学生

北京师范大学史学探索丛书

---

① 马叙伦：《石屋余沈》，192 页，上海，上海书店出版社，1984。

② 《政艺通报》癸卯第 14 号（1903 年 8 月 23 日出版）"本社广告"云："本社现添延仁和马夷初君襄助撰述之事。"

③ 马叙伦：《我在六十岁以前》，北京，生活·读书·新知三联书店，1983。

④ 马叙伦：《我在辛亥革命这一年》，见《辛亥革命回忆录》（一），170 页。

⑤ 李韶清：《黄晦闻之生平及其政治学术思想举例》，《广州文史资料》，第 10 辑。

们的欢迎。章太炎说，其时讲学，"多述明清兴废之事，意不在学也"①。在国内，中国教育会实开了借国学宣传革命的先河。"苏报案"后，中国教育会虽形困顿，但其余绪相沿，仍有可观者在："把大团体散了，化成无数小团体，各人分头办事。"②这些小团体除了爱国女学校、军事讲习会、同川学堂、科学仪器馆、镜今书局、女子俱乐部等外，还有《警钟日报》和《中国白话报》最值得重视。前者创于1903年12月，初名《俄事警闻》，由蔡元培主编；1904年1月后改名《警钟日报》，归刘师培主编，发表了大量国学研究的文章。同时，林獬、陈去病、高天梅、柳亚子等参与撰文，又成了国粹论者荟萃的园地。《中国白话报》同期创刊，由林獬主编，刘师培是主要撰稿人，刊载以白话文通俗形式宣传中国历史文化的文章尤多。此外，《政艺通报》附设"湖海有用文会"，倡言"感时之士"③以文会友，指陈时事，共挽民族之危。刘师培、陈去病、高天梅等人，又先后都参加了《政艺通报》及"文会"的撰述活动。

这样，以中国教育会为纽带，以《警钟日报》、《中国白话报》和《政艺通报》为主要园地，即将面世的国学保存会的基本队伍，显然已经集结起来了。此其二。

然而，并未加入中国教育会的《政艺通报》同人，毕竟成了国学保存会的组织者，其原因有三：第一，理论上的优越。此间黄节、邓实发表的《国粹保存主义》、《国学保存论》④诸文，最先揭出了国粹主义的旗帜，为刘师培等人所不及；第二，据地主之利。作为鲜明的革命刊物，《中国白话报》、《警钟日报》遭到了清政府的压迫，分别于1904年10月和1905年3月被迫停刊，刘师培且避居异地。《政艺通报》始终以温和的面目出现，因此硕果独存，得以成为新组织的依托；第三，邓实具有突出的组织领导才能。从后来的历史看，邓的主要建树，不在具体的国学研究，而在于作为国学保存会领导者所作的大量组织协调工作，从而显示出自己具有组织

---

① 《太炎先生自定年谱》，载《近代史资料》，1957年，第1期。
② 见《中国白话报》，1904年，第7期"文明介绍"。
③ 《湖海有用文会启》，载《政艺通报》，1902年，第1期。
④ 二文分别刊登在《政艺通报》，1902年，第22号；1904年，第3号。

文化学术活动的突出才能。因此柳亚子盛赞他"是了不起的人物"①。

总之,国学保存会的建立,不仅是受中国教育会影响的结果,而且是其系统的革命势力重新组合的产物。

不过,在国学保存会成立之前,黄节在1904年3月1日出版的《政艺通报》第1期上刊出了《国粹学社发起辞》,说:"岁甲辰,同人创为国粹学社。"在同年第11期上,他又发表了《国学报叙》。但均未见其实际活动。这个国粹学社与国学保存会的关系是什么呢?弄清这一点,对于进一步理解国粹派是有益的。

黄节在谈到国粹学社缘起时说,学社成立是因"海上学社林立,顾未有言国粹者"②。由此可见,国粹学社与其时上海林立的报学社相类,它拟编辑《国学报》,如同后来的《国粹学报》社编辑《国粹学报》。但国粹学社与其后以学会形式出现实为革命机关的国学保存会,应是两回事。柳无忌编《柳亚子年谱》,其"1904年秋"条记:"加入邓秋枚(实)、黄晦闻(节)在上海组织之国学保存会与国粹学社。"③作者为柳亚子之子,他将《国粹学报》社径称为国粹学社,以与国学保存会相区别,就说明了这一点。因此,那种认为国学保存会就是原有国粹学社复活的见解,是不恰当的④。

国粹学社夭折的具体原因,固然不便揣测;但有一点却是显而易见的:国粹派还需要有一个理论构建的过程。黄节的《国粹保存主义》和《国粹学社发起辞》,是迄1904年初仅有的两篇论说国粹观的文章,自然也反映了国粹学社诸人的见解。但是,黄节强调"日本之言国粹也,与争政论;吾国之言国粹也,与争科学"⑤,即强调从单纯文化保存的意义上讲国粹,而不屑于政治。这显然不能适应"阴谋借此以激动排满革命之思潮"的需要。它反映了国粹学社同人理论脱离现实。这不能不引起行动上的困惑和

① 《南社纪略》,3页,上海,上海人民出版社,1983。

② 黄节:《国粹学社发起辞》,载《政艺通报》,第1年,第1期。

③ 柳无忌主编:《柳亚子年谱》,19页,北京,社会科学出版社,1983。

④ 丁守和主编:《辛亥革命时期期刊介绍》(二),316页,北京,人民出版社,1982。

⑤ 黄节:《国粹学社发起辞》,载《政艺通报》,第1年,第1期。

滞迟，其难得作为是必然的。因此，重新架构足以容纳排除革命思想在内的国粹理论，便成了当务之急。直到邓实在本报 1904 年第 3 期上发表长文《国学保存论》，进一步提出"国学"说，他们才得以将"国粹"说与"国学"说相联系，从而完成了自己适应排满革命需要的理论建构（这一问题拟在第四章第一节详论）。有自觉的革命理论，才会有自觉的革命行动。国学保存会在"国学保存论"提出之后才告成立，且其名称径直脱胎于后者，这绝非偶然。

总之，从国粹学社到国学保存会，不是表现为某种计划的简单"中辍"和复活，而是表现为国粹派理论见解的成熟。要言之，国学保存会的成立，是国粹派"蓄之既久，其发必速"的一种崛起。其后新的局面迅速展开，也正说明了这一点。

国学保存会是一个拥有包括报社、图书馆、印刷所在内具有相当实力的文化实体。它同时发行两种刊物，即《国粹学报》与《政艺通报》。二者皆由邓实主编。前者为月刊，作为机关刊物，同样以"发明国学，保存国粹"为宗旨。撰述分七门：社说、政篇、史篇、学篇、文篇、丛谈和撰录。是当时革命派创办的唯一的学术性刊物，至 1911 年 9 月停刊，未曾中断，历时 7 年之久，共出版 82 期[①]，撰稿者达百余人之多，亦为革命刊物所仅见。《政艺通报》直到 1908 年始停刊[②]。它仍然保持原有的体例，突出介绍西学新知。同时，邓实、黄节等人的许多重要的政论文章，也主要刊登在它的上面。两种刊物，特色迥异，并驾齐驱，这在国学保存会主持者的眼里，正是要实践他们的欧化与国粹并行不悖的理论构想。

国学保存会还设有藏书楼，对外开放。开办了国学讲习会。拟设国粹学堂，公布了简章，后因经费无着而作罢。同时，发行《国粹丛书》、《国学教科书》，并设立神州国光社，出版《神州国光集》等等。正是以此为依托，它成了晚清国粹派的大本营和宣传国粹思想的中心。

---

① 这里据《中国近代期刊篇目总汇》论定，但其实际停刊，当晚至 1912 年 2、3 月间。因为，其最后一期即第 82 期封面标明，该期为 1911 年第 8～13 期合刊本，但是期载国学保存会《拟推广本会之志愿》一文，内有"满清退位，汉德中兴"一句，按清室退位在 1912 年 2 月 12 日，可知其实际出版时间，当在 1912 年 2、3 月间。

② 这里据《中国近代期刊篇目总汇》论定。方汉奇《中国近代报刊史》以为 1911 年始停刊。

国学保存会会员，缺乏统计资料。按《国学保存会简章》第二条规定："入会毋须捐金，惟须以著述（自或撰或搜求古人遗籍或钞或寄近儒新著）见赠于本会者，即为会员。"①如此，不仅《国粹学报》上的百余名撰述者均为其会员，就是不知名的寻常寄赠图书、佚文者，也统统是其会员，国学保存会便成了泛组织和大杂烩了。但事实上并非如此。《国粹学报》1907年第26期《国学保存会报告》第6号上有《会员姓氏录》，共录会员19人。但是，统计其时的撰述者，已有44名；1907年第32期《附启》说，国学保存会发展缓慢，"乃开会至今，会员不过二十一人"，而其时的撰述者，已增至约60余人。可见，国学保存会的会员，并不等于《国粹学报》的撰稿人，更非如简章所说，包括一切寄赠图书、佚文者。

然而，何以自相矛盾呢？看来只能相信这是出于对外宣传的需要。值得注意的是，《国学保存会简章》没有刊在《国粹学报》创刊号上，而是晚到第二年始作为邓实《国学保存会第二年小集叙》的附录公布。简章曾被分送给社会名流；严复、林纾、郑孝胥等且复函表示赞赏。如此，"阴谋借此激动排满革命思潮"的旨趣，固然不能标榜；而为扩大影响，声言一切赞助者均为当然会员也就不足为奇了。但我们若因此相信《国粹学报》上的所有作者，包括王闿运、廖平、简朝亮、孙诒让、张謇、郑孝胥、罗惇融等在内，"这些人不成问题，都是国学保存会的成员"②，却不免失之天真。

国学保存会会员的确切人数已不可考，但1908年后肯定超过了《国粹学报》1907年第32期《附启》所说的21人。然迄今所能确知者仅23人，列表如下：

从下表可以看出：第一，会员中已知曾加入光复会、同盟会或南社革命团体者，共15人，占总数65%，其中高天梅且为同盟会江苏分会会长。因此，国学保存会作为革命的团体，毋庸置疑③；第二，在23名会员中，江

---

①　邓实：《国学保存会简章》，载《国粹学报》，第2年，第1期。

②　丁守和主编：《辛亥革命时期期刊介绍》（二），321页，北京，人民出版社，1982。

③　冯自由《开国前海内外革命书报一览》（《革命逸史》第2集），列有《国粹学报》。郑逸梅《南社丛谈》："（邓实）在上海发起国学保存会，也是个革命组织"（本书第6页）。

国学保存会会员姓氏录①

姓　名	籍　贯	通讯处	出生年代	参加革命团体
邓实（秋枚）	广东顺德	上海四马路国粹学报馆	1877	
黄节（晦闻）	广东顺德	爱尔近路本会事务所	1873	同盟会、南社
刘师培（光汉）	江苏仪征		1884	同盟会、光复会
陈巢南（去病）	江苏吴江	吴江同里	1874	同盟会、光复会、南社
许宗元（贞壮）	浙江山阴	上海城内道署	1875	同盟会、南社
恽眘森（菽民）	江苏阳湖	安徽提督署		
马叙伦（夷初）	浙江仁和	两广师范学校	1884	同盟会、南社
陆绍明（良丞）	浙江仁和	杭州教育会		
高天梅（剑公）	江苏金山	上海西门外健行公学	1877	同盟会、南社
朱葆康（少屏）	江苏上海	上海西门外健行公学	1881	同盟会、南社
马君武（马和）	广西桂林	上海新靶子路中国大学	1882	同盟会、南社
文永誉（公达）	江西萍乡	广东学务所		
王仲麟（毓仁）	江苏江都	上海汉口路18号申报馆		
沈咏韶（屋庐）	江苏吴江	元和县属周庄镇		南　社
柳亚子（人权）	江苏吴江	上海健行公学	1887	同盟会、光复会、南社
吴钦廉（一青）	江苏金山	松江洙泾镇		南　社
张桂辛（坒五）	江西义宁	吴淞复旦公学		
卢爵勋（艺亭）	广东顺德	顺德城外罗氏家族学堂		
胡　莩（薛宾）	江西都昌	肄群小学校		
黄　质（宾虹）	安徽歙县		1865	南　社
蔡哲夫（寒琼）	广东顺德		1879	南　社
黄　侃（季刚）	湖北蕲春		1886	同盟会、南社
胡玉韫（朴安）	安徽泾县		1878	南　社

浙籍贯者 12 名，占总数 52％。这说明国学保存会主要是由江浙士人组成的团体。而会员的职业多为新式学堂的教员，或报馆记者、主笔，即供职

---

①　是表据《国粹学报》第 3 年第 1 期《会员姓氏录》、柳亚子《南社纪略》、郑逸梅《南社丛谈》汇录。其中"通讯处"为《会员姓氏录》原有。黄节 1909 年加入同盟会，见刘斯奋《黄节诗选》附录《黄节年表简编》。

于近代新式的文化部门。会员中有确切出生年代者 14 人，若按国学保存会成立时的 1905 年统计，年龄最大的是黄质，40 岁；黄节 32 岁；邓实 29 岁；最小为柳亚子，18 岁；刘师培也不过 21 岁。14 人平均年龄 27 岁。这又是一个年轻富有朝气的团体。如果我们注意到江浙是其时中国资本主义最发达因而也是最开放的地区，那么就不难想见，年轻而又多供职于新式文化部门的国学保存会会员，自然更多接受了新思想新文化的影响，更易于感受时代的变动，因而他们热烈追求社会的变革与革命；3. 会员多出"书香门第"，不仅旧学根柢甚深，且又学有专长。例如，刘师培、黄侃、胡朴安等人，先后为著名的国学大师；柳亚子、黄节等人，为著名的诗人；黄质为著名的国画家；马君武则为著名的翻译家；邓实名列《中国文化界人物总鉴》(1940 年，北京出版)，为著名的报人。如此等等。此种情况，一方面决定了他们有着共同的热爱民族文化的情结，并拥有借助新思想推进传统学术变革的优越条件；但在另一方面，也影响了他们往往难以尽脱恋旧的心理，同时，又由于五方杂处，会员情况各殊，国粹派内部思想的驳杂和矛盾也成了不可避免。但无论如何，可以这样说：国学保存会集中了其时中国东南文化界的精英，是一个主要由年轻的新型知识分子构成的爱国革命的文化团体。

四、晚清国粹派的崛起

国学保存会会员多为晚清国粹派的健将，其最具代表性的人物，兹简介如下：

邓实(1877—1951)，字秋枚，广东顺德人。1877 年生于上海。五岁亡父，与弟邓方(字秋门)相依为命。从青少年起，便崇拜顾炎武，"喜为经世通今之学"。关心时局，"凡阅国内外月报、旬报、时报至百余种，钞辑成书"，至数百卷之多。弟兄二人，寒夜读书，每及"当世之故"，常慷慨悲歌，饮酒起舞，期期以报国自许。19 岁南归，游广东经学名家简朝亮草堂。庚子后，痛感亡国无日，于 1902 年在上海创办《政艺通报》，"其大旨则欲决植民权，以排斥专制，为变政之根本"①。1905年发起成立国粹保存会，刊行《国粹学报》，宣传排满革命，虽抗师命而不止②。邓实发表的学术文章并不多，擅长政论，《国学保存论》、《国学真论》、《古学复兴论》诸文，使之成就为国粹理论的主要构造者之一。邓实以国粹派的组织者和理论家而闻名于时，柳亚子称誉他"是了不起的人物"③。

黄节(1873—1935)，又名黄纯熙，字晦闻，广东顺德人。1895年受业简朝亮之门，"事之数岁，通贯大体，冠其侪"④。1897年学成，复独居云林僧寺读书数年。其间曾数至京师，登万里长城，并周游长江、黄河之间，以观时局，"知民怀去心"，革命之志渐萌。1902年后与同学邓实合作创办《政艺通报》，组织国学保存会，并行《国粹学报》。黄节力主排满革命，所著《黄史》使之扬名于时。曾有送革命巨子赵声诗曰："请君猛著先鞭去，迟我数年戎幕中。"⑤孙中山在东京成立同盟会，"闻晦闻贤，以书招之"⑥，未就。1906年，端方遣上海道拜晤黄节及邓实，"许以巨资赞助学报"，并在酒楼集严复诸名流，邀二人赴宴。黄、邓"固拒之"⑦。作为国粹派的主要代表人物之一，黄节于1902年在《政艺通报》上发表《国粹保存主义》一文，最早揭出了国粹主义的旗帜。其《国粹学报叙》等文，是构成国粹派理论的重要代表作。

刘师培(1884—1919)，字申叔，号左盦，江苏仪征人。家传经学，有名于世。师培少承先业，服膺汉学，颇以复兴扬州学派自任。博览群籍，

---

① 邓实：《第七年〈政艺通报〉题记》，载《政艺通报》，第7年，第1号。

② 章太炎《黄晦闻墓志铭》："(黄节)遂走上海，与同学邓实筹集《国学保存会》，蒐明清间禁书数十种作《国粹学报》，以辨夷夏之义。……简先生闻二生抗言以为狂，颇风止焉，而二生持论如故。"见《章太炎全集》(五)，263页，上海，上海人民出版社，1984。

③ 《南社纪略》，3页。

④ 《黄晦闻墓志铭》，见《章太炎全集》(五)，263页。

⑤ 梁国冠：《岭南诗人黄晦闻评传》，载《东方杂志》，第43卷，第2号。

⑥ 《黄晦闻墓志铭》，见《章太炎全集》(五)，263页。

⑦ 李韶清：《黄晦闻之生平及其政治学术思想举例》，见《广州文史资料》，第10辑；章太炎《黄晦闻墓志铭》也说："清两江总督端方知无可奈何，欲以略倾之，不能得。"

"内典道藏旁及东西洋哲学，无不涉猎及之"①。12 岁中秀才，19 岁成举人，少年得意，热衷功名。但 1903 年北上会试不售，归途上海，结识章太炎诸人，遂转向反清革命，改名"光汉"。翌年加入光复会，主持《警钟日报》。1905 年，是报遭封禁，避地芜湖，易名主讲皖江中学及安徽公学，并与陈独秀共主《安徽俗话报》。其间，加入国学保存会，主撰《国粹学报》。是时，刘师培不仅已成著名革命党人，且成国粹派的主将之一和《国粹学报》之巨擘。他一生著书 74 种，民元前 43 种，其中在《国粹学报》上连载的就有 33 种。该报共出 82 期，除两期之外，每期都有他的文章。同时主讲国学讲习会，编著伦理、经学、文学、历史、地理五种国学教科书行世。他将西方社会学的某些新理论、新方法，引入了传统的学术研究领域，获得了新人耳目的成果。尤其是《群经大义相通论》、《周末学术史序》、《国学发微》等著作，传诵一时。由是刘师培以少年负盛名，时人誉为国学大师，"当时有二叔之目"②，海内想望其风采。

1907 年，刘师培应章太炎招赴日本，入同盟会，并任《民报》编辑。但次年即为端方收买，变节，旋归国入其幕。此后他继续为《国粹学报》撰稿，只是先前创新的精神尽失，而退入汉学家考据的老路，归于颓唐了。

马叙伦(1884—1970)，字夷初，浙江仁和县人。祖父文华，正路功名，曾为京官二十余年。但父琛书，仅得一县学生员。叙伦五岁即拜浙江解元王会澧为师，但 11 岁丧父，家庭中落。戊戌变法失败后，就读杭州新学堂"养正书塾"。在老师陈介石影响下，始读《天演论》、《法意》、《黄书》等，渐萌排满革命之思。1902 年至上海，主编《选报》、《新世界学报》。崇拜章太炎，常至张园听章太炎、蔡元培等人的革命演说，思想愈加激进。1903 年 4 月《新世界学报》停刊后，即与邓实、黄节合办《政艺通报》。不久又共同发起组织国学保存会，主撰《国粹学报》。他发表政论文章甚多，学术文章主要有《古政述微》、《孔氏政治学拾微》、《论性》等。1911 年专程到

北京师范大学史学探索丛书

---

① 冯自由：《刘光汉事略补述》，见《革命逸史》，第 3 集，北京，中华书局，1981。
② 章太炎字枚叔，而刘师培字申叔。

日本找章太炎，要求介绍加入同盟会。旋归国，投身辛亥革命①。

应当指出的是，国学保存会会员固然多为晚清国粹派的健将，但作为国粹派的主帅人物，却又非章太炎莫属。

章太炎(1869—1936)，字炳麟，浙江余杭人。少从外祖朱有虔受业，读蒋氏《东华录》，反清民族主义思想由此萌动。1890年后到杭州诂经精舍从清代著名朴学大师俞樾受业，"精研故训，博考事实"②，从此打下了国学研究的坚实基础。甲午战争后，受民族危机的刺激，毅然走出书斋，加入强学会，走上了维新变法道路。庚子后，又渐转向革命。1902年东渡日本与孙中山"定交"，并发起"支那亡国二百四十二周年纪念会"，从此定志排满革命。同时大量阅读了日本与西方的资产阶级哲学、社会学书籍，革命思想益加宏肆。1903年他为邹容《革命军》作序，并发表了著名的《驳康有为论革命书》，随即因"苏报案"身陷西牢。但缘此更名动天下，成了众望所归的"有学问的革命家"。章太炎是公认的国学大师，"其文章每一出，学者珍之，如获大贝"。"虽好作政论，东南朴学，实为主盟。"③1906年出狱东渡主持《民报》，其瑰丽多姿的革命家兼学者的生涯，从此进一步展开了。

章太炎与邓实、黄节、马叙伦等人的关系多在师友之间。他在《国粹学报》上先后发表的著作多达25种，此外还有许多信札。因此，章与国学保存会的关系问题，自然引人注目。后人多认章为国学保存会的当然创始者和《国粹学报》的编辑④。但是，这并无根据。首先，章太炎的《自定年谱》及多次夫子自道，从未提及参与发起国学保存会或编辑《国粹学报》之事。其次，不仅1907年的国学保存会《会员姓氏录》不曾列名，在会员的有

---

① 见《我在六十岁以前》，北京，生活·读书·新知三联书店，1983。

② 汤志钧编：《章太炎年谱长编》上册，20页，北京，中华书局，1979。

③ 汤志钧编：《章太炎年谱长编》上册，158、235页，北京，中华书局，1979。

④ 如梁国冠在《岭南诗人黄晦闻评传》(《东方杂志》，第43卷，第2号)中说："黄节与章炳麟、刘光汉、黄宾虹、邓实诸人创国学保存会，办《国粹学报》"；《中华人名辞典》(中华书局，1947)黄节条："清末至沪，与章炳麟等创国学保存会，刊行《国粹学报》，以文字鼓吹革命"；冯自由《开国前海内外革命书报一览》则谓章是《国粹学报》的主要编辑之一。

关回忆中，也未见有此说。最后，这在实际上也是不可能的。国学保存会的成立，即便追溯到国粹学社，其酝酿最早当在1903年底；而章太炎自是年6月起，便因"苏报案"受审、入狱，头绪纷乱，身不由己，遑论创办新的革命团体！1906年甫出狱，便在当天匆匆东渡日本，从此海天相隔，且忙于主编《民报》及讲学，又如何能编辑《国粹学报》！因此，章太炎并非国学保存会会员，大致可以论定。

然而，这并不妨碍我们重视章太炎与国学保存会间的特殊关系及其对后者的重要影响。早在1903年他在给刘师培的信中，就曾勉励刘致力学术研究以保存国粹①。邓实、黄节诸人在与章的交往中，彼此也引为国粹同调，心意相通。国学保存会及其《国粹学报》的酝酿，事先征询章的意见，或曾打过招呼，也是当有之事。章以天命自居，自视甚高，其狱中所作《癸卯口中漫笔》说："上天以国粹付余……怀未得遂……至于支那阂硕壮美之学，而遂斩其统绪，国故民纪，绝于余手，是则余之罪也。"②邓实诸人视若拱璧，竟将此寥寥数语的狱中语录，刊于报端，足以说明国学保存会实遥戴章为自己的精神领袖与楷模。

章太炎对国学保存会诸子及《国粹学报》的影响力之大，从以下两件事中即可见其一斑：其一，《国粹学报》标榜不存门户之见，今文经学家廖平在该报头两年中，时有文章发表，颇形活跃。1906年第7期上复刊有他的三篇撰述：《公羊春秋补证后序》、《公羊验推补证凡例》、《春秋孔子改制本旨三十问题》，进一步发挥了今文经学派的"微言大义"说。章对此甚为反感，他在给刘师培的信中，直斥廖平"荒谬诬妄"，"全未读书"，并且批评邓实诸人"今乃录其学说，不已过乎"③？章信在《国粹学报》刊出之后，《政艺通报》虽然收录了廖平本人的反驳文章，但在《国粹学报》上，廖却从此销声匿迹了。这说明，章的意见对邓实等人有多么大的左右力量。其二，1910年《国粹学报》准备"更定例目"，"录前人旧著"。但当录的旧著书

① 章太炎：《章太炎致刘申叔书》，载《国粹学报》，第1年，第1期。
② 章太炎：《癸卯口中漫笔》，载《国粹学报》，第1年，第8期。
③ 《国粹学报》，第2年，第12期。

目，却是由远在日本的章太炎提出的①。

章太炎不仅俨然为国学保存会的精神领袖，而且借助主编《民报》和开办国学讲习会，又将东京的《民报》社，变成了宣传国粹思想的又一个中心，并使之与上海的国学保存会遥相呼应，从而极大地扩展了国粹派的声势和影响。

1906 年 6 月底，章甫出狱，即被孙中山派人迎往日本，并主持《民报》。在东京留学生举行的盛大欢迎会上，他发表了著名的演说，"述生平的历史与近日办事的方法"，其中尤其突出强调了要"用国粹激动种性，增进爱国的热肠"②。这实际是明确表示，此后自己当以发扬国粹为职志。《民报》从第 6 期起，归章主编③。前后共编发 15 期，发文总数 169 篇，其中属于国粹研究的文章 57 篇，占总数约 35%。此外，第 6—24 期，章本人共发表文章 64 篇，其中有关国粹研究的文章 34 篇，占总数 53%。刘师培发表文章共 7 篇，其中同类文章 5 篇，占总数 71%。尤其是第 14 期总共刊文四篇，其中章太炎、刘师培各占两篇，内容全然为国粹研究，不啻成了国粹文专集了。《民报》发生的此种变化，其是非得失，姑且不论；但是在章的主持下，它已变成突出宣扬国粹的重要阵地，却是显而易见的。章本人于此也颇自得，他在《黄晦闻墓志铭》中说：黄节、邓实在上海成立国学保存会，"时炳麟方出系，东避地日本，作《民报》与相应"④。

章太炎在编辑《民报》之余的讲学，缘于欢迎会上的留学生之请⑤。1906 年 9 月国学讲习会正式成立⑥。其科目分预科、本科。预科讲文法、

---

　　① 见《致国粹学报社书》，载《国粹学报》，第 5 年，第 10 期。

　　② 章太炎：《东京留学生欢迎会演说辞》，见汤志钧编《章太炎政论选集》上册，272 页。

　　③ 章太炎主编的《民报》是：第 6～18 期，第 23～24 期；第 19～22 期为陶成章主编。

　　④ 章太炎：《黄晦闻墓志铭》，见《章太炎全集》（五），263 页。

　　⑤ 张篁溪：《苏报案实录》，近代史资料丛刊《辛亥革命》（一）。马巽：《光复会的点点滴滴》，见《北方文史资料选辑》，第 1 辑，1980 年。

　　⑥ 《民报》第 7 号刊有《国学讲习会序》。

作文、历史；本科讲文史学、制度学、宋明理学、内典学①，地点设神田地方的大成中学内。具体事务由陶成章负责，并规定月出讲义一篇。在讲习会的基础上，不久又成立"国学振起社"，章自任社长，事务所即设在《民报》社。

讲习会的人数较多，1908年鲁迅、许寿裳等青年学生也想听讲，希望能另开一小班。结果章答应于每星期日上午在《民报》社另开一班，听讲者仅鲁迅等8人。是时《民报》既已被封，章得以集中精力讲学。两班学生先后达百数十人之多②。直到武昌起义之后，章"始辍讲业"，附轮归国。

章太炎主持下的《民报》社，与邓实的国学保存会，息息相通，保持着密切的联系。《国粹学报》大量刊载章太炎等人的文章；章等不仅在日本代为收集佚书，而且通过《民报》社，代售《国粹学报》③。彼此在人员上，也是相通的。章曾向邓实诸人引荐黄侃，后者且加入了国学保存会；而刘师培正是应章之招东渡日本，并成为《民报》编辑的。至于苏曼殊，则穿梭般往返于《民报》社与国学保存会之间。

至此，国学保存会、《国粹学报》，与国学振起社、《民报》成犄角之势，国粹派在上海与东京之间，形成了自己的宣传轴心。同时，他们中的一些人，还是以下重要革命刊物的主编或主要撰稿人：《复报》（柳亚子、高天梅）；《醒狮》（高天梅、柳亚子、陈去病）；《洞庭波》、《汉帜》（宁调元）；《江苏》（柳亚子）；《河南》（刘师培）；《教育今语杂志》（章太炎、钱玄同）。这些刊物自然不同程度也染上了国粹思想的色彩。此外，还有一些革命刊物也较多宣传了国粹思想。例如，《神州日报》、《晋乘》、《云南》、《粤西》、《汉声》、《黄帝魂》等。其中《晋乘》将"发扬国粹"，列为自己"六

---

① 宋教仁：《我之历史》，见陈旭麓主编：《宋教仁集》下册，654页，北京，中华书局，1981。

② 张庸：《章太炎先生问答》，见《章太炎政论选集》上册，258页，北京，中华书局，1971。

③ 宋教仁《我之历史》1906年1月13日记："上海《国粹学报》馆寄报来，请《民报》代售。"《民报》第5期刊有《国粹学报》社广告，并注："东京代派所民报社编辑部。"

大主义"的第一条①。《汉声》1906 年编辑了增刊《旧学》；《云南》1908 年也编辑了增刊《滇粹》。总之，其时的革命刊物，鲜有能与国粹思想真正绝缘者。可见，随着国粹派的崛起，国粹思潮已经成为革命派队伍内部一种带有普遍性的思潮了。

---

① 《四川》，第 1 号，"广告"。

第二章 国粹派及国粹思潮
出现的历史原因

一、20 世纪初年中国社会文化思潮的变动

英国著名历史学家汤因比说："在文明的一般接触中，只要被侵入的一方没有阻止住辐射进来的对手文化中的哪怕仅仅是一个初步的因素在自己的社会体中获得据点，它的唯一的生存出路就是来一个心理革命。"①所谓"心理革命"，就是国人对外来文化的挑战，不能不做出积极的回应。

在近代，随着鸦片战争后英国用大炮轰开了中国的大门，欧风美雨沛然而至，中国社会的"心理革命"便发生了。不过，对中国来说，所面临的远非是"文明的一般接触"和外来文化"初步的因素"的辐射，而是"三千年未有之变局"，岌岌可危。因此，它决定了由中西文化间挑战与回应所引起的这场"心理革命"，不仅贯穿中国近代历史始终，而且是一个充满着理性与情感的冲突，交织着无尽的反省与追求的复杂的历史过程。

在 19 世纪余下的 60 年中，这个过程大致经历了三个阶段：

第一阶段，1840—1860 年。

清政府在第一次鸦片战争中惨败，"天朝大国"居然败于"蕞尔小夷"，它以极其尖锐的形式，首先令林则徐、魏源、姚莹等近代第一批清醒的爱国者惊起。他们勇于面对现实，提出了"师夷长技以制夷"的著名主张。尽管他们对夷人"长技"的理解尚属肤浅，但重要在于，他们提倡"师夷"，构成了对"夏夷大防"传统观念的否定，也是对普遍存在的以天朝大国自居盲目自大心理的大胆挑战。魏源等人的思想主张，是国人对近代中西文化最

① ［英］汤因比：《历史研究》(下)，曹未风等译，275 页，上海，上海人民出版社，1986。

初撞击作认真反思得到的第一个善果。由是近代春潮初动的思想界便与过往冰封的疆域，划开了界线。

然而，魏源等人的思想不过是空谷足音。"师夷长技"的主张不仅在当时被人斥为"糜费"、"多事"，而且长久不为清廷所重视。所以王韬在咸丰十年还发出这样不平的叹喟：

> 吾与泰西诸国通商以来，已历二十余年，而在廷诸臣之于洋务，昏然如堕云雾中。一二草茅之士，或能通达时事，叹息时艰，偶言之于当道，则必斥之曰"多事"，鄙之曰"躁妄干进"，呵之为"不祥之金"。于是乎而嗫口卷舌者多矣。不然，徐松龛中丞、魏默深司马之书具在，探夷情，师长技，坐而言者可以起而行，何一非驭外之要图？奈何当道者，熟视若无睹也①。

这说明，在第一次鸦片战争后的 20 年间，中国社会的"心理革命"是怎样难以展开。

第二阶段，1860—1895 年。

此期洋务运动在大江南北广泛展开，形成了一场颇具声色的效法西方创办近代工业的运动。魏源等人"师夷长技"的主张，不仅被付诸实施，而且被大大超越了。毫无疑问，这场运动也增强了国人的心理承受力，进一步推动了社会"心理革命"的进程。而洋务理论家们的理论阐述和哲学概括，则表明士大夫们的此种心理承受力已经和所能达到的程度。魏源的"师夷长技以制夷"，尚限于为"制夷"而发，远未涉及中西学的关系问题。而从冯桂芬的"以中国之伦常名教为原本，辅以诸国富强之术"②，到薛福成的"取西人气数之学，以卫吾尧、舜、禹、汤、文、武、周公之道"③；从郑观应的"中学其体也，西学其末也；主以中学，辅以西学"④，到孙家

---

① 《王韬日记》，151～152 页，北京，中华书局，1987。
② 《校邠庐抗议·采西学议》，见中国近代史资料丛刊，《戊戌变法》（一），28 页。
③ 《筹洋刍议·变法》，见中国近代史资料丛刊，《戊戌变法》（一），160 页。
④ 《盛世危言·西学》，见中国近代史资料丛刊，《戊戌变法》（一），48 页。

鼐的"以中学为主，西学为辅；中学为体，西学为用"①，和张之洞以"中体西用"思想为纲，著《劝学篇》一书，风行海内；数十年间，"中体西用"已逐渐规范为洋务思想的标准表述。夷人的"长技"被提升为"西学"，并借助"道、器"；"体、用"；"本、末"，这些中国传统的哲学范畴，将中西学纳入统一体内，肯定西学是富强国家、推进中学不可或缺的有机部分。这是洋务派对中西文化关系的独特而又明确的表述。它进一步踏倒了"夏夷大防"的藩篱，为人们大胆接受西学开辟了道路。

但是，洋务派毕竟将中西学规定为本末、主从的关系，这表明中国传统士大夫的"心理革命"，无法逾越以孔孟纲常名教为标志的封建旧文化的界限。新的超越有待新的阶级提出新的观念。

第三阶段，1895—1900 年。

甲午战争后，维新思潮浸浸而起，是以否定洋务思潮为前提的。维新派认为，洋务派斤斤于铁路、电线、轮船、枪炮之属，不过触及西学的皮毛，于其"根本"，即"法度政令之美备，曾未梦见"②。他们于隆中抑西的"中体西用"论，尤其不以为然。严复说，中西学各有自己的"体、用"，"中体西用"论无异于"驭骥之四蹄以附牛之项领，从而责千里焉"③，于理不通，于事绝不可行。维新派在文化思想上的建树在于，不仅将人们对西学的认识，由"西艺"推进到"西政"，而且第一次打破了隆中抑西的传统文化价值观，且反其道而行之，主张"尊新"，"尽变西法"，即主张以新学、西学，反对旧学、中学。这就为西学在中国的广泛传播，在思想上进一步开辟了道路。惟其如此，清末有人不无道理地将中国"欧化"的起点，断在了戊戌时期④。

北京师范大学史学探索丛书

---

① 《遵议开办京师大学堂折》，见中国近代史资料丛刊，《戊戌变法》（二），426 页。

② 谭嗣同：《报贝元徵》，见周振甫：《谭嗣同文选注》，32 页，北京，中华书局，1981。

③ 严复：《与〈外交报〉主人书》，见王栻主编：《严复集》，第 3 册，558～559 页，北京，中华书局，1986。

④ 刘师培《黄帝纪年论》（《国民日报汇编》第 2 集）："光绪政变曷为记，为欧化输入于中华记也。"董寿慈《论欧化主义》，载《环球中国学生报》，1907（4）。此文认为："甲午变后，识时俊杰，风发飙起，东向而求学，诚是为欧化之先河。"

综上所述，从宏观上看，中国社会文化思潮的三期演进，正经历了"师夷长技"——"中体西用"——"变法维新"的变化轨迹。这不仅反映了人们对西学认识由表及里的深化过程；而且也表明，在中西文化关系上，中国社会文化心理趋向呈现出单向演进的态势，即日趋激烈地批判中学，而追求西学。这与汤因比的"心理革命"说相吻合。但是，汤因比没有进一步指出，后进民族的此种"心理革命"，不可能始终保持单向选择的态势；到一定阶段上，它必然要转向双向的交织，即表现为文化主体对主客文化的重新审视和在往返对比中的多元选择。文化是十分复杂的现象，后进民族的文化呈现为落后，但从根本上说，没有无价值的文化。同时，吸收外来文化，也不可能是机械的添加，它有赖于固有文化的能动整合。但人们对此的自觉，需要一个过程。处于民族危机中易于急功近利的人们，尤其如此。因此，初始的单向追求不仅是难以避免的；而且就其主流而言，往往表现为后进民族的志士仁人，由深重的民族危机感引发的可贵的追求。但是，这一趋向的最终变异，总是更多地表现为人们识见的增进与文化心理的深沉。

国人此种单向的"心理革命"态势，在进入 20 世纪后便终结了，代之而起的是双向交织、百步九折、远为复杂和生动的过程。特别是 20 世纪最初的十年间，犹如急流迴回，社会文化心理呈现了明显的折向：向传统文化回归。这集中表现为：

(一)出现了要求重新审视传统文化价值的倾向。

鸦片战争以降，中国传统文化不断受到西方文化的冲击和时人的批判，在人们心目中的地位每况愈下。到 19 世纪末，就已经有人在主张易种变俗，尽弃固有，"唯泰西是效"了。但在进入 20 世纪后，却出现了要求重新审视传统文化价值的明显倾向。人们认为，长久以来国人一味贬斥中国文化，已经达到了妄自菲薄和自失信心的地步，以至于"今日之中国使自知其病犹易，使自知其自身之可爱则更难"①。因此，要起衰振弊，不能不大声颂扬祖国文明的可爱，借以首先唤起国人的自信心。著名的革命派刊

---

① 《国魂篇》，载《浙江潮》，1903 年，第 1 期。

物《20世纪之支那》的发刊辞写道：

> "夫支那为世界文明最古之邦，处世界最大之洲，为亚洲最大之国。有四千年引续之历史可爱；有三千年前迄今之典籍可爱；有四万万之同胞可爱；有二十行省之版图可爱；有五岳四渎之明媚山川可爱；有全国共用之语言文字之可爱。支那乎！支那乎！吾将崇拜而歌舞之，吾将顶祝而忭贺之，以大声疾呼于我国民之前曰：支那万岁！"①

《神州日报》同样是一份有影响的革命刊物，其发刊辞高古典雅，传诵一时；但内容也重在"摅怀旧之蓄念，发思古之幽情"。文中历举中国往古人种智慧，"如数家珍"②。

人们对固有文化的回归，还表现在传统学术的价值重新受到了积极的肯定。他们强调，中国文化古老而灿烂，举世公认，固无须自炫，但也不应自讳："中国开化最古，政俗文教，肇基亦最隆，以唐虞治化，比泰西今日宪政；以三代学制，比泰西今日教育，虽无其美备，而吾中古以前已光明灿烂也如是，此东西大政治家所同认也。不特此也，六经之价值，视摩西旧约何如？周末诸子，视希腊学派何如？汉唐辞章，视罗玛文字何如？有宋道学，视西人德育何如？引据祖国之文明，比较环球之献典，不容吾人自讳，亦不必吾人自炫，即彼中号通汉学者，亦啧啧称道，自许为不及者也"③。一些留学多年的青年知识分子，蓦然回首，似乎又都发现了中国传统学术的价值。刘永图在日本攻读自然科学，却又迷恋章太炎的讲学，终至于"愿复修正名之学，以保国故是任"④。《洞庭波》的主笔、著名

---

① 卫种：《二十世纪之支那初言》，载《20世纪之支那》，第1期。
② 冯自由：《上海神州日报小史》，见《革命逸史》，第3集，北京，中华书局，1987。
③ 胡梓方：《说国粹》，载《寰球中国学生报》，第2期。
④ 章太炎：《刘永图传》，见《章太炎全集》（四），221页，上海，上海人民出版社，1985。

革命党人宁调元重操旧学，更是一个典型的例子。他自幼从父习经史，后留学日本，"改业科学"。但其时又深感"洋学之未必尽裨世用"，"穷途幡辙"，复回头重操庄骚诸书，做起《庄子补释》一类旧学问来了①。同时，湖北留日学生的刊物《汉声》的增刊，即取名《旧学》。所以，毫不奇怪，有人在《中国白话报》上撰文指出，如果新党的文章，"义理既没有，考据又空疏，辞章更是烂套臭调"②，那一定没有人看重。事实上，在当时的留日学生中，也确实出现了"国学热"。章太炎主持的国学讲习会，分大小两班，参加听讲的学生达百数十人之多，固然反映了这一点；同时，《新民丛报》上有《游学生与国学》一文，建议在会馆设一"国学图书馆"，以满足留学生研究国学的需要，一样可见其一斑③。此外，梁启超发表《论中国学术思想变迁之大势》著名的长文，也值得重视。他在文中不仅强调在"上世史"，"中世史"时代，世界学术思想数"我中华第一"，而且断言，经近世落后之后的中国学术如今正进入了一个"复兴时代"，在不远的将来，"更执牛耳于全世界之学术思想"④，也并非可望而不可即。梁启超对中国固有学术的复兴充满信心，无疑是反映了其时重新重视国学的社会氛围。所以，随着久被冷落的传统学术有了新的吸引力，"国学"、"旧学"之声，又忽焉四起，成了 20 世纪初年引人注目的社会现象。

(二)在中西文化关系上，人们开始理直气壮地倡言中西会通和弘扬固有文化。

其时，除了"新、旧学"、"中、西学"的习惯提法外，人们开始更普遍使用"东洋文明"、"西洋文明"或"东西文明"这样一些重在强调地域性文化的新概念。有的还进而分东西文化为"精神之学"与"形质之学"，或"无形之文明"与"有形之文明"，等等。此种分别自然不科学，但它与前者同样都表明时人观察中西文化有了新的角度：不限于作新旧纵向上的观察，开

① 宁调元：《庄子补释自序》，见《太一遗书》，1915 年铅印本。
② 林獬：《国民意见书》，见张枬、王忍之编《辛亥革命前十年间时论选集》，第 1 卷下册，907 页，北京，生活·读书·新知三联书店，1978。
③ 《游学生与国学》，载《新民丛报》，1903 年，第 26 号。
④ 见《饮冰室合集·文集》，第 1 册，北京，中华书局，1989。

始强调从横向上将中西文化视为区域性文化而加以对比。他们承认西方文化的优越，但反对因此否定东方文化自身的价值，"化中为西"。他们强调中西文化各有长短，应在平等的基础上实现会通、调和，最终达到弘扬民族文化的目的。梁启超说，对祖国文化"歌之舞之，发挥之光大之，继长而增高之，吾辈之责也"。在此后 20 年中，不患外国学术不能输入，"吾惟患本国学术思想之不发明"①。凡人也指出，"学术开通"并不意味着专取西学"而不顾己国之文明"。重要的问题是，要能将"固有之学"发扬光大，使之能确立万国优胜的地位。因之，"合古今，贯中西，而熔铸于一炉"②，应成为发展中国民族新文化的根本道路。

20 世纪初年，人们由单向追求西学，进而主张中西会通和表现向传统文化回归的心理折向是如此明显，以至于自称"负笈西洋"十年之久的《汉声》主笔也表示，"旧学荒芜，尝用自愧"了③。而如前所述，此期国粹一词成了时髦的用语，风行一时，自然更是其有力的征候。

引动社会文化心理折向的原动力，是一些年轻的学子，尤其是海外的留学生。他们当中既有改良派，也有革命派，但无非均为当时的新潮人物。因此，这与其说是复古倒退，毋宁说是一次文化反思，即对 19 世纪中叶以来国人在中西文化关系上业已渐次形成的思维定势的第一次反思。促成这次文化反思的原因，主要有以下几个方面：

1. 西方资本主义文化自身弱点的日益暴露。法国学者米歇尔·博德在他的《资本主义史》一书中指出，1800—1870 年，是西方资本主义"不可阻挡的兴起"的时代；而 1873—1914 年，则进入了"从大衰退到大战"的时代④。所以，20 世纪最初 10 年正是西方资本主义盛极而衰，陷入萧条、衰退和面临着第一次世界大战前夕社会危机四伏的严峻时代。随着资本主义固有矛盾的进一步发展和劳、资阶级对立的愈形加剧，西方资本主义文化自身的弱点也无可掩饰地日益暴露出来。19 世纪末以来，国人震于"自

---

① 《饮冰室合集·文集》，第 1 册。
② 《开通学术议》，载《河南》，第 5 期。
③ 《汉声》，第 1 期，"旧学广告"。
④ ［法］米歇尔·博德：《资本主义史》，吴艾美等译，北京，东方出版社，1986。

由、平等、博爱"之名，于西方社会及其文化想象得十分完美。此期间赴欧美日本者日多，身历其境，耳目所及，理想浪漫的成分大为减少，由是引起新的思考是很自然的。康有为在周游欧洲十一国后说："未游欧洲者，想其地若皆琼楼玉宇，视其人若皆神仙才贤；岂知其垢秽不治，诈盗遍野若此哉！故谓百闻不如一见也。"[①]康不免带有偏见，孙中山的见解就要客观得多，他说："近时志士舌敝唇枯，惟企强中国以比欧美。然而欧美强矣，其民实困，观大同盟罢工与无政府党、社会党之日炽，社会革命其将不远。"[②]所以他不主张照搬欧美的模式，而要根据中国不同的国情，"择别取舍，惟其最宜"。如果说孙中山的三民主义理论及其"五权"宪法的构想，是其时在政治思想上融合中西文化的典范；那么鲁迅的《文化偏至论》，则是从纯文化的角度上考察西方近代文化思潮极具卓识的文论。他肯定西方19世纪的文化是人类文明的善果，但又指出它重物质轻精神，难免于"偏与伪"。鲁迅认为，20世纪人类新文化必发生有新的精神，而无须对19世纪西方文化顶礼膜拜[③]。

　　2. 民族主义和爱国主义高涨的推动。20世纪初，最激动人心的宣传莫过于民族主义和爱国主义了。19世纪末以来，帝国主义加紧全球的侵略扩张，尤其是1900年八国联军侵华，使国人对西方帝国主义的猖獗极为关切。《开智录》1900年第2期上有《论帝国主义之发达及20世纪世界之前途》一文，告诫人们说：帝国主义就是"强盗主义"，它正盛行于今日的世界。八国联军的暴行，不过微露其"真面目"而已，20世纪的中国将面临帝国主义更大的威胁。因此，民族主义作为帝国主义的对立物，便受到了普遍的颂扬而日趋高涨。不仅革命刊物宣传民族主义，立宪派刊物也崇信不疑。例如梁启超说："故今日欲抵挡列强之民族帝国主义，以挽浩劫而拯

---

①　康有为：《欧洲十一国游记》，14页，长沙，湖南人民出版社，1980。
②　《民报发刊词》，见《孙中山选集》，76页，北京，人民出版社，1981。
③　《文化偏至论》，见《鲁迅全集》，第1卷，50页，北京，人民文学出版社，1987。

生灵，唯有我行我民族主义之一策。"①在时人的眼里，民族主义就是"祖国主义"、爱国主义。因此"爱祖国"、"铸国魂"之说，又风靡一时，成了时代的最强音。

"爱国主义是由于千百年来各自的祖国彼此隔离而形成的一种极其深厚的感情。"②爱国情感既源自于民族的历史与文化，要令爱国精神发扬光大，就不能不着意于对中国历史和文化的阐扬。"国学与爱国心相倚者也……其爱国者，必使吾国之历史之现状之特质，日出入于吾心目中，然后其爱乃发于自然。"光大国学，"此培养爱国心之不二法门也"③。所以，民族主义和爱国主义的高涨进一步激发了人们对祖国文化历史的执著眷念，又是此期社会文化心理折向的重要推动力。

这里还应当指出，1904年的日俄战争对中国的社会文化心理也产生了微妙的影响。许多人从日胜俄败中，不仅引出了"日以立宪胜，俄以立宪败"的教训，而且还进而不无道理地得出了"白种优胜"论破产的结论，认为那种所谓黄种人天生不如白种人的说法绝无根据，中国人没有自卑的理由④。因此，人们对东西洋文明的观感也随之发生变化，以至有人提出"文明潮流循环论"，认为西洋文明的时代即将为重新崛起的"太平洋文明"时代所取代⑤。同时，日本有人声称，打败俄国是得力于阳明之学。这也颇令一些人兴奋不已：王学远不逮孔学，行之异国即能有如此的功效，足见中国文明自有其价值在。于是，"中国有救弊起衰之学派"⑥的说法，又声浪日高。这些见解虽不免于迂，但它所透露的日俄战争对时人心理的影响，却是值得重视的。

---

① 《新民说》，见李华兴、吴嘉勋编《梁启超选集》，210页，上海，上海人民出版社，1984
② 中央编译局列宁斯大林著作编译室：《对列宁关于"爱国主义"的一处论述的译文的订正》，载《光明日报》，1985-10-13。
③ 《游学生与国学》，载《新民丛报》，1903年，第26号。
④ 《论日本沿唐人文化》（《外交报》，甲辰第10号）：日俄一战，"天然种界之说，不攻自破，此后吾人即欲以白优黄劣一语为藏身之固，吾亦知其不能矣。"
⑤ 《论文明潮流之循环》，载《东方杂志》，第2卷，第9号。
⑥ 蘧照：《论中国有救弊起衰之学派》，载《东方杂志》，第1卷，第4号。

3. 对"醉心欧化"倾向的思考。所谓"醉心欧化",实则是一种主张崇洋媚外的民族虚无主义倾向。这在 19 世纪末已稍露端倪,其时愈形明显。一些人蔑弃中国文化,"见中国式微,则虽一石一华,亦加轻薄,于是吹索抉剔,以动物学之定理,断种龙为必无"①。他们认为,既然中国历史不如人,国民不如人,外人诋支那人种为世界上最不进化的人种,就不能说是无根之论②。一些海外留学生半弃国文,以至草三四百字之短篇而不能通③。由是,一味仿效西人的"醉心欧化"之风愈炽:"言非同西方之理弗道,事非合西方之术弗行,抨击旧物,唯恐不力。"④但是,在有识之士看来,"醉心欧化"终不过是无源之水、无本之木,不仅无益于中国,且必不能长久。数十年来,留学欧美接受西方高等教育者不乏其人,但于中国文化的影响却甚微,原因即在于他们只有"欧化",而缺少国学即中国文化的根基。因此,王国维在总结 19 世纪以来中国学术思想所以浅薄无成的原因时强调指出,西方文化的输入,"非与中国固有之思想相化"⑤,决不能有真正的善果。鲁迅的见解更进了一步。他认为"醉心欧化"者无非是盲目地"贱古尊新",其结果所得并非真"新",而是"偏"与"伪"。这无异于引进"新疾",它与中国文化"本体自发之偏枯"二者交相为患,只能加速"中国之沉沦"。鲁迅也主张中西文化融合,但他强调此种融合须以洞达世界大势为前提,要能辨析西洋文化的精华与糟粕,"去其偏颇,得其神明,施之国中,翕合无间"。新文化当是"外之既不后于世界之思潮,内之仍弗失固有之血脉,取今复古,别立新宗"⑥。这里所谓"神明"、"血脉"、"今、古"的提法,说明鲁迅已经形成了中西文化融合必须找到某种科学的结合部的强烈意向。但于此,鲁迅又并非是绝无仅有者,当时正在南洋公学求学的蒋梦麟,也正在"开始了解东西方的整体性",希望通过比较研究找到

---

① 鲁迅:《破恶声论》,载《河南》,第 8 期。
② 《游学译编叙》,本刊 1903 年,第 1 期。
③ 《饮冰室合集·文集》,第 1 册。
④ 《鲁迅全集》,第 1 卷,44 页。
⑤ 《论近年之学术界》,见《王国维遗书》(五),上海,上海古籍书店,1983。
⑥ 《鲁迅全集》,第 1 卷,56 页。

中西文化异态纷呈中的"统一"，即可以"互相发明，互相印证"的相通之部①。所以，可以说，"醉心欧化"倾向所引起的广泛思考，是促成其时国人进行文化反思更为深刻的内驱力。

20世纪初年中国社会文化心理折向既是反映了国人文化识见的深沉，它所展现的就不是复古倒退的偏枯局面，而是中西双向交织、多元选择、近代文化思潮演进远为开阔、生动的新生面。其中，有三种文化派别最值得重视：第一，吴稚晖、李石曾为代表的《新世纪》派。《新世纪》周刊1907年6月创设于法国巴黎，是革命派内部一个宣传无政府主义的刊物。其同人倡言"三纲革命"、"孔丘之革命"、"祖宗革命"，对封建旧文化行猛烈批判，颇有振聋发聩之功；但遗憾的是，却走向了全盘否定中国历史与文化的民族虚无主义的迷津。他们不认为在中国古代文化中有任何值得今天继承的"国粹"可言："数千年老大帝国之国粹，犹数百年陈尸枯骨之骨髓，虽欲保存，其奈臭味污秽，令人掩鼻作呕何？徒增阻力于青年之吸受新理新学也。"②西方新文明既已发生，中国过往的一切历史与文化尽成"陈迹"，自然"当在淘汰之列"。所以，《新世纪》派是其时"醉心欧化"的"欧化主义"派。

第二，梁启超为代表的《新民丛报》派。人所共知，此期梁启超诸人不同于日归尊孔故辙的康有为，其趋重介绍西学建树颇著，尤其高揭"新民"说，内涵深刻，影响实巨。但必须指出的是，他们的文化主张实可借梁的"淬励其所本有而新之"③一句概括。他们同样看重国学、国粹与传统，主张复兴中国文化。所以，尽管梁启超诸人表面趋重西学，其文化运思实未超出国粹思潮的范围（它显露了欧战后梁等迅速皈依东方文化派的远因）。他们与作为革命派一翼的国粹派的区别在于，缘政治立场的差异，而反对后者"借国粹以激动种性"，即反对排满革命。

第三，即是以章太炎、刘师培、邓实为代表，以《国粹学报》为主要阵地的晚清国粹派。

---

① 蒋梦麟：《西潮》，64页，台北，世界书局，1984。

② 良史：《好古》，载《新世纪》，第24期。

③ 梁启超：《新民说》，载《新民丛报》，1903年，第26号。

第一派代表着"欧化主义"思潮，虽不乏反封建的锐气，但于西方近代文化的真谛既不能有如后来的《新青年》关于科学与民主的深刻把握，其一味"醉心欧化"，就不能不归于肤浅。加之《新世纪》是以宣传无政府主义为主的刊物，远在欧洲发行，且为时甚暂(1910年5月停刊)，故其所代表的欧化主义思潮不仅未能形成较为确定的理论形态，而且影响稍微。第二派的文化运思虽不脱国粹思潮的范围，但毕竟趋重介绍西学，于国粹理论少所发明。这样，就更能反映社会文化心理折向和具备更为确定的理论形态而言，应当说，20世纪初年中国社会文化思潮变动的一个最为重要表征，便是晚清国粹派及其国粹思潮的崛起。

二、国粹派出现的原因

但是，作为革命派队伍中的一翼，国粹派异军突起，又有自身的必然性。

(一)对民族危机的独特思考

对于中国民族危机的深重，国粹派同样有切肤之痛。邓实曾惊呼中国正成为帝国主义争夺"舞台之中心点"："吁嗟，我老大之中国为其舞台之中心点，俄人侵占满洲矣，英人势力范围扬子江流域矣，德人经营山东矣，法人窥伺两广矣，皆挟其帝国主义政策，以集注于一隅，茫茫大地，旗影枪声，纷然鼎沸。"①刘师培的《中国民族志》一书，辟有"白种之入侵"专章。他在详细叙述了德、英、俄、法、日各列强在中国纷纷强占租界港湾、私自划分势力范围和夺得各处铁路修筑权的事实之后，也痛切地提醒国人说："瓜分惨祸悬于眉睫"，"今后之中国又将为欧种之奴隶矣"②。但是，国粹派所以为国粹派，不仅在于他们感受到了民族的危机；而且更主要还在于，他们看到了民族危机与文化危机的一致性，相信文化危机是更本质、更深刻的民族危机。他们认为，一个国家所以能立于世界民族之

---

① 邓实：《通论四》，见《壬寅政艺丛书》，政治通论，内篇卷1。
② 刘师培：《中国民族志》，见《刘申叔先生遗书》，第17册。

林，不仅在于武力，更重要还在于有赖以自立的民族"元气"，这就是各国固有的"文化"①。中国现在所面临的西方侵略与历史上周边少数民族入主不可同日而语，就在于：后者因在文化上的落后，虽然一时征服了汉族，却无由改变中原的文化，"且不独不变而已，及其久焉，其力反足以征服异种，而使异种与之同化"。故国亡而"元气"未伤，即文化传统犹存，汉室终能衰而复振。但近代东来的欧洲侵略者，却是来自在文化上优胜中国的拉丁、条顿、斯拉夫等民族，他们不仅从政治、经济、军事上侵略，更可畏的是力图从文化上亡我中国："其亡人国也，必也灭其语言，灭其文字，以次灭其种姓，务使其种如坠九渊，永永沉沦。"②一旦文化澌灭，民族"元气"尽消，中国所面临的将不仅是亡国，而且是亡天下，即将陷万劫不复的灭种之灾："学亡则亡国，国亡则亡族。"③所以，他们强调文化救亡是民族救亡的根本，提出了"保种、爱国、存学"的口号，大声疾呼：爱国之士不仅当勇于反抗外来侵略，而且当知"爱国以学，读书保国，匹夫之贱有责焉"④的道理，奋起保存国学、国粹，以求复兴中国文化。毫无疑问，国粹派的上述见解，并不完全正确。他们过分夸大了文化的作用，以至于主张"读书保国"，"存学"救国，把文化救亡当成民族救亡的前提，显然是把问题弄颠倒了。"皮之不存，毛将焉附？"大难当头，不先奋起反抗列强侵略，争取民族、国家的独立，所谓保存国学、国粹，实际上也无从谈起。同时，将历史上中国境内的民族矛盾与现实列强侵华简单类比，也不恰当。但是，尽管如此，国粹派对于民族危机的独特思考，仍不失其深刻。这不仅表现在他们正确地指出了列强侵略所带来的中国民族危机的后果，将完全不同于历史上的改朝换代，而是导致亡国灭种的巨祸，此种见解具有极大的尖锐性；更主要还在于，他们毕竟看到了文化危机与民族危机的一致性，从而揭示出了在民族救亡过程中，复兴中国文化重大的历史课题。所以，应当承认，不管国粹派的认识中事实上包含着多少失误，但

---

① 章太炎：《送印度钵罗罕、保什二君序》，载《民报》，第 13 号。

② 邓实：《鸡鸣风雨楼独立书·人种独立》，载《政艺通报》，1903 年，第 23 号。

③ 邓实：《国粹学报叙》，载《国粹学报》，第 1 年，第 1 期。

④ 邓实：《国学保存会小集叙》，载《国粹学报》，第 1 年，第 1 期。

其最初的崛起，不仅激于民族的危机感，而且出自振兴中国文化崇高的历史使命感，却是显而易见的。同时，邓实、黄节能"倾其家产"①，在十分困难的条件下，苦撑《国粹学报》达七年之久；章太炎在东京，"寓庐至数月不举火，日以百钱市麦饼以自度，衣被三年不浣"。困陋如此，却讲学不辍，"以谓国不幸衰亡，学术不绝，民犹有所观感，庶几收硕果之效，有复阳之望"②；都说明了他们此种爱国情感和历史使命感的诚挚真切和难能可贵了。这应是激励国粹派奋起最重要的动力。

(二)欲借中国文化的智慧避免西方资本主义制度的弊端

毫无疑问，国粹派主张共和革命；但是，他们并不相信"共和为政治极轨"③。相反，与其他革命党人相较，却更多看到了西方资本主义制度的弊端，因而不赞成盲目地加以仿效。例如，章太炎在《代议然否论》中说："余固非执守共和政体者"④。他赞成选举总统、三权分立，但不赞成西方的议会制度。章太炎认为，美国议会为少数有权势者所垄断，并不能代表民意。所谓代议士，专横无忌，无非在全国平添"数十百议皇"而已，因此中国不应当盲目袭取："他国未有议员时，实验未箸，从人心所悬揣，谓其必优于昔。今则弊害已章，不能如向日所悬拟者。汉土承其末流，琴瑟不调，即改弦而更张之尔，何取刻画以求肖?"他借鉴明代"政刑分权"、清代"政学分权"的办法，重新设计了一种行政、司法、教育三权分立的新政体。马叙伦也强调，中国古政虽不能行于今，但古人"依民性而制礼，为人性而作乐"，其缔造国家的历史经验，仍然有借鉴的价值。他认为，"醉心欧化"论者一味抹杀中国的历史和传统，是不知仿行西方政制也不能不尊重中国民族的"情性风俗"而有所损益："虽起欧西硕辅，而使理于华土，其必不能尽弃其故俗"⑤。所以，力图从中国古代的历史与文化中，汲取避

① 刘斯奋:《黄节年表简编》，见《黄节诗选》附录，广州，广东人民出版社，1984。

② 黄侃:《太炎先生行事记》，见汤志钧编《章太炎年谱长编》，295 页。

③ 章太炎:《太炎先生自定年谱》，载《近代史资料》，1957 年，第 1 期。

④ 《太炎文录初编》，见《章太炎全集》(四)，别录卷 1，306 页。

⑤ 马叙伦:《古政述微自叙二》，载《国粹学报》，第 1 年，第 1 期。

免西方资本主义制度弊端和创造性建立中国共和新政制的智慧和经验，也是国粹派热衷探求国粹的一个重要动因。

(三)适应排满革命的需要

适应排满革命的需要，是推动国粹派兴起和国粹思潮广泛传播的一个更为直接的导因。如前所述，国学保存会成员多为江浙一带精通经史的士人，江浙是历史上抗清斗争最为激烈而损失也最为惨烈的地区，顾炎武等人的反清思想影响尤为深远。国粹派既多生长于斯，复通晓历史掌故，耳濡目染，自然从小受"华夷之别"传统种族观念的影响，在心中潜藏下了反清的种子。例如，章太炎幼时便是受其外祖父朱有虔的影响，而初萌排满之思的，并为仰慕顾炎武，改名绛，别号太炎(顾初名绛，入清后改炎武)。他自己也说："兄弟少小的时候，因读蒋氏《东华录》，其中有戴名世、曾静、查嗣庭诸人的案件，便就胸中发愤，觉得异种乱华，是我们心里第一恨事。后来读郑所南、王船山两先生的书，全是那些保卫汉种的话，民族思想，渐渐发达。"[1] 刘师培也是"少读东华录夙具民族思想"[2]。他且有诗曰："大厦将倾一木支，乾坤正气赖扶持；试从故国稽文献，异代精灵傥在兹。"[3] 因此，当他们转向革命之后，自觉地利用中国古代"内诸夏外夷狄"传统的种族观念和宋、元、明、清以来汉族人民反抗国内其他民族统治的历史掌故，即"异代精灵"，来为现实的排满革命酿造激情，就是合乎逻辑的了。1906 年章太炎在东京留学生欢迎会上主张"用国粹激动种性，增进爱国的热肠"[4]，这固然包含着反帝爱国更广泛的内容，但毫无疑问，借国粹激动排满的"种性"，也是应有之义。所以，也不奇怪，国粹派是其时鼓吹排满革命最激烈的革命派，而其两位主帅即刘师培、章太炎，同时也就是他们的代表性人物。刘师培易名"刘光汉"，其激烈程度不难想见。刘氏所著《攘书》、《中国民族志》，更风行一时，尤其是《攘书》，

---

① 《东京留学生欢迎会演说辞》，见汤志钧编：《章太炎政论选集》上册，269 页。

② 冯自由：《刘光汉事略补述》，见《革命逸史》，第 3 集，北京，中华书局，1981。

③ 刘师培：《甲辰年自述诗》，载《警钟日报》，1904-09-10。

④ 《东京留学生欢迎会演说辞》，见汤志钧编：《章太炎政论选集》上册，269 页。

被认为是精辟阐发国人"类族辨物"和"春秋内夏外夷"之义的"伟著",是"国民有欲饮革命之源泉"者,不可不读的书①。同样,章太炎被公认是排满"巨子",《民报》在他的主持下,排满革命的宣传愈加激烈。胡朴安说:留日学生多"受章氏之感动,激于种族之观念,皆归于民族旗帜之下,风起云涌,各自发行杂志,宣传种族学说,以为革命之武器"②。这些当然都不是偶然的。1905年国粹派兴起正值同盟会成立前后排满革命风潮一日千里之时,所以,说到底,国粹派和国粹思潮的出现,又是革命高涨的产物。

(四)受欧洲浪漫主义思潮的影响

排满思潮的激荡,固然是国粹派崛起的一个重要原因,但其时欧洲浪漫主义运动对20世纪初年的中国思想界,尤其是对国粹派的影响,也值得重视。欧洲浪漫主义兴起于18世纪末,原属文学的范畴。它突出情志的自由和非功利的审美标准,表现为对僵硬的古典主义的反动。但是,经卢梭的倡导,特别是在法国大革命之后,浪漫主义便经由民族主义而渗透到政治领域,到19世纪更成为颇具声势的浪漫主义运动。罗素说:"在革命后的时代,他们(指浪漫主义者——引者)通过民族主义逐渐进到政治里:他们感觉到每个民族有一个团体魂,只要国家的疆界和民族的界限不一样,团体魂就不可能自由。在19世纪上半期,民族主义是最有声势的革命原则,大部分浪漫主义者热烈支持它"③。19世纪末20世纪初,欧洲的浪漫主义也正是与民族主义结伴而行,传到了中国。一个民族、一个国家、一种国魂的"民族原则",尤其大受正热衷于排满革命宣传的革命派欢迎。《浙江潮》第1期上有《民族主义论》一文说:"合同种异异种,以建一民族的国家,是曰民族主义。"这显然是照搬了欧洲浪漫主义者的界定。国粹派对此尤为兢兢。刘师培说:"意人马志尼之言曰:凡同一人种风俗语文者,即可组织一国,斯语也,殆民族主义之定论乎?"④马叙伦也强调,"国之运

---

① 见《警钟日报》,1904年4月14日"广告"。
② 胡朴安:《二十年学术与政治之关系》,载《东方杂志》,第21卷,第1号。
③ 《西方哲学史》下册,216页,北京,商务印书馆,1976。
④ 《中国民族志序》,见《刘申叔先生遗书》,第17册。

本在种性……其必种性同一，其国固久"①。不过，在西方，浪漫主义经民族主义进到政治，而在中国则不同，浪漫主义经民族主义最终却是进到了历史、文化的领域。这在集革命派、国学大师和诗人于一身的国粹派，自然愈形鲜明。受浪漫主义鼓舞的人，崇尚炽热的情感，"他们赞赏强烈的炽情，不管是哪一类的，也不问它的社会后果如何"②。刘师培不仅易名"刘光汉"，且自称"激烈派第一人"。他盛赞卢梭说："他说的话都是激烈不过的，那巴黎的革命，就是被他鼓动起来的。"③刘师培的"激烈"，显然带着浪漫主义的色彩。但更可注意的是，刘师培还进一步指出，一个真正的维新者，除了新学知识之外，尚须具备三个条件："一椿是讲国学，一椿是讲民族，一椿是主激烈。"④这实际上正体现了浪漫主义、民族主义和历史、文化的结合。其时，同为国粹派的钱玄同的思想状态，更具典型性。他后来回忆说：其时自己主张保存国粹的目的，不仅是要光复旧物，"将满清底政制仪文——推翻而复于古"，而且要求复于三代。一切文物固然是汉族的好，但更重要的是，"同是汉族的之中，则愈古愈好，一说到这里，却有应该声明的话，我那时的思想虽极炽烈，但有一样的'古'，却是主张绝对排斥的，便是'皇帝'……惟于共和政体却认为天经地义，光复后必采用它"⑤。钱玄同不仅参考《礼记》及黄宗羲等人关于古代深衣说的考证，作《深衣冠服说》，而且照做了一身。1912年他在浙江省教育司当科员，曾穿着去上班，一时传为笑柄⑥。可见，钱玄同的"炽热"与"复古"的浪漫情绪，同样是缘民族主义而与历史，文化结合的。所以，热衷于国粹、国学、国魂的思辨与玄想的国粹派，极力倡导"借国粹激动种性"，成了激烈的排满革命派的集中代表，这与他们更多地接受了欧洲浪漫主义运动的影响，显然是分不开的。

---

① 马叙伦：《歔天庐政学通议》，载《国粹学报》，第1年，第9期。
② 《西方哲学史》下册，221页，北京，商务印书馆，1976。
③ 《论激烈的好处》，载《中国白话报》，第6期。
④ 《中国白话报》，第10期，"学术"。
⑤ 钱玄同：《三十年来我对于满清的态度底变迁》，载《语丝》，第8期。
⑥ 曹述敬：《钱玄同年谱》，19页，济南，齐鲁书社，1986。

北京师范大学史学探索丛书

(五)晚清今古文争的激动

国粹派的兴起与晚清今古文之争也紧密相关。邓实在《国粹学报第一周年纪念辞并叙》中说："同人被服儒术,伏处海滨,家传汉学,抱一经世守之遗。"①就章太炎、刘师培、邓实、黄节等主要代表人物而言,国粹派不仅有排满革命共同的政治基础,而且有共同的学术渊源,即都承继了清代以戴震为代表的皖派朴学的绪余。具体说,国粹派是集扬州学派(刘师培)、浙江学派(章太炎)和岭南学派(邓实、黄节)的绪余于一体,以朴学为基础,以古文经学为中坚的学术派别(这在下一节详论)。而清代今文经学初兴于乾嘉之际,至康有为集其大成。今文经学成了维新变法的重要理论根据,一时如日中天。但戊戌变法失败后,今文经学又成了康有为立宪派借以反对革命的理论武器。因此,反驳康有为等人鼓吹的今文经学,成了革命派为要消除立宪派的影响在学术思想领域不能不完成的任务。可以说,这个使命正是由国粹派完成的。章太炎、刘师培高揭起古文经学的大旗,不仅有力地开拓了朴学的学术天地,而且花费了相当多精力,对今古文之争作重新考辨。例如,刘师培的《汉代古文学辨诬》、《古今文考》、《论孔子无改制之事》、《王鲁新周辨》等,和章太炎的《春秋左传读叙录》、《驳皮锡瑞三书》、《春秋平议》、《原经》诸文,都发表在《国粹学报》上,重申"六经皆史"的论点,力斥"孔子改制"说的荒谬。这些论著对于打破康有为诸人借以反对革命的今文经学的理论根据,促使共和革命思想的传播,起了重要作用。要言之,晚清今古文之争与现实的政治斗争紧密相关,以古文经学为中坚的国粹派的形成,自然不能不考虑到它在经学史上的动因了。

(六)受日本国粹思潮的影响

最后,日本国粹思潮的影响,也是不应忽视的。《国粹学报叙》写道:"日本维新归藩复幕,举国风靡,于时欧化主义,浩浩滔天。三宅雄次郎、志贺重昂等撰杂志倡国粹保存,而日本主义率以成立。鸣呼,学界之关系

---

① 邓实:《国粹学报第一周年纪念辞并叙》,载《国粹学报》,第2年,第1期。

于国界也，如是哉！"①显然，邓实、黄节等人相信，中国唯有像日本那样善于保存"国粹"、"民族精神"，才有可能走上融合中西、复兴民族的道路。不仅如此，他们借成立国学保存会、刊行《国粹学报》摆开自己的阵势，此种组织宣传的具体形式，很明显也是借鉴了日本志贺重昂等人通过组织政教社和刊行《日本人》杂志来倡导国粹思想的做法。所以，可以说，晚清国粹派是借用了日本国粹派的语言、口号和组织形式，在自己民族的舞台上，演出了历史的新话剧。

总之，要理解国粹派的缘起，须将之置于20世纪初年中国社会文化思潮的变动和政治格局的变动构成的时代大背景下加以考察。国粹派集革命派与学者于一身。作为革命派，他们更擅长从中国的历史与文化中，为反满革命酿造激情；作为学者，他们既不同于往昔的儒者，具有共和革命派的立场、情思即时代感，也不同于一般革命派，更看重民族的文化传统。国粹派是庚子后国人重新审视中西文化的产物，也是辛亥革命风潮涌动的结果。所以，在一定程度上可以说，晚清国粹派的崛起，从一个角度相当鲜明地彰显了20世纪初年中国社会政治、文化变动及其相互交感的时代品格。

三、国粹派的学术渊源

晚清国粹派不仅有着排满革命共同的政治基础，而且作为一个学术派别，就其主要代表人物而言，又有着共同的学术渊源关系。此种政治上、学术上的双向趋同，使国粹派较之其他政治派别具有更加耐久的维系力。同时，也因是之故，探讨其学术渊源，可使我们对国粹派及其文化思想的理解，多一层历史感。

国粹派共同的学术渊源，就在于他们都承继了清代朴学的绪余。

朴学即汉学，为清学中坚。清初顾炎武开其先河，迄乾嘉间，蔚为大观，渐成以惠栋为首的吴派和以戴震为首的皖派两大学派。吴派尊崇汉

---

① 邓实：《国粹学报叙》，载《国粹学报》，第1年，第1期。

学，笃守家法，为学最专，但"不问'真不真'，惟问'汉不汉'"，略嫌猸狭；皖派为学最精，"实事求是，不主一家"，被梁启超誉为最能体现清学精神即体现科学与解放精神的理性学派。[①] 戴震之后，其弟子异趋，衍成几多学派。其中，扬州学派、浙江学派和岭南学派，更具影响。迨清末，三派的流风余韵，风云际会，复缘国粹派而彰显。

扬州学派 扬州于乾嘉之际，实为吴、皖两派汉学交汇之区。惠栋吴派弟子多来居扬州，若汪中、刘台拱、李惇、贾田祖、江藩等以次兴起。皖派巨擘戴震本人曾久居扬州，其弟子除金坛段玉裁外，也以扬州为盛。高邮王念孙、王引之父子，传其形声训诂之学；兴化任大椿传其典章制度之学；江都焦循则扩其义理之学。仪征阮元，友于王氏、任氏、焦氏，复从戴震乡里同学凌廷堪、程瑶田问故，得其师说。吴、皖二派在这里并非互相对立，而是彼此交融。汪中、李惇，刘台拱均为王念孙同里，彼此交善。刘台拱正是在王的影响下，专意说经；而汪中则自谓上承顾炎武、惠栋、戴震一脉相传的余绪，并拟作《六儒颂》。[②] 所以，由任大椿诸人开其先河的扬州学派，实兼容吴、皖二派而成长。道、咸间，阮元以古学跻显位，风声所树，扬州经师辈出，一时称盛："盖乾嘉道咸之朝，扬州经学之盛，自苏常外，东南郡邑，无能与比焉。"[③] 不过，刘师培强调，从汪中到其先祖，扬州学派乃得戴震真传，为皖派嫡系。所以他在《戴震传》中说："故先生之学，惟扬州之儒得其传，则发挥光大固吾郡学者之责也。"[④] 刘师培的曾祖父刘文淇，早年受经于凌曙，又从阮元问故，与刘宝楠同为扬州学派的后劲，故淮东有"二刘"之目。刘家世传经学，刘文淇与其子毓崧、孙寿曾，均以经学名于道咸同光四朝，并列《国史·儒林传》。刘师培的父亲贵曾，亦以经术发名东南。所以，刘师培少承家学，"未冠

---

① 梁启超：《清代学术概论》，23页，北京，中华书局，1954。

② 刘师培：《六儒颂》，见《左盦集》卷8，引自《刘申叔先生遗书》，第40册，宁武南氏铅印本，1936。

③ 刘寿曾：《沤宧夜集记》，见《传雅堂文集》卷1。

④ 刘师培：《戴震传》，载《国粹学报》，第2年，第1号。

即耽思著述，服膺汉学，以绍述先业，昌洋扬州学派自任"。① 当代著名学者张舜徽先生也肯定说："刘师培出生的年代虽较晚，却是清代扬州学派的殿军。"②

浙江学派 阮元为嘉道间大儒，不仅张大了扬州学派的堂庑，而且随着他封坼东南诸省，力倡经学，更将皖派学术进一步引入了南方。嘉庆初年，阮元任浙江巡抚，立诂经精舍于杭州，由是开浙江学派的先河。其后，临海的金鹗、定海的黄式三、黄以周父子等，远追江、戴，遍治群经；瑞安的孙诒让深于训诂典章之学，集周学之大成；德清的俞樾，以小学为纲，疏理群籍，恪宗高邮二王之学，浙江学派愈得发舒。尤其是孙诒让和俞樾，既是与顾炎武、戴震、王念孙、王引之、段玉裁等一脉相承的晚清著名的朴学大师，同时也是浙江学派的真正的奠基人。章太炎在《俞先生传》中说："浙江朴学晚至，则四明、金华之术荓之，昌自先生。宾附者，有黄以周、孙诒让。"③梁启超则称俞、孙"为正统派死守最后之壁垒"。④ 章太炎先从俞氏游，并"数谒"黄以周；后因参加革命被革出山门，复转而师事孙氏，得兼收诸家之长。章自谓"学术万端，不如说经之乐"，⑤平生"最服膺段、王诸家，以上继戴氏之所为"。⑥ 章氏不愧为浙江学派的传人。

岭南学派 道光中期，阮元调两广总督，在粤设学海堂。他"导学者以汉学"。⑦ 选才肄业，造士有家法，奠定了岭南学派的基础。岭南学者列阮氏门籍者，以陈澧、朱次琦为最。二者为学杂糅汉宋，不讲家法，与正统汉学稍异。简朝亮与康有为同为朱氏弟子。康后来转崇今文经学；简则信守师法，"自谓'酌言百家，会汉宋之学'"。⑧ 梁启超也称他"志在沟通汉

① 尹炎武：《刘师培外传》，见《刘申叔先生遗书》第1册。
② 张舜徽：《清代扬州学记》，16页，上海，上海人民出版社，1962。
③ 《俞先生传》，见《章太炎全集》（四），212页。
④ 梁启超：《清代学术概论》，9页。
⑤ 章太炎：《章太炎致刘申叔书》，载《国粹学报》，第1年，第1期。
⑥ 庞俊：《章先生学术述略》，载《制言》，第25期。
⑦ 黄节：《岭学源流》，载《国粹学报》，第4年，第3期。
⑧ 任元熙：《清徵士简竹居先生事略》，见汪兆镛《碑传集三编》，卷34。

宋，非正统派家法"。① 简实为岭南学派的真正殿军。邓实、黄节同出简朝亮之门，二人虽然不若刘师培、章太炎能光大师学，但毕竟继承了岭南学派酌言百家、不重家法的传统。故邓实强调，为学只求其真，无须分汉宋："是故学之真，一而已，真者何在？皆在孔子之术，六艺之科而已，无汉宋，无今古也。学之分汉宋、今古，其惟学术之衰乎？"②

由上可知，国粹派的学术渊源，缘阮元相关联，主要是承继了皖派朴学的绪余。邓实说："同人被服儒术，伏处海滨，家传汉学，抱一经世守之遗。"③ 正是强调了彼此学术渊源的一致性。但其现实的具体取向，又各有不同。黄节、邓实与其师异趣，经学非其所长。黄节喜诗文，后来成为近代著名的诗人。邓实则趋重于古籍与美术品的蒐集与鉴定，后来成为近代出色的出版家。在此期间，二者都重在政论与史学。如果说简朝亮志在沟通汉宋，不重正统派家法，那么邓、黄的家法观念就更加淡化。所以，出身岭南学派的邓、黄，力倡打破门户之见，为学但主实用，终成为国学保存会和《国粹学报》的主要组织者，也就是合乎逻辑的了。

国粹派学术地位的确立及其特色的形成，主要当归功于分别来自浙江学派和扬州学派的章太炎与刘师培。章太炎以朴学立根基，以玄学致广大，特别是中年以后，究心佛典，广涉西籍，以新知附旧学，日益弘肆。其精义卓识，多发乾嘉诸老所未发。梁启超说："应用正统派的研究法，而廓大其内容，延辟其新径，实炳麟一大成功也。炳麟用佛学解老庄，所著齐物论释，虽间有牵合处，然确能为研究'庄子哲学'者开一新国土。其菿汉微言，深造语极多。……中岁以后所得，固非清学所能限矣"。④ 其时，章太炎主持东京国学振起社，并为《国粹学报》撰稿，作为公认的朴学大师，名动天下。刘师培不仅承家学优势，且博览中西群籍，好学深思。这使他同样得以超越扬州学派，多发新想。其治经，兼"吴皖两派之长"，⑤

① 梁启超：《清代学术概论》，29 页。
② 邓实：《国学今论》，载《国粹学报》，第 1 年，第 4 期。
③ 邓实：《国粹学报第一周年纪念辞并叙》，载《国粹学报》，第 2 年，第 1 期。
④ 梁启超：《清代学术概论》，58 页。
⑤ 尹炎武：《刘师培外传》，见《刘申叔先生遗书》，第 1 册。

条理精密，胜于前人。与章太炎相应，刘师培主讲上海的国学讲习会，也已赢得国学大师的称誉，声望日隆。

要言之，从学术的角度看，国粹派的兴起，又是扬州学派、浙江学派和岭南学派三者的优秀传统在特定的历史条件下氤氲化合的结果。邓实、黄节所代表的岭南学派的淡化门户之见和志在会通的精神，使国学保存会和《国粹学报》乐于容纳不同的学术观点，以成其大；章太炎、刘师培所代表的浙江学派和扬州学派严谨专深的研究传统，又使国粹派得以避免肤泛与平庸，在传统的学术领域，开拓了新的天地。

但是，对国粹派学术渊源的认识，仅停留于上述概然性的学派分野，是不够的；还必须从于晚清影响深远的今古文学分野的角度上，对其作进一步探究。

因学派渊源的差异，国粹派于今古文的见解也不尽相同，但其趋重古文经的取向，却是显而易见的。

浙江学派崇古文。黄式三治《春秋》，谓"孔子修之，不得增史之不书"。[1] 孙诒让治《周礼》，"一切依古文弹正"。[2] 但俞樾略有不同。他学无常师，早年受学于古文家陈奂，后又见宋翔凤，得闻武进庄氏之说，"治《春秋》颇右公羊氏，盖得之翔凤云"。[3] 他自己也说："（本朝）治春秋者，喜言公羊，谓孔子立素王之制，任王于鲁，变文以质，新周故宋，陈义甚高，立说甚辩，余初亦喜之。"后来康有为借公羊说倡维新变法，使之大为震骇，惊叹"经术不可不慎"，转谓"公羊有弊，而穀梁无弊"。[4] 章太炎继承浙江学派的传统，尚古文，并以刘子骏私淑弟子自居，自异其师，尤其是转向革命之后，其古文门户日趋森严。

如果说浙江学派尚古文，那么扬州学派则不便作如是观。学主会通被认为是后者独具的精神和风格："吴学最专，徽学最精，扬州之学最通。"[5]

---

① 蔡冠洛：《清代七百名人传》，北京，中国书店，1984。
② 章太炎：《孙诒让传》，见《章太炎全集》（四），213页。
③ 章太炎：《俞先生传》，见《章太炎全集》（四），211页。
④ 章太炎：《春秋穀梁传条例序》，载《国粹学报》，第6年，第6期。
⑤ 张舜徽：《清代扬州学记叙论》，上海，上海人民出版社，1962。

北京师范大学史学探索丛书

这不仅表现在扬州学者兼收吴、皖两派治学之长，还表现在他们对今古文学取宽容的态度，各尊所闻，并行不悖。所以，扬州学派今古文师并存。例如，凌曙治《公羊》，为今文大师；刘师培曾祖刘文淇为凌甥，少从受经，后却改治《左传》，成古文大师。南桂馨说："扬州诸师实系天下朴学之一线，主古文者有之，主今文者有之，风雨晦明，彼此推邑，各自成其述作，而家法井然不淆，初不谓有此即可以无彼也，文达之教然也。"①这样看来，扬州学派的学者，学有专攻，却不主张今古文学的对立。刘师培承家学，重古文，但不排斥今文，同样体现了扬州学派的特色。

岭南学派杂糅汉宋、今古，所以，毫不奇怪，邓实、黄节因事而异，随机而发，于今古文家法，也无所容心。当黄节斥刘歆"假借君权，窜乱群籍，贼天下后世"②时，他意在斥君权，而非在阐发今文家言；同样，邓实既攻董仲舒倡独尊儒术，罢黜百家，又在《国粹学报》上刊其画像并赞曰："繁露昭垂，功配素王。"③其意是在颂扬国学，而非在突出公羊学。应当说，国粹派中多数人皆然。如当金一说孔子作《春秋》，"传旧而已"④时，其意仅在批评传统学术著作缺乏独立的思想，而非在申论古文家言。

不过，需要提出的是，邓实、黄节诸人虽于今古文家法无所措意，但是，从根本上看，他们却是倾向于古文经学的。这最有力的证明是，他们都明确反对公羊家神化孔子与《六经》的非理性观点，而肯定了章学诚"六经皆史"的著名见解，从而从根本上站到了古文经学的立场上了。例如，邓实说："经者，古史。""六经皆先王之政典也。"⑤他甚至指出，清代今文经学的复活不过是一些人借公羊家言谋取利禄而已："故外托今文以自尊，而实则旦假其术以干贵人，觊权位而已。故今文之学出，而神州盖不可为矣。盖今文学者，学术之末流，而今文学盛行之世，亦世运之末流也。"⑥

---

① 《刘申叔先生遗书·序》。
② 邓实：《国粹学报叙》，载《国粹学报》，第1年，第1期。
③ 邓实：《董子像并赞》，载《国粹学报》，第1年，第8期。
④ 《文学观》，载《国粹学报》，第3年，第7期。
⑤ 邓实：《国学讲习记》，载《国粹学报》，第2年，第7期。
⑥ 邓实：《国学今论》，载《国粹学报》，第1年，第4期。

由此可知，国粹派的两大巨擘，即章太炎与刘师培，既是其时著名的古文学大师，而在实际上《国粹学报》上的大量经论，也多出其手，申论古文家言，严谨而完备；邓实、黄节诸人，虽于今古文家法无所容心，但从根本上却倾心于古文学；因此，可以说，奉章、刘为学术领袖的国粹派，是站在古文经学的大纛之下。明白了这一点，就不难理解：何以由邓实、黄节主持的《国粹学报》最初乐于刊登著名今文家廖平、王闿运的经说，取今古文兼容并包；而当其后章太炎出于革命需要，决心对今文学发难时，邓实诸人又能即起响应，转而将《国粹学报》变成专主古文和反击今文学的主要阵地（这在"国粹派的经学思想"一章将详论）。

质言之，从学术渊源上看，国粹派又是一个以清代皖派朴学为基础，以古文经学为中坚的学术派别。

四、中日国粹派出现的历史机缘之异同

19 世纪末 20 世纪初，中日两国先后都出现了国粹派和国粹思潮，这是耐人寻味的。较比二者的历史机缘，又是全面认识国粹派所必需的。

自 19 世纪中叶以来，中日两国都陷入了遭受西方侵略的境地，面临着争取民族独立的共同命运。19 世纪末 20 世纪初，民族主义的崛起有力地制约着本国文化思想的发展，显然是两国最鲜明的共相。政教社诸人要求警惕"欧美民族主义的阴险面"和唤起"日本民族对国家独立自主的信念"①。近代中国的命运比日本更为悲惨，尤其是刚刚经历过八国联军的浩劫，中国国粹派的民族危机感自然更为强烈。所谓"四夷交侵"，"风雨如磐，鸡鸣不已"，中国国粹派的崛起，首先也是志在为唤起国人民族独立的意识而呐喊。

同时，中日两国输入西方文化，均已历数十年之久，而且都出现了不同程度的"醉心欧化"，即全盘否定固有文化的倾向。志贺重昂等人指责政府的"欧化政策"、"毁民亡国"，强调要在尊重日本民族性的基础上，实现

---

① ［日］中里良男：《志贺重昂》，见中村之等著：《近代日本哲学思想家辞典》。

东西洋文化融合。无独有偶，中国的国粹派也反对"醉心欧化"。章太炎在东京留学生欢迎会上即批评说："近来有一种欧化主义的人，总说中国人比西洋人所差甚远，所以自甘暴弃，说中国必定灭亡，黄种必定剿绝。因为他不晓得中国的长处，见得别无可爱，就把爱国爱种的心，一日衰薄一日。"①他们主张，以中国为"主观"，以西方为"客观"，将欧化与国粹融合起来，借此振兴中国文化。中日的国粹派，都执著追求保存和发扬民族文化的个性；他们理想化的国粹主张，都反映了各自民族主体意识的觉醒。

如果说，民族主义的崛起和对东西洋文化的反思，是两国国粹思潮涌起相类的历史机缘；那么，此种历史机缘的歧异性显然多于其共性。

日本的国粹思潮在明治中期出现时，日本已坚定地走上了西化即近代化的道路。引导这一历史进程的不是别的力量，恰恰就是明治政府。政教社诸人本是明治维新的拥护者。他们反对政府僵硬的"欧化政策"，并非反对"欧化"本身。日本的欧化思潮与国粹思潮虽然纷争不已，但二者都在明治维新这一统一的政治机制中得到了整合。国粹思潮成了对明治维新的校正与调谐。

中国的情况却迥然相异。清政府是顽固阻挠中国社会近代化的反动政府。中国没有也不可能出现日本那样的"鹿鸣馆时代"。中国的国粹思潮，与其说是针对欧化主义而发的，不如说首先是应乎排满革命的需要而起。中国的国粹派，首先是反清革命派，这是与日本的国粹派根本不同之处。因此，政教社同人可以从容谈论日本国民的"真善美"和"伪恶丑"，以及日本的风景；中国的国粹派，却首先必须从民族的历史与文化中，借用某些古老的语言与口号，以便为排满革命酿造激情。因此，国粹思潮成为其时民主革命思潮的一部分，乃是中国特殊的时代条件决定的。同时，中国既缺少日本那样主持西化的强劲的政治机制，国粹派便无由发挥自己对中国"欧化"的调谐校正的功能。他们另辟蹊径，希望通过对传统文化重新研究，在排满革命的同时，能够找到会通中西、复兴中国文化的道路——在他们看来，这是确保中国民族独立，更为根本的东方"文艺复兴"之路。这

---

① 汤志钧编：《章太炎政论选集》上册，276 页。

不仅与当时体认传统文化的社会氛围相一致，而且在实际上，也给中国古老的文化学术天地带来了革命新风。因此，将国粹思潮看成是民主革命思潮在中国学术文化思想领域的延伸，要比将之说成是封建文化在革命队伍中的顽强表现，来得更深刻些。

但是，两国的国粹派所面对的各自民族的历史文化遗产，毕竟相去悬殊。中国是古老的文明大国，而日本在古代主要吸收中国汉唐文化，近代则远规欧美，其真正的"国粹"，远谈不上宏富。历史遗产不丰，虽不为美，但在一定条件下，却又成了好事。它不易构成历史的重负，使国人常怀"数典忘祖"的警惧，而作茧自缚。所以，日本的政教社诸人更多的是在"民族性"这一本来的意义上使用国粹一词；他们关心的是现实的"日本式的开化"，而不是日本古学的复兴。政教社的刊物以"日本人"定名，本身就说明日本国粹派的旨趣，是政论而不是古朴的历史考辨式的传统学术研究。他们的代表性的权威著作，是志贺的《日本风景论》，三宅的《真善美日本人》、《伪恶丑日本人》等皇皇巨著，也同样说明了这一点。中国国粹派面对中华民族灿烂的古代文化和源远流长的学术传统，固然比日本人有着更强烈的民族自豪感，但同时也有了更多的历史负罪感。章太炎惶惶然，谓以"国故民纪，绝于余手，是则余之罪也"①，就反映了这一点。因此，他们更多的不是在"民族性"的意义上探讨国粹问题，而是将之等同于"国学"、"国故"，作具体的学术研究，这与前者正成了鲜明的对照。同时，也唯其如此，中国国粹派的机关刊物《国粹学报》，与《日本人》截然不同，它是古奥的学术性专刊，其代表性的著作，可以举出章太炎的《国故论衡》、刘师培的《国学发微》一类，它们与《日本风景论》、《真善美日本人》等也迥然相异，就是毫不奇怪的了。中国的国粹思潮既适应排满革命的需要，又满足了人们复兴古学的愿望，这从积极方面说，是反映了中国宏富的历史文化具有多样性的魅力；但从消极方面看，又不得不承认，中国历史文化的遗产毕竟又酿造了国人过多的情感重负。

当然，此种情形与两国国粹派队伍的素质构成大不相同，也有很大的

---

① 章太炎：《章太炎癸卯口中漫笔》，载《国粹学报》，第 1 年，第 9 期。

北京师范大学史学探索丛书

关系。政教社诸人多为明治维新后新学堂的毕业生，他们以三宅、志贺为代表，主要分属于东京大学哲学馆和札幌农业学校系统，总之是"具有自然科学知识和教养的知识分子占多数"①。志贺农校毕业后，即从事地理学研究。三宅先在家乡金泽外语学校学习，后入东京大学哲学科，毕业后即在东京专门学校(后改早稻田大学)和哲学馆(后为东洋大学)任教。二人虽同为国粹派的重镇，但志贺终生是地理学家，著有多种重要的地理学著作，被誉为向日本青年"提供海外知识的第一人"，② 1917 年且被荐为英国皇家地理学会名誉会员。三宅则终生为活跃的政治家和报人，1919 年被报界选为第一名"理想的新闻杂志记者"③。

不妨说，日本是新学者讲国粹，而中国是国学家讲国粹。章太炎、刘师培、黄节、黄侃等人精通国学，自不必说，《国粹学报》和其他报刊国粹文章的撰稿人，无不具有深厚的国学根底，甚至可以广而言之，其时的革命知识分子，包括海外留学生，就其多数而言，也无不具有相当的旧学修养与兴趣。例如，邹容留学日本时仅 17 岁，但已是"既明国史……复晓经训、说文部居"了。所以在狱中能与章太炎"两人聚说经，亦时时讲佛典"④。在东京国学讲习会热心听讲的留学生，也不必说；作为同盟会首领的宋教仁，其时也正乐此不疲。据《我之历史》所载，他甫抵日本，即预订了半年的《国粹学报》。在短短的时间里，就购置了包括《周礼》、《明儒学案》等在内的旧学书籍 70 余种，并热心为古书作跋，抄寄《国粹学报》，请其付刻。同时，"大量借阅音韵书"，埋头编写《汉文讲义》。旧学仍具有广泛的社会基础和革命党人多好为之的事实，有力地说明了中国的国粹派集国学家与革命党人于一身，其论说且产生广泛的影响，是怎样地合乎逻辑了。

中日两国国粹思潮的出现有着各自的历史机缘，它们对于各自的国家来说，在一定的历史时期内，都曾经是合理的。日本的国粹思潮促进了

---

① ［日］松本三之介：《明治精神的构造》，日文版，123 页，1981。

② ［日］中里良男：《志贺重昂》，见中村之等著：《近代日本哲学思想家辞典》。

③ ［日］野鹿正直：《三宅雪岭》，见中村之等著：《近代日本哲学思想家辞典》。

④ 近代史资料丛刊《辛亥革命》(一)，365 页，上海，上海人民出版社，1957。

"日本式的开化";中国的国粹思潮,不仅促进了民主革命思潮的高涨,它所倡导的国学研究的新风,同时也促进了传统学术的近代化。但必须指出的是,日本的国粹派主张"扩张军备"和"在世界上伸张正义"的"国权主义"。① 这与明治政府迅速膨胀的对外扩张主义,又是相通的。三宅 1891年就曾以国会评议员的身份,到朝鲜各地"视察"。1904 年日俄战争期间,又作为随军记者到前线采访。志贺也在围困旅顺的军中作历时半年的"视察"。日俄战争是日本确然进入军国主义、帝国主义时期的标志。② 其国粹思潮的末流,缘此以进,渐成妄自尊大的排外主义,已是日本军国主义的一种思想表征。章太炎在日俄战争后指出,日本"求义于其国粹,非侵略人,则以人为舆台豢豕也"③,不可谓不尖锐。联系到福泽谕吉、德富苏峰等民主思想的先驱者,也无不抱有对外扩张的思想;章太炎等人所谓日本民族的褊狭,根源于历史文化的浅薄,也不无道理;同时,反观中国的国粹派热衷于祖国历史文化的研究,力主亚洲民族的亲和与世界各国的平等,又不能不说是反映了文明古国的谦和宽大的风度。

---

① [日]永田广志:《日本哲学思想家》,288～289 页,北京,商务印书馆,1978。
② [日]远山茂树:《日本近现代史》,第 1 卷,158 页,北京,商务印书馆,1983。
③ 《印度人之论国粹》,见《章太炎全集》(四),367 页。

第三章　国粹派的新学知识系统

一、国粹派知识结构的特点

19 世纪末 20 世纪初，是近代中国新型知识分子群形成的重要时期。这些新型的知识分子，不仅因受甲午战争后民族危机的刺激，较之旧式的封建士大夫，有着更强烈的时代感和变革社会的参与意识；而且，更重要的还在于，他们不同程度都初步形成了包括近代西方自然科学和社会科学在内的新知系统，较之后者又具有全然相异的宇宙观和价值取向。因之，这些新型的知识分子知人论世，视野开阔，既具批判的精神，又富有开拓求新的激情。

国粹派多是在此期成长起来的年轻士人，属于上述新型知识分子群中的一翼。但因个人的年龄及经历不同，他们中许多人接受西学新知的具体途径，也不尽相同。从总体上看，大致有两种类型：

第一种类型，可以章太炎、刘师培、邓实、黄节等人为代表。他们都不曾上过新学堂，自幼却都受过严格的旧学训练。其西学新知主要是后来通过阅读新式书报自学获得的。章太炎的经历就是一个典型。他十一二岁即从外祖朱有虔读经，1890 年 23 岁时，复受业于诂经精舍，专习"稽古之学"。其师俞樾于甲午后不无得意地说："此三年中，时局一变，风会大开，人人争言西学矣，而余精舍诸君子犹硁硁焉抱遗经而究终始，此叔孙通所谓鄙儒不通时变者也"①。但他不免过于自信。章太炎写于 1893 年的《膏兰室札记》，事实上已经在引西书诠释《管子》、《淮南》了。例如，《问运至野者》引了英人雷侠儿(今译赖尔)的《地学浅释》，以释《管子·侈靡》；

---

① 《诂经精舍八集序》，转引自汤志钧：《诂经札记校点后记》，见《章太炎全集》(一)，355 页，上海，上海人民出版社，1982。

《化学多者莫多于日月》引了侯夫勒(英国天文学家，今译赫舍尔)的《谈天》和赫士(美国传教士)译的《天文揭要》，以释《管子·白心》；《火燃炎而不灭》引韦廉臣(美国传教士)的《格物探源》，以释《淮南·览冥训》。此外，《历物疏证》还提到了希腊数学家欧几里得的《几何原本》①，等等。足见章太炎涉猎西书，正始于诂经精舍，而且至少不晚于 1893 年。章太炎后来自己说："自从甲午以后，略看东西各国的书籍，才有学理收拾起来。"②能够形成"学理"，说明章太炎的西学新知在甲午后更趋于系统化。其时西学的传播，主要赖墨海书馆和江南制造局的译书馆等教会和洋务派的译书机构。迄戊戌变法前，新译西书约三百种③。显然，章太炎的西学新知最初正是通过阅读这些译书获得的。1897 年后，他走出精舍，赴上海投身维新运动，任职《时务报》，并参与了《经世报》、《实学报》、《译书公会报》等报刊的编辑和撰述，接触西学的天地也随之日趋开阔。1902 年到日本，"日读各种社会学书"④。是年 7 月返国后，又为上海广智书局"藻饰译文"，愈觉日文书籍不可或缺："和、汉文籍，吾侪之江海也，不能去江海以求乐，则去纯素同帝之道远矣"⑤；1906 年再渡扶桑，由是于斯办报、讲学达六年之久，后来他回忆说："出狱东走日本，尽瘁光复之业，鞅掌余间，旁览彼土所译希腊、德意志哲人之书，时有概述。"⑥借助东洋书刊，其新知自然日臻系统和广博了。但是，无论如何，章太炎的西学新知的基础，最初却是在甲午前后打下的。这也就是说，他是在洋务运动的影响下，开始迎受西学的。

刘师培承家学渊源，12 岁即读完了四书五经。邓实、黄节早年也曾先后从广东经学名家简朝亮受业。他们与章太炎等人的不同在于，由于年纪较轻，所以不是受洋务运动而是直接受戊戌维新运动的启迪和推动，开始

北京师范大学史学探索丛书

---

① 《膏兰室札记》卷 3，见《章太炎全集》(一)。

② 章太炎：《东京留学生欢迎会演说辞》，见汤志钧编：《章太炎政论选集》上册，269 页，北京，中华书局，1977。

③ 梁启超：《西学书目表序例》，见《饮冰室合集·文集》，第 1 册。

④ 《致梁启超》，见《章太炎政论选集》上册，167 页。

⑤ 汤志钧编：《章太炎年谱长编》，141 页，北京，中华书局，1979。

⑥ 《菿汉微言》，见《章氏丛书》，浙江图书馆刻本，1919。

转而接受西学的。邓实自谓"有志乎当世之务，俟焉孜孜从事二通之学"①，始于1897年。他早年在上海为购西书，"朝出一版焉，暮购而藏之箧，暮出一版焉，朝购而藏之箧"。后因苦于善忘，更发奋专抄"外国有用之书"②。又"殚心日闻，日手一纸，凡阅国内外月报、旬报、日报至百余种，抄辑成书"，计达374卷之多③。黄节为自己未入新式学堂，不能精通西学，深感惭愧，他说："而予尤滋愧，泰西学术万汇，予未之睹。予年逾状，人事多端，补修已晚，则予憾也。"为了弥补自己的缺憾，他将13岁的儿子送入广州南武学堂："尔其补予憾，他日为予所不及为之学乎。"④这生动地反映了黄节对西学新知的渴求。事实上，从黄节在《政艺通报》上发表的许多政论文章看，他对西方的史地和社会学说相当熟悉，可见他同样是通过刻苦阅读新书报丰富了自己。刘师培虽承家学渊源，素怀振兴扬州学派之志，但对西学也十分看重，并深以自己不通外文未能及时获得新知为憾。他有诗曰："西籍东来迹已陈，年来穷理倍翻新。只缘未识佶卢字，绝学何由作解人。"⑤刘师培虽非学堂出身，但博览群书，于"东西洋哲学，无不涉猎及之"⑥。其撰述，旁征博引，西学功力实在许多人之上。

第二种类型，可以马叙伦、柳亚子、陈巢南、马君武等人为代表。他们较邓实诸人更年轻，多为新学堂出身。马叙伦11岁丧父，家道中落，13岁便入杭州新学堂"养正书塾"（不久改杭州府中学堂）。在这里，他不仅学习了英文、日文、代数、微积分及三角之类的课程；在老师维新志士陈黻宸的影响下，还阅读了《天演论》、《法意》、《民约论》及《泰西新史揽要》等西方社会科学的书籍⑦。柳亚子1903年17岁时与陈巢南一同加入中国教育会和爱国学社。后者以日本西乡隆盛的"麑有岛私塾"和福泽谕吉的"庆大应义塾"相标榜，学生读西书，谈革命，崇尚自由平等。1906年，柳亚

① 邓实：《政艺通报叙下》，载《政艺通报》，1902年，第1号。

② 邓实：《西政西艺丛钞总叙》，见《壬寅政艺丛书》。

③ 邓实：《第七年政艺通报题记》，载《政艺通报》，第7年，第1号。

④ 黄节：《亡儿缓华矿志》，载《国粹学报》，第3年，第5期。

⑤ 刘师培：《甲辰年自述诗》，见《警钟日报》，1904-9-11。

⑥ 冯自由：《刘光汉事略补述》，见《革命逸史》，第3集。

⑦ 马叙伦：《我在六十岁以前》，北京，生活·读书·新知三联书店，1983。

子又入上海理化速成科。此间，他读《天演论》、《民约论》诸书，极称卢梭、斯宾塞尔为"二圣"①。马君武15岁开始接触康有为维新思想，17岁入"体用学堂"②。这些人中后来有不少曾留学海外。例如，陈巢南、高天梅、林獬、宁调元等人，曾留学日本；马君武1901年留日攻工艺化学，1906年后复游欧，并得柏林工艺大学工学博士学位。所以，这部分人的西学新知的视野，当较前一部分人，更形开阔。

人们多习惯于把国粹派描绘成抵拒西学新知的形象，实则大不然。国粹派最初迎受西学的途径虽然各有不同，但有一共同点，就是许多人曾经或始终是西学的热心传播者。章太炎在戊戌维新时期参加译书公会，为《译书公会报》撰文。是报为周刊，年出46册，于西方史地政治介绍颇详。他在《译书公会叙》中写道："五大洲之册籍，吾不能博发而扬诩之，吾则督矣。且新理日出，岁无留故，一息炭养更，其事立变。……而吾犹守旧译，以成世之暗瞀，其焉能与之终古？……乃取夫东西朔方之报章，译以华文，冠之简端，使学者由唐陈而识宧奥。"③可见他是以积极传播西学为己任的。即使到了20世纪初年，章太炎仍然亲自动手翻译了日人的社会学书籍(这在后面还要谈到)。黄节1901年在广州创办"群学书社"，后易名"南武公学会"，设中外报纸杂志，供人阅览④。他与邓实主编的《政艺通报》创刊于1902年，是当时国内创办较早和具有相当影响力的重要刊物之一。它的主要篇幅即使在国学保存会成立后，也实用于宣传西学，而不是"国粹"。其广告写道："举凡内国外国立法、行政、兴艺、饬工之大典大法奇术新理，皆灿然明备，诚政界、艺界之巨观，国闻掌故之渊海"，读者常阅是报，"则现今20世纪以后之世界大势，可了如指掌"⑤。作为广告，容有夸张；但是它介绍新学尤其是"艺篇"大量介绍西方科技的新成就

---

①　柳亚子：《自传·年谱·日记》；柳无忌：《柳亚子年谱》。

②　马君武：《诗文集自序》，见《南社丛选·文选》，卷4。

③　《章太炎政论选集》上册，45页。

④　刘斯奋：《黄节年表简编》，见《黄节诗选》附录，广州，广东人民出版社，1984。

⑤　见《政艺通报》，1904年，第6号"广告"。

新动向，为国人了解世界科学的发展提供了信息，又确为当时许多刊物所不及。

同时，国粹派主编的其他一些刊物，也都有相当的篇幅用以介绍西学。例如，林獬、刘师培主撰的《中国白话报》，就辟有"文明介绍"、"科学"专栏。林獬本人还写了有关养蚕、医学卫生和物理学方面的科普文章。马叙伦1902年翻译的《新物理学》，在《新世界学报》上连载，它介绍了西方近代物理学的基本知识，如水的压力、物体的三态、声波和震荡的关系、虎先定理等等。这些后来都成了中小学教科书的部分内容。当然，国粹派中译介西学最有建树的还当首推马君武。他早年"曾发愿尽译世界名著于中国"①。此期他先后翻译出版了：《法兰西近代史》(1902年)；斯宾塞的《女权篇》(1902年)和《社会学原理》(1903年)；约翰弥勒的《自由原理》(1903年)、《温特渥斯平面几何学》(1910年)等。其中对达尔文《物种起源》一书的翻译，尤为重要。1902年，马君武将是书《略史》一书，译载于《新民丛报》；次年，复译第三、四章，分别以《达尔文物竞篇》和《达尔文天择篇》为名，作单行本出版。1904年，续译第一、二、五章，复并《略史》，以《物种由来》为名出版。1918年，他终于续译完余下的第六至第十五章。1919年全书以《达尔文物种原始》为名，正式出版。这是中国第一部达尔文著作的全译本。应当指出的是，此前人们对达尔文进化论的译介，都是借助西人的间接著述，而马君武是第一次直译原著。所以，尽管迄辛亥革命前，他只译出该书的前五章，却是使国人对达尔文学说有了更真切的了解。这自然是值得重视的。

国粹派也正是在接受和传播西学的过程中，逐渐形成了新知系统，从而优化了自己的知识结构。其知识结构，有以下共同特点：

1. 具有开放性。国粹派在接触西学的过程中，已经相当清醒地意识到，中国传统学术有逊于西学即主要在于缺乏西人近世的"学理"，具体说，就是以"培根主实验，笛卡尔主穷理"两派代表的"科学"精神。"科学有二益"，一是推进了西方哲学、社会学的发达；二是推进了西方工艺技

---

① 马君武：《足本卢骚民约论序》，北京，中华书局，1918。

术的发达。"中国科学不兴，故哲学与工艺无进步。"①他们承认西方的心理学、政治学、宗教学等等，为吾人"见所未见，闻所未闻"；强调要治旧学，不能再固守域内旧闻，当"驰心域外"，接受西学新知。所以，林獬创《杭州白话报》，规定宗旨说："因为是旧学问不好，要想造成那一种新学问；因为是旧知识不好，要想造成那一种新知识。"②要造就新学问、新知识，自不能闭目塞聪，拒绝西学，而必须开放旧有的知识系统，以求优化。事实上，章太炎还在诂经精舍从事"稽古之学"时，即已悄然引西学诠古书，就反映出他的求知系统是开放型的，而非是封闭式的。其后相信新知日出，守旧不能终古，此种开放性愈显自觉。中年后章太炎以朴学大师兼治佛法，孜孜钻研梵文，更被公认表现了博大进取的精神。周作人说："太炎先生以朴学大师兼治佛法……又欲翻读吠檀多奥义书。中年以后发心学习梵文语，不辞以外道梵志为师；此种博大精进的精神，实为凡人所不能及，是以为后世学者之模范也。"③同样，邓实、黄节、刘师培等人，以不通西学为憾而孜孜以求，也都表现了此一特点。还需提到的是，诸宗元曾为顾燮光的《读书经眼录》作序。是书虽出版于1927年，却是编就于1904年，收录译书533种，为晚清最完备的一种西书目录。诸宗元在序中说："前二十年，宗元尝与一时朋辈之人事于此（指西书），即鼎梅之所著录，亦尝经眼。"由此，也足见其时他们涉猎西书之广泛。这与旧式士人故步自封，排斥新知，是迥然相异的。

2. 学贯中西，以旧学为根底。国粹派中许多人对西方的历史文化和自然科学的某些知识十分熟悉，在其时称得上学贯中西。但他们学问的根底和治学的兴趣，仍在旧学即中国传统学术。这表现在除了马君武等个别人转攻自然科学外，他们多毕生以研究传统学术为职志。章太炎且谓："学术万端，不如说经之乐，心所系着，已成染相。"④所以，上述所谓他们的知识结构是开放的，其最重要的表现实际上还是在于：他们将西学新知引

---

① 刘师培：《孔学真论》，载《国粹学报》，第 2 年，第 5 期。
② 林獬：《谨告阅报诸公》，载《杭州白话报》，1902 年，第 33 期。
③ 周作人：《周作人回忆录》，213 页，长沙，湖南人民出版社，1982。
④ 章太炎：《章太炎致刘申叔书》，载《国粹学报》，第 1 年，第 1 期。

北京师范大学史学探索丛书

入旧学领域，从而开辟了传统学术近代化的新生面。故孙宝瑄在他的《忘山庐日记》中赞叹说："太炎以新理言旧学，精矣!"①

3. 其新学知识系统的核心内容，是进化论与社会学(这在下面即要谈到)。

二、进化论的宇宙观的确立

就近代中国历史而言，还不曾有任何一种学说像进化论那样富有魅力：它深深地震撼了中国人的心灵，从而给中国近代历史的进程打上了自己的烙印。进化论为国人提供了一种崭新的宇宙观，他们借此观察身在其中的自然界和人类社会，开始发现所谓"天不变道亦不变"、"如环无端"静止僵化的传统世界消失了；呈现在眼前的是一个远为生动的大千世界：万物生生不已，尽在天演之中。缘此，一切都有了新的意义，一切也都需要重新评判。它引导人们走出蒙昧，最终跨入了理性的时代。

国粹派所以超越传统士人，构成了新型知识分子群的一翼，归根结蒂，也是因为他们确立了这一新的宇宙观。

关于国粹派的进化论思想，这里集中论述其变异的自然观。其社会历史进化的观点，留待下一节论述。

国粹派对宇宙自然界进化最具特色的见解，主要集中在以下方面：

(一)关于天体、地球的进化观念

近代西方天文学所提供的宇宙天体新知，使国粹派对于"天"的传统观念，焕然冰释。章太炎说，古人以"天为积气"，以为日星地球，皆受于天，是不对的。果是如此，当是"愈近天则气愈厚，愈远天则气愈薄，今何以地球以上，愈高而气愈薄耶?"②他认为，人望天际苍苍，那是因为各行星周围蒙有阿屯、以太所成的空气。人眼透过空气外望，自成苍苍迷蒙之态。所以宇宙间除了无量星球之外，实空无一物。对此，马叙伦持相同

---

① 孙宝瑄：《忘山庐日记》，566 页，上海，上海古籍出版社，1984。

② 《膏兰室札记》卷 3，见《章太炎全集》(一)。

的见解，他说："余亦以谓天不尽积气，使果气体，试自地而上，历十余万尺，气已浸薄，彼之星球又孰维而孰主之乎？"①但"不尽积气"一词，稍嫌游移。高亚宾的说法就明确多了。他以为，离地球二万余尺的上空，已没有"养素"，因此，在地球空气界与其他星球的空气界之间，"未能遽接，则真无气矣"，便出现了真空地带。无气的真空地带，自然不得称之为"天"②。国粹派个人的表述虽有差异，但他们断然否定人格化的"天"即上帝的存在和灾异说，却是共同的。例如，章太炎说，"天且无物，何论上帝？"③马叙伦也指出，西方天文学日明，"谁复能袭五行之相应，持占候之术哉！"④

他们肯定宇宙只是天球的世界，但"天"既不存在，天体何以能虚浮太空，运行井然有序呢？章太炎提到了西方已有的两种解说：一是"宗动天之说，以为诸层玻璃，互相包裹，列宿日地，皆如蚁行，而以天为旋磨"；一是新起的"各体相摄之说，以为浮行太空，以己力绕本轴，以摄力绕重心，绕重心久，则亦生离心力，而将脱其疆锁"。他认为，前者近于中国古代的浑天说，后者则近于宣夜说，而以后者为是："以新旧说相较，新者轨合，而旧者辄差。"⑤马叙伦也认为，"太空万球其行者，莫不被日力之摄动。"⑥显然，他们接受的正是牛顿的行星相摄理论。固然，这没有超出古典力学的范围；但是，如果我们注意到引导现代天文物理学革命的爱因斯坦的相对论的提出，是在 1905 年；国人最早提及相对论却是在 1917 年，而作认真的介绍并引起人们的重视，更要晚到 1919 年之后；那么我们就应当肯定，国粹派对天体运行理论的上述选择，还是颇具眼光的。

关于太阳系起源的学说，《谈天》《西国天学源流》等早期的传教士译著，没有提及。1898 年 4 月《天演论》出版，严复在"广义"一节按语中，明

---

① 马叙伦：《歊天庐古政通志·天文志序》，载《国粹学报》，第 1 年，第 7 期。
② 高亚宾：《智奥·黄毒篇上》，载《政艺通报》，1907 年，第 19 号。
③ 《膏兰室札记》卷 3，见《章太炎全集》（一）。
④ 马叙伦：《歊天庐古政通志·物异志序》，载《国粹学报》，第 1 年，第 5 期。
⑤ 《视天论》，见汤志钧编：《章太炎政论选集》上册，126 页。
⑥ 马叙伦：《歊天庐古政通志·天文志序》，载《国粹学报》，第 1 年，第 7 期。

确介绍了康德—拉普拉斯著名的"星云说"："日局太始，乃为星气，名湟菩剌斯（星云），布濩六合，其质点本热至大，其抵力亦多，过于吸力。继乃由通吸力收摄成球，太阳居中，八纬外绕，各各聚质，如今是也。"现虽不能确认此为最早介绍"星云说"的文字，但它因《天演论》风行而产生广泛的影响，却是可以肯定的。章太炎同年 8 月发表译著《斯宾塞尔文集》。斯宾塞在文中也提到了康德—拉普拉斯的"星云说"，但章太炎不赞成，他在按语中说："太阳行星由质点积成，此说亦未确。果尔，则有已积成者，亦必有未积成者。夫已积成者距今日数兆亿年矣，其未积成者，纵使未成太阳，何以并不积为小星耶？"①但到 20 世纪初年，章太炎又肯定了"星云说"。例如，他在《五无论》中写道："世界初成，溟濛一气。液质固形，皆如烟聚。佛谓之金藏云，康德谓之星云，今人谓之瓦斯气，儒者则以太素目之。尔后渐渐凝成，体若孰乳，久之坚硬，则地球于是定位，次是乃有众生滋长。"②不过，到 20 世纪初年，在太阳系起源问题上，又出现了许多新的理论。它们有一个大致相同的模式，即强调"灾变"说：一个巨大的天体与太阳相撞或靠近，从而从太阳上碰出或靠引力吸出一部分物质，后者遂形成行星等天体。有趣的是，国粹派中较章太炎年轻的一些人，更喜爱新说。刘师培就认为，"地球由太阳而分，故愈古，则气愈热"③。马叙伦发挥得更具体："天文家言日为火质，或又谓地球亦由日质喷出注成者。由此推之，他星球之同为日质喷注而成者，必亦有之。又由此推三五万年或十万二十万年以前，日体必较今日大数倍（热亦然，惟其喷出，体缩，热自降，日光亦减）"④。他们虽然没有提到另一巨大天体的偶然作用，但都强调了行星分自太阳，"百辰者俱由日生"。这显然是与上述新理论相通，而与"星云说"相异。但后来天文学的发展证明，20 世纪初盛行一时的所谓太阳系起源的新学说，并无根据，星云说的基本观点是合理的。

---

① 章太炎笔述：《斯宾塞尔文集》，见《昌言报》，第 3 册。
② 见《民报》，第 16 号。
③ 《中国历史教科书》，第 1 册，第 8 课，见《刘申叔先生遗书》，第 69 册，宁武南氏铅印本，1936。
④ 马叙伦：《歊天庐古政通志·天文志序》，载《国粹学报》，第 1 年，第 7 期。

关于地球的起源，早期传教士的译著是谈到了。例如，章太炎曾引韦廉臣的《格物探原》的话说："太初地球，本一火球耳，类如熔金在冶，后球面凝冷成壳，壳即为石，壳上有水，后乃并裂，再凝为石。其时水加多，如此者屡矣，乃所以成世界多种石类"。① 英国传教士文教治与李庆轩合译的《地学指略》(光绪七年，1881 年出版)介绍得更完整：

> 地球原为热气沸荡于天空，后渐凉缩成圆团，又渐凉缩为火汁。迨外层先凉，凝成硬皮，内心仍为热汁。外层既凉，则周围之蒸气亦随之而凉，变为水，包于地球四周……地皮力不能胜，自必塌陷鼓出……遂成高山深海平原之形。

上述大致相同的地球起源论，实际上也是属于拉普拉斯的"星云说"。国粹派彼此对太阳系起源的见解稍异，但于地球的起源，却都接受了这一理论。章太炎不必说，刘师培在《中国白话报》上是这样介绍地球起源的：地球最初"全是火体共火气结成的"，后渐冷下去，慢慢结成壳，有了土与石，里面的火气遇着湿潮，便成了水，形成江海湖泊。加之地球由西东转，受摄动重力的影响，水土相激，变成山脉。火山喷火和温泉的存在，都证明地球为火体的结构②。表述虽不准确，但地球由一团火气逐渐冷却凝固而成的观点，还是鲜明的。黄节也认为"地球初为白热瓦斯体"。③ 应当指出的是，他们都强调，即便在地球形成之后，其内部的地层结构也不是一成不变的。相反，地球现有的三类"磐石层"所含的 14 种岩层，是经地球"屡次进裂"，渐次形成的④。中国的华山，多螺蚌壳，山下石子如卵，可见这里曾经是海；温州雁宕法峰独包于谷内，当年必有大水冲激，沙土尽去，巨石独存。⑤ 这些都说明了，地球自身结构的经久变迁。

---

① 《膏兰室札记》卷 3，见《章太炎全集》(一)。

② 刘师培：《讲地理的大略》，载《中国白话报》，1904 年，第 16 期。

③ 黄节：《黄史·郑思肖传》，载《国粹学报》，第 1 年，第 3 期。

④ 《膏兰室札记》卷 3，《章太炎全集》(一)。

⑤ 刘师培：《孙兰传》，载《国粹学报》，第 1 年，第 9 期。

北京师范大学史学探索丛书

恩格斯在评论康德的"星云说"时写道：

> 地球和整个太阳系表现为某种在时间的进程中逐渐生成的东西。……在康德的发现中包含着一切继续进步的起点。如果地球是某种逐渐生成的东西，那么它现在的地质的、地理的、气候的状况，它的植物和动物，也一定是某种逐渐生成的东西，它一定不仅有在空间互相邻近的历史，而且还有在时间上前后相继的历史①。

国粹派关于天体、地球的变异观念，在多大程度上符合"星云说"，这并不重要；重要的问题在于，他们站到了康德发现所提供的"一切继续进步的起点"之上。因是，传统的人格神的"天"的观念、"天不变道亦不变"的僵死观念，固然得到了解脱；而且，由此生发开去，他们对生物、人类社会乃至一切事物进化原理的理解，也都变得愈加容易了。

(二)关于生物进化的观念

有关生物变异进化的观点，不是在严复译《天演论》之后才传入中国的；在此之前，一些在华传教士已经作了许多介绍。1873 年，由传教士马高温和华蘅芳合译的英国著名地质学家赖尔(旧译雷侠儿)的《地质学纲要》(旧译《地学浅释》)在江南制造局出版。该书对地质考古和古生物学的一系列重大发现有详细的报告，十分鲜明地突出了物种变异的观点。例如，它写道："生物之形渐变，不独古然，即考现今动植物，尔有渐进之据。其每物类之渐变，各有其故，非偶然也。此事另有专家考之。观其书，能知某处之物，因其地形水土渐改变，故某物之属渐衰息。"②本书还提到了达尔文、拉马克关于生物进化的新理论：

> 若谓造化生物之时，其某物之形态性情各有一定，不能改变，亦不能变此物为彼物，此旧说也。后有勒马克者，言生物之种类，皆能渐变，可自此物变至彼物，亦可自此形变至彼形。此说人未信之。近

---

① 《马克思恩格斯选集》，第 3 卷，450 页，北京，人民出版社，1972。
② 《地质学纲要》，卷 19。

又有兑儿平者，言生物能各择其所宜之地而生焉，其性情亦时能改
变。此论亦未定，姑两存之。①

　　文中的"勒马克"即英国生物学家拉马克；"兑儿平"即达尔文。此外，
在传教士傅兰雅主持的《格致汇编》和韦廉臣的《格物探源》诸书中，也有关
于生物进化的论述。

　　这里征引资料，不仅是为了说明传教士在先已介绍了生物进化的观
点；同时也是为了强调这样一个事实：严复 1898 年翻译出版的《天演论》
（赫胥黎著，今译《进化论与伦理学》），正如其原著者所说，重在"诠天演
之义"②，即重在解说生物进化的理论，而非重在叙述其事实。之从认识发
生学的角度看，一种宏观抽象的理论解说要为人们所理解和接受，总是以
接受者熟悉理论据以概括的具体事实为前提。因此，很显然，《天演论》得
以风行的另一个重要的客观因素，即在于此前传教士的一些科学译著所提
供的地质学和生物学大量而生动的具体事例，已使不少中国士人了解了生
物进化的事实，这就为他们后来进一步理解和接受《天演论》，作了必要的
思想铺垫。同样，国粹派的生物变异进化观念，主要是在吸取地质学和生
物学知识的过程中形成的，也就是毫不奇怪的了。

　　从地球的起源及其演化过程来看待生物的进化，是国粹派的共同思
想。章太炎说，地球本为火球，冷却之后，又经多次进裂，造成今日的地
层结构。"地球每崩裂一次，即更为一世。每更一世，即有一世之草木。
其初世之草木尽变煤炭于地中。次世之草木，则备大禽大兽之所食。三世
之草木，则备众禽众兽之所食。渐至今世，则蔬菜瓜果树木花草无一不
备，是所谓天先成而地后定也。"生物进化之迹，可以从已经发现的植物化
石中得到证明。他借助《地学浅释》提供的材料指出：在西方，大里发现的
扯拉草化石，其形状比现在英国所生的扯拉草为圆，而与英国石层中的扯
拉草形状相近。此外，英国地层中发现的松类的叶及子，与今大里北方的

<hr>

① 《地质学纲要》，卷 23。
② 王栻主编：《严复集》（五），1349 页，北京，中华书局，1986。

松相同。"据此,则草木古今不同,亦各处不同,或古此有而彼无,或今此无而彼有",都反映了地层的变迁与生物的进化,"知草木所以验期运也"①。刘师培则强调,地球上现有的生物,是经历了由低级到高级,由简单到复杂的漫长的进化过程。他指出:地球形成并冷却之后,地面一片汪洋。后来就逐渐出现了生物,先有萍藻,后有螺蚌、水中介质物;接着又有鱼、龙一类脊椎动物,但皆属水族;陆地形成之后,出现了苔藓,动物生了蚓蜒,水中的鱼龟海马海豹进化成兽类;能飞的水族进化为鸟禽;鸟禽之后,渐进为人类。② 所以,"地球之生物也,先流而后凝,先贱而后贵,先简而后繁,先弱而后强,先浑而后华"③,正反映了"天演自然的秩序"。与此相应,地质学发现地层分有七层:水草层、介层、鳞层、苔层、柔软动物层、鸟禽层、人层,同样反映了生物进化的阶段性④。刘师培的想象力可谓丰富,他从先有动物后有人类的前提出发,联想到生物进化在二者之间必然存在有某种介乎人兽之间的过渡性生物;而在他看来,中国《山海经》中有关人首蛇身、人面兽身等怪物的记载,不应当再视为荒唐无稽之说,从生物进化的原理上看,它们正是"由动物衍为人类之证"。同样,书中所列许多不知名的鸟兽草木,也一定是现已绝迹的原古低级的生物了⑤。这些当然是牵强附会,但刘师培刻意凸现生物进化的观念,却是显而易见的。

人是由动物进化来的,具体说,猿是人类的祖先。"人猿同祖论",是赫胥黎在1863年出版的《关于人类在自然界的位置的证据》(中译本书名为《人类在自然界的位置》)中首先提出的。这是近代生物学和人类学研究得出的重要的科学论断。它的提出,在西方当时曾招致多少绅士愤怒的咒骂和反对,以及赫胥黎本人为此所作的著名辩护,已是尽人皆知。但是,国粹派对此却是深信不疑。章太炎在《原人》中说:"果然玃狙攀援乎大陵之

---

① 《膏兰室札记》卷3,见《章太炎全集》(一)。
② 刘师培:《讲地理的大略》,载《政艺通报》,1904年,第16期。
③ 《伦理教科书》,第1册,第4课,见《刘申叔先生遗书》,第64册。
④ 刘师培:《讲地理的大略》,载《政艺通报》,1904年,第16期。
⑤ 《伦理教科书》,第1册,第4课,见《刘申叔先生遗书》,第64册。

麓，求明昭苏，而渐为生人。"①明确肯定了猿为人类的祖先。林獬更进而以通俗的白话文，向人们讲解由猿变人的道理："几万年前的世界，找不着一个人影，遍地都是畜生。后来畜生之中，有一种猴类的，知识倒还灵活，渐渐地会立起来行走，又渐渐地会说话，因此就变做人了。所以这般会说话的，就称他做'人'"②。这样解说由猿变人，当然过于简略，也欠精当；但林獬毕竟正确地指明了人不过是"会说话的"动物，是由一种学会了直立行走的"猴类"渐渐进化来的这一科学的结论。当年西方的某些绅士激烈攻击人猿同祖说，其理由之一，便是认为这有辱祖先。但是，高天梅却将之引入了高雅的诗篇：

> 百年瞬息水如流，天最多情演不休；
> 物类变迁急如许，原人初祖是猿猴③。

应当看到，人猿同祖说传入中国，固然不曾引起如同当年西方那样的轩然大波；但守旧者同样斥之为荒诞不经之论，其深闭固拒的影响力，仍然是不可低估的。鲁迅当时就指出："中国迩日，进化之语，几成常言，喜新者凭以丽其辞，而笃旧故者则病侪人类于狖猴，辄沮遏以全力。"④在19世纪末20世纪初，是否接受人猿同祖说，实际上成了检验一个人是否真正确立生物进化观念的试金石。国粹派对这一科学论断的明确接受、着意宣传，也正有力说明他们业已形成了生物进化的观念。

毫无疑问，《天演论》的翻译出版，对于包括国粹派在内其时许多中国人思想的影响，都是决定性的。"自严氏书出，而物竞天择之理，厘然当

---

① 章太炎：《原人》，见《章太炎全集》(三)，166页，上海，上海人民出版社，1984。
② 林獬：《国民意见书》，见张枬、王忍之编：《辛亥革命前十年间时论选集》第1卷下，893～894页，北京，生活·读书·新知三联书店，1978。
③ 高天梅：《甲辰年之新感情》，载《警钟日报》，1904-07-17。
④ 鲁迅：《人之历史》，见《鲁迅全集》(一)，8页，北京，人民文学出版社，1987。

于人心，而中国民气为之一变。"①国粹派和许多人一样，很快都成了达尔文进化论的热烈拥护者。他们对由《天演论》所介绍的达尔文进化论的汲取，主要集中在以下几点上：

1."物竞天择"说。《天演论》说："以天演为体，而其用有二：曰物竞、曰天择。……夫物既争存矣，而天又从其争之后而择之，一争一择，而变化之事生矣。"②国粹派相信，这是生物进化普遍性的规律。刘师培举《论语》中"岁寒然后知松柏之后凋也"一句为例，认为此语最能体现"天择物竞之精理"。松柏后凋，说明"存其最宜"；但这并非得天独厚，而在松柏本身具有"傲岁寒之能力"③。生存斗争，自古已然。从地球上生物出现时起，便是"一种类型生，则一种类型灭，弱者先灭，强者后亡"。动植物在交叉竞存中递变：先是陆草与水草争，其后是动物与植物争；又其后，则人类与动物争④。在《山海经》所记的时代，人兽之争未息，后来奇禽怪兽灭于无形，而人类得以繁衍，即是"优胜劣败之公例"⑤。在人类内部，天演公例也是无情的。章太炎指出，中夏民族皆生自五帝，但何以如今五帝之民却绝其祀？"是无他，夫自然之淘汰与人为之淘汰，优者必胜，而劣者必败"⑥。照搬生物进化论以解释人类社会现象，是不科学的。它往往成了帝国主义推行弱肉强食政策的借口，这在下一节还将谈到。但是，就国粹派而言，他们反复强调"物竞天择"的公例，目的却是在于唤醒国人对民族危亡的关注和催其自强争胜。所以贺廷谟在《天演论书后》中说，中国劣败，无需怨天尤人，只怪自己守旧不变和专制独裁。天演如秋湖碧雪，无可阻遏。"我愿天择，而他人不可；我愿无竞，而他人不能。"或惧怕不承认天演，是无济于事的。根本的出路，只在于"自强"、"自由"和"改良国运"；

---

① 胡汉民：《述侯官严氏最近政见》，见张枏、王忍主编《辛亥革命前十年间时论选集》，第 2 卷上，146 页，北京，生活·读书·新知三联书店，1963。

② ［英］赫胥黎：《天演论·察变》，严复译注，2 页，北京，商务印书馆，1981。

③ 《周末学术史序·哲学史序》，见《刘申叔先生遗书》，第 14 册。

④ 《伦理教科书》，第 1 册，第 4 课，见《刘申叔先生遗书》，第 64 册。

⑤ 刘师培：《读书随笔》，载《国粹学报》，第 1 年，第 10 期。

⑥ 《族制》，《訄书》重订本，见《章太炎全集》（三），195 页，上海，上海人民出版社，1984。

"如此其谁克当？则虽世世堂堂以为大国可也，又何虑夫天演之兴亡哉！"①

2."竞智"说。赫胥黎在谈到人群进化时说，民力、民智、民德三者之中，民智为根本。严复称赫氏此语"最精辟"②。国粹派对此进一步作了发挥。他们强调，"万物之胜负，决于智而已矣"。智力的高下，决定一切生物进化的命运。章太炎认为，在生存斗争中，是非曲直，无大意义，根本在于"智"即竞争的实力，"若专以是非枉直相角，则天下皆恶直丑正者矣"。《六波罗蜜经》言，协利天临终时，天女眷属弃之如草，足见天上无礼义，甚于人间，而其种所以反驾乎人之上，"特智勇有胜而已矣"。同样，"自有花岗石以来，各种递变，而至于人，则各种皆充其鼎俎，以人智于各种尔。"③刘师培也说，"种类之存亡，重视智愚之高下，万物所以为人役者，则人智之迥出万物也。"④

单纯地将智力的高下，判分为决定生物进化优胜劣汰的根本原因，同样是一种片面性的观点。甲午战后，志士仁人从中引出了"开民智"的结论，而大声疾呼，就是因为在他们看来，中国衰败的根本原因就在于智识卑陋，民智未开。他们不懂得，中国致衰的根本原因，在于腐朽的封建专制制度本身，"民智未开"是果而非因。但在当时的条件下，志士仁人主张学西方、讲新学、开民智，其具有重要的启蒙意义，仍然是显而易见的。国粹派强调"竞智"，其命意所在，也正与之相通。所以邓实说，智力不如人，这才是中国民族"一大惊心动魄之事"。"今日救之术，别无他途，亦惟智吾民，使与白种平等而已。"⑤这也就是他与黄节诸人创办《政艺通报》，汲汲于介绍西学的动因了。

3."合群进化"说。达尔文认为，生物有"亲类本性"。赫胥黎又作进一步发挥："天之生物，以群言者，不独斯人而已"，如鸟兽蜂蚁，"凡此皆

① 贺廷谟：《天演论书后》，载《政艺通报》，1903 年，第 3 号。
② ［英］赫胥黎：《天演论·乌托邦》按语，22 页，北京，商务印书馆，1981。
③ 《菌说》，见《章太炎政论选集》上册，139 页。
④ 《伦理教科书》，第 1 册，第 4 课，见《刘申叔先生遗书》，第 64 册。
⑤ 邓实：《鸡鸣风雨楼民书·民智》，载《政艺通报》，1904 年，第 6 号。

北京师范大学史学探索丛书

因其有形，以定于物竞之际者也"①。这即是说，合群竞争是生物进化的一大原理。国粹派于此，尤为三致意。刘师培指出，人所以贵于物，主要有二，一曰"能灵"，一曰"能群"。惟其能灵，故知合群之益；惟其能群，故能竞胜万物。他还从文字训诂上，论证合群乃是人的本性："人训为仁，仁从二人，足证与人相群始克尽为人之道。此人类有群性之征。"②章太炎则引荀子的话来证明这一点："荀子曰：人力不若牛，走不若马，而牛马为用，何也？曰人能群，彼不能群也。"③所以，在国粹派眼里，生物"智"的高低，很大程度上，也就表现在它对"合群竞争"的自觉程度及其实现群的实际能力上。为此，他们进一步提出了"爱类"、合群、进化的见解。他们认为，生物虽有同源，但后天趋化既异，各成其类，亲亲有杀，爱类实出自天性。而正是爱类的天性，决定了生物在天演中形成合群进化的必然性："天地开辟，万族蒸蒸，各正其性，各保其命，无不知爱其类。知爱其类，则无不合群。"④既然爱类、合群、进化是生物求明趋进的公例，不知合群图存，国固当灭，其种也必然退化为无人性的禽兽异类。章太炎因此强调说："今知不合群致死以自御侮，则后世将返为蛮猿狙狢，以此为意，则足以倡勇敢也必矣。"⑤"倡勇敢"一句最具精神，它说明国粹派非群退化的告诫，目的仍在于激励国人合群、图强、救国。

4. 关于宇宙总体变异的观念

上面我们探讨了国粹派关于天体、地球及生物变异的观念，下面有必要进一步探讨其关于宇宙总体变异的思想。

要理解进化论对近代中国思想界的影响，不能忽略了19世纪科学的发展及其与哲学的关系的大背景，满足于单纯就进化论谈进化思想。事实上，19世纪所谓进化论的宇宙观，不是单单生物进化论所能涵盖的；它是生物进化论与天文、物理、化学诸多学科的科学新发现、新成就互相渗透

① ［英］赫胥黎：《天演论·蜂群》，27 页。
② 《伦理教科书》，第 1 册，第 4 课，见《刘申叔先生遗书》，第 64 册。
③ 《菌说》，见《章太炎政论选集》上册，139 页。
④ 邓实：《鸡鸣风雨楼民书·民德》，载《政艺通报》，1904 年，第 7 号。
⑤ 《菌说》，见《章太炎政论选集》上册，139 页。

和影响于人们思想的结果。丹皮尔在《科学史》中说：我们所以有理由把 19 世纪看做是科学时代的开始，这主要是"人们对于自然的宇宙的整个观念改变了。"他们相信人类与整个自然界都不过是服从相同的物理定律的过程，所以借助"机械原理"足以解释整个宇宙的奥秘。而达尔文进化论的成功的一个重要结果，就是从生物学方面加强了在当代物理学中出现的这一"机械论哲学"的发展趋势①。这就是说，力学原理、原子论、能量守恒及转化定律、细胞学、生物进化论等等，一系列科学的发现不仅增强了人们认识世界的信心，而且日渐形成了认识世界的新思维，即认为凭借上述自然科学的原理，就可以将宇宙自然界规范为有序的系列，从而从宏观与综合性的认识上把握世界。

此种思维模式不仅传到了中国，而且恰恰是与进化论的东渐结伴而行。严复译的《天演论》、《群学肄言》等重要著作，同时就是以进化论为核心而兼采质力诸说"机械论哲学"的代表作。严复在《天演论·自序》中，对此特别作了说明：

> 夫西学之最为切实而执其例可以御蕃变者，名、数、质、力四者之学是已……有斯宾塞尔者，以天演自然言化，著书造论，贯天地人而一理之。此亦晚近之绝作也。其为天演界说曰："翕以合质，群以出力，始简易而终杂糅。"

因此，国人经由严译所获得的进化论，正是以进化论与"机械论哲学"杂糅的"天演论"。它不仅讲"物竞天择"，同时还讲"爱力"、"恶力"、原子、以太、"不生不灭"诸多新说妙理。这也是它富有魅力的另一个原因。同时，也唯其如此，从国粹派关于宇宙总体变异的见解上，又可见其涉猎西学新知的广度。

国粹派借助自己的西学新知，将动物与植物、有机界与无机界沟通起来，力图描绘出宇宙作为统一体演进的序列。章太炎认为，动植物之间并

---

① ［英］丹皮尔：《科学史及与哲学和宗教的关系》，李珩译，283～285 页，北京，商务印书馆，1975。

北京师范大学史学探索丛书

没有严格的界限，所谓有叶绿质者为植物，能转徙者为动物，此又不然。"盖犹仙桃草之类，其茎叶则卉，其根实则虫，动与植有汗漫而无畔者也。"西方植物学家言，"寄生之草"小者"则生于人兽之肺"，谓之"菌"。但"以微草言则谓之菌，以微虫言则谓之蛊，良以二者难辨，而动植又非有一定之界限也"。他还认为，不仅动植物没有绝对的界限，有机物与无机物间也没有不可逾越的鸿沟。人道动植物为"有知"，不知"空气金铁虽顽，亦有极微之知"①。宇宙既起源于星云，"而有机物之最始，果自无机物出乎"②？这里章太炎的思辨远谈不上准确，但他相信有机界与无机界可以相通，无疑是一种符合科学的新观念。

能量守恒与转化定律的发现，是19世纪物理学的一大成就。它使人们进一步看到了多种物质运动间的相互联系和转化的过程；由此，人们对客观自然界的认识，便达到了一个新的境界："这种结果必然指出运动着的物质的永远循环是最终结论。"③同样，此一定律也极大地丰富了国粹派关于自然界变异的思想。现在，宇宙自然界在他们眼里不仅是有限的物质构成的无尽的进化序列，而且同时还是一个充满各种联系和转化过程的远为生动的有机统一体："电能生光生热，光热亦生电。故电气亦发光。"④这是电能与热能间的互相转换；同时，太阳传热与地球，地热气蒸腾形成风，湿气遇冷空气又凝成水点，雨、雾、露、冰、雪由是渐次发生。这是水的三态循环转换及其伴随着的自然风雨现象的发生；人体与自然界也是息息相通的。"人非空气不生也，人之炭气复归于空气，人之骸肉复反为微生物。"⑤不仅如此，人吸入空气，同时即引起周身的循环变化，每呼吸一次，数百万"血轮改造变更"，人脑有三万万细胞，60日而全易。新陈代谢，吐故纳新，刻刻不息⑥。然而，对人的生死现象的宏观诠释，更可以看做是

---

① 《菌说》，见《章太炎政论选集》上册，139页。

② 《五无论》，见《章太炎全集》（四），435页。

③ 见《马克思恩格斯选集》，第3卷，452页，北京，人民出版社，1972。

④ 《膏兰室札记》卷3，见《章太炎全集》（一）。

⑤ 《膏兰室札记》卷3，见《章太炎全集》（一）。

⑥ 《人类性质喜新者居多数辨》，载《警钟日报》，1904-05-08。

他们对宇宙总体变异观念的最精彩的表述。章太炎在驳斥人的生死司于鬼神时指出："人死而为枯骼，其血之转邻；或为茅蒐；其炭其盐，或流于卉木；其铁在矿，其肌肉或为虫蛾蛰芓。"①原先组成人体的各原质，"或合于他物，或入草木，或入胎卵"，②转化成了其他各种生物。据此，章太炎对佛家的"轮迴"说重新作了界定："轮回之说，非无至理，而由人身各质所化，非如佛家所谓灵魂所化也。"③"轮迴"不是灵魂的转移，而是表现为构成人体的诸原质不灭及其与其他原质重新组合的过程。显然，这已不是"佛家言"，而是"科学家"言了。对此，林獬的白话解说，更显通俗明晓，他说：人体由各原质构成，经久必生变化，长生不死是不可能的。"生死是个循环的，人一死这种身体毁败以后，又可以变成一种肥料，生出别种的东西。倘使世上有生无死，那世界上便没有许多的动植物了。这可不是变化无穷么？所以天地是化学的锅炉，万物是化学的材料。佛氏所说，不生不灭这道理，是丝毫不错的。"④人体虽有毁败，但物质并未消灭，它转化为"别种的东西"了。"天地是化学的大锅炉"，万物的生死兴灭不是孤立的，在这里构成了互为因果、彼此转换的大循环。惟其如此，森列万象的自然界，才呈现出生生不已的进化景观。"天地未尝生一物，亦未尝灭一物。"⑤宇宙自然界比人们想象的更有序，所以刘师培引西人的话说："全世界者，一个之完全有机体也。"⑥

恩格斯在概述了 19 世纪天文学、地质学、化学、物理学和生物学的一系列重大进步后说，到 1859 年达尔文完成《物种起源》，"新的自然观的基本点是完备了：一切僵硬的东西溶化了，一切固定东西消散了……整个自然界被证明是在永恒的流动和循环中运动着"⑦。综上所述，不难看出，国粹派也正是通过吸取 19 世纪天文、地质、生物诸多科学领域的新知识，具

---

① 《原教下》，见《章太炎全集》（三），286 页。

② 《儒术真论》，见《章太炎政论选集》上册，121 页。

③ 《菌说》，见《章太炎政论选集》上册，135 页。

④ 林獬：《白话普通卫生回答》，载《中国白话报》，1904 年，第 21～24 合期。

⑤ 高亚宾：《智奥·庄列篇》，载《政艺通报》，1907 年，第 18 号。

⑥ 刘师培：《中国哲学起源考》，载《国粹学报》，第 2 年，第 4 期。

⑦ 《马克思恩格斯选集》，第 3 卷，453～454 页。

北京师范大学史学探索丛书

备了"新的自然观的基本点"，即最终摆脱了"天不变道亦不变"传统僵化的宇宙自然观，形成了新的进化的宇宙自然观。缘是以进，他们不能不将目光转向自己身在其中的人类社会，西方方兴未艾的资产阶级社会学，自然又成了他们努力汲取的另一新知系统。

三、社会学理论的吸纳

在近代中国，西学的传播，最初是从声光化电即自然科学肇端，而后才浸至社会科学的介绍。在 19 世纪末 20 世纪初传入的西方社会科学中，社会学理论最引人注目。所以，很自然，对西方社会学理论的吸纳便构成了国粹派新知系统的另一重要内容。

社会学传入中国，始于甲午战争前后；而它产生广泛的影响，却要晚到 20 世纪初年。这与其时有一系列径直以"社会学"标名的西方社会学著作的相继翻译出版直接相关：1902 年，章太炎翻译出版了日人岸本能武太的《社会学》；1903 年严复译完斯宾塞《社会学研究》全书，定名《群学肄言》出版；同年，斯宾塞的《社会学原理》，也由马君武译出一部分出版。美人吉丁斯著《社会学原理》的提纲《社会化理论》，则由吴建常译出，取名《社会学提纲》出版；1904 年，严复翻译出版了甄克思的《社会通诠》。

国粹派对西方社会学十分重视。由上述可以看出，在 1902 年至 1904 年间翻译出版的仅有的五种成本的社会学著作中，就有两种是出自国粹派之手。其中章太炎译的《社会学》又是中国翻译西方社会学成本著作最早的一种。章太炎很早就对人类学、社会学抱有浓厚的兴趣。还在诂经精舍受业期间，他就已读过《原始人文》、《民教学序论》、《天然民族之人类学》等多种西人有关论著。1895 年，他又与曾广铨合译了《斯宾塞尔文集》，在同年的《昌言报》第 1 至第 8 册上连载。甚至后来因"苏报案"入狱，在狱中也仍时常与邹容研究社会学。① 邓实 1904 年在《政艺通报》上连载《法群》、

---

① 据《警钟日报》1904 年 9 月 11 日《国事犯狱中无恙》报导，章太炎自谓："吾在狱甚安好，每日作工外，辄与邹子研究佛学、社会学。"

《鸡鸣风雨楼民书》等长文，自谓："著者是时方治群学诸书，而于政治之原理有所冥悟，故其言之曲尽而密至，理深而文明也。"①可见，他对自己的社会学知识颇自负。柳亚子崇拜斯宾塞为"圣人"，曾有"少诵斯宾塞尔篇"的诗句②。自然也是热衷社会学的。在国粹派中，刘师培是继章太炎之后研究社会学较比更有心得的人。他对自己也估计甚高："予于社会学研究最深。"③

19世纪末20世纪初，于中国思想界影响最大的西方社会学家，是斯宾塞和甄克思。严复盛赞前者"其说法尤为精辟宏富"，为"欧洲自有生民以来，无此作也"④。《东方杂志》在"新书介绍"中称，迩年译书虽多，"而可借镜我国今日社会者殊少"，唯有甄克思的《社会通诠》"可以为治群学者之龟鉴"⑤。刘师培也指出，西人社会学著作浩博，"以予所见，则斯宾塞尔氏、因格尔斯氏（即甄克思——引者）之书为最精"⑥。事实上，不仅是刘师培本人，包括国粹派在内时人征引最多的西方社会学著作，也正是二人的译著。所以，我们下面探讨的西方社会学对国粹派的影响，也主要是指斯宾塞和甄克思的影响。其荦荦大者，前者在其社会进化论和社会有机论；后者则在其对原古社会的见解，启发了国粹派对中国上古史的再认识。兹分论如下：

（一）关于社会历史进化的思想

斯宾塞的一个基本观点，是认为人类社会与生物一样，不是一成不变的，而是经历了由简趋繁无穷进化的过程："方一群之演进化，如生物然，暗长潜滋，而节节蜕化。"⑦此种社会达尔文主义，在国粹派看来，正是对进化论的一大创造："自达尔文《物源论》出现，为生物学开一新纪元，而斯宾塞尔开辟新思想，网罗生物世界外之世界，由是天演之窍、进化之

---

① 邓实：《第七年政艺通报题记》，载《政艺通报》，第7年，第1号。

② 柳无忌：《柳亚子年谱》，1903年条注⑦，北京，中国社会科学出版社，1983。

③ 刘师培：《甲辰年自述诗》自注，载《警钟日报》，1904-09-11。

④ ［英］赫胥黎：《天演论·察变》按语，5页。

⑤ 《东方杂志》，第1卷，第1期。

⑥ 《论中土文字有益于世界》，见《刘申叔先生遗书》，第46册。

⑦ ［英］斯宾塞：《群学肄言》，严复译，79页，北京，商务印书馆，1981。

理，斟然放一异彩。"①既然天演是宇宙间的公例，万物所趋，皆由简入繁，由微生著，积无数因果而渐进，那么人类社会也必然是自然界自身进化的产物。所以邓实说，大地原是一片汪洋，而后逐渐进化，才先后出现了蜃灰、僵石、草木、禽兽和人。"有人而后有城郭宫室饮食男女，有城郭宫室饮食男女，而后谓之国。"②人类社会也是进化的，迄今已历洪荒时代、群争时代、君权时代、民权时代，四个时期。现今西方已进入民权时代，但它并没有终结人类社会的进化，仍不过是无穷进化链条中的一个新的环节而已。

当然，社会的进化不仅表现为时代的变迁，同时还表现为人类自身的创造物即社会文化的进步与发展。国粹派正是在具体论述生产工具、风俗、语言文字等社会文化的变迁过程中，进一步发挥了自己关于社会进化的鲜明见解：

1. 生产器具的进化。作为国粹派的主帅人物，章太炎"人之相竞也，以器"的观点最值得重视，因为它集中表达了以下重要的思想：生产工具的进步是社会文明进化的主要标志。在《原变》中，章太炎根据汉代的《越绝书》按所用器具的性质不同，而将中国远古时代分为石、玉、铜、铁四个时期：轩辕、神农、伏羲之时，"以石为兵，断树木为宫室"；黄帝时，"以玉为兵，以伐树木为宫室"；禹穴之时，"以铜为兵，以凿伊阙，决江导河，东注于东海，天下通平，治为宫室"；迄汉代，则"作铁兵"③；强调说，依据生产工具的变迁，可以区分人类社会进化的不同时期："石也，铜也、铁也、则瞻地者以其刀辨古今之期者也。"④在《变法箴言》中，他说得更明确："自有地球三十九期以来，石刀铜刀铁刀之变，非由政令发征，而民靡然从之，其几迫也。"⑤同样可贵的是，章太炎还看到了生产工具的

① 高亚宾：《知奥·庄子篇》，载《政艺通报》，1907年，第21号。

② 《原政》，见《壬寅政艺丛书》，政学文编卷1。

③ 近年我国考古工作者完成的一项研究证明，中国在石器和青铜器、铁器之间的确存在有一个玉器时代，并认为这是中国文明起源的重要标志。见《光明日报》1990年7月4日头版头条报导：《中国在石器和青铜器之间曾有一个玉器时代》。

④ 《訄书》重订本，见《章太炎全集》(三)，191页。

⑤ 《变法箴言》，见《章太炎政论选集》上册，22页。

进步，不是个别圣人的主观意志决定的，而是"利用厚生"即人类为了适应生产发展的需要，合群努力的结果。他在引《世本·作篇》关于上古器物的发明多出众人之手的记载后指出："故挽近视以为一器一事者，皆数者相待以成。"初始，远古人类不懂得"虽一人之巧，什伯于倕，无益"，即不懂得合群求进的道理，结果无所发明，"作力剧而器用匮"，生计"匮乏已甚"。是"利用厚生"共同的需要，使人类"繇是揖其民力，相更为师"①；于是，众人的智慧得到互相补充，便促进了器物的发明。所以，生产工具变迁的本身，就直接反映了"文明进退"。

不过，有的研究者将章太炎上述"相竞以器"的见解，直接归于《斯宾塞尔文集》中这样一段话的影响："其民数愈众，其蕃变即愈显。其衣食事畜之计，因以愈艰，艰则求智自生，而锐意以兴新艺。"②且认为章太炎的"相竞以器"说"宣布之后很快获得思想界的赞同"。"1907年刘师培《中国古用石器考》就是一篇很有代表性的生发章说的文章。"③这里牵强之处甚多，有加以澄清的必要。

事实上，即据所引斯宾塞的原话而言，其本意在说明，工艺的发展是人类"求智自生"的结果。这固然可以引出工艺器具的进化是适应生产需要的结论，但却看不出章太炎何以能从中引出自己反复申论的以"石刀"、"铜刀"、"铁刀"，作为上古时代分期依据的见解来。因为二者间并无必然的联系。上述研究者显然忽略了所谓"石刀"、"铜刀"、"铁刀"，原为地质考古学上的术语，即石器、铜器、铁器。以此作为上古史的分期，即指石器时代、铜器时代、铁器时代。这是近代地质考古学的重大发现。④ 1873年出版的《地学浅释》对此已作了详细的报告。例如，其第十卷说：考古学上立"石刀期"、"铜刀期"、"铁刀期"，"此皆因太古之世，荒远无稽，苟

北京师范大学史学探索丛书

① 《尊史》，见《章太炎全集》（三），318～319页。

② 见《昌言报》，第4册。

③ 唐文权、罗福惠：《章太炎思想研究》，43页，武汉，华中师范大学出版社，1986。

④ 丹麦考古学家汤姆逊于1819年第一次将石器、青铜器、铁器三种不同质态的生产工具按时代序列展示于众，这就成为考古学界三个时代的划分的基础。这一划分与人类社会发展的三个形态大体相当，从而成为社会发展规律的一个共同模式。

有一事之可徵，不得不立以为证，此其所以以刀名世欤"。"石刀期"，古人"以打猎为生"；"铜刀期"，"以畜牧为生"。"石刀期"又可分为"新石刀期"与"古石刀期"。在"新石刀期"，人类已知耕织了①。章太炎不仅在作于1897 年的《读管子书后》中，而且在作于 1891—1892 年的《膏兰室札记》卷三的《问运至野者》中，两次都征引了《地学浅释》第十卷中关于"刀期"的报告。特别是后者的写作远早于《原变》与《斯宾塞尔文集》的翻译。由此可见，章太炎"相竞以器"的思想首先是受雷侠儿《地学浅释》的影响，而不是《斯宾塞尔文集》的影响，应是无可疑义的。

迄 20 世纪初年，《群学肄言》、《社会通诠》等许多社会学译著，对上述考古分期法都有所征引。1901 年梁启超在《中国史叙论》中对此也作了说明。② 在国粹派中，也是如此。林獬刊于 1904 年《中国白话报》第 4 期上的《黄帝传》一文，以及刘师培分别作于 1904 年与 1905 年的《论小学与社会学之关系》和《古政原论》，对此也都有详细的论述。至于后者作于 1907 年的《中国古用石器考》，当然更是专论。因此，认为章太炎"相竞以器"的见解公布后，"很快获得思想界的赞同"，刘师培且生发其说，是没有根据的。无论是章太炎还是思想界的其他人，都不过是在吸收西方的新知。刘师培自己在《中国古用石器考》中说得清楚："近世以来，西人言社会学者，考社会进化之次序，分为三级，一曰石器时代，二曰铜器时代，三曰铁器时代。推之殊分异俗莫不皆然。"③ 这里还需要指出，章太炎自己后来对此种分期法又表示了怀疑④。这当然只是具体问题上的分歧，并不意味着章太炎改变了自己"相竞以器"的进化论见解；但它说明，章对考古分期的科学根据尚缺乏真切的理解。

应当承认，在这方面，刘师培的见解要比章太炎等人高出一筹。首

---

① 俞旦初先生在《二十世纪初年西方近代考古学思想在中国的介绍和影响》(载《考古与文物》1983 年第 4 期)中认为，汤姆逊以石器、青铜器、铁器三种不同质态的生产工具划分时代的学说，要晚到 20 世纪初年才被介绍到中国。其说不确。

② 梁启超谓："史前三期，其一石刀期，其二铜刀期，其三铁刀期。而石刀期中，又可分为新旧二期。此进化之一定阶级也。"(《饮冰集合集·文集》，第 1 册)。

③ 刘师培：《中国古用石器考》，载《国粹学报》，第 3 年，第 2 期。

④ 1910 年所撰《信史》，见《章太炎全集》(四)。

先，他不仅肯定考古学对上述社会的分期是科学的，因而也完全适用于中国，而且他还着力于论证中国上古经历过石器时代。他指出，晋代李石《续博物志》记民间时常发现斧形石器，这原始遗存便是"石器时代之证"①。此外，《说文》一书列举石名数以百计，也是古代重石之证。"石火"即撞石取火；"石"为量谷之器，今仍沿用，都是"石器时代之遗立也"。古石器分两种：一用于战争，古籍有"石礌"、"飞石"、"石铁"的记载，足见古人以石为兵器；二用于田猎。《说文》云："砮之石，可以为矢镞"，以石为矢，"从猎狩也"。刘师培还借助自己文字学的功力，说文解字，进而论证石器实先于铜器。他指出，《诗经》曰："他山之石，可以为错。"错即错玉。《说文》错字作"厝"，所以，后世从金之字，古文从"厂"，"厂"即山石之崖。"足证琢玉之器，古之用石，后世乃间用金，故误厝字为错字也。"②其次，依据器具的变革与社会俱进的原理，刘师培力图描绘出中国上古器具演进的轨迹：生民之初，除己身而外无长物，所用"仅手足齿牙而已"；上古之民由狩猎进而为游牧，所用器物不外动物的骨、角、羽、皮之类；及游牧易为耕稼，"渐知植物之用，一曰艸器，二曰匏器，三曰竹器，四曰木器。"同时，由于先已发明了火，此时又学会了制陶，"瓦器之用遂与土器并重"。上古之民用石器，及黄帝之世，始用铜器，而铁器最后。"是则动物之用，先于植物，植物之用，先于矿物，乃古代器物进化级序也。"③刘师培比别人更具体有力地论证了器具进化的思想，只是由于缺乏考古发掘的实物依据，他的上述见解又含有明显的主观色彩。

2. 风俗的进化。斯宾塞强调"风俗之变，几无日不睹"④，是世界各民族普遍的现象，古老民族尤为明显。据此，中国当然也不能例外。黄节认为，古人衣食住行的变迁，最能反映古代风俗的进化。他指出，古人饮食习惯的进化，大致经历了四个时期：第一期，"饮露食草木之实"；第二期，"饮血食鸟禽之肉"；第三期，发明用火之后，"以炮以燔，以为酪

① 《古政原论》，见《刘申叔先生遗书》，第 18 册。
② 刘师培：《中国古用石器考》，载《国粹学报》，第 3 年，第 2 期。
③ 《古政原论》，见《刘申叔先生遗书》，第 18 册。
④ 《斯宾塞尔文集》，见《昌言报》，第 6 册。

醴";第四期,百物既丰,食不厌细,"饮食卫生之经"明,"而饮食之礼进矣"。从服饰上看,自古也是变动不居的。泰伯"端委以治周礼";楚王"鲜冠组缨,绛衣博带以治其国";宋钘、尹文则作"华山之冠";至汉代,而"冠刘氏";至莽而"弁麟韦";至宋而服"窄袍"。总之,"夫服者,所以便用也","服以时制",与时俱进,历代必不相同。从居处看,原古人"巢居营窟",至夏代为"夏屋",至殷代"始为四注屋"①,同样因时俱进。

国粹派认为,天演公例由简而趋繁,它决定了风俗进化的基本特征,是由质趋文,由朴趋侈。所以,尧帝祭器不过是简陋的土盆而已,舜时已知稍加雕饰,至禹时,则"墨染其外而朱画其内"矣②。章太炎肯定风俗日趋侈靡,是社会文明进步的征候,否则就只好退回茹毛饮血的时代去了。"惟夫天地之运,愈久而愈文明,则亦不得不愈久而愈侈靡"③。醒狂子从审美的角度上着眼,见解更为独到。他认为,风俗的进化是"人性"发舒的必然结果。它不仅表现为民智日开和因是刺激着人欲弥张;更重要的是,它还反映了人类对生活美的执著追求:"亟人之性,无所谓侈与朴,被智机之鼓荡,欲望因而弥奢,则不宁觞酌樽俎之间,欲求其美而已,举一种族之所尚好者,莫不欲求进于优美,缘是而风俗日侈而岁繁。"④

3.语言文字的进化。斯宾塞对国粹派的影响,较比更生动具体的一点,是他关于文字进化的观点。斯宾塞不仅强调先有语言后有文字和远古文字滥觞于绘画,而且根据墨西哥、埃及古老文字的起源,指出了文字经由象形指事假借表象等环节由简趋繁不断生发进化的共同规律性。章太炎在《订文》⑤中详细引述了斯宾塞的论述;无独有偶,刘师培在《小学发微补》一文中,也征引了同一段话,力加推崇,且谓自己的见解是"即斯氏之意引申之"⑥。这样,国粹派中的两位古文字学大师,实际上都借鉴了斯宾

① 黄节:《黄史·礼俗书》,载《国粹学报》,第 1 年,第 4 期。
② 醒狂子:《风俗遗传论》,载《政艺通报》,1905 年,第 15 号。
③ 《读管子书后》,见《章太炎政论选集》上册,32 页。
④ 醒狂子:《风俗遗传论》,载《政艺通报》,1905 年,第 15 号。
⑤ 《訄书》重订本,见《章太炎全集》(三)。
⑥ 刘师培:《小学发微补》,载《国粹学报》,第 1 年,第 8 期。

塞的见解，以考察中国文字的进化。

章太炎肯定"文因于言"，文字随语言的发展而发展，反映了社会的进化。他说："上世语言简寡，故文字少而足以达恉。及其分析，非孶乳则辞不赴。""夫语言文字之繁简，从于社会质文，顾不信哉！"他尤其强调假借在文字进化中的必然性及其功能。大千世界，林林总总，不可能尽有其名，尤其是人类心理精微，本无可状之象，因此不能不有假借。假借有两种：一是"文义绝异，而徒以同声通用者"；一是对原义的"引申"与"抽象"。尤其是后一种假借的运用，更能反映出社会及人类思维能力的进步。例如，言"思想之深远"、"度量之宽宏"，"深"本以测水，"远"本以记里，"宽宏"本以状中空之器，都是表现有形之物的，但借言无形的"思想"、"度量"，却能传神："而精神见象以此为表矣"。随着庶事繁兴，一些文字渐离表象之义，而衍为"正文"，文字因此孶乳。例如，"態"、"豪"、"群"、"朋"，始表以猛兽羊雀，久之则各衍为"態"、"勢"、"窘"、"倗"，成了"特制正文矣"①。章太炎不仅看到"文因于言"，而且看到"言孳迫而因于文"，即文字在其自身的进化过程中，又曾反转来能动地推进了语言的丰富和发展。例如，黑马之"黑"与黑丝之"黑"，名实相异，后则别以"骊"、"缁"，新造字使语言更显鲜明、生动；不仅如此，新造字还能使语言变得简洁有力。例如，若无"神"、"祇"二字的创造，就只好说"天之引出万物，地之提出万物"；若无"辍"字的创造，也只好说"车小缺复合也"；不仅冗曼绕口，且不便于书写。②

刘师培在这方面的见解更显得通俗、系统。他不仅写了《小学与社会学之关系》等文章，而且撰有《中国文学教科书》，以通俗浅显的语言，娓娓道来，将中国文字的进化过程，勾画得十分清晰。刘师培指出，文字进化由简趋繁，这可以从古今字书的统计中反映出来：汉《说文解字》收9 353字；魏《广雅》收 18 151 字；唐《广韵》收 26 194 字；明《正字通》收33 440 字；清《康熙字典》收 42 174 字③。同时，刘师培还强调字的形体也

---

① 《订文》附：《正名杂义》，《訄书》重订本，见《章太炎全集》（三），211、214 页。

② 《订文》，《訄书》重订本，见《章太炎全集》（三），209 页。

③ 《中国文学教科书》，第 1 册，第 1 课，见《刘申叔先生遗书》，第 67 册。

随着时代而变异。他认为，"一"、"二"、"三"古文作"弌"、"弍"、"弎"，均加"弋"字，反映田猎时代以获兽记数，为结绳时代的文字。其字形不外方圆平直，以象形指事，为字形成立之始；到周代，有《六书》，出现偏旁，左旁为形，右旁为声，由是指事、象形、形声合为一体，文字会意、转注、假借的功能益著；秦行八体书：大篆、小篆、刻符、虫书、摹印、署书、殳书、隶书，汉代有行书，晋代则行正书。总之，字体变迁的特点是："字数由少而增多"，"字划由简而趋繁"①。此外，刘师培还从语言的角度，推论语言文字及社会的进化，使人耳目一新。他认为，声音随时代而进化，所以古代音浊，后世音清；北方音浊，南方音清。音浊则音少，音清则音愈多。声音进化同于文字，"言简则音愈少，音繁则音愈多，音重浊故简，音轻清故繁"。当今之世，北人四声未具，而广东已有七音，可见广东进化先于北方。以此类推，古代声音较今为重浊，是开化逊于今时。"观于古音今音之不同，可以验进化之理矣"②。

由上可见，国粹派是接受了斯宾塞的社会进化论的影响。但是，值得注意的是，他们并没有盲目地全盘接受后者的理论。恩格斯曾指出，社会达尔文主义者"想把历史的发展和错综性的全部多种多样的内容都总括在贫乏而片面的公式'生存斗争'中"，并认定这是"社会的永恒的自然规律"，那不过是"十足的童稚之见。这简直是什么也没有说"③。斯宾塞是极端的社会达尔文主义者，他认定"生存斗争"是推动社会进化与进步的根本法则和唯一动力。他不仅反对社会主义，而且反对任何帮助穷人的法律，认为对弱者的帮助，将会"使贤之生机日削。不肖之种类益蕃，斯必为其群之大害"④。所以，斯宾塞为代表的社会达尔文主义成了帝国主义对外推行弱肉强食的侵略政策的口实，就是很自然的。但是，国粹派对此不愿苟同，因而提出"合群明分"论和"合世界群"说。

"合群明分"论，是由章太炎提出的。他既深感到"兼弱攻昧"是无可回

---

① 《中国文学教科书》，15～18课，见《刘申叔先生遗书》，第67册。
② 刘师培：《论小学与社会学之关系》，载《警钟日报》，1904-12-1。
③ 《马克思恩格斯选集》，第3卷，572页。
④ 《群学肄言·宪生》。

避的严酷的现实，但又不认为这是人类社会应有的合理现象。他从古代荀子的理想中得到启发，提出了"合群明分"的制衡方案。章太炎在《菌说》中引荀子的话说："人何以能群？曰分；分何以能行？曰义。"荀子发挥儒家"礼治"的理论，认为只有在礼义的规范下，人们各安其"分"，社会组织才能得以发挥运行机制，从而和合众人的力量，足以抗天行，战万物。由此，章太炎引申说："是故合群明分，则足以御他族之侮；涣志离德，则帅天下而路。"但若仅仅把章太炎的"合群明分"论看成一种御外侮的方案，是不够的；因为它同时表达了他对社会应有的群己关系的见解。所以他说："惟其群而有分，故有墨子兼爱、上同之善，而畛域有截矣。"所谓"合群明分"，就是既承认人我、群己间存在着"畛域"，即利益的差异；但同时，又强调必须借"兼爱"、"上同"的精神，使"畛域有截"，即保持合理的度，以臻至社会利益和人际关系的和谐。群己利益有差异，但从根本上说，二者不仅是一致的，而且互为表里，相辅相成。狮子虽大而被杀，蜜蜂"虽细不败"，足见个体的利益必以群体的存在为前提："苟不能此，则无不受侮。"反之，群体的和谐的利益，也当以承认个体的利益为基础。人人"自亲亲始"，因"爱类"而扩充亲亲之量，"必以仁民爱物终"。① 赫胥黎曾陷入困惑：合群固然可以平群内之物竞，但物竞既去，"其群又未尝不败"②。"生存斗争"有失恕道，但物竞不行，其群必败，二律背反，无所逃脱。但是，章太炎的思想是明快的，他不认为消除残酷的"物竞"和达于群体和谐，会导致赫胥黎所担忧的败群，从而陷入二律背反的困境，相反，他相信，"合群明分"，"以大智而充仁义之量"，才是人类社会实现进步真正合于理智的进化坦途。

不过，章太炎的"合群明分"论只着眼于群体内部，而不曾涉及人类群体间的关系问题，邓实等人的"合世界群"说，使我们看到了国粹派在这方面的见解。邓实认为，人类群治的进化，必然要渐次经历四个阶段而日趋和谐，这就是："家群"、"族群"、"国群"、"世界群"。始以"同室之苦乐

---

① 《菌说》，见《章太炎政论选集》上册，137～139 页。
② ［英］赫胥黎：《天演论·恕败》，33 页。

北京师范大学史学探索丛书

为苦乐",继以"同国同种之苦乐为苦乐",终至于以"一切众生同为人类之苦乐为苦乐"。也就是说,群治的初点,是内自群而外他群;群治的终点,则进他群为自群。"群治之极盛,则在世界之群。"所以,群治进化之速率与其大小成正比,群愈大则进愈速,因为它集中了更多的智慧与力量。当今欧美民族虽号文明,但仍不出"同群"阶段,即"利自群而不利他群"。他尤其谴责世界上有一种专以"侵他人之利"的"贼群",使世界公德难以实现。这"贼群"显然是指西方的帝国主义侵略势力。但邓实对世界大同仍然抱有信心,他说:19世纪文明,国家主义兴,"破家群而为国群";20世纪文明,世界主义兴,"将破国群而为世界之群"。届时,群群皆利,人人掌世界之"公利公益","此全地球大昌之世也,而人类之祸澹矣"①。邓实是在全人类的范围内进一步否定了"生存斗争"的必然性。但他不曾说明,没有"物竞"之后,人类社会将何以进化。醒狂子的见解正可以补邓实之遗。他认为,"生存斗争"在"拨乱之劫",固然可以暂时提倡,"借以建维立极";但此种以损人利己为前提的原则,终究不合大同的旨趣。在未来的社会里,"生存斗争"不会消失,却已非原来的意义,而转换为人与自然界的抗争。"故与物争生存者为次,而与天行争生存者期为上。"他告诫说,如果人类仍然沉湎于同类相残,无论强者还是弱者,终将难逃被自然界淘汰的共同命运:"是将为天行之所胜,而人类几乎灭矣。"②此外,黄节的见解也别具深意。他也认为,在未来的社会,竞争不会消失,但性质迥然相异:今之竞争为优胜劣败,强存弱亡,"迨夫文明进于极点",则优者而使劣者俱优,强者将使弱者俱强;"愈优而愈惧不优,愈强而愈惧不强,夫如是乃愈竞争而愈无争。"③这即是说,竞争不再是"生存斗争",而成为人类为了增进共同的幸福而在进化道路上展开的互助互利即善意的竞赛。如果说,章太炎是认为,"物竞"只有在"合群"、"兼爱"、"上同"即"义"的规范下,才能成为推进人类社会进化的良善动力;那么,黄节、醒狂子诸人则是强调"物竞"在新的条件下将最终改变它挑动人类对立的"本性",而转

---

① 邓实:《政群》,载《政艺通报》,1903年,第6号。

② 邓实:《政治独论·礼》,载《政艺通报》,1904年,第4号。

③ 黄节:《世界之国家主义》,载《政艺通报》,1903年,第4号。

变为造福全人类的有益工具。显然，后者表现了更加深刻的内涵。

毫无疑问，无论是"合群明分"论、"合世界群"说，还是"物竞性质转换"论，国粹派也都未能正确说明人类社会历史的发展规律和找到实现世界合群大同理想的科学道路，但这并不影响我们肯定他们不甘盲从和勇于探索的精神。

(二)社会有机论

这是斯宾塞社会学理论的另一块基石。他认为，人类社会与生物相类，同属有机体；因此，生理与群理，息息相通。这主要表现为：第一，从机体的发展看，二者都经历了由简趋繁的进化过程。生物品级由低渐高，其器官才逐渐发达起来，有了进一步适应环境的"体合"能力。同样，初民如"海滨的石子"，不相统属。社会进化后，才有"分职设官通功易事者渐出"；第二，从有机体器官的功能看，二者都存在"通功易事之局"。生物有呼吸、消化、排泄等器官。分官虽有专职，但彼此相辅相成。反观社会，不仅士、农、工、商民有分业，且有官吏与士卒、治者与被治者的不同，此种社会分工，也无非"相资为用"而已；第三，从机体的运行机制看，二者都存在两大督导系统：一是"宣播灌输"系统。这在生物表现为输送营养，促进自身新陈代谢的脉络分布。在社会，则表现为交通四达，有无相通，货畅其流。二是"督制系统"。这在生物表现为神经系统，在社会则表现为国家的政制组织。

斯宾塞的社会有机论在 19 世纪后半叶的英国出现，不是偶然的。它反映了资产阶级学者试图为固有矛盾日趋尖锐的资本主义制度寻求出路。但它在社会有机发展的名义下，掩盖了生产资料的资本占有和工人处于无权地位这一不平等的现实，从而把弱肉强食的现实社会制度说成是天然的和合理的。在工人运动日益高涨和马克思主义广泛传播的时代，此种理论显然具有反动性的一面。但从另一方面看，社会有机论毕竟坚持了社会进化的观点，而否定了目的论和圣人创世说；同时，斯宾塞是第一个在社会学中使用"系统"、"功能"、"结构"、"形制"等等新概念的人。他把社会理解为自我调节的系统，并提出社会功能与社会结构相互关联的一系列观点，都大大丰富了人们对自身社会的认识，从而也促进了社会学的发展。所以，社会有机论又具有自己一定的合理性；它与社会进化论一样，受到亟亟于社会变革的中国士人的普遍欢迎，是不足为奇的。

国粹派同样接受了这一理论。例如，黄节说，"人类亦天地间一有机生物，复杂繁衍于数千年后"①。值得注意的是，他们已经把社会有机论关于社会结构与功能的某些观点，运用于解说中国的社会历史与现实。例如，良史在章太炎主编的《教育今语杂志》第2期上著文论及古代国家产生时说：国家对百姓的管理，社会学家称"督制系"；百姓纳税供役，称"供给系"；神农时已有贸易，即为"交通系"。三系"实造成中央政府关键"②。章太炎本人在论及古代战俘成为奴隶时也指出："则胜者常在督制系统，而败者常在供给系统"③。邓实则这样来论述群己关系："群者谓这拓都（聚合体——引者），一者谓之么匿（单元——引者）。拓都之性情形制，么匿为之，此公例也。是故一群之内，必使人人宗群利，人人尽群义，而后其群始平，而国可治。"④与只习惯于以"君子"、"小人"或士农工商划分社会群体结构的封建士大夫相较，国粹派的社会历史观显然变得大为丰富了。

当然，将社会比作生物体的"社会有机"论又终究是不科学的。当时日本社会学家岸本能武太就指出，"社会为一种有机体，非一切如有机体"。社会与生物的差异，主要有二：一是"社会部分皆有意识之动物"；二是"社会无本社会以外之存在目的"⑤。章太炎充分肯定岸本的见解，他说："其说以社会拟有机，而曰非一切如有机，知人类乐群，亦言有非社会性，相皆倡动，卒其祈向，以庶事进化，人得分职侯度，可谓发挥通情知微知章者矣"⑥。在这里，章太炎强调岸本的卓识在于突出了人类是有理性的，可按自己的意志合群求进，这是它与无意识的生物根本不同之处。作为共和革命志士，他不单在指陈"社会有机"论的纰漏，而且是重在批评斯宾塞

---

① 黄节：《黄史·种别》，载《国粹学报》，第1年，第1期。
② 良史：《中国政治史略论》，载《教育今语杂志》，第2期。
③ 《序种性上》，《訄书》重订本，见《章太炎全集》（三），179页。
④ 邓实：《鸡鸣风雨楼民书·民义》，载《政艺通报》，1904年，第10号。
⑤ ［日］岸本能武太：《社会学》卷下，章太炎译，上海，广智书局，1902。
⑥ 《社会学自序》，见《章太炎政论选集》上册，170页。

抹杀人的主观能动性和倡导任天委运的思想主张。章太炎先与人合译过《斯宾塞尔文集》，但现在却对其理论感到不满意。他认为，斯宾塞不仅"于玄秘淖微之地，未暇寻"，而且议论多踪陈迹，言古最优，指示未来却不足为训；而美国的社会学家葛通哥斯重主观努力，摒物化于第二位，就较斯宾塞为优；岸本兼采二家之长，更高出一筹。所以，他又另译岸本的《社会学》。很清楚，一种理论能在多大程度上满足自己变革现实的需要，是章太炎评判诸家的标准。

（三）人类社会起源论

社会学对国粹派的另一个重要影响，是其介绍的近代西方人类学研究的杰出成果：社会起源论。

长期以来，人们多重视斯宾塞社会进化论对国人的影响；而对于主要是由甄克思《社会通诠》介绍的近代西方社会起源论的影响，甚少措意。其实，在具有重史传统而又患厚古薄今痼疾的中国社会，后者对人类社会起源简明生动而又符合科学的论述所能引起的振聋发聩的作用，是不可低估的。《东方杂志》评论说："欲改革政治，必先改革社会，欲改革社会，必先考察社会之由来……（《社会通诠》）据天演之例，以考社会之阶级，胪殊俗之制，以证社会之原理，其所发明宗法社会，谓由豢扰禽兽，至于种人群制，再进而为耕稼民族，又进为工贾行社。虽言我国事绝少，然无一不与我国四千年来社会吻合。"①夏曾佑为译本写了序言，强调"今日神州之急务，莫译此书为若"。他所提出的理由，尤其值得玩味。他说，守旧者反对变法，人心固执，难以口舌争胜，只有列举"实迹"，可以令其"自悟"。是书既详人类社会共同的起源，"则将使恍然有悟社会迁化之无穷，而天理人情之未可以一格泥，而宗教之老迥化矣"。守旧者读了《社会通诠》是否即能"自悟"，可不置论；但夏曾佑强调，是书将以所展现的活生生的原始社会起源"实迹"动人，却是十分深刻的。

国粹派多是一些深谙古代典籍的学者，他们不仅肯定西方学者关于原始社会的精辟论断，刘师培、章太炎等人且借以重新考察中国远古社会，

---

① 见《东方杂志》，第1卷，第1期"新书介绍"。

十分欣喜地引出了许多新的认识：

1. 关于中国原始社会的分期

甄克思的《社会通诠》按社会组织方式，分人类历史为三期：蛮夷社会（图腾社会）、宗法社会、国家社会（军国民社会）。第一期及其向第二期过渡，属于原始社会。但他对原始社会的分期，采用的是当时西方通行的分期法：渔猎时代、游牧时代、耕稼时代。这与摩尔根按生产技术发展将人类历史分为“蒙昧”、“野蛮”、“文明”三期，并以第二期及其向第三期过渡，归为原始社会范围，其基本精神是一致的。

国粹派接受了此种分期法。章太炎说，“古民知渔猎，其次畜牧，逐水草而无封畛①。”“而游牧之民，它自图腾初入宗法者耳。其与耕稼之民相抗，则劣者当在败亡之地。②”刘师培结合中国古文字学，更对此作了进一步的发挥。他指出，西人“言人类进化经由：狩猎时代—游牧时代—耕稼时代”，这完全可以从中国文字本身的进化中得到证明。中国古称狩猎为“田”。耕稼也称“田”。上古语言简单，古人将可获食之处皆称“田”。据《尔雅》，“田”又是陈列东西的地方。可见，早期陈列禽兽叫“田”，后期陈列种谷也叫“田”。“田”字不同用法，反映了狩猎与耕稼的时代变迁。此外，“物”字从“牛”从“勿”，言以牛为贸易之品，正反映它是游牧时代的字。《说文》“禾”部“称”字下云：“铨也，从禾称声，称即秤”。又谓凡程品皆从“禾”，如“科”、“程”、“秭”、“秅”；据此可知，度量权衡，始于耕稼时代，而度量权衡之用皆由称谷而起，所以“称”是反映耕稼时代的字③。刘师培还据此对中国上古史作出了自己的分期：伏羲之世，为渔猎进入游牧的时代。伏羲“作网以渔，教民以猎”④，所以又称“炮犧”，“犹言游牧王也”⑤；神农之世，由游牧进入耕稼时代，“神农教民播谷，与民并耕”。农

---

① 《序种性上》，《訄书》重订本，见《章太炎全集》（三），170 页。

② 《〈社会通诠〉商兑》，见《章太炎全集》（四），335 页。

③ 《论小学与社会学的关系》，《左盦外集》，见《刘申叔先生遗书》第 46 册。

④ 《古政原论》，见《刘申叔先生遗书》，第 18 册。

⑤ 《论古代人民以尚武立国》，载《国粹学报》，第 1 年，第 2 期。

业首重火耕，所以神农又名"烈山"①。不过，他认为，游牧与耕稼杂错并陈的状态，在中国延续了相当长的时间，直至三代犹存。例如，"周代虽以农业开基，然无羊诗曰：尔牧来思。君子于役篇曰：牛羊下来，则游牧之制至周犹存"②。不管刘师培的上述分期法是否科学，他效法西方学者，力图以远古人类生产方式的变迁为依据，为迷离混沌的中国远古社会的发展理出合乎逻辑的脉络，总是值得肯定的有益尝试③。

2. 关于中国原始社会的母权制氏族

对母系氏族的存在，许多已翻译的西人社会学著作，不同程度都有所报告；但比较起来，《社会通诠》的论述最明确和具体。甄克思开宗明义就突出强调了母系氏族的发现，是半个世纪以来原始社会研究最重要的进展，他说："前辈考社会之源者，大较至于宗法之制而止。意谓以宗系民，其制最古。……半期以来，科学日精，而寰区渐辟，稍稍以旧说为不然，知社会更有进于宗法之一境，而其演进实象，亦与旧说悬殊。此其所关甚巨，于史界治制，皆为新辟之奥区也"④。甄克思称母系氏族为"图腾社会"，他解释说，数十数百原始人组成一"图腾"，"建虫鱼鸟兽百物之形"，为之徽帜。群内所生子女，"皆从母以奠厥居，以莫知父故也"⑤。

恩格斯认为，母系氏族的发现意味着找到了打开原始社会的钥匙。应当说，国粹派是郑重地接过了这把钥匙，以求叩开中国神秘的太古社会的大门。他们发现中国上古时代也存在图腾与母系氏族。章太炎说："然自皇世，民未知父。独有母系丛部。数姓集合，自本所出，率动植而为女神者，相与葆祠主，其名曰托德模（图腾）。"中国上古"母系未废，契之子姓自玄鸟名，禹之似姓自薏苡名"，同样反映了图腾的"草昧之绪风"⑥。对此，刘师培作了进一步考证。他认为，以下的事例足以证明中国上古母系

---

① 刘师培：《古政原论》，见《刘申叔先生遗书》，第18册。

② 《游牧之制至三代犹存》，见《刘申叔先生遗书》，第62册。

③ 刘师培的分期与近代著名史学家夏曾佑其时对中国原始社会的分期是相同的。参见夏著：《中国历史教科书》，第1册，商务印书馆，光绪三十年版。

④ ［英］甄克思：《社会通诠》，严复译，北京，商务印书馆，1981。

⑤ 《社会通诠·蛮夷社会》。

⑥ 章太炎：《序种性上》，《訄书》重订本，《章太炎全集》（三），171页。

氏族的存在：上古人"知母不知父"；仓颉造字，"女生为姓"；黄帝 25 子，得姓者 14 人，为 12 姓，同姓者指同母而言，"以母族为姓"；从古姓之字考，姜姓出自神农，姬姓出自黄帝，姚姓出自帝舜，姒姓出自夏禹，嬴姓出自伯益，妘姓出自令人。此外，上古还有姞、姺、𡠾、妘、嫪等姓，"无一非从女之字"，"古人受始于母，此其徵矣①"。

其时西方学者不仅证实了母系氏族的存在和人类社会起源的普遍性；而且还确定了氏族内部婚姻家庭的发展，经历了"乱婚"—"血缘家庭"—普那路亚式的"群婚家庭"—"对偶家庭"—一夫一妻制的阶段性，从而为整个原始社会研究提供了新的基础。其中摩尔根关于氏族实行外婚制与部落实行内婚制的见解，尤为精辟。甄克思的《社会通诠》列有"图腾不婚"、"异图腾之嫁娶"专门标题，正确地突出了这一点。

在中国，由于存在有上古民人"知其父不知其母"的古老传说，所以对许多人来说，承认并指出中国古代母系氏族的存在，并不困难。但真正注意到上述摩尔根等人见解的重要性，并能指出中国上古同样存在普那路亚式群婚制的事实的人，却不多见。在国粹派中，唯有刘师培能以清晰的语言表述自己的心得。他说："吾观西人社会学于家族起源，言之甚析，由近亲之婚姻，进而于同族之婚姻；由同族之婚姻，进而至于异族之婚姻"；随民智渐开，知男女同姓其生不蕃，"而同族不婚垂为定则②"。中国古代也有"同姓不婚"的说法，但人们一向将之理解为父族同姓，这与甄克思所说的"同图腾者不婚"，风马牛不相及。刘师培看出了这一点，特地指出了此种传说的不当："中国古籍亦言同姓不婚，然姓指母族之姓言，非指父族之姓言。其始也，以同部之人皆为同姓，故娶女必于异部之中。"所以，神农母为有蟜氏，颛顼母为蜀山氏，均娶自外族。他还指出，《社会通诠》说，蛮族男女各以所婚图腾同行者为妻、夫，"故中国妇字既为已妻之称，又为普通女子之称；夫字既为夫妻之夫，又为普通男子之称③"，正可以佐证。理解了的东西，更易于感觉到它。接受了新的理论，古代的典籍、古

---

① 刘师培：《攘书·溯姓篇》，见《刘申叔先生遗书》第 18 册。

② 刘师培：《攘书·溯姓篇》，见《刘申叔先生遗书》第 18 册。

③ 刘师培：《古政原始论》，见《刘申叔先生遗书》第 19 册。

老的文字，在刘师培看来，都有了新的意义。但这并非是简单的比附，因为刘师培还进而指出了外婚制对后来氏族演进的重要性："异族婚姻之制行，则婚姻之道渐备，而男女之结合一与之偕，终身不改，故父子之关系亦由此而生矣。"①由异族婚姻过渡到"对偶家庭"，进而达到一夫一妻制，还有漫长的演化过程；但异族婚姻毕竟是原始人类摆脱野蛮转向文明新境具有决定性意义的台阶。所以，刘师培的论说虽有些笼统，但他能强调"异族婚姻"的转折意义，实属难能可贵。至此，可以说，母系氏族在刘师培等国粹派心目中，已被确信是存在中国太古时代的一个活生生的历史过程。

3. 关于家庭、私有制和国家的起源

甄克思指出，由母权制的图腾社会转到父权制的宗法社会，是在私有制出现之后发生的，即其根本的前提，是一夫一妻制的家庭和私有制的建立。他说："由图腾而入种族……而言其最显而易见者，则必自夫妇有别始"。"总之，宗法肇于有家，而家人之义，兴于所畜，然则，宗法社会必萌蘖于民有资产之分，无疑义已"②。由是，种人内部开始出现贫富、贵贱、尊卑的区分；体现"主奴之相制"的一套社会制度开始出现，这即是以"家庭为本位"的宗法制度。"家长之于家，为无上之主权。由是等而上之，家联为族，支子为之长；族合为宗，宗子为之君，则所谓种人之首是也。"③这样，甄克思便向人们指示了由摩尔根肇端的关于家庭、私有制和国家起源的科学思路。

这一重要思想对国粹派的影响，集中表现在后者对中国上古社会宗法制度和君权产生的描述，也正是抓住了家庭与私有制这两个中心环节而展开的。

刘师培指出，父权制的建立，标志着"宗法以成"；但宗法制又经历两个发展阶段：一为"种人"宗法；一为"族人"宗法。前者是游牧时代制度，后者为耕稼时代制度。种人宗法推有共同祖先，但那只是象征性的，"非必果出于一源"；五帝三王皆祖黄帝，《世本》中各姓出于黄帝者占十之七

① 刘师培：《攘书·溯姓篇》，见《刘申叔先生遗书》，第18册。
② 《社会通诠·宗法社会》。
③ 《社会通诠·宗法社会》。

八,可见时人皆从黄帝为姓。"族人"宗法则是种人"各推其祖之所自出",而"氏族以分"。这里,刘师培是在发挥甄克思的观点。甄克思的所谓"种人宗法",约为"对偶家庭"时期;所谓"族人宗法",当为一夫一妻制家庭时期,即原始社会末期。所以,刘师培肯定甄克思的见解,人类是由"合而分",而非由"分而合"①,正是要强调人类由泛祖发展到亲祖,由种人发展到家人,反映了婚姻渐备,男权家庭的稳固。

国粹派相信,人类私有财产观念的产生是与社会生产的发展和家庭的出现相伴而行的。人类由狩猎"进而为有家畜之时代",即有家畜之储藏,"即生财产观念,人类之间必有争夺"②。甄克思谓"家人之义,兴于所畜",中国"家"字从"宀"从"豕",正说明了这一点③。耕稼时代,储藏益多,私有观念愈盛。"积"字从"禾"从"责","利"字从"禾"从"刀","私"字可训为"禾",都说明是在耕稼兴起之后,"而产业之界始严"④。不过,章太炎则指出,随着父权制家庭的建立,上古人类私有观念已达到怎样的程度,这从古代流行的"杀首子"的野蛮风俗中,更可以看出来:"父系之始造,丈夫各私其子,其媢妬甚。故羌、胡杀首子,所以荡肠正世。而越东有牛沐之国,其长子生,则解而食之,谓之宜弟。何者?妇初来也,疑挟他遗腹以至,故生子则弃长而畜稚,其传世受胙亦在少子"⑤。高亦宾也断言家庭为谋私的渊薮:"私何自始,起点于授姓,圆满于有家。"⑥

随着私有制的兴起,奴隶的使用和社会等级区分,便如响斯应,成了不可避免。为了增加财富,战俘不再杀掉,而"使服力役,于是有厮养隶圉"⑦。但奴隶不限于战俘,刘师培认为,这至少有三种来源:一"缘兵争",即利用战俘,"使之躬操贱役,以从事于生财";二"缘刑法",即"身罹重辟并籍家族为奴";三"缘财法",失所之民,"鬻身为奴,以投身贵

---

① 刘师培:《古政原论》,见《刘申叔先生遗书》,第 18 册。
② 《女权消长论》,载《警钟日报》,1904-3-24。
③ 《社会通诠·宗法社会》。
④ 刘师培:《论小学与社会学之关系》,载《警钟日报》,1904-12-01。
⑤ 章太炎:《序种性上》,《訄书》重订本,见《章太炎全集》(三),180 页。
⑥ 高亦宾:《智奥·大同篇上》,载《政艺通报》,1907 年,第 19 号。
⑦ 章太炎:《序种性上》,《訄书》重订本,见《章太炎全集》(三),179 页。

族"。总之，平等的种人内部，出现了等级差别："居上位者"，"祭礼隆"，"握兵符"，"富于财"，"丰于学"；"居下位者"，"祭礼杀"，"失兵权"，"绌于财"，"丧于学"①。这即是说，"一部悉主，一部悉伏地为僮仆"；一部分人"常在督制系统"，另一部分人"常在供给系统"②。至此，在国粹派看来，为维护这一判分的国家组织必然要应运而生，也就不足为奇了。

他们正是把国家、君权的起源，与家庭、宗法制度联结在了一起。良史说，"国家的渊源，也要从夫妇讲起"，因为夫妇名分定，才有家；家的扩大为宗族，联络宗族的一套办法，"就叫做宗法社会制度"。家族扩大为部落、国家，宗法制度便成了整个国家的制度了。此外，"君"、"父"二字的古义都是"用手握杖"，由此也可知"君权从父权变化而来"，"国家的制度渊源在家族制度"③。刘师培的观点与此相类，但他将君权是宗子权的扩大这一主线，表述得更加鲜明："女统"易为"男统"，家族告成。一族中必统于所尊，"故家长之率教者为父"，这是宗法重宗子的开始。及家长扩大为部落长、君主，王室中即以君主为宗子。"宗"本训为"祖庙"，复训为"尊"；主祭之人为宗子，君主即为一国之主祭之人，君主也称"宗"。所以，"及图腾社会易为宗法社会，遂为王者专制之先驱"④。"盖君主政治既由家长政治而推，故臣民视君犹父，君主既操臣民之权，复操宗子之权，此世袭制度之起源，亦即君主政体之起源也"⑤。刘师培认为，中国君主制度滥觞于黄帝，渐备于夏、殷之世⑥。

固然，国粹派充其量还仅是看到了家庭、私有制和国家起源的某些连带关系：他们和甄克思等西方资产阶级学者一样，远没有理解国家作为社会阶级矛盾不可调和的产物的真正本质。但也应看到，他们的上述见解，在许多方面实已超出了斯宾塞"社会有机"论的范围；且无论自觉与否，在

---

① 刘师培：《古政原论》，见《刘申叔先生遗书》，第18册。

② 章太炎：《序种性上》，《訄书》重订本，见《章太炎全集》(三)，179页。

③ 良史：《中国政治史略论》，载《教育今语杂志》，第1期。

④ 刘师培：《周末学术史序·政法学史序》，载《国粹学报》，第1年，第2期。

⑤ 刘师培：《中国历史教科书》，第1册，第18课，见《刘申叔先生遗书》，第69册。

⑥ 刘师培：《古政原论》，见《刘申叔先生遗书》，第18册。

很大程度上又是符合了历史唯物论的观点。同时，国粹派为人们勾画了远古人类经历漫长的岁月，由母系氏族过渡到父系氏族，最终跨入国人所熟知的"三王时代"，而站到中华民族开化史的源头的进化过程，他们铺陈的正是一部中国原始社会发展史。尽管这过于浮光掠影的鸟瞰，尚谈不上对上古史作科学的研究，但他们凭借深厚的国学功力，对古代典籍所作的新的诠释与判断，还是很有意义的。特别应当指出，刘师培在他的《中国历史教科书》、《古政原始论》、《论小学与社会学之关系》等一系列著作中，都力图借鉴西方自摩尔根以来研究古史的新成果，重新评说中国上古史，其论述之系统，观点之鲜明，当时实无出其右者。不错，其时梁启超也正热心倡导新史学，主张运用西方学说"为比例，以考中国有史前之史"①，但他毕竟没有具体研究上古史的著述。于 1904 年出版的夏曾佑的《中国历史教科书》，被公认是中国近代历史教科书的开山著作。作者也运用社会学知识，指出上古原人经历了渔猎、游牧、耕稼的进化过程；但他于构成原始社会史基础与核心的母系氏族、父系氏族及其婚姻家庭的演变，不著一词。这就从根本上忽略了 19 世纪西方人类学研究的最重大的成果；与此相较，就不能不承认国粹派中刘师培、章太炎诸人慧眼独具了。所以，重要的还在于，国粹派在传统的圣贤经传之外，第一次为国人描述了较比更接近其本来面目的中国原始社会史。这至少具有以下的意义：

(1)在历来充满着神秘色彩而迷离混沌的中国上古史中，具体而微地再次肯定了社会进化的公例，就是进一步有力地传播了西方进化的社会历史观。

(2)冲击了厚古薄今的传统观念。封建士大夫总是把上古社会说成是民风淳朴，富有诗意的时代，尤其是"三代"更是空前绝后的理想盛世。但国粹派的描述却正确地告诉人们：上古不过是人类的童年，榛榛狉狉，浑而未划，"施之于今"，"无幸免于天演界之淘汰者也"②。"若犹以为可慕，

---

① 梁启超：《中国史叙论》，见《饮冰室合集》，第 1 册。

② 林獬：《世界和平说》，见《辛亥革命前十年间时论选集》，第 3 卷，710 页，北京，生活·读书·新知三联书店，1978。

斯吾无取焉"①。所谓"三代"，也不过是上古人类刚刚由畜牧进入耕稼时代，在章太炎、刘师培看来，甚至还保留着图腾时代的遗风。所谓"圣人"的灵光也消失了。伏羲、神农、黄帝、尧、舜、禹，原来都不过是上古部落的杰出首领而已。"观炎黄异德，兄弟婚媾，尧女釐降，不避近属，则同父而不同母者，皆可通婚。"②可见，所谓"圣人"，其时也尚未走出野蛮蒙昧的时代。"三代"既被论定是早期人类社会进化的一个阶段，传统的崇古观念就不能不受到冲击。

综上所述，西方社会学新知显然已构成了国粹派借以考察社会现实与历史的理论指导。但是，他们并不因此盲目崇拜西方社会学。这不仅表现在上述对斯宾塞某些具体观点的存异上；而且还表现在总体的评价上，认为西方社会学远未臻于圆满。刘师培说，西方社会学虽精，"然穿凿之迹，附会之说，虽著作大家，莫或克免"③。章太炎的见解更进了一步。他认为，"社会之学"与自然科学不同，后者无国界之分，不妨照搬；但前者却不能不注意本国的特殊性："几何之方面，动之形式，声光之激射，物质之化分，验于彼土者然，即验于此土者亦无不然。若夫心能流衍，人事万端，则不能据一方以为权概，断可知矣。"④何况西方社会学创立不及百年，更不能将其条例，奉为神明。这些见解无疑是合理的。

总之，进化论的宇宙观的确立和对西方社会学理论的积极吸纳，使国粹派的认识结构得到了根本性的改造。我们从往后的论述中可以看到，国粹派的文化思想，无论是文化观、史学思想，还是伦理观，经学思想，事实上都从自己的新知系统中获致了多么大的赐予。

---

① 黄节：《黄史·礼俗书》，载《国粹学报》，第 1 年，第 3 期。

② 刘师培：《攘书·溯姓篇》，见《刘申叔先生遗书》，第 18 册。

③ 刘师培：《论中土文字有益于世界》，见《刘申叔先生遗书》，第 46 册。

④ 章太炎：《〈社会通诠〉商兑》，见《章太炎全集》（四），323 页。

第四章　国粹派的文化观

国粹派所以成为国粹派，从根本上说，是由于他们提出了自己别具特色的文化理论与主张，在 20 世纪初年独树一帜，产生了广泛的影响。国粹派的文化观构成了其文化思想的核心和理论指导；无论后人臧否毁誉，其文化思想的优长与失误，都集中体现在这里。要言之，它是国粹派成就自己历史地位的主要奠基石。

一、国粹　国学　国魂

"国粹"、"国学"、"国魂"是国粹派借以文化运思最基本的概念。要理解国粹派的文化观，不能不对其内涵及其内在联系，首先作一番考察。

国粹一词虽传自日本，但如黄节所说，"名从主人，物从中国，吾有取于其义云尔"①。国粹派所讲的国粹，自然与日本不尽相同。然而，何谓"国粹"？国粹派对此并无统一的界定；但综观其主要代表人物的见解，约有三种层面的含义：

其一，广义上泛指中国的历史、文化。邓实《国粹学报发刊辞》说："综百家之长，以观学术之会通……月出一编，颜曰国粹。"②是报主要内容，分为"社说"、"政篇"、"史篇"、"学篇"、"文篇"、"丛说"、"撰录"。"国粹"显然具有涵盖中国历史与文化的广泛意义。章太炎说得更具体："国粹"就是历史，"这个历史，是就广义说的，其中可以分为三项：一是语言文字，二是典章制度，三是人物事迹。"③但是，这是在强调忘却历史

---

① 黄节：《国粹学社发起辞》，载《政艺通报》，1904 年，第 1 号。

② 邓实：《国粹学报发刊辞》，载《国粹学报》，第 1 年，第 1 期。

③ 章太炎：《东京留学生欢迎会演说辞》，见汤志钧编：《章太炎政论选集》上册，276 页，北京，中华书局，1977。

与文化的民族无自觉，"即为他民族凌轹，无以自存"①的意义上，将中国的历史文化认作"国粹"；包括章太炎在内，国粹派并不认为历史上的一切皆是"粹"。所以，章太炎说，"国粹诚未必皆是"，"义有是非，取是舍非者，主观之分；事有细大，举大而不遗细者，客观之分"②。在这里，"研求国粹"，便成了研究中国历史、文化的代名词了。

其二，指中国文化的精华，即在"粹"的本来意义上，将"国粹"界定为适合现代中国需要不分中外的一切有益的文化。黄节对此一层面含义的表述，最为完整。

黄节力图从思辨的意义上，给国粹作出宏观的界定。他认为，不能拘泥于"一名、一论、一事、一物、一法、一命"，去界定国粹；应当从总体的把握上，去体认民族文化的精华所在。他说："发现于国体，输入于国界，蕴藏于国民之原质，具一种独立之思想者，国粹也；有优美而无粗糲，有壮旺而无稚弱，有开通而无锢蔽，为人群进化之脑髓者国粹也。"③"国粹"是助益民族进化、赋有生命活力的文化精华。它不是可供人摩挲的具体现成的历史遗物，而是如同弥漫于空气中的水分，溶解于水中的盐分一样，蕴含在中国漫漫的历史与文化的长河之中。这就决定了所谓"国粹保存"，不是对某种一成不变的传统事物的僵直固守；而是表现为对历史文化的一种缜密的科学研究的过程，即由"研究"而"区分"，由"区分"而"变化"，由"变化"而"致用"，最终达于"保存"。这犹如"天演家之择种留良"，"以研究为实施之因，而以保存为将来之果"④。"言国粹者，先研究而不先保存，其所以执果求因者，如是乃公例也。"⑤值得注意的是，黄节

---

① 章太炎：《印度人之论国粹》，见《章太炎全集》（四），366 页，上海，上海人民出版社，1985。

② 章太炎：《印度人之论国粹》，见《章太炎全集》（四），366 页，上海，上海人民出版社，1985。

③ 黄节：《国粹保存主义》，见《壬寅政艺丛书》，政学文篇卷 5。

④ 黄节：《国粹学报叙》，载《国粹学报》，第 1 年，第 1 期。

⑤ 黄节：《国粹学社发起辞》，载《政艺通报》，1904 年，第 1 号，Martin Bernal 的《刘师培与国粹运动》（《近代中国思想人物论—保守主义》，台湾《时报》文化出版事业有限公司，1982 年）认为邓实、黄节诸人讲的国粹，不具有日本志贺、三宅那样日新月异的品格，并不准确。

还特别强调指出，不能把"国粹"等同于"本我国之所有"。他以移植的嘉木焕然秀发为例说，新花异草"虽非前日之所有，而要之有是地然后有是华，不得谓非是地之华也。是故本我国之所有而适宜焉者国粹也，取外国之宜于我国而吾足以行焉者，亦国粹也"①。这就是说，"国粹"的本质在于"粹"，而非在于"国"，只要适于当今中国之用，无论是"发现于国体"即为本国所固有，抑或是"输入于国体"即为外国所输入，均可称之为"国粹"。这与十多年后，陈独秀在新文化运动高潮中所说的下面一段话，有异曲同工之妙，是耐人寻味的："吾人之于学术，只当论其是不是，不当论其古不古，只当论其粹不粹，不当论其国不国，以其无中外古今之别也。"②黄节的国粹论，透露着辩证法的气息，无疑是反映了清末国粹派的勃勃生气。这一点恰恰是长期以来为人们所忽略的。

其三，指中国文化的民族精神与特性。邓实说："夫一国之立必有其所以自立之精神焉，以为一国之粹，精神不灭，则国亦不灭。"③许守微也说："国粹者，一国精神之所寄也，其为学，本之历史，因乎政俗，齐乎人心所同，而实为立国之根本源泉也。"④这大致与日文原义相仿佛，即是指缘历史、人种、地理所形成的中国文化独特的民族性，或称之为"民族精髓"、"民族精神"。

不过，如果国粹派的见解仅仅停留于此，那么他们的国粹理论就谈不上独具特色。因为，如前所述，"国有与立"的观点是20世纪初年包括康有为、张之洞在内，立宪派与清政府都能接受的。作为革命派，国粹派的国粹论所以具有令清廷惶恐不安的尖锐性和战斗性，就在于他们的国粹论是与"国学"论相联系的，并经由后者，国粹派完成了自己适应排满革命需要的文化理论架构，从而与立宪派的见解，划出了鲜明的界限。

黄节的《国粹保存主义》及《国粹学社发起辞》，是迄1904年初国粹派论述"国粹"仅有的两篇文章。它们对国粹内涵的精彩阐发，已如上述。这代

---

① 黄节：《国粹保存主义》，见《壬寅政艺丛书》，政学文篇卷5。

② 陈独秀：《学术与国粹》，载《新青年》，第4卷，第4号。

③ 邓实：《鸡鸣风雨楼独立书·语言文字独立》，载《政艺通报》，1903年，第24号。

④ 许守微：《论国粹无阻于欧化》，载《国粹学报》，第1年，第7期。

表了其时刚刚成立的国粹学社同人的见解。但是，黄节强调，"日本之言国粹也，与争政论；吾国之言国粹也，与争科学"①，即强调从单纯文化的意义上讲国粹，而不屑于政治。这显然不能适应"阴谋借此以激动排满革命之思潮"的需要。它反映了其转向革命的国粹学社同人的理论滞后于现实。这不能不引起行动上的困惑和滞迟。国粹学社因此难得作为而陷于中辍，是必然的。为此，如何使自己的"国粹"说能与排满革命的宣传相协调，便成了国粹派急待解决的理论问题。这个问题首先是由邓实解决的。《政艺通报》1904年第3期发表了邓实的《国学保存论》一文，在"国粹"之外，更提出了"国学"的新概念，从而使"国粹"说别开生面。

"国学"一词，见于中国古籍，《礼记》载："家有塾，党有庠，术有序，国有学。"那是指国家办的学校，与近代指"一国特有的学术"不同。近代意义的"国学"一词，19世纪末20世纪初传自日本②。不过，邓实所谓的"国学"，不仅含近代的通义，同时更强调这是指先秦，即君主专制建立及"异族"入主之前，中国作为"汉族的民主的国家"之学术。所以他说，一国有一国之学，中国自"秦火之焚，而专制之政体出"和"王朝之乱而外族之朝廷兴"，便是国与学俱亡了。迄今"异学异国"充塞神州，"国之不国，学之不学也久矣"。他抨击"伪儒"立身伪朝，"卖国卖学"③。因此，在他看来，保存国粹，首先必须保国保学；而要保国保学，又必当自兴民权反专制和严"夷夏之大防"即排除异族之朝廷始。至此，不著"排满革命"的词句，原先文质彬彬的国粹说，却已被改造成"激动种性"的革命论了。

由"国粹"论，推进到"国学"论，以此与排满革命相应和，邓实的新思路事实上是构成了清末国粹派基本的理论模式。不仅他的"国学保存"的提法，已为后来的"国学保存会"张本；而且他提出的"国学"论，实际上也成了后者赖以成立的共同的理论基础。1905年2月，《国粹学报》创刊，黄节再撰《国粹学报叙》，就说明了这一点。若将此文与他在1902年写的《国粹

---

① 黄节：《国粹学社发起辞》，载《政艺通报》，1904年，第1号。

② 曹聚仁：《中国学术思想史随笔》，3页，北京，生活·读书·新知三联书店，1986。

③ 邓实：《国学保存论》，载《政艺通报》，1904年，第3号。

保存主义》相较，可以看出，前者乃是后者的改写。它保留了后者中关于"国粹"界定的精彩部分，但整篇文章却已是建立在邓实提出的"国学"论的基础上了。例如，他写道：何谓国？"对于外族则言国，对于君主则言国，此国之界也。国界不明，诸夏乃衰。……国于吾中国者，外族专制之国，而非吾民族之国也；学于吾中国者，外族专制之学，而非吾民族之学也。而吾之国之学之亡也，殆久矣乎。"①将自己的"国粹"说与邓实首倡的"国学"论相联系，现在黄节岂止在"与争政论"，分明已高举起了排满革命的鲜明旗帜。

其实，当时一些具有反清革命思想而又感觉敏锐的《国粹学报》的读者，已经指出了邓实诸人将国粹与国学相联系，不愧是一大发明。例如，许之衡在《读"国粹学报"感言》中就认为，抓住"国学"讲"国粹"，以与清廷大吏相区别，是高明之举。他说，清廷大吏言国粹，"则挟其左右学界之力，欲阻吾民图新之先机，以是为束缚豪杰之具"，与在野者"殆不可同日而语"；而"保全国粹诸子，首以保国学为倡，其识诚伟大。读其书，标民族之宏义，发神州之鸿秘，其志可哀，其旨可敬，其文辞尤可感而舞也"②。所以，国粹派的国粹论实质上是一种"排满革命"论，这是许多人都感受到了的。

但是，"国学"论的提出，又不仅使国粹派的国粹说得以和排满革命相协调；更重要的是，由此进一步构成其颇具特色的文化论。这主要包括两个值得重视的文化见解：

1."文化有机"论。他们强调："国有学，则虽亡而复兴，国无学，则一亡而永亡。何者，盖国有学则国亡而学不亡，学不亡则国犹可再造，国无学则国亡而学亡，学亡而国之亡遂终古矣。"③有国固然有学，但国亡而学不亡，则国有可复；学亡国必随之，且万劫不复。此种"文化决定"论，当然是不科学的。但值得重视的是，此种见解的理论依据，是国粹派受斯宾塞的理论影响而形成的"文化有机"论。斯宾塞的理论隐含着一元式的宇

---

① 黄节：《国粹学报叙》，载《国粹学报》，第1年，第1期。

② 许之衡：《读〈国粹学报〉感言》，载《国粹学报》，第1年，第6期。

③ 许守微：《论国粹无阻于欧化》，载《国粹学报》，第1年，第7期。

宙观，即他把所有现存的地理、生物与社会现象，溯源到一个始原的、同质的起点，变的方向是往异质推进，其动力则被视为总的物理现象。以太阳系的形成为例，则出于物质的冷却，运动速度的减慢，而后分子凝固为密度较大的团状云；以有机物为例，则是因适应生存环境需要的结果，生物的单细胞演化出了愈分愈复杂的生命形态。显然，这种一元式的宇宙观，很容易被引申到人类的社会与文化现象上去，而获致"民族生命"、"国有与立"的见解。国粹派正是把文化看成是与人群进化同步发展的生命有机体。生物所以能发育，成长，有赖其内在的生命本源的涌动；生命不止，生物不灭。同样，一种文化也是本于一种民族"种性"的涌动："本其心灵之所蕴积而为理想，发而为言语，摺而为文字"，从而学术、政教、伦理、工艺起焉，若人体之发舒，"五官强，百体昌易，神人洽"①。此种实为文化生命本源的"种性"或叫"独立精神"，即是难以言传、最可宝贵的国粹。所以，章太炎将之比作"立国之元气"②；章士钊则比作一个民族得以发育生长的"胚胎"。他说："盖凡立国，必有其天然之国粹，不与人同"，不论其后如何变迁，"而其所席之旧治之胚胎，究不可失，失之，吾未见其能自立国者也"③。

2."国学、君学对立"论。邓实诸人最初提出"国学"的概念，是与"异国异学"相对而言的，强调的是汉族历史文化的存亡。它突出的只是文化外在的种性区分，而非其内在的构成分析。此后，他们的见解渐趋深化，进而强调应对中国文化采取分析的态度："近人于政治之界说，既知国家与朝廷之分矣，而言学术则不知有国学、君学之辨，以故混国学于君学之内，以事君即为爱国，以功令利禄之学，即为国学，其乌知乎国学自有其真哉。"④"国学"与"君学"相对待，它显然已非作为汉族历史文化原来的意义，而成了统一的中国文化的一部分——精粹的部分。所谓"君学"，就是"以人君之是非为是非者"，它为历代帝王所尊崇，颁为功令，奉为"治国

北京师范大学史学探索丛书

---

① 邓实：《国学保存论》，载《政艺通报》，1904 年，第 3 号。
② 章太炎：《送印度钵逻罕、保什二君序》，载《民报》，第 13 号。
③ 章士钊：《王船山史说申义》，见《黄帝魂》。
④ 邓实：《国学真论》，载《国粹学报》，第 3 年，第 2 期。

之大经","经世之良谟";所谓"国学",就是"不以人君之是非为是非者",它为历代帝王所排斥①。他们认为,秦汉以降,中国既为君主专制的一统天下,"神州学术伏于专制君统之下"②,"遥遥两千年神州之天下,一君学之天下而已"③。"国学"衰微,唯赖一二在野君子,本爱国之心,忧时讲学,著书立说,得保不绝如缕。中国文化的衰堕,原因正在这里。将传统文化分为"君学"与"国学",同样并不科学。两千多年的中国传统文化是以孔孟之道为核心、适应于君主专制统治的封建文化。因此,从根本上说,此种封建文化就是一种"君学",而不存在与之全然对立的"国学"。但是,传统文化又不单是封建的糟粕,同时还包含着民主性的精华。列宁曾指出:"每一种民族文化中,都有两种民族文化,有普利什凯维奇、古契诃夫和司徒卢威之流的大俄罗斯文化,但是也有以车尔尼雪夫斯基和普列汉诺夫为代表的大俄罗斯文化。乌克兰也有这样两种文化,正如德国、法国、英国和犹太人有这样两种文化一样。"④邓实等人自然不可能有如此明确的"两种文化"的认识;但他们揭示出"以君之是非为是非"的"君学",与"本其爱国之忱"而主经世致用的"国学"的对立,显然又是接近了此种认识。"国学、君学对立"论在当时发人所未发,固然是可贵的,因为它提示了从近代民主的观念出发,对传统文化作重新评判的见解本身对时人具有启蒙的意义;同时,更重要的是,它又使国粹派对固有文化价值的体认变得愈加执著。

由上可见,"国学"论是国粹派文化理论的核心。只有将"国粹"与"国学"相联系,才能真正理解国粹派的文化论。在他们眼里,二者并无严格的界限。"国学"无论是在近代的意义上指中国的历史、学术、文化,还是在与"君学"相对立的意见上,指中国文化的脊梁,从广义上说,都是弥足珍贵的"国粹";但从狭义上说,"国学"又仅是蕴含"国粹"的载体,因此,

① 邓实:《国学无用辨》,载《国粹学报》,第3年,第6期。

① 邓实:《国学无用辨》,载《国粹学报》,第3年,第6期。
② 黄节:《孔学君学辨》,载《政艺通报》,1907年,第3号。
③ 邓实:《国学真论》,载《国粹学报》,第3年,第2期。
④ 《关于民族问题的批评意见》,见《列宁全集》,第20卷,北京,人民出版社,1989。

保存"国学"是保存"国粹"的前提，而研究"国粹"又是"国学"得以保存的必由之路。这样，说到底，"国学"与"国粹"的关系，可归结为两个层次：一是二者均可泛指中国的历史文化，因而是可互代的等量概念。例如，章太炎在东京主持的"国学讲习会"主要讲"一、中国语言文字制作之原；一、典章制度所以设施之旨趣；一、古来人物事迹之可为法式者"。① 这与上述章本人在留学生欢迎会上对"国粹"内涵的界定，是一致的；二是"国学"即指中国学术文化，而"国粹"则为内含的精华。

"国粹"、"国学"，作为国粹派借以文化运思的两个重要概念，二者相辅相成，可重叠，却不容割裂；但点化二者的精灵，却是出自国粹派的爱国情结——陶铸国魂。

众所周知，"陶铸国魂"说，是 20 世纪初年革命党人极具感染力的爱国革命宣传。"中国魂"、"黄帝魂"、"汉魂"、"民族魂"，具体提法虽有不同，但令人壮怀激烈的"陶铸国魂"说所凸现的革命志士的爱国情结却是共同的。他们指出，各国无不有自己的国魂："有华美高尚樱花之魂，而日本以之名其国也；有凌厉鸷骛荒鸷之魂，而俄罗斯以之名其国也；有高掌远蹠神奇变化猛狮之魂，而英吉利以之名其国也②。"国魂代表本国自尊、自信、自强至可宝贵的民族精神；健全的国魂，又是保持民族坚强凝聚永不枯竭的力量源泉。然而，中国原有的健全的国魂，却因异族入主，而经久迷失和凋零了；因此，必须重铸国魂。

所谓国魂、民族魂，说到底，就是指中国独立的民族精神，在 18、19 世纪的欧洲，随着民族国家的成长，各国维护民族精神的观念愈加自觉，特别是地处文化周边的国家，更强调吸纳外来文化必须接受本土精神的整合，建立国魂维护民族的独立与尊严。如前所述，这种观念被概括为"一个民族、一个国家、一个国魂"的原则，尤其在日耳曼民族中被发挥得淋漓尽致，成为欧洲浪漫主义运动的总的原则。这一原则于 19 世纪末 20 世纪初随着民族主义传入中国后，自然更易于为其时投身于排满革命血与火

---

① 章太炎：《国会讲习会序》，载《民报》，第 7 号。
② 壮游：《国民新灵魂》，载《江苏》，1903 年，第 5 期。

斗争的革命党人所服膺。但国魂的陶铸，却不能不求助于民族的历史与文化："万绿沈沈昼掩门，括囊国粹道犹存；拟将一盏黄炎血，滴入洪炉铸旧魂。"①所以"陶铸国魂"说与"保存国粹"说，天然相通。其时，论说国魂最有代表性的两篇文章，一是飞生的《国魂篇》②，一是壮游的《国民新灵魂》③。两位作者恰恰都是主张国粹论者。飞生认为，国魂的陶铸，离不开"国粹主义"与"世界主义"的调和。壮游即金一，后为《国粹学报》撰稿人，他也主张"合吾固有而兼采他国之粹者"，以陶铸国魂。在"国学"论提出之后，国粹派更进一步将国魂与国学、国粹衔接起来。高旭说："国有魂，则国存，国无魂，则国将从此亡矣……然则国魂果何所寄，曰寄于国学。故存国魂，必自有国学始。"④许之衡也说："夫国学即国魂所在，保存国学，诚为最重要之事矣。"⑤邓实甚至干脆将国魂与"学魂"等量齐观⑥。

国粹派诗人金一在《国民新灵魂》中，对陶铸国魂的浪漫构想，最能体现国学、国粹、国魂三者在国粹派心目中，是怎样保持着和谐：

> 中国魂兮归来乎？归来兮，此旧魂也，于是上九天下九渊，旁求泰东西国民之粹，囊之以归，化分吾旧质而更铸吾新质。吾使孔子司炉，墨子司炭，老子司机，风后力牧执大革，运气以鼓之，而黄帝视其成。彩烟直上，纠蟠空际，天花下降，白鹤飞来，而国民乃昭然其如苏，呆然其如隔世，一跃而起，率黄族以与他种战。国旗翻翻，黄龙飞舞，石破天惊，云垂海立，则新灵魂出现而中国强矣！

陶铸国魂须请孔子、墨子、老子各司其职，而由黄帝总其成，这里浪漫的语言清晰地表达了国粹派文化观的基本思路：以民族主义为指归，以国学为主体，融合中外文化的精粹，重振民族精神以强中国。

---

① 黄天：《杂诗》，载《政艺通报》，1904年，第10号。
② 飞生：《国魂篇》，载《浙江潮》，1903年，第1期。
③ 壮游：《国民新灵魂》，载《江苏》，1903年，第5期。
④ 《南社启》，见《南社会员通讯录》。
⑤ 高旭：《读"国粹学报"感言》，载《国粹学报》，第1年，第6期。
⑥ 许之衡：《国学保存论》，载《政艺通报》，1904年，第3号。

二、"无用者君学也，而非国学"

国粹派既以复兴中国文化为己任，自然是痛感于传统文化的衰败。他们指出，这主要表现在以下两个方面：

其一，学术的衰弊。

国粹派认为，土地、人种构成一国的"质干"，"其学术则其神经也"[1]。所以，学术为立国之本，中国文化的衰弊，主要也就在于学鲜实用，学术湮没。其中，汉、宋学之无实无用，是其祸本：汉学满足于繁琐的考据，"攫摭细微，剿袭成说，丛脞无用"；宋学复空谈心性，"禅寂清谭，孤陋寡闻，闭聪塞明"。二者不仅无补于国事，且毒化了国学，不足称之为"学"。所以，"近三百年之天下，谓之适于无学之世可也"[2]。作为一国"神经"的学术既湮没不彰，中国文化岌岌可危，自然是无可掩饰的了。

其二，民智、民德、民力的低下。

在国粹派看来，一国文化的兴衰，还集中反映在国民的素质上。"必其民有文明之资性，而后享食文明之幸福，得保其迤演不替，其运弥长"[3]。如果说，学术的衰弊还仅限于士大夫阶层；那么，与西方相较，民智、民德、民力的普遍低下，则是在全体的意义上，反映了中国文化的衰微。

文明社会的进化，不在"腕力"，而在"汽力"；不在"兵战"，而在"脑战"；不在少数贵族士大夫，而在多数之国民[4]。民智则国富而强，民愚则国贫而弱。泰西之民，"神智飞扬，精神充足"，"聪明智慧之民也"，所以"其社会之内，光华美丽，如锦如霞"；而泰东之民，"愚鲁顽顿，志识卑下，其德慧术智，远逊欧美"，所以"其社会之内，阴暗凄惨，愁云遍结"。西强而东弱，要在于"其一智一愚"。此种民智上的差距，从东西方士、

---

① 邓实：《鸡鸣风雨楼独立书·学术独立》，载《政艺通报》，1903年，第24号。
② 邓实：《国学保存论》，载《政艺通报》，1904年，第3号。
③ 某君：《论治乱与文明之关键》，载《政艺通报》，1903年，第7号。
④ 黄节：《东西洋交通消长之大势》，载《政艺通报》，1903年，第11～13号。

农、工、商即学术与社会生产素质上最能反映出来："彼以巧，而我以拙；彼士以科学，农以新器，工以汽机，商以计学；而我士以白卷大折，农以天时，工以手足，商以命运"。无怪乎，中西相遇数十年，言"兵战"、"农战"、"工战"、"商战"，中国无往而不败①。

同样，民德日兴也是推动文化进步的重要因素。所谓德，就是爱类合群之心，文明的国民应懂得尽义务爱大群，"人人尽其应尽之义务，而民德兴"。但中国民德衰堕，"人人知有己，不知有群；知有家而不知有国"②。所以，世风日下，盗贼倡优充斥民间，谄臣媚子充塞朝右，全国一盘散沙。以此与合群进化的欧洲民族抗，自然无不败。

所谓民力低下，是指国民体质不如人，"即其官体部位之发达，人身量度之纵横，比之欧美人，皆弱十分之二强"。从精神气质上看，"彼则坚强英毅，华然风采，我则颓废卑荣，沉闷无色"。民力凋残，人种衰弱，固然与国民不重体育，不讲卫生有关；但更深刻的原因，还是在于中国文化自身的弊端："其远因皆伏于数千年以前，自其政治宗教之大，以至于日用饮食性情习惯之微，无一而非弱种之具，浸淫浸久，而养成此阴阴鬼气纤纤女性之民，其已几无自存之术矣。"③

由上可见，国粹派不仅看到传统文化的衰弊，而且所论不无偏激：汉宋学末流固然归于无实无用，但因此认其为祸国之本，甚至断言三百年来中国"无学"，显然大失偏颇。同样，一味贬斥中国民德不兴，也有失笼统。但是，国粹派的偏激，与"醉心欧化"论者又不可同日而语。应当看到，时至20世纪初年，承认并指出中国文化衰弊的事实，对于多数人说来，已经并不困难；困难在于，如何正确说明其衰弊之由及救治之道何在。国粹派与后者，正于此尖锐对立。其时，一部分"醉心欧化"和丧失民族自信心的人，受西方反动的人种论的影响，多将中国文化的衰弊归咎于中国人种的低劣。他们认为，西方白色人种天然优于有色人种，"黄种已随红种、黑种而去势"。因此，中国除了变种易俗之外，"举事建谋，均属

---

① 邓实：《鸡鸣风雨楼民书·民智》，载《政艺通报》，1904 年，第 6 号。
② 邓实：《鸡鸣风雨楼民书·民德》，载《政艺通报》，1904 年，第 6 号。
③ 邓实：《鸡鸣风雨楼民书·民力》，载《政艺通报》，1904 年，第 9 号。

诬妄",一切自强的努力都只能是徒劳无益的。①国粹派力斥"白优黄劣"人种论之谬。章太炎说,人类乃进化的产物,"民之初生,东海、西海侗愚相若也"②,天演日进,民智日开,故就各文明国家而言,人种并无高低优劣之分,其"血轮大小,独巨于禽兽,头颅角度,独高于生番野人,此文明之国种族所同也"③。具体说,东西隔绝,因有黄、白之异,但欧西与华夏,无非"皆为有德慧术知之氓"④。邓实也指出,中西民族"同为地球之智种",没有理由因中国文化一时衰堕,便将问题归结为"其脑角之高低、心包络之通塞有以致之",即判定中国人种不如人,泰西之民"生而能智",泰东之民"生而遂愚","此岂天之特福泰西之民,而不一念泰东之民哉"⑤!他们认为,中国文化的落后不是先天的而是后天的,其原因即植根于中国社会的政治、经济与思想之中,因而无须怨天尤人,当对中国二千余年的历史与文化自行反省。缘此,他们将中国文化衰微归结为以下几方面的原因:

(一)君主专制制度推行愚民政策的结果

国粹派认为,中国文化落后于西方,一个重要的原因,就在于西方"以民主为政体,故利民之智",而中国"以专制为政体,故利民之愚"。历代君主既以阴谋取天下,也不能不以阴谋守天下。为保子孙帝业万世一系,历朝开国第一件事,便是以诛锄民气、闭塞民智为要务。所以"其愚民之术,代工一代",总要使通国之民以不读书、不识字、不知国事为"本分",蠢蠢然以佣耕供役为"义务"。邓实说,中国数千年来,只是君有学,而民无学,所谓"风俗政教"、"制度文物"、"人材学术",无一不是"君主制的";历代相传之所谓"学说"、"大抵教人君者十之六,教人臣者十之四,而民则无有焉"。以《六经》为例,所记无非"人主之事","以君为纲,

---

① 《祝黄种之将兴》,载《东方杂志》,第1卷,第1号。

② 章太炎:《信史下》,见《章太炎全集》(四),67页,上海,上海人民出版社,1985。

③ 章太炎:《论学会有大益于黄人亟宜保护》,见《章太炎政论选集》上册,8页。

④ 章太炎:《原人》,《訄书》重订本,见《章太炎全集》(四),166页。

⑤ 邓实:《鸡鸣风雨楼民书·民智》,载《政艺通报》,1904年,第6号。

以臣为目，而于民十不及一二焉"。除《乐》不可考外，《易》记三皇五帝、夏殷周之事；《诗》为太史所采以献王者；《礼》不下庶人；《春秋》更"纯乎帝王之书"①。刘师培也认为，中国自周代起，学术即为少数贵族、卿大夫所垄断，如同在印度只归婆罗门所有一样。民字训为"冥"、"盲"，则民为愚昧无知之称，即周代"上级有学而下级无学"的明证②。国人在专制政体之下，既被剥夺了向学求智的权利，"种智极下"乃为不可免之事。然而，数千年来，所谓名臣学士，"从无为吾民建一谋画一筹，以智吾民，强吾民，进吾民于文明治化无疆之休者，岂不悲哉"③！

（二）儒学独尊禁锢了国人的思想

在国粹派看来，专制君主的愚民政策，不仅表现在处心积虑地剥夺国人向学求智的权利，同时还表现在它行思想专制，禁锢天下人心，为害尤烈。由此出发，他们就不能不把自己的批判矛头指向作为历代专制政治精神支柱的孔子及其儒家学说。

恩格斯曾指出："一般针对封建制度发生的一切攻击必然首先就是对教会的攻击，而一切革命的社会政治理论大体上必然同时就是神学异端。为要触犯当时的社会制度，就必须从制度身上剥去那一层神圣外衣。"④在近代中国，第一次大胆戮破君主专制制度身上的"神圣外衣"——孔子及其儒家学说的，是太平天国农民革命领袖洪秀全，接着的是戊戌时期的维新派。康有为借助今文经学，把孔子改塑成托古改制、为民立极的大教主，表面上是拔高了孔子，实则是要借以褫夺充当君主专制护法神的孔子及其儒学的权威。所以它产生了海啸飓风般的效应，为维新变法提供了理论根据。20世纪初，孔子改制说渐失魅力，1902年梁启超发表《保教非所以尊孔论》，公开与其师立异，反对独尊孔子，就反映了这一点。包括梁启超在内，其时更多的人进而创"真孔"论，竭力将原始孔子及儒家与历代君主所尊崇的孔子及儒学区分开来。他们强调，由于历代君主及腐儒的歪曲，

① 邓实：《鸡鸣风雨楼民书·总论》，载《政艺通报》，1904年，第5号。
② 刘师培：《补古学出于史官论》，载《国粹学报》，第2年，第5期。
③ 邓实：《鸡鸣风雨楼民书·总论》，载《政艺通报》，1904年，第5号。
④ ［德］恩格斯：《德国农民战争》，熊伟译，32页，北京，人民出版社，1962。

孔学真道早已迷失了："哀哉！吾中国之学者，名为承孔道，而实则守老学，传习数千年，尽失其孔子之面目，驯至受保守主义之烈毒。"因此，当务之急，是要重新倡明孔学，以免其"再为人误而误以误人"①。他们不能正视即在原始的孔学中，也仍然存在着消极面，反映了自身的局限。但原始孔子、孔学与后来为帝王所提倡尊崇的孔子、孔学，毕竟是不同的。从这个意义上说，"真孔"论又有其一定的合理性。人们摒弃了孔子改制说的虚玄，将神秘的大教主还原成了世俗的主张民权的"大国民"、学者和教育家②，虽然仍不免于把孔子理想化现代化了，但人们毕竟已经突破了儒学独尊的传统观念，因而超越了康有为。

国粹派对孔子及其儒学的批判，存在两个层次。一是以邓实、黄节、马叙伦等人为代表，重在批判历代君主借孔子行思想专制，近乎"真孔"论；二是以章太炎、刘师培为代表，进而批评作为先秦学派的儒家学说自身的弊端，矛头直指孔子本人。例如，章太炎著《订孔》，借日人远藤隆吉的话说："孔子之出于支那，实支那之祸本也"。③ 显然又超越了前者。不过，国粹派中多数人对传统文化的反省，主要着眼于第一层次。所以，为叙述方便，章、刘第二层次的见解，留待"国粹派的史学思想"一章集中论述，这里只突出第一层次的批判。

国粹派关于国学、君学的判分，与"真孔"论隐然相通。国学既为先秦中国独立民主的"一国之学"，儒学为其时的显学，无疑属国学；而二千年来依存于君权的儒学既为君学，自然远非"孔学之真"。邓实认为，秦代焚书坑儒仅是君学的肇端，而汉尊儒术才是其确立之时。叔孙通制朝仪，假儒术以尊天子；汉武帝表彰六艺；公孙宏以《春秋》白衣为天子三公；申公以学显，弟子尽成青紫；这些都说明汉代儒学已与君权结为一体，而最终

① 李书城：《学生之竞争》，载《湖北学生界》，第 2 期。

② 见《大国民之孔子之国民主义》(《湖北学生界》第 5 期"时评")；蛤笑《述学厄言》(《东方杂志》第 4 卷第 4 号)；梁启超《保教非所以尊孔论》(《饮冰室合集·文集》，第 1 册)。

③ 见《章太炎政论选集》上册，179 页。

化为君学①。所以，国学与君学的对立，也可以说就是"真儒学"与"假儒学"的对立。黄节专门写了《孔学君学辨》长文，通过秦代前后儒学论说的对比，力证君学"非孔学之真"。他也强调汉代独尊儒术，使原主裁抑君权的孔子学说，"于是一变其面目，务张君权为主"。尽管黄节也承认，"六经务张君权，孔子之学专为时君而设，求之六艺，亦有不可讳者"，但终是将之归于后来陋儒的窜改。所以他说："盖自秦以来，当世之所谓孔学者，君学而已矣。……孔学之真，扫地而尽矣。"②

在他们看来，秦汉以降，儒学为虎作伥，其为害于以下几方面为烈：

1. 为君主专制张目。

国粹派认为，专制君主需要造就俯首贴耳的臣民，因此他们首先关心的是向国民灌输名教道统观念。而历代儒生无不热衷于倡言"纲常名教"，恰恰充当了专制君主愚民的帮凶角色。例如，杜佑著《通典》已大书曰："民者，君之所治也"；韩愈作《原道》，更提出"道统"说："君者出令者也，臣者行君令而致之民者也，民者出粟米麻丝作器皿通货财以事其上不行诛者也"③。无非张君权抑民权，助纣为虐。所以，黄节认为，儒学实成大盗窃国的工具："其学能使天下之人，驯服而不敢动，而一听君主之操纵也。嗟夫，此则历代夷狄盗贼利用之以市中国之人心而窥中国之神器，因而愚贱士民，使神州学术长伏于专制君统之下。"④

2. 窒息学术和思想。

刘师培说，"学术专制与政体之专制相表里"。"凡专制之时代，不独政界无自由之权，即学界亦无自由之权。"周王以诗书愚民，秦皇以焚诗书愚民，汉武帝罢黜百家，独尊儒术，表现形式虽有不同，"其学术专制一而已矣"⑤。在国粹派看来，秦汉之后，儒学独尊窒息学术发展，又具体表

① 邓实：《国学真论》，载《国粹学报》，第3年，第2期。
② 黄节：《孔学君学辨》：载《政艺通报》，1907年，第1～2号。
③ 邓实：《鸡鸣风雨楼民书·总论》，载《政艺通报》，1904年，第5号。
④ 黄节：《孔学君学辨》，载《政艺通报》，1907年，第3号。
⑤ 刘师培：《补古学出于史官论》，载《国粹学报》，第2年，第5期。

现为二：一是"诸子之学，遂绝于中国"①；二是儒学自身也陷于僵化。汉代经学立于学官，为经学一统之始；唐初为《五经》撰正义，又为注疏一统之始；由是专守一家，"使说经不复发挥新义，迷天下之目，锢天下之聪，此唐代以后之儒所由无心得之学也"②。总之，"学术之途，愈趋愈狭，学说之传，日远日微"③。

当然，儒学独尊，其害又不止于学术。历代君主无非"借孔子以束缚天下之人之思想言论"④，所以严立社讲学之禁，一切有违儒学的思想言论，都被视为异端邪说，尽行取缔，"攻之不已，至欲杀之，杀之非刀非兵，或杀之以言语，或杀之以文字"⑤。由是，一切新思想、新创造均遭扼杀，造成了中国几千年思想界漫漫的长夜，陷国人于平庸和麻木不仁的境地。秀智之士，或消磨于琴棋书画、蔓衍不急之文章，以自老其才华；或闭门独学，自陷于孤陋寡闻。至此，下流社会奔走衣食，固成无知无识；上流社会则评点讲章呻唔墨卷而已，同样了无生气。"如此之国，则非特无才民才士也，抑且巷无才俊，市无才驵，泽薮无才资，此专制国之治法也"⑥。

3. 开士人利禄奔竞之途。

儒学既定于一尊，学术便与利禄结成不解之缘。在汉初，就已经有所谓"经义苟明，取青紫如拾芥"的说法。此后二千年，士人无不奔竞于利禄之途，所读不过是功令之书，所业不过利禄之术，所求不过媚君固宠图富贵而已："儒之为儒，惟在湛心荣利，苟以趋时而已。时之所尚，利禄之所在，则不惜迁就其生平之所学，以腴媚时君。"所以，汉之博士、唐之诗赋、明之八比、今之学堂考试，一脉相承，都不过"斥之于朝廷之趋向，以为转移"⑦之科举而已。由此导致两大弊端：首先是士林道德之衰堕。士

① 邓实：《国学真论》，载《国粹学报》，第 3 年，第 2 期。
② 刘师培：《国学发微》，载《国粹学报》，第 1 年，第 11 期。
③ 邓实：《古学复兴论》，载《国粹学报》，第 1 年，第 9 期。
④ 黄节：《孔学君学辨》，载《政艺通报》，1907 年，第 3 号。
⑤ 邓实：《论中国群治进退之大势》，载《政艺通报》，1903 年，第 8 号。
⑥ 邓实：《鸡鸣风雨楼民书·民智》，载《政艺通报》，1904 年，第 6 号。
⑦ 邓实：《国学真论》，载《国粹学报》，第 3 年，第 2 期。

人为富贵利禄计，蝇营狗苟，不惜以君主之是非为是非，终成"无气无声无骨无色"的人；更有甚者，立身伪朝，为虎作伥，驯至"全种之人成其为奴隶之性质"①。

其次是学、用分离，学术益晦。中国学术在先秦强调学、用统一，"其时之言学者，皆能以其学为用"②。孔子集古代学术之大成，"孔学之真"根本在于"兼具师儒之长"与"政教之途合一"③，学与用也是统一的。但秦汉之际，儒学定于一尊，奔竞利禄之途既开，经、儒便告分途：一部分人传六艺之学，不求利禄，抱残守缺，流为经师；另一些人志在用世，流为儒家。学与用，也缘是分离。其后，经、儒混一，"通经致用之说"兴，但那不过是奔竞利禄的口实而已，先秦独立求真、学用为一的学术真谛，早已亡失了，儒家所谓六艺之文，遂成"君主藏身之窟矣"④。

总之，在国粹派看来，君主专制与儒学独尊，二者互为表里，从外部世界到内心世界，都形成了对人的束缚。其为祸之烈，即在于扼杀思想，禁锢人心，使中国学术文化的进步失去了内在的活力。

（三）缺少与外部文化间的交往

国粹派相信不同民族的文化间的交往，是推动文化进步的重要条件，西方吸收希腊、罗马文化，日本吸收中国、西方文化，结果"文明远过其本"⑤，就是明证。但中国历代统治者却孤芳自赏，虚骄自大，倡"夷夏之防"，定中外之界，结果作茧自缚："承平日久，外患渐消，骄慢之志成，自尊之心启，不曰王者无外，则曰一统之尊，称己国则曰中华，称邻国则曰夷狄，一以启轻敌之心，一以阻交通之进步。此欧人东渐以来中国所以不振也。"⑥邓实将人群进化分为"一统时代"、"小通时代"、"大通时代"三个时代。一统时代，"群治限于一国"，以同一民族立于同一政治、宗教之

---

① 邓实：《鸡鸣风雨楼民书·民德》，载《政艺通报》，1904年，第6号。
② 黄节：《孔学君学辨》，载《政艺通报》，1907年，第3号。
③ 刘师培：《孔学真论》，载《国粹学报》，第2年，第5期。
④ 刘师培：《国学发微》，载《国粹学报》，第1年，第5期。
⑤ 章太炎：《译书公会叙》，见《章太炎政论选集》上册，46页。
⑥ 刘师培：《中国民族志序》，见《刘申叔先生遗书》，第17册。

下，"无有外境之感触"；小通时代，为多国互通的时期；大通时代，则无国界，全球文明融为一体①。他认为，中国在近代之前两千年，始终未出"一统时代"，故其文化沉沉一线，无大进化。黄节则从东西方民族交通史的角度，强调不能吸收外来文化，是造成包括中国在内东方文化衰退的主要原因，视野更加开阔。他指出，东方文明虽在 14 世纪前远迈西方，但东方民族终不懂得当吸收西方文明以自光大。古代波斯、阿拉伯西征，其势力都曾进抵欧洲，"然未尝载欧洲文明之一物以归"；相反，亚历山大东征，通过媾婚波斯帝女，却能使亚洲风俗输入希腊，"不可谓非智识交换之明效"。及十字军东征，西人目睹东方文明之瑰丽，惊惧之余，自愧不如，终能吸收东方文明之营养，而后来居上。黄节因此认为，东方固为"文明所自出"②，西方可称文明"吸收之者"。但东方文明既不能自我光大，又不能吸收外来文化，其陷于衰败是不可避免的。古代埃及、巴比伦的灭亡说明了这一点，中国文化至今久衰不振，原因也正在这里。

邓实等人的上述见解，自有偏颇。邓实将中国漫长的封建社会笼统地说成是处于"无有外境之感触"、自我封闭的"一统时代"，显然是不正确的。事实上，中国早在汉代就出现了张骞"凿通西域"的壮举，魏晋以降，印度佛教大规模传入中国；到唐代，举世闻名的"丝绸之路"愈加四通八达，经中亚有力地沟通了东西方文化。中国民族正是通过广泛吸收外部文化的养料，创造了自己灿烂的古代文化。与此同时，包括四大发明在内的中国古代文化也传到了欧洲与世界，为人类文明的共同发展作出了贡献。应当说，古代中国曾是中外文化交往十分活跃且富有成效的时期，即便到了明清之际，由耶稣会士传来的西方文化，也仍然为中国所欢迎。中国真正割断与外部世界的联系，陷于孤陋，那是有清一代实行闭关自守政策以后的事情。因此，君主专制时代与文化上的封闭时代，不是等同的概念。同样的道理，黄节把东方文化说成是保守型的文化，视西方文化为吸收创造型文化，也是不科学的。但是，尽管如此，他们强调文化的发展不可能

① 邓实：《论中国群治进退之大势》，载《政艺通报》，1903 年，第 8 号。
② 黄节：《东西洋民族交通消长之大潮》，载《政艺通报》，1903 年，第 10 号。

是封闭式的自给自足，而只能在与外来文化进行积极的交往、竞争和融合的过程中求不断的发扬光大，却是正确的。至于他们指出闭关自守和坚持"夏夷大防"的传统观念，曾严重阻碍了中国文化的发展，无疑又切中了问题的肯綮。

（四）社会经济的落后

国粹派是相信"文化决定"论的，但他们显然也受到了其时颇为盛行的"实业救国"论的影响。所以，邓实等人有时也看到了中国文化的衰微与社会经济危机间的内在联系，强调文化是社会的"表层"，实业即社会经济才是其根基，并指出中国文化落后于西方的原因，除了西方是"民主政体"，中国是"专制政体"之外，还在于前者"以工商立国"，后者"以农业立国"，中国实业即社会经济实力不如人。

邓实认为，时至 20 世纪，"立国之要素"是实业。一国之强弱，不在其"表层"的政治法律制度文物，而在于作为社会根基的"实业社会"。因此，衡量一个国家文化进步与否，首先必须考察其社会实业发达的程度："入于其野，烟突巍巍，汽笛鸣鸣，黑云蔽空，炽铁川流；观于其都，铁轨纵横，汽车络绎，电杆森矗，珠网盘丝，则可谓强国也已矣。入于其野，五金之产遗弃满地，民皆游手，百利未兴；观于其都，市镇荒凉，旅况寂寞，廛无才商，场无才工，则可谓弱国也已矣。"海通以来，在欧美"工商业之风潮"的冲击下，以农业立国的中国社会经济愈形凋敝，"举目环顾，公私赤立，上下交困……阛阓骚然，道殣相望"。长江内河外轮成行；数十里高墙连绵，为外国工厂；市景繁华为外国租界，高马快车、颐指气使者是外国公司洋东。反观蓬头垢面、如蚁如蝗者，无非是"支那小工"，"肩挑也，执役也"。所以，中国落后说到底是经济实业不如人。在工商疲敝、器用匮乏、民生凋零的情况下，即便军舰如鲫，学校如林，宪法四张，议院高矗，在天演场中都是无济于事的。所以他主张，志士仁人对于国家社会的神圣天职，就在于振兴实业，"而图吾种材性之发达"①。同时，在刘师培、林獬主编的《中国白话报》上刊有一篇小说《娘子军》。作者借主

---

① 邓实：《鸡鸣风雨楼独立书·实业独立》，载《政艺通报》，1903 年，第 25 号。

人公的口强调革命宣传要靠文学家，但革命收功却在实业的见解，也值得重视："我这女学校的宗旨，第一注意是精神教育，第二注意是那实业科学上着实讲求。欧洲各国鼓吹革命的，固然靠着一般文学家，其实革命收功，却都在那实业社会。"①实业救国论固然并不科学，但邓实等人将中国文化的落后与社会经济的凋敝相联系，强调发展文化须改造"农业立国"的传统，以发展工商实业为基础，却不失为深刻。但遗憾的是，并非多数的国粹派都看到了这一点；而且，邓实等人虽指出了这一点，却也未能将之坚持下去，生发开来。这样，国粹派的目光终究不过停留在社会的"表层"上，其文化视野，不能不受到局限。

为要理解国粹派上述对中国文化衰弊的反思具有怎样的时代高度，将之与梁启超的见解相比较，显然是必要的。1902～1903 年间梁启超发表的《新民说》，是其时反思中国文化具有代表性并产生了广泛影响的重要著作。在《论中国群治不进之原因》一节中，梁启超将中国文化衰弊归结为以下五个方面的原因：①"大一统而竞争绝"；②"环蛮族而交通难"；③"言文分而人智局"；④"专制久而民性漓也"；⑤"学说隘而思想室"②。将国粹派和梁启超的见解两相对照，可以看出，他们对于导致中国文化衰弊的原因的判断，在涉及的具体方面而言，虽然不尽相同；但二者都强调专制政治、思想禁锢和缺乏外部文化竞争诸原因，在根本点上却又是相似的。这说明他们对问题的认识正处在同一层面上。不过，二者的差异也是应当看到的：其一，就已涉及的问题而言，鲜明及尖锐的程度有不同。例如，在国粹派中不仅有章太炎等人直斥孔子之非，就是邓实等人对儒学独尊为虎作伥的挞伐也十分激烈（尽管是指"伪儒学"）；反观梁启超，不仅肯定"孔教之良，固也"，而且虽也批评儒学独尊，但强调的是"学说隘而思想室"，未能指明其作为君主专制工具的实质。其二，解决问题的着眼点不同。国粹派认为，中国文化的衰弊，根本原因在于君主专制制度本身，而非在民："非吾民之过，而握玺戴冕居高位以治吾民者之过也。"因此，要复兴

① 《娘子军》，载《中国白话报》，1904 年，第 5 期。
② 李华兴、吴嘉勋编：《梁启超选集》，235～238 页，上海，上海人民出版社，1984。

中国文化,根本一点就在于"改革其愚民之旧政权,而听民之自求其智而已"①。即推翻以清廷为代表的现存的君主专制政权,实现国民的民主与自由的权利。他们相信,随着民主共和的建立和文明的善果复归国民所有,中国文化必将复兴,因此对中国民族自失信心是毫无根据的。邓实这样写道:"天下大势既由君而趋于民,则其制度、文物、人才、学术、历史、宗教,亦必由君归于民。势之所趋,虽有圣智不可与逆,必欲逆之,则其祸必至横溃决裂矣。呜呼,过此数十年以往,吾知黄民之子孙,生太平文明之世,必有大息悲伤其时矣。"②这即是说,文化复兴须与共和革命相联系。梁启超虽然也讲"破坏主义",甚至表示在不得已情况下,行"有血之破坏"。但他同时又强调,自己的主张不同于"'瞎闹派'之革命",而可以设想为曾国藩所能行的"破坏"③。梁启超强调"新民",其深刻之处,已有许多论者指出;但在当时条件下,拒绝对君主专制的清政府实行革命,"新民"终究不过是一种脱离现实的善良的愿望而已。这说明,国粹派与梁启超的文化见解,因为受不同政治立场的制约而神采各异,但就其对文化与政治关系的见解而言,应当承认,国粹派毕竟又高出一筹。

国粹派所以为国粹派,不在于他们批判传统,而在于他们在批判传统之后,又更加执著地肯定传统。因此,国粹派对传统文化的批判和反思,所以在其时独具特色,更主要还在于他们从中引出了十分大胆的结论,发人所未发:"无用者君学也,而非国学。"就是说,所谓衰弊的传统文化,是"君学"而非"国学",即不是中国文化的本来面目。

邓实指出,忧世之士,睹神州不振,中夏沦亡,无不疾首痛心于"数千年之古学,以为学之无用而致于此也",但此实大误。"悲乎!其亦知吾国之古学,固未尝用,而历代所用者,为君学乎?"用之无效,始谓无用,国学既未尝用,又怎能断其无用呢?"是故无用者君学也,而非国学。"④刘

---

① 邓实:《鸡鸣风雨楼民书·民智》,载《政艺通报》,1904年,第6号。
② 邓实:《鸡鸣风雨楼民书·总论》,载《政艺通报》,1904年,第5号。
③ 梁启超:《论私德》,见李华兴、吴嘉勋编:《梁启超选集》,263页,上海,上海人民出版社,1984。
④ 邓实:《国学无用辨》,载《国粹学报》,第3年,第5期。

师培则说，人笑国学为无用，"而不知国之不强，在于无学，而不在于有学"①。潘博也认为，"国之衰也，乃学之不明，而非学之无用"②。国粹派反复重申，中国的衰败不能说明中国"学"之无用，而只能说明"学"之不明，或"无学"。这是基于"国学、君学对立"论的逻辑推断。他们意在告诫人们：现实中国的衰败，不是"国学"发展的必然结果，恰恰相反，它是"君学"、"异学"阻遏"国学"发舒所致。所以，问题的正确提法，不是"国学"（中国文化）有用无用或如何衰败，而是当如何迷途知返，回归"国学"，即寻回隐耀不明或全然迷失的国粹——恢复中国文化的本来面目。

如前所述，国粹派的"国学、君学对立"论是不科学的；现在由此进一步引申出"无用者君学也，而非国学"的命题，更属牵强。但它在国粹派文化运思的逻辑中，却是极重要的环节。因为，据此，他们不仅使自己对中国文化的固有价值愈加执著，而且更直接导引出了自己的主张，或最高理想——"古学复兴"论。

三、"古学复兴"

如果说，在 20 世纪初年的社会文化思潮中，国粹派是独树一帜；那么，其大书在旗帜上以彰显自己的理想与主张的口号便是："古学复兴"。

"古学复兴"原是欧洲文艺复兴的一种别称。1879 年出版的沈毅和的《西史汇函续编·欧洲史略》，是中国人最早介绍欧洲文艺复兴的著作，正是冠之以"古学复兴"的标题。在其后很长的一段时间里，国人沿用了此种译法。在国粹派的文论中，涉及欧洲"古学复兴"虽然甚早，但明确提到中国也当有自己的"古学复兴"，却是肇端于许守微。1905 年 8 月，他在《国粹学报》第 7 期上发表《论国粹无阻于欧化》一文，其中说："西哲之言曰：今日欧洲文明，由中世纪倡古学之复兴，亚别拉脱洛查诸子之力居多焉。……视我神州，则蒙昧久矣，昏瞀久矣，横序之子，不知四礼；衿缨

---

① 刘师培：《拟设国粹学堂启》，载《国粹学报》，第 3 年，第 1 期。

② 黄节：《国粹学报叙》，载《国粹学报》，第 1 年，第 1 期。

之士，不读群经。盖括帖之学，毒我神州者六百有余年，而今乃一旦廓清，复见天日，古学复兴，此其时矣。"不过，这仅为联想，尚非专论。同年 10 月，邓实在同刊第 9 期上发表《古学复兴论》，不仅论述了欧洲"古学复兴"的历史，而且对中国"古学复兴"的必然性、意义与途径，也作了相当具体的阐发。他说："吾人今日对于祖国之责任，唯当研求古学，刷垢磨光，钩玄提要，以发见种种之新事理，而大增吾神州古代文学之声价。是则吾学者之光也。……则安见欧洲古学复兴于 15 世纪，而亚洲古学不复兴于 20 世纪也。呜呼，是则所谓古学之复兴者矣。"邓文是国粹派论述"古学复兴"最有代表性的著述。

国粹派所要复兴的"古学"，是指他们所谓的先秦未受"异学"、"君学"浸染前纯正而健全的中国文化，即"国学"。具体说，是指包括儒学在内的先秦诸子学。所以邓实说，"古学虽微，实吾国粹……孔子之学固国学，而诸子之学亦国学也"①。欧洲借复兴古希腊文化，而开近代文明的先河；国粹派也希望通过复兴先秦诸子学，而重新振兴中国文化。

然而，中国何以须追循欧洲"古学复兴"的故辙？这在国粹派看来，根据有三：

其一，自认"古学复兴"是世界各国文化复兴普遍性的规律。国粹派指出，古希腊时代曾为中欧文明的盛世，但东罗马灭亡之后，西方经历了中世纪黑暗，希腊文物之光已"黯然无色"。只是因十字军东征，获大量东方古籍以归，一时人生慕古之心，古学首先复兴于意大利，接着普遍于全欧，开近代文明之先河："德则以神学史学著，法则以诗文音乐之学著，英则以实验哲学及戏曲著。又其时国语渐定，学者皆以国文著述……而文学之兴，日益光大。吁，盛矣哉！此欧洲古学之复兴也。"②西方诸国借古学而复兴，无独有偶，东方日本的崛起，也恰恰肇端于以"王政复古"为契机的明治维新时代，这难道是偶然的巧合吗？刘师培因之叹喟："嗟乎，欧民振兴之基，肇于古学复兴之世，倭人革新之端，启于尊王攘夷之

---

① 邓实：《古学复兴论》，载《国粹学报》，第 1 年，第 9 期。

② 邓实：《古学复兴论》，载《国粹学报》，第 1 年，第 9 期。

论"①。飞生也说："吾思之，吾思之，彼欧洲文明进化之阶级，其径路奚若？则所谓有古典复兴时代者发其先；彼日本改革之次序，其径路奚若？则有所谓王政复古时代者当其首。夫由黑暗时代进入文明而必经由此一阶段……"②可见，正是从西方及日本的身上，国粹派自以为发现了各国文化复兴带普遍性的规律或前提，即在于必得经由"古学复兴"的阶段。这自然构成了他们倡言"古学复兴"的逻辑前提："安见欧洲古学复兴于 15 世纪，而亚洲古学不复兴于 20 世纪也？"③

其二，通过追寻东西文化各自演进的轨迹，从比较二者的异同得失中，体认复兴中国文化的必由之路。邓实等人惊讶地发现，在作为西方文明之母的希腊古代文明兴盛之时，正值中国的周秦之际。其时也恰恰是中国学术文化空前繁荣的黄金时代："(是时)产生一轰轰烈烈新文明，若学术若技艺各树一帜，十色五光，波谲云诡，自由之空气荡遍于全社会，……人民之思想能活动自由者，亦以此时代为极点"，"为我国历史上空前绝后未有之进步者也"④。中国的诸子百家和希腊学派，不仅同时崛起，而且双方学说"且若合符节"，例如：它嚣魏牟纵情性、安恣睢，近于希腊伊壁鸠鲁的乐利学派；陈仲史坚忍卓绝，近于希腊安得臣之倡什匿克学派；墨翟、宋研尚贤、节用、尚同、兼爱之说，近于希腊罗马的斯多噶学派；惠施、邓析好治怪说，玩琦辞，近于希腊古初之诡辩学派及后来亚里士多德的名学。古代中西文化不谋而合，同时并兴，是耐人寻味的。其后，土耳其毁灭罗马图籍，犹如秦之焚书；西方中世纪的黑暗，犹如汉武帝之独尊儒术、罢黜百家；然而，西方文明终能衰而复振，中国却陵夷至今，原因何在呢？原因即在于西方经历了"古学复兴"的洗礼，接续了自身文明的生命活力。"彼族强盛，实循斯轨，此尤其大彰明著者也"。至此，邓实等人认为，结论是毋庸置疑的："欧洲以复古学科学遂兴，吾国至斯，言复古已

①　刘师培：《论中国宜建藏书楼》，载《国粹学报》，第 2 年，第 7 期。
②　飞生：《国魂篇》，载《浙江潮》，1903 年，第 1 期。
③　邓实：《古学复兴论》，载《国粹学报》，第 1 年，第 9 期。
④　邓实：《论中国群治进退之大势》，载《政艺通报》，1903 年，第 9 号。

晚"，怎能"不急起直追"！①

其三，出自"国学"论的演绎。在国粹派看来，世界五大古国，而今唯有中国能数千年一脉相续，独存于天下，不能不承认中国文明中含蕴着"适于天演之例"②的精粹在，即含蕴着可弱而不可亡的民族特性或生命活力。既然周秦之际的"古学"是最纯正健全的"国学"，其时自然也就含蕴着中国民族最可宝贵的国粹，即最为充沛的生命活力。章太炎肯定了这一点。他认为，周秦是中国民族的年轻时代，生命力最为蓬勃。唐宋以降，去时已远，惰气随之，自然归于衰微。"今远西所以能长驾，日本地不过弹丸巨胜，犹称枭雄，非必皆有余也，其去封建近矣。"③所谓"去封建近"，即是保有更多年轻民族的朝气与活力。值得指出的是，国粹派的上述观点，与被称为欧洲"文艺复兴之父"的弗兰齐斯科·彼特拉克（1304～1374年）的见解有相似之处。他认为，古典时代是人类创造力的最高峰，因此要摆脱黑暗的中世纪时代，当有"古代学术——它的语言、文学风格和道德思维的复活"，即文化的复兴与社会进步，有赖于接续人类古典时代最旺盛的生命活力。④ 章太炎等人是否接触过彼特拉克的理论，不得而知；但他们从自己的"国学"论出发，却得出了与之相类的结论："特性者，运用文明之活力也"。⑤ 研究国学，保存国粹，其最高境界和最终目的就在于接续中国民族及其文明的生命源头——古学，这难道不是合乎逻辑的吗？

毫无疑问，国粹派的上述认定，无非尽出主观臆想。日本的"王政复古"，是近代日本统治阶级内部政争与维新思潮错综交织的产物，其与欧洲文艺复兴风马牛不相及，固不待言；他们对中西历史进程的比较，显然也出于牵强附会；肯定古学中包含着应当加以继承的中国文化的精粹，是

---

① 刘师培：《国学发微》，见《刘申叔先生遗书》，第 13 册；邓实：《古学复兴论》，载《国粹学报》，第 1 年，第 9 期；李世由：《〈国粹学报〉三周年祝辞》，载《国粹学报》，第 4 年，第 1 期。

② 许守微：《论国粹无阻于欧化》，载《国粹学报》，第 1 年，第 7 期。

③ 《儒兵》"编校附记"，见《章太炎全集》（三），143 页，上海，上海人民出版社，1984。

④ 陈小川等著：《文艺复兴史纲》，8 页，北京，中国人民大学出版社，1983。

⑤ 余一：《民族主义论》，载《浙江潮》，1903 年，第 1 期。

对的；但因此认定中国民族更为充沛的生命活力存在于古学之中，不仅陷入了神秘主义，而且无异于倡导文化退化论。但更主要的是，国粹派错置了中外历史。欧洲文艺复兴，原指 14～17 世纪欧洲新生的资产阶级在意识形态领域里向封建主义和基督教神学体系发动的一场伟大的革命运动。它是西欧特定历史条件的产物。尽管"复古求解放"曾是各国历史上常有的现象，但这并不能说明欧洲"文艺复兴"构成了各国文化复兴必经的共同道路或模式。20 世纪初年的中国与 14～17 世纪的欧洲，历史条件迥然相异。当年西方新生的资产阶级面对黑暗的中世纪，少所依傍，他们为要创造新文明而向古代文明汲取诗情，是合乎逻辑的；而在 20 世纪初的中国，先进的西方资本主义文明的潮流正滚滚而来，人们不能从中去寻找理解和创造新世界的途径与向导，却钟情于西欧三百年前"文艺复兴"的模式，当然是一种历史的错位。因此，不论其动机如何真诚，他们的努力没有也不可能造就中国的"文艺复兴"。

但是，国粹派毕竟是执著的，他们不仅相信"古学复兴"，而且还进而提出了复兴古学的途径，这就是引西学以重新研究古学。他们强调，从历史上看，西学的输入从来是"中国学术变迁之关键"。元代地连欧洲，西学因之东渐，"此历数音韵舆地之学，所由至元代而始精也"①。明清之际，诸子学与西学，"相因缘而并兴"，尤为引人注目。这固然是由于诸子之书所含义理，与西人心理学、伦理学、名学，以及声光化电之学等等，多有冥合之处，"故治西学者，无不兼治诸子之学"；但更主要的还在于，西学输入打破了两千年来儒学独尊的局面，国人"于是而恍然于儒教之外复有他教，六经之外复有诸子，而一尊之说破矣"。迄近代，西学愈益东渐。"外学日进，而本国旧有之古学亦渐兴。"②尽管这里依然少不了将诸子学与西学牵强比附，但国粹派明确肯定，西学与古学，不仅不是对立的；恰恰相反，是西学东渐引发了中国古学的复兴。惟其如此，面对 20 世纪初如春潮涌进的西学，他们进一步强调必须藉西学发明古学，就是毫不奇怪的

---

① 刘师培：《国学发微》，载《国粹学报》，第 2 年，第 11 期。

② 邓实：《古学复兴论》，载《国粹学报》，第 1 年，第 9 期。

了。刘师培在《拟设国粹学堂启》中写道："思想日新，民智日瀹，凡国学微言奥义，均可借皙种之学，参互考验，以观其会通，则施教易而收效远。……则20世纪为中国古学复兴时代，盖无难矣，岂不盛乎！"[1]在国粹派看来，古学复兴的过程，同时就是中西文化会通融合的过程。这是应当予以重视的。

同时，国粹派身体力行。邓实在《古学复兴论》中，称赞刘师培的《周末学术史序》等都是标志"古学渐兴"的力作。马叙伦后来也回忆说，其时的《国粹学报》"有文艺复兴的意义"[2]。可见，国粹派是认为，自己主要以《国粹学报》为园地所进行的艰深的国学研究，本身就是推进"古学复兴"富有成效的实践。此外，国学保存会拟设"国粹学堂"，后虽因经费无着而作罢，但留下了《拟国粹学堂学科预算表》(见本书附录)即课程表。它使我们看到了国粹派更宏大的复兴古学的计划。学堂《章程》规定："略仿各国文科大学及优级师范之例，分科讲授，惟均以国学为主。"[3]从课程表看，学制六学期，共分社会学、实业学、博物学、经学、哲学、伦理学、考古学、史学、宗教学、译学等21个学科，开设包括《经学源流及其派别》、《古代社会状态》、《古代哲学》、《文字学源流考》、《历代实业学史》等在内共约百门课程。这些无疑都表明，国粹派的所谓"古学复兴"，归根结底，其在实践上最终是表现为推动传统学术向近代化的转换。

所以，由此可见，国粹派倡"古学复兴"，无论其命意是要追循欧洲资产阶级先哲的故辙，谋中国文化的复兴，还是其提出的具体途径强调中西融合，和在实践上表现为推进传统学术近代化的努力，都说明其本质是创新，而非复古。

但这不影响我们指出国粹派倡"古学复兴"，毕竟是重大的失误。如前所述，他们错置了中外历史。立于20世纪初年的中国，却偏要取法14～17世纪的欧洲，向古学讨取诗情，舍今慕古，是为文化价值取向上的根本

——————————

① 刘师培：《拟设国粹学堂启》，载《国粹学报》，第3年，第1期。

② 马叙伦：《我在六十岁以前》，21页，北京，生活·读书·新知三联书店，1983。

③ 《拟设国粹学堂简章》，载《国粹学报》，第3年，第1期，附录一。

失当。由此，不可避免要产生以下消极的偏向：

1. 国粹派既视"古学复兴"为中国文化复兴的不二法门，一种远非清醒的使命感自然会驱使自己转向古籍，从而淡化了参与现实革命斗争的自觉与激情。邓实写道："于荒江之上，寂寞之滨，朝怀铅而夕握椠兮，究万卷之纷纭，拾丛残于两汉兮，寻死灰于暴秦。……犹幸兹硕果之留存，庶几发挥而光大之兮，是所望于雅之同群。"①同时，《国粹学报》古奥艰深，令多数人望而却步。国粹派此种沉湎古学的情感与取向，与其时自己身在其中的资产阶级革命斗争的现实，显然是不相称的。

2. 国粹派不是把对先秦诸子学即"古学"的研究，看作是一种正常的学术研究，明确其目的仅在于继承文化遗产，即尊重历史辩证法的发展，予先秦文化以一定的历史地位，而非颂古非今，引导人们向前看；相反，却片面夸大了古学的历史地位："神州奥区，学术渊海，三坟五典，为宇宙开化之先，金版六弢，作五州文明之祖。"②中国古学既被说成是人类文化的渊源，又被视作中国民族兴亡之所系，此种虚骄与尚古，不仅使国粹派对古今中西的牵强比附成了不可避免，而且在客观上也起到了助长人们向后看的崇古情绪的消极作用。

3. 国粹派自身滋长了文化自足的消极心理。既然古学复兴被等同于中国文化复兴，古学就很容易被引申为一个自足的系统："学者何？亦唯学吾黄帝尧舜禹汤文武周公孔子之学而已，无汉学、无宋学也，无东学、无西学也。"③他们也强调借重西学，但却将之限于"以西学发明中学"："士生今日，不能藉西学证明中学，而徒炫皙种之长，是犹有良田而不知辟，徒咎年凶；有甘泉而不知疏，徒虞山竭，有是理哉！"④中学犹良田，并不匮乏，只需勤耕耘，倡明古学而已。此种似是而非的见解，留下的误区自然多矣。

至此，我们看到，国粹派关于"国学"、"国粹"、"国魂"原先不乏广阔

---

① 邓实：《国粹学报第一周年纪念辞并叙》，载《国粹学报》，第2年，第1期。

② 邓实：《国学保存会小集叙》，载《国粹学报》，第1年，第1期。

③ 邓实：《鸡鸣风雨楼独立书·学术独立》，载《政艺通报》，1903年，第24号。

④ 邓实：《国粹学报发刊辞》，载《国粹学报》，第1年，第1期。

思维空间的文化运思，由于导入"古学复兴"的模式，最终不能不陷入仅仅满足于"研求古学，刷垢磨光，钩玄提要"狭小的圈内，而作茧自缚和归于平庸。

国粹派崇古、恋旧的消极倾向是无可否认的；但将之夸大为反动、复古，却不恰当。这不仅是因为其"古学复兴"的命意本在于创新，而非复古；而且还在于，国粹派执著"古学复兴"的实践，事实上也结出了诸如章太炎《诸子学略说》、《齐物论释》；刘师培《周末学术史序》等一系列诸子学研究的丰硕果实，有力地推进了中国传统学术的近代化。

四、中西文化观

国粹派的中西文化观，以 1904 年提出"国学"论为标志，发生了根本性的转折。在此之前，国粹派一般都热衷于从生物进化的观点评说中西文化，强调中国文化落后于西方乃是进化程度上的滞后，因而是整体的、根本性的。邓实分人类文明进化为三期："一统时代"、"小通时代"、"大通时代。"他认为，"宇宙进化循天演之大圈日进而未已"，西方文明已是由第二期向第三期过渡，而中国不过"方出第一期之一统时代"[1]而已。黄节也说，中国文化进化程度不及西方，"其阶级相悬"甚远[2]。但是，在此之后，却一改初衷。《国粹学报叙》指出：在近代中国屡经竭蹶之后，国人"则还而质诸吾国何以无学，吾学何以不国，而吾之国之学，何以逊于泰西之国之学"，而多数人竟然"懵然而皆莫能言"，是为足以亡国的"人心之死"的悲哀[3]。提出中国何以无"学"，或有"学"何以不如西方的问题，所以本身就是一种悲哀，是因为它说明人们不懂得"无用者君学，而非国学"的道理，即现实的中国文化的衰堕，不是"国学"发展的结果，恰恰是其隐耀不明所致。"国学"未尝用，固不能说无用；同样，"国学"既未得发舒，又如何能说它一定逊于西方？在国粹派看来，笼统判定中国文化不如西方文化

---

① 邓实：《论中国群治进退之大势》，载《政艺通报》，1903 年，第 11 号。

② 黄节：《东西洋民族交通消长之大潮》，载《政艺通报》，1903 年，第 14 号。

③ 黄节：《国粹学报叙》，载《国粹学报》，第 1 年，第 1 期。

是不可取的。所以，毫不奇怪，由是他们放弃了先前从进化迟速的角度看问题，转而主张采取分析的态度，重新审视中西文化及其关系。

国粹派在其时引起轩然大波的两个重大问题，即在关于是否应废弃中国语言文字和中医学问题上的见解，就集中反映了这一点：

20世纪初年，一些"醉心欧化"者借口中国文字艰深，"不适于用"，倡言废弃汉文汉语，其中以创刊于巴黎的中国无政府主义者刊物《新世纪》为最激烈。1908年春，该刊连续发表了吴稚晖、笃信子等人的文章，主张"直截了当"废弃中国文字，改用"万国新语"即世界语，一时产生了颇大的影响。笃信子说，中国充其量"略有野蛮之符号"，谈不上有文字。"弃吾中国之野蛮文字，改习万国之语之尤较良文字，直如脱败絮而服轻裘。"苏格兰也认为，"守古为支那第一病原，汉文为最大多数支那人最笃信保守之物"，所以救亡第一要策，当在"废除汉文"。吴稚晖完全赞同上述二人的观点。他强调，中国文字不过是祖宗遗留的"糟粕"，是代表"旧种性"障碍国民进化和"制造野蛮"的渊薮。因此，它不能适应现代文明社会的需要，必归于淘汰①。吴稚晖等人介绍世界语固然不错，但他们诋毁和主张取消中国文字，显然表现了极端的民族虚无主义，它开了新文化运动时期少数人废汉字宣传的先河。

国粹派坚决反对废弃中国文字。章太炎为此写了《驳中国用万国新语说》长文，指斥吴稚晖等人无非"为尚奇觚"，"外务名誉，不暇问其中失所在，非独万国新语一端而已"②。他们认为，汉语汉字不仅是中国文明的结果，而且是沟通国人情感、维系民族统一的精神纽带，因而是极可宝贵的国粹："语言文字者，国界种界之鸿沟，而保国保种之金城汤池也。"③在当今的世界，通过灭人文字以灭人国，是欧美列强"灭国之新法"，更何况俄国与日本正分别在东北、台湾强行推广俄文与日语，在此种情况下，中国怎能自废文字，作茧自缚呢！这无疑是正确的见解。吴稚晖等人断言，语

---

① 见倪海曙：《清末汉语拼音运动编年史》，"1908年"条，上海，上海人民出版社，1959。

② 章太炎：《驳中国用万国新语说》，见《章太炎全集》（四），337页。

③ 邓实：《鸡鸣风雨楼独立书·语言文字独立》，载《政艺通报》，1903年，第23号。

言文字与爱国无关，保存中国文字，"徒留一劣感情于自己种族之间"①，却是不负责任的故作高论。但国粹派又不仅仅从爱国的角度出发，强调汉文汉语为国粹，而且还强调指出，中国文字并不像吴稚晖等人所说已丧失了自己的生命活力，它起源最古，迄今绵延数千年未尝中辍，为世罕见。其独具精神和"未尝障碍文明"，是无须证明的。"东西文字，各有短长"②，国人没有理由妄自菲薄。章太炎说，中西文字虽有象形、合音的分别，但二者互有优劣，"前者易知其义，难知其音；后者易知其音，难知其义"。南至马来，北至蒙古，文字也以合音成体，但其文化并不优于中国；即在俄国，识字的人也不比中国为多。可见，国民的识字程度与文化发达与否，不决定于文字的象形、合音之分，而决定于教育制度本身。章太炎认为，汉语词汇丰富，状物细腻，是西方传教士也承认的中国文字的"独秀"之处③。田北湖则从语言结构上，强调中国文字较西方文字更富有表现力，他说："言其体制，则连法者不若独立；言其义意，则拼母者不若形声之孳生，况运用词句，变动位置，无中土之神妙简易。"④邓实也认为，"吾国凡百政治艺术，其不如欧美信矣，若夫诗歌之美，文藻之长，实优胜之"⑤。

但是，他们也不否认，中国文字有自身的弱点，当加以改良。例如，刘师培就指出，汉文有笔画繁多、语义含混等"五弊"，他主张要从用"俗语"和白话文入手，逐渐实现文言合一⑥。章太炎虽然不赞成改革文字本身，但也看到"汉文之深密"，需要有"使易能易知"的教授方法。为此他设计了一套以36组文与22韵文构成的汉语注音方案。它为清末切音字和民初《注音字母》奠定了基础。同时，国粹派并不否认为了国际交往，必须尽可能学习外国文字；他们只是强调应当看到，在世界未臻大同的情况下，各国语言文字对内都更适于情感的交流。而对外都各有局限。因此，各国

---

① 见倪海曙：《清末汉语拼音运动编年史》，"1908 年"条，上海，上海人民出版社，1959。

② 田北湖：《国定文字私议》，载《国粹学报》，第 4 年，第 10 期。

③ 章太炎：《驳中国用万国新语说》，见《章太炎全集》(四)，341 页。

④ 田北湖：《国定文字私议》，载《国粹学报》，第 4 年，第 10 期。

⑤ 邓实：《鸡鸣风雨楼独立书·语言文字独立》，载《政艺通报》，1903 年，第 23 号。

⑥ 刘师培：《中国文字流弊论》，见《左盒外集》卷 6，《刘申叔先生遗书》，第 41 册。

都应当保留自己的语言文字，强行用西方某种文字去替代各国文字，不仅是不公平的，而且在实际上只能阻碍文明的发展。应当说，这同样是合乎理性的。

需要指出的是，随着现代科学的发展，中国文字的优越性正日益显露出来。特别是中国数字的逻辑性比西方文字更有利于数学思维，已为海内外学者所公认。一位当代学者指出，以往认为汉字阻碍科技发展的种种诘难应当推翻："从长远来说，中国文字要比其他文字来得优越，常用字的强生命力能容纳任何新发展，汉语以词组解决新事物比英语以新生字解决新事物更为优越"。同时，汉字固定笔顺，也"将使中国文字在信息处理方面远比西方的拉丁字母文字为优越。"①国粹派固然看不到这一点（其中，如上述，田北湖多少预见到了这一点），但他们坚信中国文字有自身的生命力和优越性，却是值得称道的。

中国传统医学的存废问题，同样曾在清末引起广泛的争论。中国医学源远流长，是中华民族宝贵的文化遗产。但迄清末，由于西医势力蒸蒸日上，实占了中国医学界统治地位。由是，一些崇信西医的人，又反转来指斥中医为妄说，加以完全抹杀，废中医之说，乃浸浸而起。例如，吴汝伦说："医学西人精绝，读过西书，乃知吾国医家殆自古妄说。……中医之不如西医，若贲育之与童子。……故何间、丹溪、东垣、景岳诸书，盖可付之一炬。"②

国粹派同样反对废中医。《国粹学报》1907 年第 29、30 期上连载沈经钟的长文《医科应用论》，可视为代表作。作者认为，中西医在根本上是相通的，"彼言脑筋，犹我言宗气；彼言血管、迴管、微管，犹我言脉络孙；彼言鲜血入血管，紫血入迴管，犹我言营为精气，能入脉；卫为悍气，不能入脉"。他肯定西医分病理学、药理学，理论精妙，有过中医；但又指出，西医拘泥于生理解剖学的"形迹"，缺乏整体的观念。因为仅仅掌握人体有形的结构，并不等于把握了"生理精微"。同样，西医重药物的化学成

---

① 未了：《中国文字的优越性及信息处理》，载《光明日报》，1983-9-19。
② 吴汝伦：《答何豹臣书》，转引自陈邦贤：《中国医学史》，264 页，上海，上海书店，1984。

分，定性定量分析体现了用药的准确性，但它忽略了物性不等于药性，因为后者体现着"物与人之关系"。这正是西医的短处。所以，"彼之治病，犹长于治外，而短于治内，能治一成不变之病，不能治倏忽传变之病，能治一源一委之病，不能治复杂岐互之病"。而中医综以"气"说，不仅强调人体"脏腑经络表里标本之关系"，且注意到人与物，即人体与外部自然界的统一，体现了整体的观念。中医辨证施治，表现了自己独特的思路。因此，简单说古人不知病理、药性，是没有根据的。沈经钟强调，中西医各有长短，正确的态度应当是借鉴西医的理论与方法，使中医"移步换形"，存其精华，汰其糟粕，"则医科之言用，至臻于完备，而治效不止于一偏"，从而振兴"祖国医科之学"，而不是自暴自弃，倡言什么废除中医。显然，这些见解即便在今天看来也是正确的。

当然，不仅仅限于中国文字与中医学问题；事实上，国粹派是在整体的意义上，强调中国文化无论是在政治、伦理、宗教，还是在哲学、史学、文学艺术诸方面，都具特色，而非西方文化所能替代。他们所以执著这一点，一个重要的原因，便是体认文化民族性的存在。

国粹派对文化民族性问题的自觉，自然有一个过程。我们注意到，迄1904年底前，邓实等人也都曾是热情奔放的"欧化"论者，津津乐道的是"移欧花，食欧果，以金碧庄严我东亚之世界"①，而于欧化与传统的关系，无所措意。黄节虽然在1902年就提出了"保存国粹主义"，但在稍后的《爱国心与常识之关系》一文中，他却强调，国家正当过渡时代，缺乏常识的人无法摆平"国粹"与"欧化"的关系，为避免守旧的"国恶日长"，不妨暂时牺牲"国粹"以存"欧化"："则与不及无宁过之，国粹稍损尚有恢复之望，国恶日长，将有危亡之虞，得自誉者，不如得一自毁者，其稍有进步之望也。"②"欧化"可以牺牲"国粹"而先行，这里自然不曾虑及文化的民族性问题。1903年邓实在《论中国群治进退之大势》中，将中国社会比作千年封闭的"黑暗幽室"，将"欧化"比作屋外"光明可爱"的"曙光"。并断定，国人既

①　邓实：《论中国群治进退之大势》，载《政艺通报》，1903年，第11号。
②　黄节：《爱国心与常识之关系》，见《壬寅政艺丛书》，政学文编卷5。

见曙光壮丽，必将逃出幽室而欢迎之。同时，他写道：中国正处小通时代，中西文化混杂，"于是有倡国粹主义，以保存此旧风尚者，有倡欧化主义，以欢迎此新风尚者。一群之中，半文半野，忽此忽彼……是谓似进而非进，似退而非退。大通时代之群治，无此国彼国之界，吸收全球文明之新空气，以纳入国民之脑中。新社会必新政治，新政治必新道德，新道德必新法律。如游一美丽园圃，一花、一鸟、一草、一木，皆活现其精神"。"国粹主义"是守旧，"欧化主义"为迎新；中国文化的发展，必将去野就文，舍旧趋新。其时邓实呼唤的还是"欧化主义"与无国界的"全球文明"，文化的民族性问题，同样匪夷所思。

国粹派所以能自觉到文化民族性即民族文化内在生命机制的存在，缘于两方面的原因：一是出自对"欧化"无成与现实中社会文化失范的反思。值得玩味的是，就在《论中国群治进退之大势》同一篇文章中，邓实又对自己的上述乐观，表示了怀疑。他转而告诫"醉心欧化"的青年人说，如果在将旧有的政教风俗全行破坏之后，新政教新风俗能随即继起，"一出支那即入欧美，无过渡之劳，无分娩之苦，岂不甚善"？然而事实上，在出入之际，"必有无限之阻力、无穷之波澜、曲折起伏于其内"，因为，"吾观宇内，文化之长进，从无一线直行之理"。在这里，他又隐约地意识到了文化的更新并非径情直遂的"醉心欧化"所能奏效的，它有自身的必然性。邓实的困惑不是偶然的，它反映了理想与现实的相悖。自鸦片战争以降，尤其是甲午战争后，志士仁人都希望引进西学能富强中国；但其时西方文化传入已历半个多世纪，中国不仅未致富强，且民族危机日亟。"欧化"因得不到中国固有文化的积极整合，固然多成逾淮之枳；而以儒学为核心的中国固有文化面对"欧化"的冲击，既无力回应，更日趋解纽，中国社会文化因之呈现普遍的失范。应当说，其时社会文化失范有其两重性。就封建统治力量遭削弱而言，它是积极的；就旧秩序被打乱，新秩序未得建立，许多同样腐朽的东西借新说而愈呈猖獗，加剧了社会的动荡与混乱而言，却是消极的。梁启超说：

　　自由之说入，不以之增幸福，而以之破坏秩序；平等之说入，不以之荷义务，而以之蔑制裁；竞争之说入，不以之敌外界，而以之散内团；权利之说入，不以之图公益，而以之文私见；破坏之说入，不以之箴膏肓，而以之灭国粹①。

反映的正是后一种更引人注目的消极失范现象。这同样也引起了国粹派的关切与困惑。其中，许守微表述得更为强烈，他说："夫欧化者，固吾人所祷祀以求者也，然返观吾国，则西法入中国将三十年，而卒莫收其效，且更弊焉!"西方的良法美意，一入中国，便尽异其趣："自达尔文著出，而竞争之说，不以对外而以对内矣；伊耶陵著出，而权利之说，不以为公而以为私矣；弥勒之著出，而自由之说，不以律人而以律己矣"②；二是缘"文化有机"论的内张力。国粹派既把文化看成是某种民族生命的"胚胎"发育生成的有机体，此种多少染有神秘色彩的思辨，与近代体认每一民族的文化都具有自己独特的整合机制的民族性的观念，却易于相通。

正是基于上述两种因素的结合，国粹派由困惑而反思，文化发展的内在曲折性，最终被认为即在于文化的创新必须尊重和凭借民族文化自身的"特性"、"特别精神"、或称"国粹"、"国性"。黄节说，一个民族因其土地、人种、宗教之不同，"于是风俗、气质、习惯遂各有特别之精神"③。此种特别之精神，就是"国粹"。许守微也强调，国粹作为"一国精神之所寄"，是"本之历史，因乎政俗，齐乎人心之所同，而实为立国之根本源泉也"④。章太炎则认为，"国于天地，必有与立"，这就是缘于种族与历史的"国性"⑤。但刘师培讲得最明确："此特性者非偶然发生之物。日本高田氏国家学原理之言曰，人民者起于公同精神感觉之人种、世袭社会、兼包异职业殊地位者也。人民既起，而言语风俗及开明之力使团结而生一特异之感觉，以自别于他社会。以此而证……凡一族之人民必有一族之特性。"⑥用词虽不同，但他们显然都强调了各民族因历史、人种、地理的差异，所

---

① 梁启超：《新民说》，见李华兴、吴嘉勋编：《梁启超选集》，257 页。
② 许守微：《论国粹无阻于欧化》，载《国粹学报》，第 1 年，第 7 期。
③ 黄节：《国粹保存主义》，见《壬寅政艺丛书》，政学文编卷 5。
④ 黄节：《论国粹无阻于欧化》，载《国粹学报》，第 1 年，第 7 期。
⑤ 许守微：《重刻〈古韵标准〉序》，见《章太炎全集》(四)，203 页。
⑥ 刘师培：《中国民族志》，第 17 章，见《刘申叔先生遗书》，第 17 册。

形成的各自文化的民族性的存在。同时，"特性"、"特质"、"国粹"、"国性"，又不是凝固僵死和封闭式的存在，而是日新又新，开放式的生命机制："特性者，运用文明之活力也"[①]；"国粹者，助欧化而愈新，非敌欧化以自防"[②]。所以，文化民族性问题的提出，表明国粹派实际上已经揭示了各国文化自身机制的存在。在他们看来，"醉心欧化"者的谬误，不在于引进欧化，而在于他们试图在完全否定固有文化的基础上实行全盘西化，这恰恰抹杀了中国文化的民族性；而脱离了中国文化生命机制整合的"欧化"，自外生成，便不能不成为无源之水、无本之木。数十年"欧化"无成，原因就在这里。

其时，文化的民族性问题已为许多人所触及。但是，国粹派的深刻就在于，他们不仅明确地揭示了民族性的存在，而且进一步提出了类文化的概念，即从整体的意义上，将中西文化判分为相互平行和独立的两大区域性文化体系，并由此探讨二者的关系，从而最终形成了自己中西文化观的鲜明特色。

就邓实等人而言，其类文化见解的提出，主要是借重了"地理环境决定"论。20世纪初年，西方的"地理环境决定"论在中国正风行一时。此种理论强调外部的地理环境是制约社会发展的决定性因素，而无视其内部的矛盾运动。因而它是一种非科学的外因论。它对时人有很大的吸引力，往往被引以解说中国文化所以落后于西方的原因。但是，由此引出的却是一个消极的命题：既然是地理环境决定了中国的落后，而它本身又是不易改变的，那么中国的落后不就成了先天注定和难以摆脱的命运？然而，邓实等人却能另辟蹊径，藉"地理环境决定"论判分中西文化为"类"的差异。邓实指出，正因地理、人种不同，中西文化应看成是主"静"、主"动"不同的两大独特的区域性文化："则以泰西之土地华离，吾国之土地方整；泰西之人种亚利安，吾国之人种巴克，则土地人种不同也；泰西之风俗习躁动，吾国之风俗习安静，泰西之政教重民权而一神，吾国之政教重君权而

---

① 余一：《民族主义论》，载《浙江潮》，1903年，第1期。
② 许守微：《论国粹无阻于欧化》，载《国粹学报》，第1年，第7期。

多神，则风俗政教不同也。土地人种不同，故学术亦不同；学术不同，故风俗政教亦不同。此相因必然之势也"。①在另一处，他又指出，"中国之地理便于农"，故中国文化重农、重文、重宗法、重伦常；"白人之地理便于商"，故西方文化重商、重武、重国家、重平等②。正因为中西文化都是因各自不同的地理、人种条件而形成的独立的文化体系，因此，除非能改变中国的地理环境与人种，西方文化是不可能替代中国文化的："然则欲易吾学以为泰西之学，则必先易吾土地人种以为泰西之土地人种。"③固然，文化类别的不同，不仅表现在其外烁特征上的差异，更主要还在于文化各自内在的精神与特质的不同。在汪德渊看来，中西文化的差异虽然源于"形势之自然"，而一务农一务商，其制治皆由此出，但光看到中国文化由此必然衍化出重宗法、讲孝道、崇俭朴、轻商重农一系列政教风习与西方大异其趋，是不够的。尤其还应当注意自成体系的中国文化，更缘此氤氲化育生成了自身极可宝贵的国粹，即以礼义廉耻为准绳的群体和谐机制："虽有贵贱之阶级，实无贫富之阶级，生事之律不甚悬绝，故未有以恶衣恶食为耻，或以贫而若难为人者，是以天下相竞于一间，以礼让廉耻为维纪，可弱而不可亡。凡此皆吾国至可宝贵之元素，亦即所谓国粹者是也。"④尽管邓实等人对于中西文化作为"类"的差异的解说并不精当，但他们毕竟将"地理环境决定"论这原使人沮丧的消极的命题，转换成了令人感奋的积极的命题。

耐人寻味的是，章太炎对以"地理环境决定"论判分中西文化，甚少措意；但他却更明确地把文化"类"的观念引入文化思辨，从而使国粹派类文化的思想得到了进一步彰显。他认为，各国文化不外有两种类型，一种是"仪刑他国者"，即文化根底浅薄，不能自成体系，有待模仿他国以进者；一种是"通大之国"、"能自恢彉者"，即文化根底深厚，自成体系，"因仍旧贯"，即足以生生不已者。文化类型的此种差异，犹如木之有"文"、

---

① 邓实：《鸡鸣风雨楼独立书·学术独立》，载《政艺通报》，1903年，第24号。
② 邓实：《国学通论》，载《国粹学报》，第1年，第3期。
③ 邓实：《鸡鸣风雨楼独立书·学术独立》，载《政艺通报》，1903年，第24号。
④ 汪德渊：《救亡决论》，载《政艺通报》，1907年，第23号。

"散"之别："若有文木，不以青赤雕镂，惟散木为施镂，以是知仪刑者散，因任者文也"。中国、希腊、印度等国属第一类型；日本、日耳曼、缅甸等国属第二类型。固然，章太炎的本意是要强调具有博大精深的文化传统的中国，不应当简单模仿他人；而且他用"仪刑"、"因任"两种类型规范世界各国文化，也不恰当；但是，值得重视的是，他提出各国文化的发展（包括吸收外来文化）都因内在机制的差异而构成了各自不同的类型，实已突出了文化"类"的概念。这在另一处，章太炎批评某些人将西方文化视为"四海同贯"共同的范式时，讲得更明确。他说，万国都有自己的文化，"文化犹各因其旧贯，礼俗风纪及语言，互不相入，虽欲大同，无由"。一些人"盛称远西，以为四海同贯，是徒知栌梨、桔柚之同甘，不察其异味，岂不惑哉"！① 这里以栌梨、桔柚之同甘而异味，比喻人类文化的多样性和说明中西文化类的差异，形象而传神。

近代文化人类学的一个基本观点认为，各民族间的文化虽有先进与落后的分别，但就其各自缘民族、历史、地理诸因素而生成的独特的整合机制，或独立的文化体系而言，却具有同等的价值。因此，世界上不存在什么唯一的和首善的文化范式。美国著名的文化人类学家本尼迪克特在她的名著《文化模式》一书中说："我们实无理由认为某一文化是首善的典型……人类文化具有无数形貌，西方文化只是其中一例。我们若想从事科学研究，只有朝极力抱持这种态度之一途了。"② 可见，判断一种见解是否属于类文化的识见，不在于它是否指出了中西文化各具的特色，而在于它是否在整体的意义上首肯二者具有同等的价值。应当说，国粹派具备了此种见地。所以，他们强调，中西文化如栌梨、桔柚同甘异味，或如"饴豉酒酪"，"其味不同，而皆可入口"；二者主"静"、主"动"各具特色，互有优劣，但从根本上看，并无高低之分。有人以中国文化"不类"西方文化为耻，他们却认为，实则"不类，方便为荣"③，因为它体现了中国文化独立的价值。

---

① 章太炎：《驳皮锡瑞三书》，载《国粹学报》，第 6 年，第 3 期。

② ［美］本尼迪克特：《文化模式》，王炜译，北京，社会科学文献出版社，2009。

③ 章太炎：《原学》，载《国粹学报》，第 6 年，第 4 期。

国粹派对于中西文化的根本主张，没有超出"中西会通"、"中西调和"的范围；但因具备了类文化的见地，其调和中西的主张便表现了愈为宏富的内涵：

1. 强调破中外之见，实现中西文化互补。他们指出，中西文化既为平行的两大区域性文化，人们就不应当心存"是丹非素"的偏见，厚此而薄彼；洋务派的"中体西用"论，不仅割裂体用在本体论上陷于"非驴非马"的荒谬，而且"尊己卑人"，排斥欧化，难免故步自封；"醉心欧化"论，视西人为天帝贵种，"卑内崇外"，蔑弃国粹，则又无异于邯郸学步①。所以，有两种"爱国者"都是不可取的。一是"盲信己国派"，视本国为"至上无极，不知己国之外更有世界"。迄今倡"夷夏大防"的人，即属此类；一是"无视己国派"，"一唯他国是崇拜，而不知国粹之为何义"。前者虚骄尚气，徒增"国恶之患"；后者自暴自弃，"而有蹂躏国粹之虑"②。真正的爱国者，要"不轻自誉，亦不轻自毁"。对于固有文化，"不可一概菲薄"，当"拾其精华，弃其糟粕"，思有以发明光大；对于外来文化，"不可一概拒绝，当思开户以欢迎之"③。要言之，当破中外之见，对中西文化持平等的态度。

自鸦片战争以来，人们只强调西学可以助益中学，却很少想到中学也可以助益西学。这当然是片面的。现在国粹派认为，既然中西文化是表现为主"静"的精神文明和主"动"的物质文明两大体系，各具特色，互有优劣，二者间就必然存在着互补性："吾国之文明，属于道德上而为精神的文明者，虽称完全；其属于艺术上而为物质的文明者，甚形缺乏，则以我之精神而用彼之物质，合炉同冶，以造成一特色之文明，而成一特色之国家，岂不甚懿？"④但西方虽称强盛，却贫富悬殊，社会冲突因是纷起，正暴露其物质文明自身的困窘。中国文化历来有"明道德、陈仁义、诛强暴、恶兼并、斥垄断、贱封殖"⑤等的优良特质，也正可以为西人所借鉴。人们

---

① 汪德渊：《救亡决论》，载《政艺通报》，1907 年，第 23 号。
② 黄节：《爱国心与常识之关系》，见《壬寅政艺丛书》，政学文编卷 5。
③ 高旭：《学术沿革之概论》，载《醒狮》，1905 年，第 1 期。
④ 黄节：《东西洋二大文明》，见《壬寅政艺丛书》，政学文编卷 5。
⑤ 汪德渊：《救亡决论》，载《政艺通报》，1907 年，第 23 号。

尽可以批评国粹派以精神文明、物质文明判分中西文化之不当；其对中国文化优良特质的概括也未见精当；但国粹派志在执着中国文化自身的价值，而非执意隆中抑西，这与战后东方文化派的虚骄见解有别，是应当看到的。同时，中国文化的优长之处，可以助益西方，乃至于全人类，这是包括汤因比在内当代许多西方著名学者所倡言，且为愈来愈多的人们所首肯的见解。在欧化滔滔之际，国粹派较比更早明确地提出这一思想，显然就不单是合理的，而且也是难能可贵的了。

2. 强调新文化建设须以民族文化为主体，对西方文化行积极的整合。国粹派认为，文化的民族性的存在，就决定了中西文化彼此不应当也不可能一味照搬或模仿对方，相反，尊重本民族的文化特性，取人所长，以为我用，才是文化交流中的正确原则。"夫有特别之精神，则此国家与彼国家，其土地人民宗教政治与风俗气质习惯相交通相调和，则必有宜于此而不宜于彼，宜于彼而不宜于此者。知其宜而交通调和之，知其不宜，则守其所自有之宜，以求其所未有之宜而保存之，如是乃可以成一特别精神之国家。"他们是强调吸收西方文化，必须坚持以中国民族文化为主体。这有两层含义：一是吸收西方文化必须要有所选择，"酌本邦之国体、民情为根据而立论"①，即宜与不宜，取舍当立足于国情。高旭将之比作人为身体健康必须注意择食。他说，要积极引进西方文化，但"于我国现势不合者，则无宁舍之而勿顾"。这如同饮食，既要物能适口，又必不容妨害卫生。"若以多多益善，物久而啖之，急不暇食、必罹腹张垂毙之患"②。二是借助中国文化"独立之精神"即其固有的生命机制，对西方文化行积极的整合，使之融为独具特色的中国文化的一部分。日本民族吸收外来文化的成功，使国粹派坚信此一点尤其至关重要。因为在他们看来，日本在短短数十年之内骤跻富强，不是偶然的；其成功之道，要在善于借助民族文化的内在机制，积极整合西学："盖由其能培养国民之主气，不失其素有大和魂武士道之风而又融合西洋之新制度新事物也。"③中国文化也应当具有此

---

① 黄节：《国粹保存主义》，见《壬寅政艺丛书》，政学文编卷5。
② 汪德渊：《救亡决论》，载《政艺通报》，1907年，第23号。
③ 黄节：《国粹保存主义》，见《壬寅政艺丛书》，政学文编卷5。

种气魂与胆识。所以，章太炎主张，学西学当能本自己的学问，"转进一层"①。总之，他们认为，只有体认和借助于民族文化的自身机制，中西文化的会通、调和，才能"立于最高等之位置，而有以转移其国化，此定理也"②。

国粹派将自己以固有文化为主体发展民族新文化的主张，最终概括为"国粹保存主义"。因为，在他们眼里，国粹绝非是过往僵死的东西，而是日新的创造物："以研究为国粹学之始基，庶几继破坏而有以保存"③——国粹是旧文化的血脉、新文化的萌生点，体现着新旧的结合；"国粹者，道德之源泉，功业之归墟，文章之灵奥也。一言以蔽之，国粹也者，助欧化而愈彰，非敌欧化以自防"④——国粹既体现着民族独立的精神，更体现着民族文化对欧化的吸纳和整合。很显然，这是国粹派中西文化观中最具创意与前瞻性的核心思想。

在本节开头，我们曾指出，国粹派的中西文化观在1904年提出"国学"论前后，发生了根本性的转变。至此，我们看到，此种转变的具体内涵是：由从进化程度上判分中国文化总体上落后于西方，转变为从类文化的观念上判分中西文化为独立、平行的两大文化体系；从而由主张单向选择西方文化，转变为主张中西会通调和，与以民族文化为主体积极整合西方文化。实现此种转折的内张力，是民族主义；其契机在体认文化民族性的存在。但从认识论上看，则又是反映了国粹派对中西文化考察指向上的重大调度。

文化是一种复杂的现象，如上所述，各民族文化的发展虽然有先进与落后的分别，但就其自身所形成的特质或赖以整合的模式机制而言，却具有同等的价值。因此，它决定了在文化比较中，从纵向上考察其在进化程度上的差异，与从横向上考察其各自的特质与特色，是两种具有同样价值

---

① 章太炎：《为学的目的和方法》，见吴齐仁编：《章太炎的白话文》，泰东图书局，1921。

② 章太炎：《国学讲习会序》，载《民报》，第7号。

③ 黄节：《国粹学社发起辞》，载《政艺通报》，1904年，第1号。

④ 许守微：《论国粹无阻于欧化》，载《国粹学报》，第1年，第7期。

和相辅相成的指向。前者有助于发现差距，取长补短，后者有助于在互相尊重的基础上，使文化交流更具成效。但人们自觉到这一点，却非易事。在很长时间里，西方殖民主义者固守"欧洲文化优越"论，无视其他民族文化的价值。直到 20 世纪，一些正直的西方文化人类学学者才突破此种偏见，从横向上肯定了各民族不同的文化模式有着同等的价值。但在落后而遭受西方侵略的东方，情形又不同，易于产生两种不同的偏向：从总体上看，勇于从纵向上肯定中国文化在时代性上滞后，并主张学习西方文化的人们，代表了民族的觉醒和文化进步的方向，但他们中一些人往往忽略了另一指向，而易于倾向民族虚无主义；反之，能从横向上体认文化民族性的存在因而主张积极的文化融合的人们，反映了民族自信力和文化识见的深沉，但同样易于忽略纵向的反思，而表现出保守的文化自足情绪，从而淡化了批判精神与进取意识。遗憾的是，在近代，许多志士仁人往往都陷入了此种偏颇，而难得将二者有机结合起来，文化见解的歧异与纷争，也往往缘是而起。

据此，可以说，迄 19 世纪末，国人的文化取向呈向外单向选择的态势，大体上正反映了文化比较上的第一种指向，"醉心欧化"倾向的凸现，又是其忽略第二指向的必然结果。而 20 世纪初年，随着社会文化心理折向，社会文化思潮所呈现出的双向多元选择的反思态势，恰恰反映了国人的视角正主要地转向第二指向。国粹派的中西文化观，应当看成是时人调整指向后，在文化反思中所获致的积极的成果。他们不仅将原是令人沮丧的"地理环境决定"论，改塑成了使人感奋的新命题；而且从类文化的观点出发，鲜明地指出了中西文化各自具有的民族性及其缘此而成的各自文化体系的相对独立性的存在及其意义。同时，由此重新探讨中西文化的关系，强调整合欧化，建立以民族文化为主体的中国新文化的必然性与必要性。所有这些，都显示了一种崭新的思路，它不仅开拓了时人的思维空间，而且实际上也成了五四前后伧父及东方文化派中西文化观的先导。

但是，国粹派终究未能将纵横两种指向有机地结合起来。其中西文化观缘上述根本性的转折，固然成就了自己的建树，但却将两种指向割裂、对立起来：执著于文化的民族性，而固拒原已触及的对文化时代性的思考。事实证明，尤其在近代中国的条件下，脱离了第一指向的前提，类文化的观点不可能是清醒的。因为，在近代，中西文化的本质差异，不在于"类"的分别，即民族性的不同，而在于时代性的分别，即前者属封建时代的文化，而后者则为近代资本主义的文化。不能把握这一点，所谓"国粹"、"国学"、"民族精神"、新文化创造等等，都因失去明确的质的规定性，而成为随意性极强和染上神秘色彩的抽象概念。所以，惟其如此，国粹派的合理命题在其展开的过程中，终因淡忘了文化必然具有的时代性品格，而缺乏应有的时代亮度，其价值取向发生偏移也成了不可避免。这集中表现为：其一，他们从不同文化体系具有同等价值的前提出发，却引导出中国固有文化蕴藏着可资自足的源泉的自负，从而不自觉地模糊了时代的主题。《国粹学报发刊辞》说："本报于泰西学术其有新理精识足以证明中学者，皆从阐发。"①强调的是以西学"证明"中学，而非改造中学。章太炎虽然更明确地提出了类文化的概念，但他认为，中国文化"能自恢彉，其不啻于仪刑，性也"(《原学》)，同样也流露了消极的文化自足的情绪。其二，他们最终把"国粹"、"国魂"、"民族精神"，又都还原为超时空的固有道德。汪德渊说，中国文化"至可宝贵之元素"或国粹，就是"礼让廉耻为维纪"②的传统道德。邓实也说，"孔教者，以礼法为其质干，以伦纪为其元气，故礼法伦纪者，乃吾一种人之所谓道德而立之为国魂者也"③。把儒家的伦理道德说成是永恒的民族精神，无怪乎新文化的创造也被还原成藉固有道德整合欧化，以"期光复乎吾巴克之族，黄帝尧舜禹汤文武周公孔子之学而已"④。至此，类文化的合理内核被窒息，正题异化为悖论。这说明，国粹派最终仍未能超越传统儒学，为民族新文化的创造提供一合乎理性的坚实的基础。

但是，尽管如此，国粹派的中西文化观所已揭示出的理论与实践的重大课题，仍然是值得重视的。普列汉诺夫在强调发现一种观察问题的新角

---

① 邓实：《国粹学报发刊辞》，载《国粹学报》，第1年，第1期。

② 章太炎：《救亡决论》，载《政艺通报》，1907年，第12号。

③ 邓实：《鸡鸣风雨楼独立书·风俗独立》，载《政艺通报》，1903年，第25号。

④ 黄节：《国粹学报叙》，载《国粹学报》，第1年，第1期。

度新方法的重要性时指出，"如果发现更现代的方法的作家本人，并非始终都善于无误地实际运用此种方法，那么这还是不会取消发现这方法的重要意义"①。同样，国粹派是 20 世纪初年发现从类文化的角度，即从横向上考察中西文化较比最重要的一批学者，尽管未能避免失误，但由他们所彰显的这一新方法、新思路所包含着的巨大的历史合理性，随着历史的发展，却愈益显示出来。其后东方文化派那些有价值的文化思辨，实际上也正是沿着这一思路继续掘进的结果。

---

① ［俄］普列汉诺夫：《让·雅克·卢梭和他的人类不平等起源的学说》，见卢梭，《人类不平等的起源和基础》，李常山译，附录（二），205 页，北京，商务印书馆，1979。

第五章　国粹派的史学思想

20 世纪初年，是近代中国资产阶级史学渐次形成的重要时期。梁启超分别发表于 1901、1902 年的《中国史叙论》和《新史学》，则被公认为其崛起的标志。但是，梁启超又非孤军奋进，众所周知，近代著名的资产阶级史学家夏曾佑，也正是于 1902 年开始致力于中国古代史的研究，并于 1904—1906 年由商务印书馆分三册陆续出版了自己的新著《最新中学中国历史教科书》(1933 年改名《中国古代史》，作为大学丛书之一，重行出版)。这是夏曾佑一生中最重要也是唯一的史学著作，其时被誉为新史学的佳作。与此同时，以章太炎、刘师培为代表的国粹派异军突起，也构成了其时资产阶级史学不容忽视的一个重要的方面军。他们不仅同样高揭"史界革命"旗帜，猛烈批判旧史学，而且于新史学身体力行，研究硕果累累。同时，作为革命派，他们以新史学为武器服务于排满革命，又与作为立宪派的梁启超、夏曾佑诸人，大异其趋。因此，国粹派所体现的资产阶级史学思想别具特色，有着更加集中的典型性。探讨其思想主张，显然是研究 20 世纪初年中国资产阶级史学的一个重要课题。

一、中国传统史学不足"当意"

国粹派重国学。但在他们的心目中，"国学，当首经史"①。而经即史，"经学还是历史学的一种"②。因此，在很大程度上，可以说，国粹派主张国学，其主要内容就是史学。故章太炎肯定："国粹以历史为主"③。其重

---

① 许之衡：《读国粹学报感言》，载《国粹学报》，第 1 年，第 6 期。

② 章太炎：《论教育的根本要从自国自心发出来》，见汤志钧编：《章太炎政论选集》上册，505 页，北京，中华书局，1977。

③ 章太炎：《印度人之论国粹》，见《章太炎全集》(四)，366 页，上海，上海人民出版社，1985。

史，不言而喻。

但是，具体地说，国粹派又将史学的社会功能，主要地概括为两个方面：一是借以培养国民的爱国心。在他们看来，历史就是最可贵的国粹。人与禽兽的区别就在于他具有历史的观念，因而能合群，进而"建国家，辨种族"①。失去历史的民族，是无根的民族，一盘散沙，不可能竞存于世界。章太炎十分形象地将国民的爱国主义、民族主义比作庄稼，而将民族的历史则比作庄稼赖以扎根和吸取养料的沃土。他说："仆以为民族主义，如稼穑然，要以史籍所载人物制度、地理风俗之类，为之灌溉，则蔚然以兴矣。不然，徒知主义之可贵，而不知民族之可爱，吾恐其渐就萎黄也"②。这就是说，唯有历史才是保持民族凝聚力无可替代而又永不衰竭的力量源泉。所以，国粹派始终坚信，培养人们的爱国心，此种"润物细无声"的无形之用，乃是历史的"最大的用处"③。也惟其如此，必须将历史知识化为国人的常识。

二是鉴往知来、推进人类文明的利器。马叙伦曾对史的"名"、"实"，作了界定。他认为，史之名虽始于文明开化之世，但史之实就其原指过去的事实而言，"它与宇宙并生"；人们将宇宙万物的化育过程及人类过去的实践作为自己研究的对象，史便成了专门的学问，称史学或"历史之学"。所以史的作用就在于它以鉴往知来为职志，可成推进人类文明发展的利器。他说："达史之用，可以促开化，可以进文明。"④"中人而有志于兴国也，诚宜于历史之学人人辟新而讲求之，盖历史固文明之嚆矢也。"⑤邓实表述得更明确，在他看来，人类社会历史的进化，实为古今无穷递嬗的过程。"今"为"古"之发展，而"古"即孕育着"今"。说到底，历史的功能就在于为人类社会此种古今递嬗生命机制的正常运作，提供了无可替代的中介

---

① 章太炎：《哀焚书》，《訄书》重订本，见《章太炎全集》（三），323 页，上海，上海人民出版社。

② 章太炎：《答铁铮》，见《章太炎全集》（四），371 页。

③ 章太炎：《中国文化的根源和近代学问的发达》，见吴齐仁编：《章太炎的白话文》，泰东图书局，1927。

④ 马叙伦：《史界大同说》，见《癸卯政艺丛书》，政史文编卷 3。

⑤ 马叙伦：《史学总论》，载《新世界学报》，1902 年，第 7 期。

作用。他说："（人群进化）当其既进，有已往之现象，当其未进，有未来之影响。历史者，即其一大群之现象、影响也。既往之文明现象，惟历史能留之，未来之文明影响，惟历史能胎之"①。这里的见解与马叙伦"历史文明之嚆矢"的说法，显然是一致的：不仅人类过往的"文明现象"有待历史来保存；更重要的是，它所蕴含的对未来的"影响"，也有待于历史积极的保存、提炼与转换，从而得以实现新旧文明的递嬗和推动人类社会的进化。邓实无疑较他人更有力地彰显了史学作为文明利器的社会功能。

国粹派虽十分看重历史，但却深感中国传统史学实难"当意"②。因此，对封建旧史学施以猛烈的批判，以为它有三大缺陷：

其一，有"君史"，无"民史"。他们认为，中国封建社会史书卷帙浩繁，汗牛充栋，但无非是君史，而非民史，即为封建帝王"一人之传记，而无社会之历史"③。王者有天下，更正朔，改服色，于是一言一语，则有"诏令"、"制诰"、"宝训"；一举一动，则有"起居注"、"实录"；祭天有"郊祀志"，巡游有封禅，行石刻；征讨有"中兴记"、"平定方略"等。封建史家"其脑坏中所有仅一帝王耳，舍帝王以外无日月，舍帝王以外无风云"。所传威名彪炳的将帅，所记功烈懿铄的元勋，所谓"儒林传""文苑传"中的文人学士，无非是攀附奔走帝王者，或其下走之舆台、弭笔之文士而已；而"人群之英雄、社会之豪杰、政治之大家、哲学之巨子"，真正体现群体利益的人物，尽遭刊落④。但事实上，社会的进化不是一、二人的进化，而是群体的进化。"人是群体的生物"，"以群生，以群强，以群治，以群昌"，因此，"舍人群不能成历史"。所谓"民史"，就是应当颂扬政治家、哲学家、教育家、生计家、探险家等，"人群之英雄"；记述学术、宗教、种族、风俗、经济等，"人群之事功"。这些才是真正的"历史之人物"和"历史之光荣"⑤。然而，旧史书所津津乐道的所谓"龙兴"、"中

---

① 邓实：《史学通论》（四），见《壬寅政艺丛书》，史学文编卷1。
② 章太炎：《致吴君遂书》，见《章太炎政论选集》上册，165页。
③ 黄节：《黄史·总叙》，载《国粹学报》，第1年，第1期。
④ 邓实：《史学通论》（三），见《壬寅政艺丛书》，史学文编卷1。
⑤ 邓实：《史学通论》（四），见《壬寅政艺丛书》，史学文编卷1。

兴"，所谓"熙朝"、"盛世"、"太平"，无非记录着"中国专制政体之进化"和"一人一家之利益"①，于群治进退、人民的利益，并无关系。封建帝王不仅私天下于一家，而且"私其史于一家"②。所以毫不奇怪，本是包罗万象、丰富多彩的历史学，却变得索然无味。关系国计民生的民史，包括学术史、科技史、教育史、风俗史、种族史、财政史、外交史等，均湮没无闻。其结果，四千年的中国，有朝廷而无国家，有君谱，而无历史，有君史而无民史，有朝史而无国史。二十四史"谓为二十四朝之家谱，又岂过欤?"③

其二，"贵知记事，而文明史不详"。在国粹派心目中，"文明史"就是重在彰显群体进化、社会文明发展的历史。历史现象虽然纷繁复杂，但决非是彼此孤立的"陈迹"、"幻想"、"浮云"之类一堆无意义的东西的偶然堆积。"人类者，磅礴乎宇宙，弥纶乎今古"，既不能离宇宙而自存，则地理环境影响着人类的身心及其运动经营的形式，固不待言；既不能超古今而独立，则前人之影响于后人，古形式之影响于今形式，也显而易见。因而，无论是人群与人群之间，还是新形式与旧形式之间，"或冲击撞突，而彼此兴亡，或和济博翕，而协化并存"，其盛衰兴灭，分合聚散，都不可能是随心所欲的，而必有某种"理法纲维于其间"。这就是史迹彼此间存在着的内在的因果关系。"人与人无关系则无人群之历史，国与国无关系则无国群之历史"。此种历史的因果关系是客观存在的，既不因帝王而起，也不因英雄而息，甚至与众人的意愿无关。它只缘社会有机体"相翕应相维系而起"。因此，一定历史阶段史迹间内在因果关系的总和，既是体现着"大化之精神"，"时代之精神"，同时也就是体现着社会"有机团体"自身生命的搏动④。历史要真正成为一门学问，就必须着重去探究人群兴亡盛衰、隆替荣枯的道理，即揭示历史进化自身内在的必然性。但是，中国传统的史学与之相反，它重天地、年代，故有年表、编年史之作，以记时

① 邓实：《论中国民治进退之大势》，载《政艺通报》，1903年，第8号。
② 邓实：《史学通论》(三)，见《壬寅政艺丛书》，史学文编卷1。
③ 许之衡：《读国粹学报感言》，载《国粹学报》，第1年，第6期。
④ 《序泰西通史》，见《壬寅政艺丛书》，史学文编卷1。

代、史迹之先后。所谓记事本末体，也惟以年月别此群彼群间的"新旧"而已。其最致命的弱点，恰恰在于满足记述孤立、琐碎的史迹，而于"其中之关系"，无所措意。"零碎之智识，不足称科学"。旧史书只是帝王起居注、英雄列传一类的组合体，犹如木材土石之杂然丛积并不等于巍峨的宫室，充其量不过是详尽的年表，却称不上是历史的科学①。这在章太炎，就叫做"文明史不详"。他说："中夏之典，贵在记事，而文明史不详，故其实难理。……非通于物化，知万物之皆出于几，小大无章，则弗能为文明史"②。这里所谓"知万物之皆出于几"，也就是强调著史须把握历史进化内在的必然性；而旧史"其实难理"，也在于"苟务编缀"，于此无所发明。所以，章太炎强调，旧史书"徒知记事"，实难"当意"③。邓实也正是在这个意义上，称中国"无史"："盖史必有史之精神焉，异哉，中国三千年而无一精神史也。……呜乎，中国无史矣，非无史，无史家也；非无史家，无史识也"④。

其三，"宗旨既非，焉有信史"。国粹派认为，史学虽为天下的公器，但它真能著为信史，裨益群体，却赖史家有"公权"，即享有言论自由的权利。"泰西各国人有作史之权……莫不以保国伸民为宗旨，简册所重，动关全族"⑤。故其史为群史，非一姓一家所私有。同时，惟其如此，史家多能出以公心，其史为信史。在中国则不同，秦以降，暴君独夫接踵后世，禁网日密，公权尽失。史既为帝王一家私有物，史必无公心，"宗旨既非，焉有信史"⑥？这又表现为二：一是史家不敢"有放直笔以触文网"。司马迁、班固以下，"后之史职者，惟言其谀佞，舍铺张虚美盛德大业之外无文字"⑦。"文君其君，但纪美谈，引避口实，揄扬雍容"。但同样对于君主，情况又有不同。凡本朝应运，"君皆圣明"，而前代末造，必尽"昏

---

① 《序泰西通史》，见《壬寅政艺丛书》，史学文编卷1。
② 章太炎：《尊史》，《訄书》重订本，见《章太炎全集》（三），313页。
③ 章太炎：《致吴君遂书》，见《章太炎政论选集》上册，165页。
④ 邓实：《史学通论》（一），见《壬寅政艺丛书》，史学文编卷1。
⑤ 《史学总论》，载《新世界学报》，1902年，第7期。
⑥ 《史学总论》，载《新世界学报》，1902年，第7期。
⑦ 邓实：《民史总叙》，载《政艺通报》，1904年，第17号。

143

第五章　国粹派的史学思想

君"。总之，史臣誉者益誉，毁者益毁，无非曲笔求容，并无实事求是之心①；二是史家有意曲笔以取利。例如，"固受金而寿求米"，都无非挟其奇纵傀逸之才，而为"褒贬过情之论"。同样，欧阳修作《五代史》，不为辅通立传，意存曲古讳今。班固、陈寿诸人古称良史，尚非"当于史义而无媿者"，遑论其他②。

不过，章太炎与刘师培似乎更关心清史的命运。他们认为，唐以上，史官得职，类能奋笔而无桡辞；宋、明虽衰，但"官史虽诬，而私史未泯"③，"作者虽有优绌，其实录十犹四五"④，故后世得以因之见得失。但有清一代的历史，并此而不可得。其原因有三：一是清廷焚明遗书数以千计，"焚史隐恶"使一代史实多湮没不传；二是"君臣以监谤为务"，文字狱屡兴，其结果，"掌故之守，五史之录，崇其谀佞，奖大戚虚美。专以驾言诳耀"，士益媮窳，曲笔逢迎，于史无所征信。例如，康熙一朝称盛世，家给人足，实则"宽假之令，免赋之诏，皆未施行"，民间疲惫流离如故；三是清廷布政，不综名实，奏记文牍"是非贞伪，成于贿赂"。例如，称厘金岁二千万，实则贾人所赋，必再倍二千万⑤。因之，刘师培叹喟，中国的史书本有帝王家谱之讥，"若满清所有之史，则并其所谓一家一姓者，亦且文过饰非"，不过"以助愚民之用"而已⑥。章太炎则谓，清廷"焚史隐恶"，"卒使一家之史，拣焉以斩，遗美往恶，黯默而同尽"⑦，后世虽有良史，将无所徵信，令人慨叹！

上述国粹派对封建旧史学的批判，与梁启超在《新史学》中所概括的旧

144

北京师范大学史学探索丛书

---

① 田北湖：《论文章源流》，载《国粹学报》，第1年，第5期。
② 马叙伦：《史学存微》，载《国粹学报》，第2年，第7期。
③ 刘师培：《陈去病清秘史序》，《左盦外集》卷17，见《刘申叔先生遗书》，第41册。
④ 章太炎：《哀清史》，《訄书》重订本，见《章太炎全集》（三），325页。
⑤ 章太炎：《哀清史》，《訄书》重订本，见《章太炎全集》（三），325页。
⑥ 刘师培：《陈去病清秘史序》，《左盦外集》卷17，见《刘申叔先生遗书》，第41册。
⑦ 章太炎：《哀清史》，《訄书》重订本，见《章太炎全集》（三），328页。

史学有"四弊二病"的见解①，大体上是一致的。二者都尖锐地指出，封建史学说到底不过是服务于君主专制的工具，不仅漠视国民，而且满足于记事，于社会进化的原理很少措意。这些见解应当说是正确的。但二者又都明显地存在着简单化的倾向。中国传统史学虽然有种种弊端，但它毕竟源远流长，博大精深。他们概之以"帝王家谱"，甚至谓"中国无史"，又无疑是不正确的。如果说这是二者的共同点，那么还应当看到其间依然存在着差别：一是梁启超的见解更偏激。他不仅批评《二十四史》不过是二十四姓的家谱，而且认为是"地球上空前绝后之一大相斫书"。同时，将传统的纪传都说成无非是"合无数之墓志铭而成者"。因此，他断言，中国史书满纸充斥"邻猫生子"一类的事实，读来令人发昏，并无价值可言②。这自然是较上述国粹派的见解，更加绝对地全盘否定了中国传统史学。

二是国粹派的上述批判虽然也存在偏激，但他们显然很快地意识到了这一点。所以在一些论述中，又注意到适当肯定旧史学的地位，从而在实际上纠正了自己原先某些偏激的论点，甚至径直对梁启超的过激提出批评。例如，邓实就指出，社会进化由野蛮趋向文明，已历上古、中古、近世三个时代，即神权时代、君权时代、民权时代；与此相应，史学的进化也经历了"神权时代史"，即"神史"；"君权时代史"，即"君史"；"民权时代史"，即"民史"三个时期。"神史"重祭祀，在今天看来固属迷信，但它曾有过"以神权监君权"的积极作用，"此神史之功也"③。"君史"屈从君权，固然荒谬，但一代之君成一代之史，史氏诵本朝之法，录其典制，在其时却堪称"良史材"，其书也堪称"信史"。中国既未进民权时代，"民史之为物，中国未尝有也"④，但邓实相信，随着中国社会无可避免地要过渡到民权时代，中国的"君史"也必然要为民史所替代："前之天下为君王治下之

①　梁概括的旧史学"四弊"是："一曰知有朝廷而不知有国家"；"二曰知有个人而不知有群体"；"三曰知有陈迹而不知有今务"；"四曰知有事实而不知有理想"。由"四弊"复生"二病"是："其一能铺叙而不能别裁"；"其二能因袭而不能创作"（《新史学》，见《饮冰室合集》文集第1册）。

②　梁启超：《新史学》，见《饮冰室合集·文集》，第1册。

③　邓实：《史学通论》（二），见《壬寅政艺丛书》，史学文编卷1。

④　邓实：《史学通论》（四），见《壬寅政艺丛书》，史学文编卷1。

天下，后之天下为民主治下之天下，天下大势既由君而趋于民，则其制度、文物、人材、学术、历史、宗教，亦必由君而归于民。势之所趋，虽有圣智无可与逆①。这种见解，实则从根本上就肯定了封建史学有自己历史的合理性。黄节则对梁启超首倡的"家谱"说提出疑义。他认为，不仅《六经》、诸子书反映了中国群治的进化，史迁的《河渠志》、《平准志》以及"刺客"，"游侠"，"货殖"诸篇，也都详述了民物、风俗、道艺的兴衰升降，足见社会得失之由。所以他说："概以谓吾国四千年旧史，皆一家一姓之谱谍，斯言也，毋亦过当欤②?"章太炎的见解尤其值得重视。他虽然批评传统史学不足"当意"，但甚少偏激。所以章太炎对梁启超的"邻猫生子"及"斫书"说，一再提出批评。他说，旧史所载多关乎人物制度、地理风俗荦荦大者，如何能比作"生猫"？且所记为本国历史，仍自家事不是外国邻家事；即是外国史也须要看看，何况本国历史？旧史书主要记政治得失，论人物高下，记战争所占篇幅并不很多，如何能说是"斫书"？章太炎认为，中国史学尽管有自己的弊端，但它不仅源远流长，且体例完备，记叙周详，其发达程度实为他国所不能及③。这种实事求是的见解就显得平实。所以，从总体上看，国粹派终究较梁启超高出一筹，就在于他们自觉到可以批判旧史学，却不应该简单的抹杀它。

但是，国粹派所以极力强调史学的社会功能和猛烈批判封建旧史学，又不是偶然的。从根本上说，它是资产阶级民族民主革命在史学领域的反映。20世纪初年中国民族危机空前严重，实现民族团结，奋起抗击列强侵略和推进社会进步，始终是志士仁人奔走呼号的主题。国粹派从民族主义和社会进化的角度上，突出强调史学当充分发挥增进国民的民族意识和推动文明进步的巨大功能，显然是为了助益"合群进化"，即实现民族、民主革命的需要。

同时，革命派主张共和革命也不能不竭力去打破中国社会根深蒂固的

---

① 邓实：《鸡鸣风雨楼民书·总论》，载《政艺通报》，1904年，第5号。

② 黄节：《黄史·总叙》，载《国粹学报》，第1年，第1期。

③ 章太炎：《中国文化的根源和近代学问的发达》，见吴齐仁编：《章太炎的白话文》，泰东图书局，1927。

忠君观念；而以帝王将相为中心并以正统观念为指导的封建史学体系，数千年沉沉一线，正是培植此种忠君观念的重要土壤。所以，为在思想上为民权革命开辟道路，作为革命派一翼的国粹派力斥封建史学之非，鼓吹创建反映资产阶级利益与要求的新史学，就是毫不足奇的了。翼天氏的《中国历史出世颂》一文，就集中表现了这一点。他说，中国所以成了千年的睡狮，丧失了勃勃的生机，是历代独夫民贼拑制束缚国民思想的恶果。而此中，"则历代史家实尸其咎"。因为史家的天职本当记录国民群体的运动，"指点批判帝王官吏之罪恶"，使后人得以感奋，从而敢于"破坏"、"改造"和"进化"；但旧史家反其道而行，孜孜于正统，维护君权而抑民气，结果造就了国民奴隶的根性。他主张当打破数千年陈腐的旧史体系，掀拔数千年根深蒂固的奴隶根性，以恢复"我国自古以来血脉一统之庞壮国民显独不羁活泼自由之真面目"[①]，使中国睡狮重振雄风。在这里，作者激烈批判封建旧史学，和热情颂扬旨在恢复国民独立自由真面目的新史学的"出世"，其目的显然在论证现实的民权与革命。

此外，西方新史学思潮的影响也是应当看到的。19世纪末20世纪初，是西方传统史学向20世纪新史学过渡的重要时期。以"确定事实"和"发现规律"[②]相标榜的实证主义史学的兴起，又成了西方新旧史学过渡的主要桥梁。西方实证主义史学新思潮此期正传到中国。作为此一流派泰斗的博克尔的巨著《英国文明史》，在当时的中国就有两种翻译版本，一是1903年南洋公学译书院的译本；一是1906年《学部官报》的译本。这说明此一西方史学思潮在当时的中国已经引起了怎样广泛的重视。此外，当时西方的史学信息更多地是由留日学生辗转传到中国。1902年，留日学生汪荣宝在《译书汇编》杂志上发表的《史学概论》，是中国近代比较系统的介绍西方资产阶级史学研究法的第一篇译作。译者称："所采皆最近史学界之学说，与本邦从来之习惯，大异其趣，聊绍于吾同嗜者，以为他日新史学界之先河

---

① 翼天氏：《中国历史出世颂》，载《政艺通报》，1903年，第9号。

② 柯林伍德：《历史的观念》，何兆武译，144页，北京，中国社会科学出版社，1986。

焉"①。1903 年留日学生李浩生翻译出版了日本著名史家浮田和民著的《史学通论》，更具体地介绍了西方新史学的理论与方法。其中说，历史研究就是当借"过去事实之痕迹以发现其理，以说明现在，以预察将来，以知社会之起源进化之目的"②。此外，一些日本学者运用新的史学理论和方法撰写的中国史著作，如中西牛郎的《支那文明史论》、田口卯吉的《中国文明小史》、白河次郎、国府神德合著的《支那文明史》，此期也先后译成中文。所有这些，自然都令时人耳目一新。国粹派于此十分重视。章太炎1902 年致书梁启超曾提到："日读各种社会学书"，"其余史学原论，及亚细亚、印度等史，或反于修史有益"，已嘱人"购求数种。"③邓实、刘师培等人的撰述，也多征引东西方新史家的学说。例如邓实引日本学者加藤弘的话说："究论人群之事，即史学也"④。他们积极汲取西方史学的新理论、新方法，反思传统旧史学"既难当意"，继之以倡言批判与改造，就是合乎逻辑的了。

二、"己既能破，亦将能立"
——国粹派关于新史学的探索

在国粹派看来，封建旧史学"既难当意"，随着进入 20 世纪君权时代必为民权时代所代替，打破旧史学的体系以建立新史学，就是刻不容缓的。刘师培写的一篇文章，就叫"新史篇"⑤。章太炎指出："所谓史学进化者，非谓其霿清尘翳而已，己既能破，亦将能立"⑥。即是说，史学的进步不仅是表现为对传统旧史学的批判和否定，而且更主要的是表现为新史学的创

---

① 汪荣宝：《史学概论》，载《译书汇编》，1902 年，第 9 期"历史"。

② 转引自俞旦初《20 世纪初年西方近代考古学思想在中国的介绍和影响》，载《考古文物》，1983 年，第 4 期。

③ 章太炎：《致梁启超书》，见《章太炎政论选集》上册，168 页。

④ 邓实：《史学通论》(四)，见《壬寅政艺丛书》，史学文编卷 1。

⑤ 刘师培：《新史编》，载《警钟日报》，1904-08-02。

⑥ 章太炎：《中国通史略例》，《哀清史》附录，见《訄书》重订本，《章太炎全集》(三)，330 页。

立。而富有激情的邓实，更大声呼唤"史界革命"："悲夫，中国史界革命之风潮不起，则中国永无史矣，无史则无国矣"。"新史氏乎？其扬旗树帜放一大光明于20世纪中国史学界上以照耀东洋大陆乎！鸡既鸣而云将曙乎？吾民幸福其来乎？可以兴乎？抑犹是沉迷醉梦于君主之专制史而不觉也"①。

与梁启超同步，国粹派对于创立新史学也作了积极的探索。早在1902年，章太炎即着手搜集资料，拟撰《中国通史》百卷，六七十万字，计划于一年内完成。他致书梁启超说："酷暑无事，日读各种社会学书，平日有编《中国通志》之志，至此新旧材料，融合无间，兴会勃发。……一切谢绝，惟欲成就此志"。"知公于历史一科，固振振欲发抒者。鄙人虽驽下，取举世不为之事，而以一身任之，或亦大雅所不弃乎？"②后虽因故未能成书，但他撰就《中国通史略例》及《中国通史目录》，仍然留下了自己的思考。同时，马叙伦撰《史学总论》③、《无史辨》④、《史学大同说》⑤；邓实撰《史学通论》；刘师培撰《中国历史教科书》、《编辑乡土志序例》；黄节撰《黄史·总叙》，等等，对新史学也多所阐发。综合上述论著，可以看出国粹派关于新史学的构想，主要包括以下的内容：

（一）以西方进化论的历史观为指导

国粹派强调新史学必须重视西学，在当今中西交通的时代，史家不能局限于中国固有的典籍，当开阔视野，善于借西方之石以攻错。章太炎说，"今日治史，不专赖域中典籍"，西人的"心理、社会、宗教各论，发明天则，爰人所同，于作史尤为要领"⑥。他拟撰《中国通史》，在收集旧籍的同时，也注意寻求和参考外人著述。黄节指出，自己著《黄史》就不仅依赖古籍、野乘，而且"驰心域外"，参考了西书。他认为，西方的自然科学

---

① 邓实：《史学通论》（三、四），见《壬寅政艺通报》，史学文编卷1。

② 章太炎：《致梁启超书》，见汤志钧编：《章太炎政论选集》上册，167、168页。

③ 马叙伦：《史学总论》，载《新世界学报》，1902年，第1期。

④ 马叙伦：《无史辨》，载《新世界学报》，1902年，第5、6期。

⑤ 马叙伦：《史学大同说》，载《政艺通报》，1903年，第16号。

⑥ 章太炎：《中国通史略例》，《哀清史》附录，《訄书》重订本，见《章太炎全集》（三），330页。

和社会科学较中国为先进，它们所揭示的许多新理新法，"见所未见，闻所未闻"，于史学尤裨助益："吾以为西方诸国，繇历史时代进而为哲学时代，故其人多活泼而尚进取。若其心理学、政治学、社会学、宗教学诸编，有足裨吾史科者尤多"①。刘师培同样强调，治史当吸收西方新知。他撰《中国历史教科书》，就很注意"参考西籍兼及宗教、社会之书，庶人群进化之理可以稍明"②。

在国粹派的用语中，"社会学"通常是一广泛的概念，用以泛指整个西方近代的社会科学。所以，其强调西学，首先就是强调要接受构成西方资产阶级社会学说理论基础的进化论的指导。在刘师培看来，中国旧史学所以满足于侈陈往迹，无所发明，归根结底，是史家"不明社会学之故"③，而陷于循环论的历史观不能自拔。新起的西方社会学理论所以是"精微之学"，就在于它不仅指出了"人类举止悉在因果律之范围"④，其本质是发展进化的；而且借助归纳法和演绎法，形成了人们可据以正确认识人类社会历史此种内在规律的一整套理论。"斯学既昌，而载籍所诠列，均克推见其隐，一制一物，并穷其源……可谓精微之学矣"⑤。所以，新史家不能不改弦更张，接受社会学的理论指导，以确立进化论的历史观。

刘师培强调新史观的意义，章太炎则对此作了进一步的引申，强调新史学区别于旧史学，要在能"熔冶哲理"⑥，其用"在抽象不在具体"⑦，即强调新史家当"深知进化之理"，具备对历史现象行宏观概括和理论抽象的思辩能力。章太炎表示，自己拟撰的《中国通史》所以将超胜旧史，就在于他要做到"熔冶哲理"，实现"学理交胜"："考迹皇古，谓之学胜；先心藏

① 黄节：《黄史·总叙》，载《国粹学报》，第1年，第1期。

② 见本书"凡例"。

③ 刘师培：《周末学术史序·社会学史序》，载《国粹学报》，第1年，第1期。

④ 刘师培：《周末学术史序·社会学史序》，载《国粹学报》，第1年，第1期。

⑤ 刘师培：《论中土文字有益于世界》，载《国粹学报》，第4年，第9期。

⑥ 章太炎：《中国通史略例》，《哀清史》附录，《訄书》重订本，见《章太炎全集》（三），330页。

⑦ 章太炎：《光绪二十八年壬寅（1902年）三十五岁》，见汤志钧编：《章太炎年谱长编》上册，141页，北京，中华书局，1979。

密，谓之理胜"①。所谓"学"，是指具体的史实考辨与叙述；所谓"理"，是指抽象的理论思辨。"熔冶哲理"、"学理交胜"，说到底，也就是要实现社会学理论对史学研究的观照。所以，他致书梁启超说"日读各种社会学书，平日有修《中国通志》之志，至此新旧材料，融合无间，兴会勃发"，正是表达了自己史论结合、融会贯通后的愉悦和撰述的冲动。

刘师培讲新史观，章太炎讲"熔冶哲理"，邓实讲"史之精神"，这在马叙伦则归结为新史家必具的前提——"理心"。何谓"理心"？"理心"就是史家从为民的"公心"出发，所具有的从哲理高度上揭示历史进化公律的自觉，并借此与满足于记事的传统平庸的旧史家划开界限。马叙伦说："（历史）可以推世界之进化事理之因果，作史者固不独循列纪事为足尽民史之义务，当贯通数千百年之全史，撮徵申义，以成一家哲理之书"。"史无理心，此庸常记载之史不足味也"②。由上可见，各人表述虽有不同，主张新史学当接受西方进化论的历史观的指导，却是国粹派的共识。

（二）写"民史"并当突出其重点

国粹派强调，新史学必须打破仅为封建帝王修家谱的旧史学的格局，转而以修民史为己任。社会的进化既是群体的进化，历史的本质就是"群体的现象和影响"，而非少数帝王将相的行为，史学自然当以国民全体为自己研究的主要对象，要在阐明社会兴亡盛衰之由，以增进文明，造福群体。章太炎说，他拟著《中国通史》，就是要"发明社会政治进化衰微之原理"，"以鼓舞民气，启导方来"③。邓实也说："是故，所贵乎民史者何？贵其能叙述一群人所以相触接相交通相竞争相团结之道，一面以发明既往社会政治进化之原理，一面以启导未来人类光华美满之文明，使后之人食群之幸福，享群之公利"④。史家写民史，既是为要反映历史的本来面目，同时也是为了充分发挥史学作为天下公器的社会功能。

写民史，又当突出重点。这在国粹派看来，有两层含义：

---

① 章太炎：《社会学自序》，见《章太炎政论选集》上册，170 页。
② 马叙伦：《史学总论》，载《新世界学报》，1902 年，第 1 期。
③ 章太炎：《致梁启超书》，见汤志钧编《章太炎政论选集》上册，167、168 页。
④ 邓实：《史学通论》（四），见《壬寅政艺通报》，史学文编卷 1。

其一，从横向上看，应突出民族、政制、经济和学术文化的进化。刘师培在著名的《黄帝纪年说》一文中，附有"大事表"，他特别注明："此表最注意者凡三事：一民族、二政体、三文化"，他说，记"周避犬戎"、"晋辟五胡"等，为要明异种"战胜汉族"及入主中原之始末；记隋文帝、洪秀全事，为要明"汉族光复"；记联军事，为要明"汉族将受制于西人"，"是为中国民族之变迁"；夏禹即位，"为君主世袭记"；商汤即位，为"诸侯革命记"；逐厉王为"平民革命记"；始皇、陈涉事，为"君权民权之消长记"，"是为中国政界之活动"。黄帝即位，为"文化胚胎时代"；唐尧即位，为"文明渐起时代"；周武即位，为"文治极盛时代"；孔子则为"集中国学术之大成者"，"是为中国文化之变迁"①。这与林獬强调突出历代"民族的战争"、"政体的异同"、"学术的变迁"②，是一致的。不过，在另一处，刘师培又将之归结为五点："历代政体之异同"、"种族分合之始末"、"制度改革之大纲"、"社会进化之阶级"、"学术进退之大势"③。这里第三点，实指社会经济的变动。章太炎先是强调"政法、学术、种族、风教四端"④；后又概括为六个方面："制度的变迁"、"形势的变迁"、"生计的变迁"、"礼俗的变迁"、"学术的变迁"、"文辞的变迁"⑤。他们具体表达有不同，但大体都强调了新史学当着重研究民族、政治、经济、文化的变迁。这固然是看到了历史进化的主潮，但与此同时，他们极力要突出排满、反帝和民权革命的内容，是十分鲜明的。

其二，从纵向看，当突出近今中国民族衰微的"痛史"。新史学有责任使国人明了当今"中国之地位"。世界已连成一片，中西人种"共逐太平洋之浪，而交战于学术界、工艺界、铁血界中，求争存于世"。中国已成"全

---

① 刘师培：《黄帝纪年说》，见《黄帝魂》。

② 林獬：《小孩子的教育》，载《中国白话报》，1903 年，第 4 期。

③ 刘师培：《中国历史教科书·凡例》，见《刘申叔先生遗书》，第 69 册，宁武南氏铅印本，1936。

④ 章太炎：《中国通史略例》，《哀清史》附录，《訄书》重订本，见《章太炎全集》（三），330 页。

⑤ 章太炎：《常识与教育》，见吴齐仁编《章太炎的白话文》，泰东图书局，1921。

世界之中国"①，其存亡与各国息息相通。明乎此，就不能不正视鸦片战争以降，中国近世的"痛史"，以唤醒国人对民族危亡的关注。刘师培不仅强调当记"联军入北京"，以明"汉族将受制于西人"，而且在他的《中国民族志》一书中，辟有"白人之入侵"专章，详叙西人近世侵华史。章太炎拟撰的《中国通史》列有"海交志"，显然也是要记近代中西交通史。但刊在刘师培、林獬主持的《警钟日报》上的《中国民族权力消长史叙例》一文，讲得最恳切：既明当今中国的地位，"则我祖先创拓之丰功，不敢不颂言也，中世近世见陵于异族，见迫于异族之奇祸惨况，不敢不质言也。十年以来，强敌逼处，与我族争此土，要港削，路矿夺，我同胞行且为饿俘，我祖先行且为馁鬼，势之迫，时之穷，运之阨，境之危且急者，不敢不言之详而言之长也。何也，三者皆历史氏之所宜言也，亦国民之分应尔焉"②。新史家要有实事求是和面对现实的勇气，以传信史。不仅要写中国民族光荣的古代史，也当写其屈辱的近世史，而且要写得详尽。这既是史家的责任，同时又是唤醒国人奋起救亡所必不可少的。应当说，能有这样的识见，是难能可贵的。

(三)新史书体例的探讨

国粹派对新史书的撰写体例，予以了更多的关注。他们认为，史学随着社会的进化而进化，同时必然要带动作为其表现形式的史书体例的变动："是故，经变而史，说经变而为传。史变而为本纪、书、表、世家、列传；纪传变而为鉴，为纲目，为本末体；书表变而为类志，为谱录，为地志水经……子变而为文，子史互变而为学案，为艺术史"③。"史职范围，今昔各异，以是史体变迁，亦各殊状"④。章太炎撰有《中国通史略例》及《中国通史目录》，对此的考虑较其他人远为周详。他拟定中的百卷《中国

---

① 会稽先生：《中国民族权力消长史叙例》，载《警钟日报》，1904-07-14。

② 会稽先生：《中国民族权力消长史叙例》，载《警钟日报》，1904-07-14。

③ 金一：《文学观》，载《国粹学报》，第3年，第7期。

④ 章太炎：《中国通史略例》，《哀清史》附录，《訄书》重订本，见《章太炎全集》(三)，330页。

通史》，以6表、12典、10记、9考纪、25外录建构体例①。章太炎的体例构思，贯穿着一个基本的指导思想是："史职所重，不在褒讥，苟以知来为职志，则如是足也"。即其重点，在彰显社会进化的原理。在此之下，复形成两个原则：一是"独裁"，即将自己的见解一以贯之，使全书形成完整统一的思想体系。他认为，中国自唐代起设局修史，由宋迄明，监修分纂，其最大的弊端，便是汗漫无纪，不成统一的体系。《明史》虽由万斯同总其成，稍胜《宋史》、《元史》，但终不过集合数传以成一史而已。"发言盈廷，所见各异，虽有殊识，无繇独箸。孟德斯鸠所谓'古事谈话'者，实近史之良箴矣"。所以，他强调，"今修《通史》，旨在独裁"；二是"熔冶哲理"，即以"新思想为主观"，以史迹为"客体"，全书要体现"用在抽象不在具体"宏观概括和理论思辩的魅力。二者相辅相成：唯有"独裁"，才能保证全书形成严谨的思辩；同样，唯有"熔冶哲理"，"独裁"才能形成特色，不流于平庸。《通史》之作，所以"审端径隧，决导神思"。章太炎自信自己的《通史》将超迈前人，成为一部独成体系、别具特色的史学新著②。

　　章太炎以志、记、纪、传为《通史》的主体，是受社会学启发后的精心架构。他指出，西方社会学有静、动两种，静以臧往，动以知来。《通史》要兼得二者之长，就必须充分发挥典及纪传两种体裁的功能。典志重分析事类，述制度演变，设计的"种族"、"工艺"、"宗教"、"学术"、"礼俗"等12典，"则心理、社会、宗教诸学，一切可以熔铸入之"。典志体裁虽创自《三通》，但因有了"新理新说"，自与《通考》、《会要》等书，"徒为八面缝策论者异趣"，也不似《通志》"蹈专己武断之弊"。因此，本书诸典"以发明社会政治进化衰微之原理为主"，推迹古今，足以臧往。但典志所述，终究近于制度，而略事状，既无法容纳人事之纷纭，也不足引动人们的观感；因之，《通史》"鼓舞民气，启导方来"、"开浚民智，激扬民气"，即激动国人爱国热肠的功能，便不能不"于经传见之"。考虑到四千年中君相文

北京师范大学史学探索丛书

---

　　① 此据《哀清史》所附《中国通史目录》。其《致梁启超书》，"典"称"志"、8考纪、27别录，所列"史目"为初稿。

　　② 章太炎：《中国通史略例》，《哀清史》附录，《訄书》重订本，见《章太炎全集》（三），330、331、332页。

儒不可胜数，著史"岂容为人人开明履历"，故纪传但取"有影响今日者"，如秦始皇、唐太宗、洪秀全及老子、孔子、墨子诸人，撰为《考纪》、《别录》①。"非有关于政治、学术、种族、风教四端者，虽明若文、景，贤若房、魏，暴若胡亥，奸若林甫，一切不得入录"，仅归之于《帝王表》、《师相表》等五表②。历代重要事件，"苦难贯串"③，则仿袁枢的纪事本末例为之作"革命"、"党锢"、"海交"、"光复"等十记。这样看来，章太炎《通史》体例的构想，恰恰是凸现了国粹派对史学两大社会功能的体认：明进化之理，增爱国之情。

国粹派关于新史书体例的构想，并不一致。章太炎的上述见解固成一家之言，但许之衡却不以为然。他说："愚谓表、志、列传、纪事本末，无一不当别为书，沟而合之，则必无良史。而断代一例，尤为史家之大惑。断代者，徒为君主易姓之符号，是朝史而非国史也。谓为二十四朝之家谱，又岂过欤？故今后之作史，必不当断代，而不嫌断代，如上古、中古、近古之类，借以考民族变迁之迹焉"。许之衡认为，司马迁固不断代，但迄今仍承其例必大不便。《史记》记五帝至汉武事，卷帙已多，更何况数千年后的今天？章太炎拟著《中国通史》，体例无非仿史公，虽改列传为"别录"，"所搜颇挂一漏万。书固未成，体例亦殊未精也"④。

应当说，许之衡批评章太炎"挂一漏万"，实出误解，因为他明明说："《通史》之作，所以审端径隧，决导神思。其他人事浩穰，乐胥好博之士，所欲知者何既，旧史具体，自不厌其浏览"⑤。其本意不在求博，而在以"新思想"为旧史决导新路。所谓"所搜颇挂一漏万"，实际正反映了他力求简括的特色。同时，认断代必成君主易姓的符号，也失之偏颇。不过，许之衡认为章太炎拟定的体例仍未脱司马迁纪传的窠臼，而它已不能适应于

① 章太炎：《致梁启超书》，见汤志钧编：《章太炎政论选集》上册，167～168 页。
② 章太炎：《中国通史略例》，《哀清史》附录，《訄书》重订本，见《章太炎全集》（三），330 页。
③ 章太炎：《致梁启超书》，见汤志钧编：《章太炎政论选集》上册，167～168 页。
④ 许之衡：《读国粹学报感言》，载《国粹学报》，第 1 年，第 6 期。
⑤ 章太炎：《中国通史略例》，《哀清史》附录，《訄书》重订本，见《章太炎全集》（三），331～332 页。

今天的需要，却不无道理。章太炎的体例架构，虽在思想指导上已与旧史不可同日而语，但在形式结构上，毕竟因袭多于创获。同时，许之衡相信，"表志、列传、纪事本末，无一不当别为书，沟而合之，则必无良史"，也许有失绝对化；但他强调必须采用上古、中古、近古之类更能彰显社会历史进化动态的西式断代法，却又涉及应如何对待中西不同的史书体例问题。

章太炎认为，西方作史，多分时代；中国则以书志为类，分析事类，不以时代划期。二者各有长短，为"知古今进化之轨"，可以"互为经纬"。不过，他又强调，分时代的方法，只适于学校教科书，专门研究则只能用中国书志的体例："故分时者适于学校教科；至乃研精条列，各为科目，使一事之文野，一物之进退，皆可以比较得之，此分类者为成学讨论作也"①。这如同志方舆，若主郡国，自然只以山水附见，其起讫不必致详；若主山川，记一山必尽其脉带，述一水必穷其出入，是不能以郡国封限的。强调专门研究重在历史沿革，不能以时代强行阻隔，这是对的。但是，章太炎未能将分时代与分析事类可"互为经纬"的见解贯穿到底，他强调分时代只适于教科书，不适于专门研究；分析事类只适于专门研究，且不能分期；又不免失之绝对化。事实上，学校教科书未尝不需要分析事类，而专题研究也未尝不需要分时代；二者虽有偏重，但于两种分法，实难截然分开。对此，刘师培的见解较为客观。他说："西国史书多区分时代，而所作文明史复多分析事类。盖区分时代，近于中史编年体，而分析事类，则近于中国三通体也"。这是肯定了分时与分类原是中西史学都使用的普遍的方法，只是其具体表现形式有不同而已。他认为，中国通史教科书固然当以时代区先后，但涉及制度文物又不能不用分类，只是于分类之中未尝不可"隐寓分时之意，庶观者易于瞭然"②。刘师培强调分时与分类的结合，是把章太炎提出的中西方法可以"互为经纬"的思想，真正贯彻

---

① 章太炎：《中国通史略例》，《哀清史》附录，《訄书》重订本，见《章太炎全集》（三），329 页。

② 刘师培：《中国历史教科书·凡例》，见《刘申叔先生遗书》，第 69 册，宁武南氏铅印本，1936。

到底了。所以，在国粹派中关于史书体例的见解并不一致，章太炎、黄节等人重传统的纪传体，不用西式分期及西书体例；而刘师培、许之衡等人则相反。刘师培的《中国历史大略》①分中国历史为四期：第一期，上古时代，三皇五帝至周；第二期，中古时代，秦至唐；第三期，近古时代，梁至明；第四期，近世时代，清。我们在下面即将谈到，刘师培的《中国历史教科书》将分时与分类相结合，更是完全采纳了西方近代史书的体例。

此外，还应当提到历史纪年问题。梁启超在《中国史叙论》中说："纪年者，历史之符号，而于记录考证所最不可缺之具也。"中国传统的帝王生卒纪年，是"最野蛮"也是"最不便"的方法。"当采用何者以代之，是今日著中国史一紧要之问题"②。其时，人们于此莫衷一是。康有为、梁启超主孔子纪年。高凤谦首倡耶稣纪年。在国粹派中，章太炎主西周共和纪年，刘师培则最早主黄帝纪年，影响也最大。1903 年他在《攘书·胡史篇》中首倡"宜仿西国纪年之例，以黄帝降生为纪年"③。接着又在《黄帝魂》上撰《黄帝纪年说》，以申其论。其后，革命派首领宋教仁力倡此说，《民报》等革命刊物应之，遂成风气。章士钊说："顾此说露布（指刘著《黄帝纪年说》——引者），不啻为舆论矗立一指明方向之界牌，使天下之士分途奔集而无歧误"④。钱玄同也说："故黄帝纪年者，实建国以前民党正式应用之纪年，为民国开国史上之重要文献也"⑤。梁启超等立宪派主孔子纪年，刘师培等革命派主黄帝纪年，各有其政治上的动因，自不必说；二者均非科学的纪年方法，也是显而易见的。但是，它们在当时的提出具有反封建的意义，却是共同的。梁启超的见解已如上述，刘师培在说明黄帝纪年的意义时则指出："中国政体达于专制极点，皆由于以天下为君主私有也。今纪年用黄帝则君主年号徒属空文，当王者贵之说将不击而自破矣"⑥。所

---

① 刘师培：《中国历史大略》，载《中国白话报》，第 19 期。
② 梁启超：《中国史叙论》，见《饮冰室合集》，第 6 册。
③ 刘师培：《攘书·胡史篇》，见《刘申叔先生遗书》，第 18 册。
④ 章士钊：《疏〈黄帝魂〉》，见《辛亥革命回忆录》（一），219 页。
⑤ 钱玄同关于《黄帝纪年说》按语，《左盦外集》卷 14，见《刘申叔先生遗书》，第 54 册。
⑥ 刘师培：《黄帝纪年说》，见《黄帝魂》。

以，主张黄帝纪年，也应当视为国粹派新史学思想的一个组成部分，予以重视。

（四）修新方志

中国的方志源远流长，至清代，尤其是经章学诚方志学理论的推动，更有大的发展。但进入近代以后，方志不可避免地与整个封建旧史学一样走向衰微。因此，国粹派在探讨新史学的建设时，并未忘记将方志的改造，收入自己的视野之内。不过，这方面的努力主要当归功刘师培。他撰有《编辑乡土志序例》①等文，明确提出传统的方志已不能适应时代的需要，当另编乡土志的主张。刘师培对编写新方志的指导思想、体例及具体的方法，都提出了自己的见解，与传统方志学理论明显地划开了界限，这表现为：

首先，修志的指导思想不同。旧方志的指导思想与封建正史一样，职在彰扬封建的纲常名教。其"外纪"录"皇恩庆典"，"年谱"纪"官师诠除"，"考"著"典籍法制"，"传"列地方"名官"。此外，还有"忠义"、"烈女"之目，都说明了这一点。但是，刘师培强调，方志作为民史的一部分，当能助益国人"识社会之进化"。他在论及"风俗志"的重要时说："今编此志，宜蒐集人世之现象，推记古今之变迁，以验人群进化之迹。盖人类举止悉在因果律之范围，惟即果以制其因，使民之囿于习俗者，各明其所以致此之由，并证明迁化之无穷，若囿于习染，斯为不知通变，则中国之弊俗，庶可因此而渐革"。② 这即是说，编撰方志的目的，在于引导人们通古今之变，增进变革进取的意识。其与旧方志的尊君重道，自然不可同日而语；其次，对方志的功能认识不同。我国方志虽起源甚早，但人们对其性质与功能长期不甚了然，往往属之于地理。如著名学者戴震有"夫志以考地理，但悉心于地理沿革，则志事已竟"之说③。《四库全书总目》则将之列于史部

---

① 刘师培：《编辑乡土志序例》，载《国粹学报》，第 2 年，第 9～12 期。

② 刘师培：《编辑乡土志序例》，载《国粹学报》，第 2 年，第 9～12 期。

③ 章学诚：《记与戴东原论修志》，见《章氏遗书》卷 14，吴兴刘氏嘉业堂刊，1922。

158
北京师范大学史学探索丛书

地理类。迄章学诚才明确"志为史体",其功用在"可为一朝之史所取裁"①。刘师培则强调,方志不仅可"备国史之采",而且更重要的是,它作为乡土教材,可以"供本邑教民之用",具有多方面的社会功能。概括起来讲,一是可用以激发人们的爱土爱国之心。二是可资为发展地方政治、经济、文教事业的参考:"舆地志"有助于地学;"大事志"有助于史学;"人物志"有助于淑身与伦理教育;"文学志"有助于国文教学;"政典志"有助于地方政治;"风俗志"有助于群治与社会学;"方言志"为国语学之别途;"物产志"有助于博物学与推进实业的发展,"使童而习之,则普通科学可以得所入门";复次,修志的体例与方法的不同。章学诚对方志体例有所创新,为与纪传体的国史衔接,设计了外纪、年谱、考、传、掌故、交征、丛谈的架构。各地方志有所变通,但隐然纪传体的主体结构是共同的。刘师培设计的体例却要简洁得多:舆地志、政典志、大事志、人物志、方言志、文学志、物产志(金石志附)、风俗志。这里显然打破了传统的纪传体,纯以典志结构;作为乡土教材,实突出了科学与实用的特色。旧方志没有形成明确的撰写方法,刘师培不仅对此考虑甚详,且主张引进近代科学实验的观念和手段。例如,关于物产志的撰写,他就提出了具体的方法:于各地划分区域,分派调查员详查本区物产,所得不仅列表登记,且当建立标本室,绘图并制作实物标本,最终汇为一书。为保证严格的科学性,在此过程中,尚须做以下的工作:一曰"因今而考古",即以古书对照考订;二曰"举名而证形",即借科学实验的方法,证某物的类别与属性;三曰"辨物以明用",即查明各物用途,"以裨实业家之研究,庶各省之实业均可渐次振兴,非仅有裨之学术,亦有裨于民生"②。

此外,为保存方志的材料,章学诚曾提出各州县设立志科的建议。这在当时虽不可能实现,但显然具有创意。刘师培的视野更形开阔,他同时

① 章学诚:《为张吉甫司马撰大名县志序》,见《章氏遗书》卷14,吴兴刘氏嘉业堂刊,1922。
② 章学诚:《编辑乡土志序例》,见《章氏遗书》卷14。

发表了《劝各省州县编辑书籍志启并凡例》①、《论中国宜建藏书楼》②，主张为保存旧籍，各州县先编《书籍志》，特辑一书，不与方志相附。同时，渐次推广，成一省《书籍志》；再在此基础上，异日各邑遍设图书馆。如此，编纂国史、方志、学案、诗文，皆可省搜求之劳。显然，刘师培是进一步从宏观上将方志建设与整个地方与国家的文化建设衔接起来了。这甚至在今天也不失积极的意义。

毫无疑问，刘师培在方志学上的许多见解超越了古人，是时代条件使然。但它在 20 世纪初年毕竟是独树一帜，因而从一个重要的方面，同样彰显了国粹派探讨新史学建设的广度与深度。

(五)关于建立中国史学新体系的初步构想

国粹派不仅探讨了新史学的理论、内容、体例以及新编方志诸问题，而且提出了效法西方，建立近代化的中国史学体系的初步构想。他们深感到中国传统史学表面称盛，实则其研究的领域过于褊狭。自《六经》以下有《史记》，藉八书十表综合大政，虽不失宏博，但将数千年的历史尽括于百多篇之内，失之过简。史迁虽圣，挂一漏万，已属难免。《史记》而后，每况愈下，迄隋代，"中国并欲求一极残剥之政治史、宗教史、学术史、教育史，而不可得"。其后虽有《三通》、《宋元学案》、《明儒学案》崛起一时，稍稍张大其军，但旧史学终无法改变自己偏枯衰微的命运。马叙伦认为，造成中国旧史学偏枯衰微的原因有二：一是过分尊史，使之神秘化了："若夫中国殆尚震慴于史名之尊，一若史者有不可及之阶级，非大通者不能作，于乎此中国史之所以哀也"；二是于"史"的概念，理解过于狭隘。为此，马叙伦提出了"析史"之名，实现"史学大同"的主张。他认为，史乃群籍的总称，可析史之名于万殊，以求史界的开拓，不必斤斤于政治、教育、宗教、学术四部分的划分，而作茧自缚。应当承认，史学并不神秘，凡历史上的事物能引起今人的研究兴趣，且能成一家之言者，莫不可谓之"史"。"若是推史，则何必二十四史而为史？何必三通、六通、九通而为

---

① 刘师培：《劝各省州县编辑书籍志启并凡例》，载《国粹学报》，第 2 年，第 6 期。

② 刘师培：《论中国宜建藏书楼》，载《国粹学报》，第 2 年，第 7 期。

史？更何必六经而为史宗？凡四库之所有、四库之未藏、通人著述、野叟感言，上如老庄墨翟之书，迄于水浒诸传奇，而皆得名之为史。于其间而万其名，则饮者饮史，食者食史，文者文史，学者学史，立一说成一理者，莫非史。若是观史，中国之史亦夥矣，而史界始大同"。马叙伦的所谓"析史而万其名"，实现"史学大同"，说到底，就是要求打破中国传统的史学观念和偏枯僵硬的体系，使史学研究从内容到形式都趋向多样化，从而大大扩充其堂庑，建立起近代化的中国史学新体系。所以他提醒人们注意近代西方史学的发展过程："有政治史，而复析为法律史、理财史；有学术史，而复析为哲学史、科学史；美词有史，修文有史，盖骎骎乎能析史而万其名矣，此欧美之所以为欧美欤？"①

马叙伦上述"史学大同"的见解，发表于 1903 年，而在 1907 年国学保存会公布的《拟国粹学堂学科预算表》②（见本书附录）中，它已被具体化为相当完备的学科建设计划。在表中，国粹派开列了经学、文字学、伦理学、宗教学、社会学、史学、考古学、哲学、地舆学等 21 个学科。史学虽然仅列为其中的一个学科，但其他学科除"译学"一门外，实际上均可归入广义的史学。例如，社会学下分：古代社会状态、中古社会状态、近代社会状态；哲学下分：古代哲学、佛教哲学、宋明哲学、近儒哲学，即可见其一斑。就其学科下所设计的具体课程而言，总数竟达百门之多。其中，史学一门下分：年代学、古事年表、历代兴亡史、外患史、政体史、外交史、内乱史、史学研究法九种。典制学一门下分：历代行政之机关、官制、法制、典礼、兵制、田制、制度杂考七种，如此等等。值得注意的是，在这里马叙伦的原有见解实际上被修正了：一方面"史学大同"的提法，为明确的"学科"划分的概念所代替，原被看成无所不包的史学，又被认定只是众多学科中的一门；另一方面，这又不妨碍他们看到作为专门学科的史学，有着自己不断扩大的独立的体系。此种广义与狭义史学概念的统一，反映了国粹派近代意义的学术观念和史学学科观念，已渐趋成熟。

---

① 马叙伦：《史学大同说》，载《政艺通报》，1903 年，第 16 号。

② 见《拟设国粹学堂启》，载《国粹学报》，第 3 年，第 1 期。

20 世纪初年，中国资产阶级新史学的崛起，不仅表现在传统史学的内容及其形式即史书体例得到了更新；而且还表现在旧有的治史方法，也获致了丰富和发展。国粹派探讨新史学，于这方面也十分重视。在他们拟设的国粹学堂的课程中，就列有"历史研究法"一门。其拟讲授的具体内容虽不得而知，但从他们的论述看，主张中西兼采的思路还是明确的。

国粹派强调接受进化论的历史观的指导，同时，对于西方社会科学所拥有的研究社会历史的某些新方法，也十分看重。他们积极肯定西方的考古学，就是一例。西方考古学的信息，虽然早在 1873 年就由江南造船厂翻译出版的《地学浅释》一书传到了中国；但对考古学作具体的介绍及其作为一门史学辅助学科的明确概念的提出，却要晚到 20 世纪初年。1902 年汪荣宝在《译书汇编》第 9 期上发表《史学概论》，指出，考古学"与史学有肺腑之戚，而相与维系，相与会通"。是文被公认是近代较比系统介绍西方资产阶级史学研究法和考古学知识的第一篇译作[1]。国粹派重视并高度评价考古学的价值。黄节说："皇古异闻，多详神话，近世西方科学发明，种界实迹往往发见于洪积石层者，足补旧史所不逮"[2]。刘师培不仅反应更显热烈，而且其独到之处还在于对"考古"概念的理解较为开阔，不局限于"洪积石层"的器物一途。他认为，考迹皇古，"厥有三端"：一曰"书籍"，五帝以前无文字记载，但"世本诸编去古未远"，此外《列子》、《左传》、《国语》、《淮南子》等书，其"片语单词，皆足证古物之事迹"；二曰"文字"。中国文字始于久远，"文字之繁简，足窥治化之浅深"；三曰"器物"。木刀石斧，今虽失传，但刀币鼎钟，于考古都"珍如拱璧"。这种理解应当说是正确的。但其时在西方正获迅速发展而于中国阙如的是野外考古。刘师培遗憾的正是这一点。他相信，有朝一日中国要能建立起自己独立的考古专业，再与社会学互相发明，揭破皇古史迹的神秘，不是不可能的。"惜中国不知掘地之学，使仿西人之法行之，必能得古初之遗物。况近代以来，社会之学大明，察来彰往，皆有定例之可循，则考迹皇古，岂迂诞

---

① 见俞旦初《20 世纪初年西方近代考古学思想在中国的介绍和影响》，载《考古文物》，1983 年，第 4 期。

② 黄节：《黄史·总叙》，载《国粹学报》，第 1 年，第 1 期。

之辞能拟哉"①！章太炎在很长时间里也是一直肯定西方考古学的②，但后来却倒退了，以为掘地考古不足信。这自然是令人遗憾的。

由于其时的中国并不具备建立考古学科的客观条件，因而国粹派对于野外考古也仅是心向往之，而不可能将之作为治史的辅助手段，加以实际利用。从实际上看，国粹派对史学新方法的探索，主要表现为：

1. 运用"地理环境决定"论解说中国历史现象。

如前所述，西方传入的远非科学的"地理环境决定"论，20世纪初年曾风行一时。国粹派同样热衷于以此去解说中国历史现象。章太炎相信，地理环境的不同，决定了各处人们的语言、情感、风俗与政教的差异："寒水之地言齐箑，暑湿之地言舒绰，瀛陬之地言恢诡，感也。故正名隆礼兴于赵，并耕自楚，九州五胜怪迁之变在齐稷下。地齐然也"③。他还以此去说明戴震皖派朴学与桐城派的对立：太湖之滨，其民佚丽，喜为文辞，故江淮间以文章见称的方苞、姚范诸人，"皆产桐城"。戴震起休宁，其地于江南为高原，其民勤苦耐劳，故其求学多深邃，皖派朴学起于斯。"夫经说尚朴质，而文辞贵优衍；其分涂自然也"④。桐城、休宁，一为平原，一为高原，地理环境的不同，决定了前者之士乐文采，后者之士乐经术。二者的交恶、对立是不可避免的。

在国粹派中，刘师培对中国古代学术源流的辨镜用力最多，而其赖以申论的一个重要的理论根据，也恰恰是"地理环境决定"论。他说，据西人那特轻的《政治学》诸书可知，山国之地，土多垲瘠，交通阻隔，其民"崇尚实际，修身力行，有坚忍不拔之风"；泽国膏腴便捷，其民"崇尚虚无，活泼进取，有遗世特立之风"，学术也因之互异。所以，毫不奇怪，东周以降，中国学术不仅日分南北，且以山地、泽国之别，各异其趋：齐国背山临海，与罗马国同，故有管子、田骈之学，"以法家之实行，而参以道家

---

① 刘师培：《古政原始论·总叙》，载《国粹学报》，第1年，第4期。

② 章太炎：《中国通史略例》，见《哀清史》附录，《訄书》重订本，《章太炎全集》（三），331页。

③ 章太炎：《原学》，《訄书》重订本，见《章太炎全集》（三），133页。

④ 章太炎：《清儒》，《訄书》重订本，见《章太炎全集》（三），157～158页。

之虚无"，若邹衍谈海，则又活泼进取之证；西秦三晋之地，山岳环列，民风强悍，故申、韩、商君"法家者流，起源于此"；鲁承周公之典，习于缛礼繁文，"儒家亲亲尊尊之说，得而中之"。宋承殷人事鬼之俗，墨子尊天明鬼之说，得行其间，"盖山国之民修身力行，则近于儒，坚忍不拔则近于墨，此北方之学，所由发源于山国之地也"；楚北临汉江，南极潇湘，地为泽国，故老子之学起于其间。"从其说者，大抵遗弃尘世，渺视宇宙，以自然为交，以谦逊为宗。如接舆沮溺之避世，许行之并耕，宋玉、屈平之厌世，溯其起源，悉为老冉之支派。此南方之学所由发源于泽国之地也"①。刘师培认为，是为诸子学因地理而异，实则经学、理学、考据学、文学、艺术等，无不皆然。所以他又撰有《南北经学不同论》、《南北理学不同论》、《南北考证学不同论》、《南北文学不同论》、《论美术援地而区》等文，以申其说。

国粹派用非科学的"地理环境决定"论去解释中国历史现象，当然不可能得出科学的结论来。清中叶，桐城派与以戴震为首的汉学家的交恶，有着政治、学术思想多方面的原因。章太炎将之归结为桐城、休宁两地不同的地理环境使然，显然失之牵强；刘师培更推而广之，把历史上各种各类的学术流派，一概按地理区分南北派，其武断也更明显。但是，需要指出的是，他们注意到了地理环境对社会风俗、学术分布的影响，却又有自身一定的合理性。事实上，无论是章太炎还是刘师培，主观上也都没有将地理条件绝对化。章太炎在《原学》中指出："地齐限于不通之世"，随着交通日开，地理的作用日微，今日应更注意社会的因素："而今之为术者，多观省社会，因其政俗，而明一指"②。刘师培也指出，随着学者间的交流增加，南北学派之差异，也并非是一成不变的。

2. 初步尝试对中外历史现象作比较研究

国粹派认为人类历史文化的发展具有共性，比较中外历史文化现象的异同，有助于对中国自身历史文化现象的理解。正是在这个意义上，黄节

---

① 刘师培：《南北诸子学不同论》，载《国粹学报》，第 1 年，第 2 期。

② 章太炎：《訄书》重订本，见《章太炎全集》（三），133～134 页。

认为巴比伦的古碑"虽谓之吾国古史无过焉"①。章太炎强调，希腊诸国历史当视与中国历史息息相通："草昧初启，东西同状，文化既进，黄白殊形，必将比较同异，然后优劣自明，原委始见，是虽希腊、罗马、印度、西膜诸史，不得谓无与域中矣"②。事实上，国粹派已经开始尝试运用这一比较研究的方法。例如，刘师培认为，洪荒时代，民智初萌，其察事物，知具体不知抽象，言词简单，与后世不同。为了证明这一点，他举出中外事例：达马拉人举数以左手撮右手指，其数至五而止；而考中国文字，"五"字以下咸有古文，"六"字以上咸无古文，可见古人同样以五为止数③。此外，社会学曰，"文明幼童与野蛮近，欲言金色，则言金鱼，欲言黑色，则言薪炭"。中国古籍五色之字，皆有代名，曰铁、曰墨，皆黑字之代名；曰金、曰华，皆黄字之代名。此外，李白诗曰："小时不识月，呼作白玉盘"。此皆"不能舍物言象之征"④。刘师培还将中、西、日三处的发音加以比较，说明古代语言源于自然之音。他说，自然之音即人口舌相调自成之音，称天籁。"我"字之声最易出，古人即以"我"音为己身之称，因造我字。今日本字母首列"ㄇ"字，即"我"字之变音。"你"字之音，亦多出于喉舌间，故古人即以此音为他人之称，因造"你"字。日本字母次列"イ"字，即"你"字之变音。而中国人称"爹"、"妈"，与西人发音亦相同。"可知自然之音，循乎天籁，非地与时所克限矣"⑤。章太炎同样尝试作此种比较研究。例如，他论证上古以多占牛羊为贵时指出：上古亚衣伦图，有亚柏勒罕典法。其言部酋之富，非据土地，而视牛羊繁殖。凡外部人逃奔入境，即由牝牛贵人登高陵而集合之，编其牧竖为一队，介以征伐，掠夺他部畜产。上古希腊、加尔特亚、罗马、沙逊、佛朗哥、斯拉夫人，无不如此。加尔特亚洪水前第一皇，且以牝牛兽带为统治符号。所以，"上世畜牧善

---

① 黄节：《黄史·总叙》，载《国粹学报》，第1年，第1期。

② 章太炎：《中国通史略例》，见《章太炎全集》（三），331页。

③ 刘师培：《论小学与社会学之关系》，《左盫外集》卷6，见《刘申叔先生遗书》，第46册。

④ 刘师培：《周末学术史序·文学史序》，载《国粹学报》，第1年，第4期。

⑤ 刘师培：《小学发微补》，见《刘申叔先生遗书》，第11册。

豢者疆。《易》曰：'离，丽也'。'重明以丽乎正，乃化成天下'。其卦言：'畜牝牛，吉'。此谓牝牛贵人集合逋逃以编军队者。唐、虞州伯称牧，牧亦视牛。及夫赁藉贡纳，悉自贵人定之，则井田食邑自此始矣"①。他还指出，上古崇鬼神，巫师执政是时代条件使然，中外所同："生民之初，必方士为政。是故黄帝相蚩尤，而禹益以废县治山。日本之天孙，印度之仙人，西方犹太之礼金牛，此五洲上世之所同也"②。当然，因时代条件的局限，国粹派的比较研究还只是停留在简单类比的层面上，难免牵强附会，但它毕竟开阔了视野，提示了一种为旧史家所未曾有的新的治史思路。

3. 将传统的小学与西方社会学相结合

国粹派主张借鉴西学，但究其治史的主要方法，实仍以传统的朴学为根基。乾嘉朴学强调信而有征，严谨细密的考据是其根本的方法与特色。国粹派虽然批评其末流饾饤破碎，但于乾嘉先贤"一言一得，必求其徵"严谨的治学态度，却称颂不已，以为"其术近工眇踔善"③，"缜密严栗，略与皙种之科学相同"④。特别是章太炎、刘师培等人，多是训练有素的朴学大师，他们将朴学的方法用于治史，愈显功力。前者考证"神权时代天子居山说"⑤，后者考证"周、召共和"与西方共和政治无涉说⑥，皆考辨精审，为其时有名的撰述。

不过，国粹派毕竟较乾嘉先贤站得更高，因此他们不是简单沿用传统的朴学方法，而是借助以进化论为核心的西方社会学理论的指导，使这一原含科学精神的治学方法，在自己的手中踵事增华，平添了新的活力，从而也进一步体现了中西的兼采与融合。这一点集中表现在国粹派将乾嘉先贤作为治经津梁的小学，与西方的社会学衔接起来，指出了二者间存在着重要的互补性。

---

① 章太炎：《序种姓上》，见《章太炎全集》(三)，174 页。
② 章太炎：《鞣虫》，见《章太炎全集》(三)，33 页。
③ 章太炎：《清儒》，见《章太炎全集》(三)，155 页。
④ 《崔述传》，载《国粹学报》，第 3 年，第 9 期。
⑤ 章太炎：《官制索隐》，见《章太炎全集》(四)。
⑥ 刘师培：《共和解》，《左盦外集》卷 7，见《刘申叔先生遗书》，第 47 册。

国粹派把这一点视为重要的发现。1902 年，章太炎为撰《中国通史》，重读乾嘉先贤著作，蓦然间，豁然开朗：小学非仅为经学的附庸，同样可为通史明进化的津梁。他在致友人的信中兴奋地写道："近方草创学术志，觉定宇、东原，真我师表，彼所得亦不出天然材料，而支那文明进化之迹，借以发见。……试作通史……然后知……小学一端，其用亦不专在六书七音"①。西方社会学藉语根探迹皇古，创获极多，是因上古史迹留于传记者甚少，"惟文字语音间留其痕迹，此与地中僵石为无形之二种大史"②。后来在东京留学生欢迎会上，他又一次郑重宣布："更有一事是从来小学家所未说的"，这就是"因造字的先后就可以推见建置事物的先后"。如《说文》中的"兄弟"二字，皆为转注，而非本义，可知古人造字的时代，还没有兄弟的名字。又如"君"字，古人只作"尹"字，与"父"字然，都是从"手"执杖，可知古人造字的时代，是家族政体，父权君权并无差别，如此等等。"发明这种学问，也是社会学的一部。若不是略知小学，史书所记，断断不能尽的"③。感乎此，章太炎愈益坚信，非通晓经术与小学，不足为良史。

与章太炎相较，刘师培更强调小学与社会学间的互补性。他认为，"西人社会之学，可以考中国造字之原"④，即借助于社会学原理，可以理解中土文字的缘起。但是，迄今西方社会学远未成熟，穿凿之迹，附会之说，虽其著作大家，也在所难免。是学的昌明，不能不藉中土文字以为折衷。这是因为，"文字繁简，足窥治化之浅深，而中土之文，以形为纲，察其偏旁，而往古民群之状况，昭然毕呈，故治小学者必与社会学相证明"。他还指出，考察中土文字，须掌握三大原则：一察文字所从之形；二察文字得训之始；三察一字数义，求其引申之故。三者既明，用证社会

---

① 章太炎：《致吴君遂书》，见《章太炎政论选集》上册，172 页。
② 章太炎：《致吴君遂书》，见《章太炎政论选集》上册，172 页。
③ 章太炎：《东京留学生欢迎会演说辞》，见《章太炎政论选集》上册，277 页。
④ 刘师培：《论小学与社会学之关系》，《左盦外集》卷 6，见《刘申叔先生遗书》第46 册。

学，"则言皆有物，迥异蹈虚"①。刘师培著有《小学发微补》、《论小学与社会学之关系》、《论中土文字有益世界》等文，是其时探讨小学与社会学关系最具代表性的著作。例如，他对"酒"、"尊"、"酋"、"巫"、"医"内在联系的独到解说，就很受时人的重视。他认为，在上古，人们十分尊敬酒的发明者。"尊"为酒器，古代奉以祭神，引申为尊卑之号。而酉长之"酋"，即为酒官的借假。上古巫官兼医职，"医"(醫)字从"酉"，即系酒字省形。时以巫为酋，即以巫为医，"酋也者，巫之作酒者也。医也者，巫之以酒疗人疾者也"。据此不仅足见上古"中国之医学，多与宗教相参"，而且可见其时的政治、学术无一不始于崇信鬼神的宗教②。这些见解，显然使人们对上古社会的认识变得丰富了。章太炎对刘师培在这方面的探索，称赞不已。他在给后者的信中说："大著《小学发微》，以文字之繁简，见进化之第次，可谓妙达神指，研精覃思之作矣。下走三四年来，夙持此义，不谓今日复见君子，此亦郑、服传舍之遇也"。他肯定刘师培关于"尊"、"酋"皆以酒器、酒名引申为贵者之号的见解，同时又加以补充："《易》称不丧匕鬯，《史》有三为祭酒，此皆古人重酒之徵。旁徵印度，则婆罗门以苏摩为天王；近徵日本，则秦王弓月，因造酒而被崇敬；至少康为庖正，得以光复旧物者，亦以酿酒悦众之故(杜康即少康)，此皆往事可验者矣"。此外，他复肯定刘师培"引君训群之说"以及"古人举数止于五"等见解，均"陈义奥博，不能复赞一词"③。

国粹派重视探讨新史学的内涵、体例和研究方法，但他们最终却是将问题归结为新史家必须具备新的素质。如前所述，章太炎、刘师培、黄节等人都认为，治史不能仅限于中国史籍，当掌握西方的社会学、心理学、政治学、宗教学等"见所未见、闻所未闻"的新知；他们强调的是史家知识结构的更新。但马叙伦的主张更富有创意，他提出新史家当具"特别之精

---

① 刘师培：《论中土文字有益于世界》，《周末学术史序·文学史序》，载《国粹学报》，第1年，第4期。

② 刘师培：《论小学与社会学之关系》、《古代医学与宗教相杂》，载《国粹学报》，第4年，第1期。

③ 章太炎：《与刘光汉书》，见《章太炎全集》(四)，147~148页。

神"："抑我谓史氏无特别之精神，亦必不能具千古特别之史体"。他将"特别精神"具体化为"四心"："公心"、"理心"、"质心"、"曲心"。所谓"公心"，就是"以史体之精神，吸收政体"，或叫"明政权之本"。即史为民有，史家当自觉助益民权政治，"以保国伸民为宗旨"；所谓"理心"，就是懂得社会学理论，"推世界之进化，达事理之本原"；所谓"质心"，就是"推世界之动静进退，制为教育"。即自觉发挥史学功能，使之真正成为推动社会文明发展的利器，所以他说："史有理心，而无质心，此未有作用之史，不足兴也"。所谓"曲心"，就是"隐其面目，以达其目的"①。马叙伦的"四心"，除"曲心"有失褊狭之外，显然是更集中和更鲜明地体现了资产阶级利益与要求。所以，从表面上看，国粹派强调新史家的新素质，似乎并未超出章学诚主张的"德、才、学、识"的范围；但从实质上看，它却完全体现了建立资产阶级新史学以"明政权之本"，即服务于民主共和的根本宗旨。

国粹派对新史学的建设，身体力行。《国粹学报》上发表的大量古史研究的文章，无疑都是他们努力的成果。此外，较具规模的通史或专史性的著作，主要有：刘师培的《中国历史教科书》（三册）、《中国民族志》、《经学教科书》（二册）；黄节的《黄史》；马叙伦的《古政述微》等。其中，又以刘师培的《中国历史教科书》为最重要。《国粹学报》第 4 年第 1 期刊有其第一册"广告"说："是册述古代之历史，由开辟以至夏殷，举古代之种族、地理、风俗、政体、典章制度、学术、技艺言之甚详。……其所注意之点，则一在历代政体之异同；一在种族竞争之始末；一在制度改革之大纲；一在社会进化之阶级；一在学术进退之大势；不专重君朝而兼重民事，不专详事迹，而兼详典制，诚中国历史教科书未有之佳本也"。是书不仅以西方社会学理论为指导，突出探索了古代社会民族、政治、经济、学术文化的进化过程，在内容上是全新的；而且在表现形式上，也完全采用了西方近代史书的体例。从已完成的三册看，全书共分 72 课，以"上古时代"（开辟至夏）、"古代"（商至周）分期。每课所述，尽属专题，如"夏代

---

① 马叙伦：《史学总论》，载《新世界学报》，1902 年，第 1 期。

之兴亡"、"商代之兴亡"、"古代之宗教"、"古代之学术"、"古代之官制"、"古代之工艺"、"古代衣服之述略",等等。刘师培显然是将分时与分类两种著史方法很好地结合起来了。所以,"广告"称该书是"未有之佳本",固不免夸大之嫌,但它毕竟是值得重视的:是书从形式到内容都令人耳目一新,结构严谨,气魄宏大,不仅可以看做是国粹派致力于新史学的代表性著作;而且也可以看做是20世纪初年,中国近代资产阶级史学先驱者著作中的一部独具特色的中国上古史专著。此外,国学保存会还拟编辑全国各省《乡土历史教科书》,至1907年已编辑出版了江宁、江苏、安徽、直隶、湖北各省的第一册,及广东、江西两省的第一、第二册,且都附有相应的参考书。其出版广告说:"敝会窃以小学一级为培养国民之基础,泰西各国教育咸注重乡土史志一门,就其见闻中最亲切有味者以为教授,则其记忆力与感觉力皆易粘触,所以感其爱乡之心,由是而知爱国也"①。这些初级的历史教科书,自然也是新史学的著作。所以我们说,正是在理论与实践的结合上,国粹派构成了20世纪初年资产阶级史学革命不容忽视的一个方面军。

三、系统探讨中国古代学术史

从总体上看,国粹派努力推进新史学建设,于两方面用力最多:

(一)大力倡导进化论的历史观

虽然自19世纪末严复翻译了《天演论》之后,生物进化的观点已在中国日渐传播;但是,将进化论引入历史领域,进一步促进国人摆脱传统循环论的影响和确立进化论的历史观,仍然是新史学极有意义的工作。国粹派对此作了很大的努力。在"国粹派的新学知识系统"一章,已经论述了国粹派怎样借助摩尔根等西方社会学者关于原始社会的理论,探讨了中国史前社会的发展。他们指出,中国原古祖先同样走过了由狩猎而游牧而农耕漫长的历史发展过程,并经由母系氏族、父系氏族,才最终迈进了文明的天

---

① 见《国粹学报》,第4年,第1期。

地。他们较比更早更系统地为时人揭示了历来充满神秘色彩而呈迷离混沌的中国原始社会演进的大致脉络，从而为人们进一步理解中国社会的发展进化，作了有益的思想铺垫。这里，我们要强调的是，国粹派远未止乎此，而是进一步倡导以进化论的历史观去看待整个人类历史尤其是中国社会历史的发展。

章太炎正确地将社会历史的发展理解为无穷的进化序列，所以他不赞成"世儒或意言三世，以明进化"。他认为，《公羊》的所谓"三统"指三代，"三世"指一代。"三统文质迭变，如连环也，三世自乱进平，如发镞也"。人们混"三统"于"三世"，固是大谬不然；但是，"三统"说不脱循环论，"三世"说按《公羊》本意，"则据乱世、升平、太平，于一代而已矣。礼俗革变，械器迁讹，诚弗能于一代尽之"，因此它也不足以说明社会进化的原理。在章太炎看来，倒是下面《淮南书》中的一段话，更适于说明历史进化的道理："周政至（至于道也），殷政善（善施教，未至于道也），夏政行（行尚麤也）。行政〔未必〕善，善〔政〕未必至也。至至之人，不慕乎行，不愓乎善"。人类社会历史总是由低级向高级，由野蛮向文明进化的，所以由夏而殷而周，愈向前发展必愈趋于进步："繇周而降愈'至'可知也"；反之，由夏以往，人类的童年总是较后世为幼稚："繇夏而往愈'行'，可知也"[1]。尽管殊方绝域，同一时期各处人类历史的发展有先、后、"行"、"至"的不同；但其总是处于不断进化的过程之中，这一历史的总的趋势，概莫能外。与章太炎、刘师培擅长作具体而微的研究不同，邓实更注重从对人类历史发展的全过程作宏观的把握中，去彰显进化论的历史观。因而其论说，往往更显鲜明。如前所述，他曾将人类历史已然的进化，分为四期：太古时代、群争时代、君权时代、民权时代，并指出20世纪还将进入第五期："世界主义"时代。而在《论社会主义》一文中，邓实对人类社会历史的五期发展作了更加明确的概括："凡人类进化之次第，由狩猎而游牧而耕稼而工商，惟入工商之期，而后有社会主义"。他强调，19世纪的文

---

① 章太炎：《尊史》，见《章太炎全集》（三），320页。

明重在"打破政权之不平等"，而 20 世纪的文明则重在"打破经济之不平等"①。邓实所谓"由狩猎而游牧而耕稼"，包括了人类由原始社会到封建社会的历史发展过程；而"工商"则为西方现有"经济之不平等"的社会。这样他就不仅指出了人类社会历史是进化的，而且指出了此种进化在不同的历史阶段上，表现为不同的社会形态，而向社会主义过渡又是先进的西方社会发展的必然趋势。这显然较上述章太炎借用的"行"、"善"、"至"的表述，更显具体和深刻。

邓实在总体把握人类社会历史进化的一般过程的基础上，提出对中国社会历史进化的见解，也颇具特色。他认为，中国社会自黄帝时代揭开了文明的序幕，秦汉以降囿于君主专制制度，其间进化虽有快慢之分，但迄今数千年未出"耕稼时代"，即较以民权为标志的西方"工商"时代，整整落后了一个历史时代。现在西方社会正面临着由第四期向第五期过渡，所以社会主义高唱入云；而中国面临的则是由第三期向第四期过渡，要在完成了由专制封闭的君权时代向民主开放的民权时代过渡之后，才有可能趋进第五期，走向人类共同的社会主义更新的时代。但是，无论如何，现今的中国历史正处在一个重大的转折关头，即由"君主专制一人独治"之时代，转为"万民共治"民主共和的时代；由"闭关自治大一统"的时代，转为"万国交通"的时代②。

当然，邓实既不可能懂得西方"工商"社会的实质，也不可能懂得科学社会主义为何物；其上述见解谈不上是对人类社会历史发展规律的科学表述。但他反复申论人类历史的进化轨迹，和中国社会将无可避免地要结束千年封闭的君主专制时代而走向民主共和，走向世界，就不仅是有力地彰显了进化论的历史观，同时即从历史发展的必然性上，论证了现实的共和革命的合理性。

(二)系统探讨中国古代学术史

中国古代学术发展，源远流长，但有关学术史的著作，寥若晨星。清

---

① 邓实：《论社会主义》，见《癸卯政艺丛书》，政学文编卷 1。
② 邓实：《论中国群治进退之大势》，载《政艺通报》，1903 年，第 11 号。

代黄宗羲的《明儒学案》、《宋元学案》，被公认是中国古代学术史开山之作，但其内容只限于宋、元、明三代。万斯同撰《儒林宗派》上起孔孟，下迄明代，似为学术通史；实则所记主要泥于儒家各派学术授受相承的源流与发展，也谈不上对古代学术史作系统的探讨。事实上，惟有近代资产阶级新史家才肩起了此项使命。1902年，梁启超发表《论中国学术思想变迁之大势》的长文，是其最初的代表作。不过，梁文重在宏观透视，尚非系统研究的著作。他自谓诸子学"原为本论最要之点"，但因缺乏研究，暂付阙如，正说明了这一点。而国粹派史学研究的重点，恰恰是放在了对中国古代学术史作系统的探讨上。只要翻检一下《国粹学报》，就不难发现这一点。同时，刘师培的《国学发微》、《周末学术史序》、《西汉学术发微论》、《南北学术不同论》；邓实的《国学微论》、《国学通论》、《国学今论》；章太炎的《诸子学略说》、《国故论衡》以及《訄书》中的许多文章，都是其时有影响的著作。

综观国粹派对中国古代学术史的研究，它具有以下三方面的特色：

1. 将儒学归入诸子学研究

自从汉武帝独尊儒术，罢黜百家之后，两千年中，诸子学陷于衰微。至清代，诸子学稍稍复苏，如汪中著《荀卿子通论》；孙星衍著《墨子序》；俞樾著《诸子评议》；孙诒让著《墨子闲诂》；王先谦著《韩非子集释》等，一时蔚为风气。但应当看到，随朴学兴盛而复苏的清代诸子学，说到底，仍不过是经学的附庸。这不仅是指它仅为朴学家们治经的副产品；而且是指从总体上看，它并未超出校勘学的范围。所以，尽管诸子学的复苏包含了清代思想蜕变的契机，但从根本上说，诸子学并未获得与儒学同等地位。近代资产阶级学术思想的核心内容，便是将科学与民主的观念引入学术领域，强调学术自由与求真是其最高的原则。由是形成的新的学术观念与封建时代浸淫着尊卑等级正统思想的旧学术观念，自然不可同日而语。国粹派正是从学术平等的观念出发，将儒学归入诸子学，从而使自己的研究别开生面。

他们认为，先秦诸子同出于周代的史官，不过各尊所闻，各异其趋而已。儒家为九流之一，与诸子并无尊卑之别。"学为天下之公器，只当明是非",不当别门户,分贵贱。但是,"秦汉以来,学者溺于成见,视儒教为甚重,而视九家为甚轻,此学者之第一大患也"①。因此,很自然,他们的研究着力于肯定久被抹杀的诸子学的价值。例如,对于墨家,孟子曾诋其"兼爱"说,斥为"无父"。但章太炎说,这无非是"末流之嚚言"。"墨家宗祀严父,以孝视天下,孰曰无父"②?他认为,"非命之说,为墨家所独胜"。其崇俭、非乐之说,不甚高明,墨家确有不逮孔、老之处,但"其道德则非孔、老所敢窥视也"③。刘师培则认为,墨家的优点有二:一是"学求实用,于名、数、质、力之学,咸略引其端"④;二是"兼爱"论,"以众生平等为归","以君权为有限","较之儒家其说进矣"⑤;对于老子的学说,刘师培以为,从总体上看,平等是其所长,而倡"无为"实其所短⑥。邓实的评价更高,他强调老子富有历史经验,总结其学说将大有益于现实的政治改革⑦。对于法家,章太炎称赞它相当于西方的政治家,"不厌酷于刑,而厌歧于律"⑧。刘师培也以为管、申、商、韩诸人"以法治国",深得"政治之本",虽不避严刑峻法,但"举君臣上下同受制于法律之中",并非"偏于专制"⑨。这里国粹派的见解,不仅于墨、老、法诸家有所偏爱,而且将平等、民权、法治、政治家一类近代观念加诸其身,明显又失之牵强附会。他们有意拂逆传统,提升诸子而贬抑儒学的倾向,是显而易见的。

一般说来,重新肯定诸子学的价值,时人多能接受;但是,将孔子及其儒学降与诸子同列并重新评判其优劣得失,就难免惊世骇俗,以为"非圣"。甚至一些开明的学者,也往往缺乏应有的心理承受力。梁启超在《清代学术概论》中说:"及今而稍明达之学者,皆以子与经并重,思想蜕变之

① 佚名:《论中国人重视儒家之观念》,载《警钟日报》,1904-11-5。
② 章太炎:《儒墨》,《訄书》重订本,见《章太炎全集》(三),137 页。
③ 章太炎:《诸子学略说》,见《章太炎政论选集》上册,293、295 页。
④ 刘师培:《周末学术史序·理科学史序》,载《国粹学报》,第 1 年,第 3 期。
⑤ 刘师培:《周末学术史序·政法学史序》,载《国粹学报》,第 1 年,第 2 期。
⑥ 刘师培:《中国民约精义》卷 1,见《刘申叔先生遗书》,第 16 册。
⑦ 章太炎:《魏默深之老子论》按语,载《政艺通报》,1907 年,第 7 号。
⑧ 章太炎:《儒法》,《訄书》重订本,见《章太炎全集》(三),139 页。
⑨ 刘师培:《周末学术史序·政治学史序》,载《国粹学报》,第 1 年,第 2 期。

枢机，有捭于彼而阙于此者"。梁书成于 1920 年，"及今而稍明达之学者"
能知子、经并重，可见此种识见在清末之难得了。事实上梁启超本人其时
便未全脱口欲言而嗫嚅的困窘。他的《论中国学术思想变迁之大势》，虽然
对汉以后儒学独尊的弊害常加挞伐，但事涉孔子，徒唤奈何："呜呼，吾
不敢议孔子，吾不能不罪荀卿焉矣。"王顾左右而言他，反映的正是上述脆
弱的心理。同样，如前所述，邓实、黄节、马叙伦等人也怀类似的心态：
可以批判"伪孔"，但讳言"真孔"。惟其如此，章太炎、刘师培等人对孔子
及其儒家施以正面和尖锐的批评，就不仅具有振聋发聩的作用，而且使国
粹派学术平等的观念，得到了进一步有力的彰显。章太炎指出，"孔教最
大的污点，是使人不脱富贵利禄的思想"①，孔子本人就是一位"时伸时
绌"、"哗众取宠"之人。所以，用儒家道德，必至"艰苦卓厉者绝灭，而冒
没奔竞者皆是"。缘是之故，儒家缺少明晰的见解，议论止于含混。如果
说基督教崇奉一尊，害在堵塞人的思想，那么"儒术之害，则在淆乱人之
思想"②。这在当时已属极大胆的见解。不过，章太炎的批评主要突出了道
德的评价；刘师培则更注意指出孔子学说作为一家之言，其自身的缺憾，
因而较比也更能反映学术研究平实、冷静的氛围。他认为，孔子学说有四
大弊病：一曰"信人事并信天事"。春秋之世，科学未明，孔子虽圣并未脱
对天命的敬畏；二曰"重文科而不重实科"。即重人道而轻艺学，"高谈性
命，视科学为无足重轻"；三曰"有持论无驳诘"，即少学术民主，反映了
"孔门之专制"；四曰"执己见而排异说"。孔子诛少正卯，且曰"攻乎异端，
斯害也已"，是为"儒教排外之鼻祖"。但是，无论是章太炎还是刘师培，
他们都没有全然抹杀孔子之儒学。章太炎说，孔子删定《春秋》，不愧为
"古良史"。其轻鬼神而重人事，变世宦之学而及平民，皆功在千古，"则
景仰孔子，当如岱宗北斗"③。刘师培也指出，孔学虽有遗憾，"然以周秦
诸子较之，则固未有出孔子之右者矣"④。

---

① 　章太炎：《东京留学生欢迎会演说辞》，见《章太炎政论选集》上册，272 页。

② 　章太炎：《诸子学略说》，见《章太炎政论选集》上册，291 页。

③ 　章太炎：《答铁铮》，见《章太炎全集》（四），372 页。

④ 　刘师培：《孔子真论》，载《国粹学报》，第 2 年，第 5 期。

国粹派，尤其是章太炎、刘师培的诸子学研究，于其时成就最为巨大，这是人所周知的。这里需要强调的是，他们所获致的巨大成就，在理论与实践的统一上，有力地突出了一种新观念，即将儒学与诸子学同视为科学的认知对象的近代学术意识，具有着开风气之先的意义。

2. 系统探讨古代学术变迁的大势

国粹派将中国古代学术史大致分为：春秋前的上古、周秦之际、两汉、魏晋南北朝、隋唐、宋元明、清，七个时期；重在辨镜源流，系统探讨古代学术思想的变迁过程。

国粹派花了很大的气力，首先致力于探讨古代学术的缘起。他们认为，上古仅为古代学术的胚胎期。生民之初，原无所谓学术。学术最初源于日常生活的实践：数学起于结绳记事；历学起于农业观察；医学起于神农尝百草。"盖古代学崇实际，故一切学咸因经验而发明"①。但因先民不明万物运行之理，又具善记的天性，故见天苍苍而有日月寒暑；地茫茫而有草木枯荣；众生芸芸而不知所自来往，因是便起天神、地祇、人鬼之思。上古祖先的一切活动，多源于天人相与之际："舍祭祀以外无所谓事功，即舍鬼神以外，无所谓学问"②。所以，可以说，"神州学术，其起源在乎鬼神术数而已"③。迄有周一代，天人之学职掌在乎史官，故史不仅为上古学术的总汇，而且同时即成为中国古代学术真正的源头。应当指出，古学出于史官之论，肇端于章学诚、龚自珍诸人；章太炎、刘师培、邓实等国粹派巨子及梁启超、夏曾佑诸人皆主其说；内中又以刘师培的《论古学出于史官》④诸文推阐其说，最为详实。后来虽有胡适著《诸子不出于王官论》⑤，力排是说，但至今学者仍然肯定了前者⑥。

周秦之际，在国粹派看来，是中国古代学术发展最重要的时期。是

① 刘师培：《中国历史教科书》，第 1 册，见《刘申叔先生遗书》第 69 册。
② 邓实：《国学真论》，载《国粹学报》，第 1 年，第 1 期。
③ 邓实：《国学微论》，载《国粹学报》，第 1 年，第 2 期。
④ 刘师培：《论古学出于史官》，载《国粹学报》，第 1 年，第 1 期。
⑤ 胡适：《诸子不出于王官论》，载《太平洋》，第 1 卷，第 7 期。
⑥ 见范文澜著《中国通史简编》修订本，第 1 篇，第 4 章，第 2 节，北京，人民出版社，1953。

时，周室衰微，诸侯并起，"政界专制"之纽既解，周代学在官府的"学术专制"的格局，荡然无存。"学权由史官散于民间"，即学术始"由官学之时代，一变而为私学之时代"①。官学贵合，私学贵分，诸子百家因之并起。不独九流各异其趋，即便是同一学派，也多源远流分，所以儒分为八，墨分为五。章太炎说，中国学说"其病多在汗漫"，妄为皮傅，强相援引，惟周秦诸子无所假借、调和，"虽同在一家者，犹且矜己自贵，不相通融"，显示了可贵的独立精神。但他们并不因此忽略诸子间存在着兼通的一面。章太炎就指出，"儒家多兼纵横，法家多兼名"②。刘师培更强调这一点。他说，后世之儒但知孔子为儒家，是缩小了孔学的范围，实则"孔子兼明九流术数诸学"③。惟此之故，孔门弟子多治诸子学，如子贡通纵横家，樊迟通农家，子路通兵家，"而治道家、墨家之言者尤属众多"④。总之，他们认为，春秋战国时期，"思想唱，人才盛"⑤，是中国古代思想言论最活跃、自由的时代，诸子百家争鸣互补，造成周末学术空前繁荣的局面，足以与并时而立的西方希腊学术的黄金时代相比美。

但是，古代学术发展的这一生机勃勃的时代，却随着秦汉专制君权的确立与汉武帝"独尊儒术，罢黜百家"所造成的新的政治、学术专制局面的出现而告结束，从此中国学术发展被引上了不同的方向。这是当时许多学者都已指出的事实。不过，时人往往只注意外部的政治因素的制约，因而着意于强调真、假孔学的分别。这固然有它的合理性。汉代以后两千多年为历代封建统治者所推崇的孔子及儒学，与周末作为诸子之一的孔子及儒学，自然不能等量齐观；看到其中的分别，是正确评价后者所必备的前提。但是他们毕竟没有或者不愿意看到，儒学与专制君权结下不解之缘，有其内在的根据。在国粹派中，黄节著《孔学君学辨》，未脱此种思路。邓实说："近儒多以君主专制之政原于孔教，归罪孔子。不知孔子生东周之

---

① 刘师培：《补古学出于史官论》，载《国粹学报》，第2年，第5期。
② 章太炎：《诸子学略说》，见《章太炎政论选集》上册，285、288页。
③ 刘师培：《孔子真论》，载《国粹学报》，第2年，第5期。
④ 刘师培：《孔门弟子多治诸子学》，载《国粹学报》，第1年，第7期。
⑤ 刘师培：《补古学出于史官论》，载《国粹学报》，第2年，第5期。

季，贵族横暴，杀戮平民，非定一尊以破贵族之局，则生民之祸必无已时，此则圣人忧患之学也，此孔学之所以又能为神州学术一大宗，而后且得时王之推崇"①。这实际上是承认了孔学有适应帝王需要的一面。但邓实的本意却是在正面的意义上肯定这一点。所以，他也不脱时人的故辙。在国粹派中，唯有章太炎、刘师培对孔子作了真正大胆的批评。章太炎说，孔子"非世卿"，虽要与贵族抗衡，但不敢"联合平民，推翻贵族政体"；相反，总是教弟子依人作嫁，"所以孔教最大的污点，是使人不脱富贵利禄的思想。自汉武帝专尊孔教以后，这热衷于富贵利禄的人，总是日多一日"②。他肯定儒家的利禄思想是它以后走上依附君权道路的内在根据。刘师培更进了一步，强调孔子本身即是尊崇君权的："孔之讥世卿，乃抑臣权伸君权，非抑君权伸民权也"③。所以毫不奇怪，汉景帝"已深明儒学之有益于专制政体矣"，到汉武帝更进而抑黄老而独崇《六经》了④。这即是说，汉代独尊儒学，是因为儒学适应了专制君权需要的必然结果。所以，刘师培尤其强调指出，附会西书，把孔子说成是重民权的，无非是"现在康梁的邪说"罢了。事实上，"是因为孔子的说话，共他们（指君主——引者）所行的专制政体很有相近的地方，又有名分尊卑的话头，很可以压制百姓……愚弄中国人民，所以孔子学术，就一天一天大起来"⑤。这在其时并非主张全盘抹杀儒学的学者中，实为难能可贵的见解。

同时，国粹派指出，在儒学独尊的条件下，汉代学术呈现了以下的变动：第一，儒、道的神秘化倾向。方士家言原与儒、道无涉；但汉武帝表彰《六经》，方士之流乃援饰遗经之语，别立谶纬之名，故儿宽草封禅之仪，中垒借五行灾异释书，"经学之渝至此始矣"。迄光武建邦，喜藉谶纬为帝王受命之符，儒生稽古，博士释经，更竞相附会，"或注中候之文，或阐秘书之旨，故麟经作注，何休详改制之文；虎观论经，班固引微书之

---

① 邓实：《国学微论》，载《国粹学报》，第 1 年，第 2 期。
② 章太炎：《东京留学生欢迎会演说辞》，见《章太炎政论选集》上册，272～273 页。
③ 刘师培：《古政原始论》，载《国粹学报》，第 1 年，第 6 期。
④ 刘师培：《国学发微》，载《国粹学报》，第 1 年，第 3 期。
⑤ 刘师培：《孔子传》，载《中国白话报》，第 10 期。

说；纬学之行，于斯为盛"①。东汉张角、张道陵之徒则以符箓召鬼神，而托名于老子，由是神术也窜入道家②；第二，形成了外儒内法的格局。儒家尚礼义，法家尚法治，但就治世的实效而言，前者近于虚，后者近于实，即法家"临事有效"。但因儒学独尊，汉宣帝后法吏欲全身固位，必藉经术以自辅；儒家反之，"自耻无用，则援引法家以为己有"③。董仲舒对策大廷，意在黜法崇儒，但其著《春秋决狱》，却又引公羊传傅会今律。公孙弘治《春秋》，同时又谙习文法吏事，同样外避法吏之名，内行法吏之实，是为儒术辅法吏之肇始。迄东汉末年，社会动荡，儒家束手，法学因之大行；但徐干、王符诸人仍然"采儒家之名而不取儒家之实，取法家之实而又避法家之名。"④这说明两汉形成了外儒内法的学术格局，它对此后封建社会的政治与学术都产生了深远的影响⑤；第三，私学易为官学，学用两歧。汉立五经博士，家法日严。儒生受教于博士，学成取金紫如拾芥；不守家法者，见摒于朝廷，由是"私学易为官学"⑥。同时，别儒生于法吏，取士另有儒术一途，古代仕学合一、学用一致的传统遭破坏，"学非所用，其西汉儒生之谓乎"⑦? 第四，儒学独尊，诸子学由是日渐衰微。邓实说："学在专制而不能包容，故九流诸子皆归罢黜，而无与比观争胜，是则儒学末流之弊也。"⑧这些见解，在其时自成一家之言。

魏晋南北朝，历来被人看作是世风浇漓、学术最为暗淡无光的时期。甚至梁启超也难免此偏见。他在《论中国学术思想变迁之大势》中就认为，

---

① 刘师培：《评纬论》，《左盒外集》卷3，见《刘申叔先生遗书》，第43册。

② 刘师培：《国学发微》，载《国粹学报》，第1年，第9期。

③ 章太炎：《诸子学略说》，见《章太谈政论选集》上册，300页。

④ 刘师培：《儒学法学分歧论》，载《国粹学报》，第3年，第10期。

⑤ 章太炎以为，当是形成外儒内法、纵横的格局。他说："儒家于招选茂异之世，则习为纵横；于综核名实之世，则毗于法律。但纵横是其本真，法律非所素学。由是，儒者自耻无用，则援引法家以为己有。南宋以后，尊诸葛为圣贤，亦可闵已。然至今日，则儒、法、纵横，殆将合而为一也"（《诸子学略说》，《章太炎政论选集》上册，300页）。

⑥ 刘师培：《国学发微》，载《国粹学报》，第1年，第3期。

⑦ 刘师培：《儒学法学分歧论》，载《国粹学报》，第3年，第4期。

⑧ 邓实：《国学通论》，载《国粹学报》，第1年，第3期。

魏晋时期是"老学之毒"泛滥的时代，"实中国数千年学术思想最衰落之时也"①。但章太炎、刘师培的见解，却与之截然相反，认为这是秦汉后两千年古代学术史最富有生气，因而亟须重视的时期。他们指出，这表现为二：①玄学崛起，反映了时人对儒学专制的反动。魏晋玄学尚老庄，宅心高远，以至崇行神仙，慕求通脱。其崛起，固然与三国以降法家柄政严贼寡恩，人多清谈放诞，托任达以全生有关；同时，战争频仍，民无乐生之心，故借隐沦以避世；但更深刻的动因，却是反映了士人对汉以来儒学专制的反动。所以，嵇康、阮籍等竹林七贤，首倡玄学即力排尧舜汤武，弃经典而尚老庄，薄礼法而崇放达。刘师培说，两汉以降，"儒生日趋于智，迷信儒术之心衰"，魏晋学士"不滞于拘墟，宅心高远，崇尚自然，独标远致，学贵自得"②。所谓不愿身心受拘束，迷信儒术之心衰而学贵自得，反映的正是儒学独尊地位的削弱和学术独立精神的重新高扬。于此，章太炎看得更透彻，他说：周末诸子纷争，各凭真性情，但经汉兴，"其情屈钝"③。迄魏晋，玄学之士次六国而起，其"厌检括苛碎久矣，势激而迁，终以循天性、简小节相上，因其道也"④。②儒、释、道并峙，促进了学术的争鸣。玄学之源基于正始，其时仅该庄、老，东晋后，佛教兴，士大夫兼崇老、佛，玄学扩其堂庑，"遂与儒学并衡"；至牟融著《理惑论》，以佛典与老子并衡，且倡佛教为不悖于儒，是为"老释并称之始"；迨南朝顾欢、张融认孔、老为宗教，最终更形成了儒、释、道三教并峙的局面。三者对立，但也互相渗透。玄学者崇老、佛，固是引佛入道的明证；王弼、何晏祖述庄、老，间以庄、老之说释经，"以玄理说经，亦儒道二家合一之证"⑤。同时，中国僧徒仍奉传统的多神，"乃以神教参入佛教"⑥，由是外来的佛教也日异其本来的面目。这些自然有力地促进了其时学术空前的

①　梁启超：《论中国学术思想变迁之大势》，见《饮冰室合集》，第 7 册。
②　刘师培：《论古今学风变迁与政俗之关系》，《左盦外集》卷 9，见《刘申叔先生遗书》，第 49 册。
③　章太炎：《信史下》，见《章太炎全集》（四），65 页。
④　章太炎：《学变》，《訄书》重订本，见《章太炎全集》（三），145 页。
⑤　刘师培：《国学发微》，载《国粹学报》，第 1 年，第 3 期。
⑥　刘师培：《论孔教与中国政治无涉》，见《刘申叔先生遗书》，第 49 册。

活跃和发展：

首先，它造成了学术争鸣良善的社会氛围。是时百家争鸣，其热烈程度仅次于周末。章太炎说，"魏晋以降，稍旁理诸子，玄言之士，次六国而起"①。刘师培也以为，"较周末诸子之日成一家言者，岂有殊哉"②！同时，缘学术争鸣之故，承佛典因明之律，论理学因之日昌，遂开后世讲学之风；其次，中古哲学因是大昌。两汉儒者墨守陈言，少讲哲理。魏晋玄学"撷佛老之精英，弃儒家之糟粕"，宅心空虚，静观物化，所成正为一种高尚的哲理。因此，其时学者"独辟新想"，使中古哲学于此大放异彩；最后，玄学促进了文艺与科学的发展。玄学循天性，本情性，故其具有"翼扶"文艺、科学的重要作用：阮咸通音律，宗少文能为金石弄，戴颙制新弄十五部，殷仲堪通医术，祖冲之始定圆周率。文艺、律令、算术、医药，于六朝皆有卓然建树，而唐以降玄学绝，"六艺方技亦衰"③，都证明了这一点。

国粹派对魏晋时期学术的评价，并不完全一致。邓实、黄节认为，玄学起，魏晋世风因之卑下。但章太炎、刘师培等人不以为然。相反，他们认为，魏晋玄学盛行，故其风尚有为后世所不及者。例如，章太炎就指出，六朝国弱由任世贵，又以貌举人，与玄学无关。相反，士大夫"孝友醇素，隐不以求公车征聘，仕不以名势相援为朋党，贤于季汉，过唐、宋、明益无訾。其矜流品，成于贵贱有等，乃其短也"④。不过，国粹派却获致了以下的共识：魏晋六朝，儒学专制濒临瓦解，古代学术因之复苏；但好景不长，随着隋朝统一，行科举尽驱天下于功令一途，尤其是唐立《五经正义》，玄学绝，诸子灭，"中邦学术统一之局"⑤复成，儒学独尊依然制约了学术的发展。宋儒之学多源于佛老，且与九流之说暗合，但却讳

---

① 章太炎：《信史下》，见《章太炎全集》（四），65页。
② 刘师培：《国学发微》，载《国粹学报》，第1年，第11期。
③ 章太炎：《五朝学》，见《章太炎全集》（四），75页。
④ 章太炎：《五朝学》，见《章太炎全集》（四），77页。
⑤ 邓实：《国学真论》，载《国粹学报》，第2年，第3期。

言学术所自来。故究其实，"宋儒高材，独欲修补儒术"而已①。更有甚者，程朱理学倡三纲五常之说钳制民心，"祸中生民，盖数百年于兹矣"②；明儒多承宋儒唾余，少所发明；清代学术因异族入主，而波澜迭起，但究未能逸出儒学一统的格局。

由上可知，国粹派是相当系统地探讨了中国古代学术变迁的大势。究其所论，古代学术的发展，可以进一步作如下概括：从学术发展外烁特征看，"神州学术春秋以前归于鬼神术数；春秋以降，归于史；汉以后归于儒，归于儒而无所复归矣"③；从学术与政治的关系看，则经历了由春秋前的官学转变为周末的私学，复由周末的私学转变为秦汉后的官学的进化轨迹。与此相应，神州学术的品格，又由古代学用一致的实学，逐渐蜕化为学用两歧的虚学，而明、清汉宋学的末流更趋其极。所以，国粹派在习惯上又将秦以前的学术称为健全的"国学"，而认其后是"君学"当道"国学"衰微的时代。对于古代学术的总体评价，邓实指出：神州二千年学术，大抵以儒家为质干，以《六经》为范围。因此，迄今中国学术与国势的衰堕，可证"儒学之果无益于中夏"。但儒学所以能成为中国学术的质干，毕竟又说明其有自身的合理性。故研究古代学术又不能不主要探讨儒学，而辨其真伪④。章太炎的看法有不同，他强调古代学术从总体上看，是处在不断进步的过程中："中国的学说，历代也有盛衰，大势还是向前进步，不过有一点儿偏胜"⑤。他们的见解虽有差异，但无疑都有益开拓时人的思路。

3. 实事求是论清学

国粹派对魏晋以降古代学术史研究的重点，是清学。这是很自然的，因为清学不仅内涵宏富，而且更重要的是它属"本朝"史，与现实息息相关。但也惟其如此，作为主张激烈排满的革命党，其论清学就不能不染上浓重的民族主义色彩。

---

① 黄侃：《国故论衡·序》，载《国粹学报》，第6年，第4期。
② 刘师培：《东原学案序》，载《国粹学报》，第1年，第5期。
③ 邓实：《国学通论》，载《国粹学报》，第1年，第3期。
④ 邓实：《国学通论》，载《国粹学报》，第1年，第3期。
⑤ 章太炎：《教育的根本要从自国自心发出来》，见《章太炎政论选集》上册，502页。

用民族主义的观点看问题，曾是国粹派论清学重要的指导原则。刘师培在《孙兰传》中指出，明季遗民黄宗羲、王锡阐、孙兰等人洞明泰西学术，又各"以高节闻，抗志不屈"，体现了"学术之界可泯，种族之界不可忘"的圆满。相反，杨光先诋西书，直声既著于明廷，仕籍复标于清史，"彼斤斤于学术之间衡量□（夷）夏，而出处大节，则转舍夏就□（夷），呜乎，此孙兰所以为高士欤"①！刘师培实际上是把学者的"出处大节"，即民族主义看得高于一切。这也是国粹派的共识。应当说，由于清政权是一个种族压迫的政权，它的建立明显地制约了清代学术的发展，因此，国粹派从民族主义的角度看问题，不仅具有一定的合理性，而且常使自己知人论世的目光变得尖锐起来。例如，他们认为，雍乾之世，学者所以尽趋考据一途，实因清廷网罗日密、文字狱屡起的缘故。学者怀抱才智，举足荆棘，"无所于施，则遁于声音训诂无用之一途以自隐"②，"家有智慧，尤凑于说经，亦以舒死"③。魏源讥汉学锢天下聪明智慧使尽出于无用一途，固然不错；但他没有指出所以导此末路，"则由于时君之抑扬，种族之观念，运会之适然，其原因为甚繁"，而徒然归罪于儒者，则是不公平的④。这种看法虽然并不全面（下面即将谈到），但不失为尖锐。同时，国粹派强调民族主义的原则，显然也是为了倡导民族气节，以助益现实的排满革命。

但是，民族主义毕竟不足以规范清学。清代学术虽受清廷某些种族政策的制约，但说到底仍与古代学术一脉相承，有着自身的规律性。近年来不少论者都指出，乾嘉汉学的动因不仅限于文字狱，与其时生产繁荣、社会安定造就了学者得以专心著述的有利环境也紧密相关，正是强调了这一点。同时，仅以是否"事二主"传统的封建道德观念臧否清代学者，本身也不正确。事实上，局限于民族主义看问题，不可避免要产生片面性。例如，在国粹派中，唯有章太炎贬抑黄宗羲，其理由是黄本人虽"以死拒徵，而令其子从事于徐叶间，谅曰明臣不可以贰，子未仕明，则无害于为虏

① 刘师培：《孙兰传》，载《国粹学报》，第 1 年，第 9 期。
② 邓实：《国学今论》，载《国粹学报》，第 1 年，第 4 期。
③ 章太炎：《清儒》，《訄书》重订本，见《章太炎全集》（三），155 页。
④ 邓实：《国学今论》，载《国粹学报》，第 1 年，第 4 期。

者。以《黄书》种族之义正之，则嗒焉自丧矣"①。就不免绝对化。同样，他无视戴震本人也出仕清廷，而断言其倡言汉学，乃是为了阴阻士人侧身伪朝，"绝其恢谲异谋；使废则中权，出则朝隐"②，也有失牵强。国粹派的难能之处在于，他们并不囿于民族主义的视角，而且同时更能注重从学术自身的发展规律上探讨清学，判其得失，从而使自己的研究体现了实事求是的精神：

(1)注意探究清学演变的内在动因。邓实虽然强调清代汉学的兴起，是清廷文网日密的结果；但他同时又指出，有清一代，经学迈汉唐，性理、辞章之学蔚然并起，其著作等身卓然成家者，数以百计，为历代所未有，"可谓神州学术之中兴矣"。究其原因，"盖自乾嘉之世，天下大定，海内无事，学者无所用其才智，身心暇逸，故得从容以讲求其学问"③。其论说的视角，显然已越出了民族主义的范围，更客观地看到了清代中期生产发展、社会安定，对于促进包括汉学在内学术繁荣的积极作用。刘师培的见解更进了一步，他看到了清代学术变动具有自身内在的逻辑。他将清代汉学的变迁分为四期：顺、康之交，顾氏诸人集注于音韵训诂，于汉学虽有创始之功，但却非其萌芽之所在。"汉学初兴，其徵实之功，悉由怀疑而入"。阎百诗之于《古文尚书》，胡渭之于《易》，毛奇龄之于《四书》，"怀疑派"崛起辨伪指谬，宋学数百年的权威因之动摇。由怀疑而求真的探索精神，也因之一发而不可收，汉学于是浸浸而起。是为第一期；以惠栋、戴震为代表的"徵实派"继起，博征其材，约守其例，"可谓无征不信者矣"。是为第二期；汉学既炽，精华已竭，后继者转相仿效，撷拾旧闻，不得不出于丛缀一途，所得自微。是为第三期；常州学派起，理先王之绝学，外张致用之名，中蹈揣摩之习，虽言之成理，而不能持之有故。是为第四期。这里有两点值得注意：一是同样没有把汉学兴起的原因只归于清廷专制，而是强调了学术自身的内驱力，即"怀疑"精神的高扬；二是认为汉学四期演进，大抵前二期属于进，后二期流为退，所以如此，合乎学术

---

① 章太炎：《说林上》，见《章太炎全集》(四)，117～118 页。
② 章太炎：《学隐》，《訄书》重订本，见《章太炎全集》(三)，162 页。
③ 邓实：《国学今论》，载《国粹学报》，第 1 年，第 5 期。

兴衰内在的逻辑："譬之治国，怀疑学派在于除旧布新，旧国既亡，而新邦普建，故科条未备而锐气方新；若徵实学派，是犹守成之主，百废俱兴，综合名实，威令严明；而从缀学派又如郅治既隆，舍大纲而营末节，其经营创设，不过襥礼之微；虚诬学派则犹国力既虚，强国支厉，欲假富强之虚声，以荧黎庶，然根本既倾，则危亡之祸兆，此道咸以还汉学所由不振也"①。除了对今文经学派的崛起所论不免偏颇之外，刘师培的上述见解颇有独到之处，尤其以拓疆建邦作比喻，说明汉学由拓荒而昌盛而衰微转型的必然的逻辑发展，比人们时常征引的梁启超在《清代学术概论》中的相同见解，要早了 13 年。可见其对清学的理解，同样已非民族主义的原则所能规范的。

（2）于自己所敬重的学派、学者无所避讳。国粹派推崇惠栋的吴派、戴震的皖派为汉学中坚，高山仰止。但他们也指出，前者"笃于尊信，缀次古义，鲜下己见"，信古过深，难免曲为之原；后者条理严密，"上溯古义，而断以己之律令"②，稍胜于前者。他们更崇敬戴震，以为不仅其说经简直高古，唐宋以降，罕见其匹，尤其是他的《孟子字义疏证》和《原善》二书，极论"理生于欲，情得其平，是为循理"③，有力廓清了宋儒"存天理灭人欲"的谬说，厥功甚伟；但也指出了戴震的不足。例如，刘师培说，《孟子字义疏证》一书虽精，但有三不足：未能指出"欲"有两种："人生所恃以进取"的欲望，若名誉、生产发展，"不当言节"；而男女饮食的"嗜欲"，则"在当节"。笼统肯定人欲，失之偏颇，此其一；宋儒以"势"为"理"，兴名分之说，以为犯"理"即犯分。戴斥之为"以意见为理"是对的；但"理"毕竟不等于"势"，宇宙万物包括人们认识事物的过程，都有自己的"理"，即客观规律，不应当否定。并"理"不讲，因噎废食，此其二；戴说悉以经文为据，凡前圣所未言，即诋为异端邪说；后儒立说足申孟子者，亦深文周纳，排之不遑。"门户之见极严，不知学术为天下之公器，不能平心考察，

———————————

① 刘师培：《近世汉学变迁论》，载《国粹学报》，第 3 年，第 6 期。
② 章太炎：《清儒》，《訄书》重订本，见《章太炎全集》（三），156 页。
③ 见《国粹学报》，第 4 年，第 2 期"广告"。

故诋误实多","不足为千古定论"。不脱门户之见,此其三①。章太炎也指出,戴震虽通六艺,但于老庄书不尽懂,释经又未见,故其书"多姗议老庄,不得要领,而以浮词相难,弥以自陷,其失也"②。当然,章太炎不为本师讳,尤其难能可贵。他在肯定了俞樾在经学史上的崇高地位后,又指出:"然不能忘名位。既博览典籍,下至稗官歌谣,以笔札汎爱人,其文辞瑕适并见,杂流亦时时至门下,此其所短也"③。

（3）于自己所不赞成的学派、学者,并不全盘抹杀。国粹派不看重清代理学,以为"清世理学之言,竭而无余华"④,对高揭程朱理学与汉学为难的桐城派批评尤多;但并不否定桐城诸子在文学上的成就。章太炎说:"平生于文学一端,虽有所不为,未尝极意菲薄,下至归方姚张诸子,但于文格无点,波澜意度,非有昌狂佪规者,则以为学识随其所至,辞气从其所好而已"⑤。曾国藩是国粹派斥为"民贼"者,但刘师培却称赞他能融合古文、理学、汉学为一,扩大了桐城派古文的堂庑,并谓:"惟姬传之丰韵、子居之峻拔、涤生之博大雄奇,则又今之绝作也"⑥。国粹派更与今文经学派对立,但也不否定它有自身的合理性。这在"国粹派的经学思想"一章将谈到。这里要指出的是,他们于常州学派擅长文法,著述别具魅力,也称赞不置:"庄氏文词深美闳约,人所鲜知……近人谓治公羊者必工文理,或然钦"⑦?

值得重视的是,国粹派最终强调,清代的学术无论是汉学还是宋学,是今文经学还是古文经学,"其范围仍不外儒学与六经而已",未有能出乎孔子六艺之外而更立一学派者⑧,因此无论哪一学派都不可能引导传统学术走出衰败的迷津。为此,他们提出借重西学重新研究古代学术,"以发现种种之

①　刘师培:《东原学案序》,载《国粹学报》,第1年,第5、6期。
②　章太炎:《释戴》,见《章太炎全集》(四),124页。
③　章太炎:《俞先生传》,载《国粹学报》,第4年,第7期。
④　章太炎:《清儒》,《訄书》重订本,见《章太炎全集》(三),155页。
⑤　章太炎:《自述学术次第》,载《制言》,第25期。
⑥　刘师培:《论近世文学之变迁》,载《国粹学报》,第3年,第1期。
⑦　刘师培:《论近世文学之变迁》,载《国粹学报》,第3年,第1期。
⑧　邓实:《国学今论》,载《国粹学报》,第1年,第5期。

新事理，而大增吾神州古代文学之声价"①，应当成为中国学者的责任。

总之，国粹派将儒学归入诸子学研究，注重探讨古代学术变迁的大势，并能实事求是论清学，都表明他们已把自己的工作自觉地放置在了近代意义的学术研究的基础之上；由此他们所获致的成就，同时也就为新史学的建设开拓了疆域。

四、通史致用　助益革命

《国粹学报发刊辞》的"例言"写道："用理秘文，发扬幽潜，志古匡今，俾作箴砭，撰史篇"②。钩深致远，探赜索微，意在志古匡今，箴砭现实。可见，国粹派史学思想的核心是：通史致用。

国粹派通史致用思想的形成，固然与上述他们对史学功能的认识有关，但以下的因素，也至关重要：

首先，是出自他们对中国史学优良传统的体认。国粹派认为，中国史学肇端于上古史官。在上古，尊人鬼，故崇先例；奉先例为法仪，载之文字，谓之"法"、"书"、"礼"。其事便是史职。掌其职者，谓之太史、卿大夫。有官才有法，故法具于官；有法才有书，故官守其书。"是则史也者，掌一代之学者也。一代之学，即一国政教之本……史为一代盛衰之所系，即为一代学术之总归"③。这即是说，不仅史为中国学术肇端之府，且官师合一、学用统一，一开始便形成了中国史学及全部学术的特点与优点。所以，所谓《六经》，就是先王的政典、史官的实录。先秦九流并起，共出史官。诸子承《六经》余绪，各成一家之学，即各成一家之史。诸子之史，"派别虽殊，而究之皆规切时弊，以致实用"④。迄汉代司马迁著《史记》，倡言"究于天人之际，通古今之变"，中国史学的发展虽经历了由"史"变"经"，复由"经"变"史"的转换，但其通史致用的优良传统一脉相承。国粹

---

① 邓实：《古学复兴论》，载《国粹学报》，第1年，第9期。

② 邓实：《国粹学报发刊辞》，载《国粹学报》，第1年，第1期。

③ 刘师培：《论古学出于史官》，载《国粹学报》，第1年，第1期。

④ 邓实：《明末四先生学说·序》，载《国粹学报》，第2年，第3期。

派对先秦史学流变的见解，具有多大的科学性，是另一问题；但从司马迁著《史记》，力倡"通古今之变"，到司马光撰《资治通鉴》，申言"止欲叙国家之兴衰，著生民之休戚"①，中国史学无疑是形成了自己通史致用的优良传统。国粹派体认这一点，并没有错，其孜孜以"志古匡今，俾作箴砭"为治史的圭臬，也应当说是合理的。

其次，受明末清初杰出思想家顾炎武、黄宗羲、王夫之的影响。顾、黄、王均是著名的抗清志士，在武装斗争失败后，皆潜心学术。由于他们经历了明末农民大起义和"社稷沦亡"巨大的社会变动，创深痛矩，因此力图从历史的反思中，总结明朝灭亡和清朝入主的社会原因。他们不仅都重视史学，而且治学的旨趣也是相同的：以史为鉴，寻找改革社会的方案，提倡"经世致用"的史学。他们明确指出，史家的任务在于"述往事，勖来者"；强调"史之为书，见诸行事之证也"②。所以，顾炎武"感四方之多虞，耻经生之寡术"③，历览二十一史及天下郡县志书、名公文集奏章，撰成巨著《天下郡国利病书》；黄宗羲著《明夷待访录》，更径直提出了社会改革的具体方案；王夫之不仅撰有《读通鉴论》、《宋论》两部著名的史论，而且成《黄书》一书，抒发了强烈的民族主义情思。国粹派对顾、黄、王的道德文章十分敬仰，称其为秦以下两千年少数"人格完全可称无憾者"④。同时，对其经世致用的史学，尤其重视。邓实称顾炎武"以经世实用为宗，遂开有清一代实事求是之学"⑤。章太炎更一再赞扬顾炎武最懂得以史为用，"若顾宁人者，甄明音韵，纤悉寻求，而金石遗文，帝王陵寝，亦靡不惮精考索，惟惧不究，其用者在兴起幽情，感怀前德。吾辈言民族主义者犹食其赐"⑥。刘师培、马叙伦则称誉黄宗羲及其《明夷待访录》为中国的卢梭

① 《资治通鉴》卷69，"臣光曰"。

② 王夫之：《读通鉴论》卷末"叙论"三。

③ 顾炎武：《天下郡国利病书序》。

④ 马叙伦：《中国民族主义发明家黄梨洲先生传》，载《政艺通报》，1903年，第20号。章太炎《非黄》（见《章太炎全集》（四））一文，对黄有所批评，但在《冥契》（《訄书》重订本）中，则夸其"圣夫"！

⑤ 邓实：《顾亭林先生学说》，载《国粹学报》，第2年，第3期。

⑥ 章太炎：《答梦庵》，见《章太炎政论选集》上册，398页。

和《民约论》，以为值得"五体投地而赞扬靡止"①。至于王夫之，则有黄节仿《黄书》著《黄史》。国粹派励志通史致用，其受顾、黄、王的思想影响，是显而易见的。

最后，也是最重要的，是时代条件使然。20世纪初年的中国，正面临着大变革的前夜，社会急剧变动。一方面，帝国主义的侵略使民族危机更加岌岌可危，激起争取独立的民族运动日趋高涨；另一方面，清政府颟顸昏聩，倒行逆施，又使各种社会力量迅速分化和重组，反封建的民主运动也因之风起云涌。随着反帝反封建的民族民主运动空前高涨，中国往何处去的问题，便以极其尖锐的形式提到了人们的面前：是君主专制、君主立宪，还是共和革命？在这种情况下，"通古今之变"的古老箴言，自然会如响斯应地凸现在精通经史而又看重历史的国粹派的脑际，引导他们以史为鉴，助益现实的革命。章太炎说："少时治经，谨守朴学；所疏通证明者，在文字器数之间。……遭世衰微，不忘经国；寻求政术，历览前史"②。总之，国粹派通史致用思想的最终确立，又是其投身社会变革的洪流和服从共和革命斗争需要的必然结果。

所以，说到底，国粹派通史致用，就是致共和革命之"用"。这主要表现为：

(一)鼓动排满革命思潮

辛亥革命时期，排满革命思潮一日千里，而国粹派恰恰是鼓荡这一思潮的主力军，不是偶然的。这是因为，他们擅长以经史立论，故其排满宣传充分而激烈，为他人所不能及：

1."辨种族"。"种族上的意见，要把我汉族谱系，考得详细"③。"正姓氏之本，考汉虏之异"④。为此，他们花了很大的气力，爬梳旧籍，撰成各种"民族志"、"氏族志"。例如，黄节撰《黄史》，其第一章便是"种族书"，

———————————

① 刘师培：《中国民约精义》卷2，见《刘申叔先生遗书》第16册；马叙伦：《中国民族主义发明家黄梨洲先生传》。

② 章太炎：《蓟汉微言》，见《章氏丛书》。

③ 林獬：《国民意见书》，载《中国白话报》，1903年，第5期。

④ 马叙伦：《古政通志·民族志序》，载《国粹学报》，第1年，第3期。

下分"种源"、"种别"、"立国"、"种名国名"、"氏族变"、"通种"、"攘彝"、"防汉"、"辨同种"、"惜明"十节。马叙伦的《古政通志》第一篇是"氏族志"。章太炎撰有《序种性》上下篇。刘师培不仅著有《攘书》、《中国民族志》,其《中国历史教科书》、《古政原始论》,也都分别辟有"汉族起源"、"氏族原始"专节。国粹派鼓吹排满革命,也暴露出自己存在浓重的大汉族主义消极情绪。他们所以热衷于"辨种族",意在凸现两种观念:一是"辨别内外,区柝华戎"的"春秋大义"。刘师培在《两汉种族学发微论》中说:"辨别内外,区柝华戎,明于非种必锄之义,使赤县人民咸知国耻,故奋发兴起,扫荡胡尘,以立开边之功,则诸儒内夏外夷之言,岂可没欤①?"二是西方东渐的所谓"一个民族、一个国家"的民族主义理论。黄节说:"泰西民族主义汹汹东侵,于是爱国之士,辄颂辨别种族,而先行于域内"。② 其《黄史》,"条别宗法,统于黄帝"③,就是一部汉族专史。总之,他们是要强调,无论是根据古老的春秋大义,还是根据最新的西方民族主义理论,排满都是天经地义的。首"辨种族",目的是在为整个排满宣传提供前提依据。

2. 揭露清廷腐朽卖国。国粹派揭露清廷腐朽卖国,不遗余力。其中由章太炎主编作为《民报》增刊的《天讨》,收有他本人的《讨满洲檄》、刘师培的《普告汉人》等十三篇文字,是其时集中揭露清廷腐朽卖国最具代表性的刊物。它历数清廷自入关之后,烧杀淫掠之惨,虐待国人之酷,禁毁图书、兴文字狱、行文化思想专制之野蛮,以及对外割地赔款出卖中国权益的种种罪恶,淋漓尽致。但国粹派却往往错误地将清廷与满洲民族混为一谈;甚至荒谬地将列强入侵说成是因先有"满族侵入"的缘故。例如,刘师培说,白种入侵,中国岌岌可危,其咎谁尸?"皆满族有以启之也"。"无满族侵入之因,即无白种内侵之果。"④黄节也说,西人东侵,满清"乃日举吾族血食,拱手授人,作投赠交游之物,若桃李焉,若缟纻焉。哀哀吾群

---

① 刘师培:《两汉种族学发微论》,载《国粹学报》,第1年,第11期。
② 黄节:《春秋攘夷大义发微叙》,载《国粹学报》,第2年,第8期。
③ 黄节:《黄史·总叙》,载《国粹学报》,第1年,第1期。
④ 刘师培:《中国民族志》,第8章"白人之侵入",见《刘申叔先生遗书》第17册。

几何，而不胥为美洲之红种、澳洲之黑种矣。"①国粹派所以把全部问题归结为满人"非我族类，其心必异"的结果，目的也在于"激动种性"，即鼓荡排满思潮。所以，他们由此引导出的结论是，欲救中国，端在排满光复："唯有保国保种排异族而已。不能脱满清之羁绊，即无以免欧族之侵陵，居今日而筹保种之方，必自汉族独立始"②。

3. 表彰民族气节。为宋明以来"死节之士"立传和刊布遗民故老的诗文，以表彰民族气节，是国粹派鼓荡排满的又一着力点。实际上它也构成了《国粹学报》的一个重要内容。黄节的《黄史》拟立传180人，《国粹学报》已刊者20人。他另有《宋遗儒略论》专收宋明节义之士50余人。此外，陈去病的《五脂石》、《明遗民录》；马叙伦的《歜天庐搜幽访奇录》；庞树柏的《龙禅室摭说》；刘师培的《刊故拾遗》等笔记杂志，也记录了宋明人物的事迹。其中陈去病的《明遗民录》，搜罗典籍至数万卷，所传人物，分省排次，气势更显博大。同时，作为《国粹学报》附录的《正气集》，收录了岳飞、文天祥、陆秀夫等宋明著名爱国志士的大量诗文。所有这些，自然都是为了彰扬爱国精神与民族气节。黄节说，宋亡，仗义死节之士远轶前古，这不能用狭隘的君臣之义来范围，因为死义之士，"其椎心泣血，继之以死，尤有国耻之痛存焉"③。邓实作《正气集序》也强调，自古以来，国破家亡，何代无有？但忠义之士终能前仆后继，杀身成仁，起神州于陆沉，凭的是"正气"。"正气"是民族道德的升华，是"立国之魂"。"正气集何为而作也，所以表彰神州之国粹，而存正气于天壤也"④。

总之，"辨种族"以证清廷卖国虐民的必然性；借表彰民族气节增进人们民族主义的热肠；国粹派的排满宣传，产生了极大的影响，是人所共知的。尽管此中也暴露了国粹派浓厚的大汉族主义，但其本质无疑在于助益革命。这里有必要指出两点：其一，辛亥革命时期的排满思潮，从属于资产阶级革命的范畴，它与传统的地主阶级排满，不可同日而语。事实上，

---

① 黄节：《黄史·种族书》，载《国粹学报》，第1年，第1期。
② 刘师培：《中国民族志》，第8章"白人之侵入"，见《刘申叔先生遗书》第17册。
③ 黄节：《宋遗儒略论》，载《国粹学报》，第4年，第11期。
④ 邓实：《正气集序》，载《国粹学报》，第2年，第1期。

国粹派也始终没有忘记将排满与共和革命相联系。在他们的眼里，清廷不仅是种族的政权，而且同时还是卖国的封建君主专制的反动政权。所以，他们强调，"排满即排强种矣，排清主即排王权矣"①。这"与前儒中外华夷之辨不同"，因为专制政权即便非操自满人之手，"仍为天水凤阳之裔，吾人视之固亦无异于满洲"②。如果我们肯定辛亥革命风潮在很大程度上乃是借助于排满思潮而鼓荡起来的，那么我们也应当肯定，国粹派以经史立论，有力地推进了排满革命的宣传，其裨益革命之功，就是不容忽视的了。

其二，辛亥革命时期的排满宣传，固然有历史与民族情感上的动因；但还须看到，从根本上说，它只是革命党人借以鼓荡革命风潮的一种手段，而非目的，即是一种政治策略上的需要。蔡元培于此看得最清楚。在排满宣传日趋激烈，众人头脑发热之时，他却在《苏报》上发表了《释仇满》一文，冷静地指出：随着文明进步，种族的成见应当日渐减少，但如今仇满之论却高唱入云，这是因为"近日政治思想之发达，为政略上反动之助力也。……此其于政略上所以有仇满之论也"。他说有些人不承认这一点，但事实是"乃全在政略上"③。所谓"政略"，就是政治上的策略。辛亥后，上海都督著名革命党人陈其美发起成立"融洽汉满禁书会"，并上书当时袁世凯大总统，要求禁毁辛亥前出版的党人鼓吹排满宣传的所有书籍，以利汉满团结，就有力地证明了蔡元培当年的识见，确有洞烛先机之明。陈其美在呈文中称：

> 民国肇基，共和初建，亟宜联络五族协力维持始能收美满结果。从前鼓吹排满各书，实为联络之障碍，若不禁止，终难融洽，且悖共和宗旨。特倡议发起融洽汉满禁书令，请电各省一律禁止，已出版者

---

① 章太炎：《复仇是非论》，见《章太炎全集》（四），274 页。
② 刘师培：《辨满洲非中国之臣民》，载《民报》，第 18 号。
③ 蔡元培：《释仇满》，见张枬、王忍之：《辛亥革命前十年间时论选集》第 1 卷下册，679 页，北京，三联书店，1977。

由本会出资收毁①。

耐人寻味的是，章太炎当年是不承认自己的排满主张是一种政略的需要的；但是，迨武昌首义，清廷倾覆在即，而留日的满族学生人心惶惶之际，时在日本的他却发表了《致留日满洲学生书》的公开信，以安抚之。他写道：

> 所谓民族革命者，本欲复我主权，勿令他人攘夺耳，非欲屠夷满族，使无孑遗，效昔日扬州十日之为也；亦非欲奴视满人不与齐民齿叙也。曩日大军未起，人心郁勃，虽发言任情，亦无尽诛满人之意。今江南风靡，大势已成，耆定以还，岂复重修旧怨。……若大军北定宛平，贵政府一倾覆，君等满族，亦是中国人民，农商之业，任所欲为，选举之权，一切平等，伏游共和政体之中，其乐何似？我汉人天性和平，主持人道，既无屠杀人种族之心，又无横分阶级之制，域中尚有蒙古、回部、西藏诸人，既皆等视，何独薄遇满人哉？②

在这里，章太炎肯定满人是中国人民的一部分，汉满平等，革命后同为共和国民，享有同等权利。此前大声疾呼的所谓"仇满人当仇其全体"、"尽驱逐满洲贱种"，种种排满宣传，实际已自行全然否定了。不仅如此，他说"曩日大军未起，人心郁勃……发言任情"，对过去过激的排满言论表示歉意，同时也即承认了那是一种需要。革命大势已成，排满宣传已成过去，"岂复重修旧怨"？章太炎强调汉、满、蒙、回、藏皆平等，已确然包含了辛亥后五旗共和的思想主张。

这一事实说明，我们固然当看到国粹派排满宣传中所包含的大汉族主义的消极情绪，但不宜过分夸大，乃至于断言他们是地主阶级的反满派，作简单的否定。相反，应当理解，国粹派的排满宣传，不仅是革命党人通

---

① 陈其美：《禁销排满书籍》，载《申报》，1912-6-15。

② 章太炎：《致留日满洲学生书》，见《章太炎政论选集》上册，519～520页。

行的"政略"，且藉经史助益革命，特色独具，功不可没。辛亥革命时期的排满思潮，从属于资产阶级革命的范畴，它与传统的地主阶级排满，不可同日而语。事实上，国粹派也始终没有忘记将排满与共和革命相联系。在他们眼里，清廷不仅是种族的政权，而且同时还是卖国的封建君主专制的反动政权。所以，他们强调，"排满即排强种矣，排清主即排王权矣。"这"与前儒中外华夷之辩不同"，因为专制政权即便非操自满人之手，"仍为天水汉阳之裔，吾人视之固亦无异于满洲"。如果我们肯定辛亥革命风潮在很大程度上乃是借助于排满思潮而鼓荡起来的，那么我们也应肯定，国粹派以经史立论，有力推进了排满革命的宣传，其裨益革命之功，就是不容忽视的了。

(二)反驳立宪派，论证革命

进入 20 世纪后，革命派与立宪派间的对立与论争，日渐激烈。国粹派以史为武器反驳立宪派，论证革命，也别具特色。

庚子后，尤其是 1903 年后，清廷为改变自己颟顸昏聩的形象以拉拢资产阶级改良派，渐次推行所谓"新政"，乃至于预备立宪。这在康有为为首的一些人中，果然激起了新的幻想。他们相信清廷"甚悔戊戌之举"，从此将"焕然维新"，[1] 因此倡言维新、立宪，排拒革命愈力。为破康有为诸人的谬说，章太炎不无尖锐地首先抓住了对"维新"二字的训诂界定。他特撰《论承用维新二字之荒谬》一文指出，"维新"一语，始见于《大雅》，再见于伪《古文尚书》。今人滥用此语，其谬有三：《大雅》曰："周虽旧邦，其命维新"，是谓千年侯国忽受帝眷，统一神州，为万国共主，故称"新命"。今之清廷行君主专制既久，安谓"其命维新"？欲令维新，惟英雄崛起，历数在躬，始得名实相符。妄者以维新为变法，其谬一；伪《古文尚书》不妨以东晋学者之言尊之，其言曰"歼厥渠魁，胁从罔治，旧染污俗，咸与维新"。可见，未有不先流血，斩其独夫民贼，而能遽见维新的。妄者"以维新为温和主义"，其谬二；衣之既成，不可谓之"初"；木之既枯，不可再新；人之既老，不可还童。"新者，一人一代，不过一新而不可再"。满洲

---

①　汤志钧编：《康有为政论集》上册，599 页，北京，中华书局，1981。

之新，在康、雍二世，今之清廷腐败已极，欲责其再新，"是何异责垂死之翁以呱啼哺乳也"①。章太炎是文训诂周详，申论鞭辟入里，在其时颇具影响。

当然，国粹派没有停留在文字训诂上，而是更注重征引中外历史立论。戊戌政变刚刚过去不久，但已成为历史。柳亚子以戊戌变法失败血的历史教训为例，所论一针见血。他说，维新、立宪云云，不过是幻影梦呓而已。"不见夫戊戌百日之事乎"？谭嗣同虽有救民之志，但眩于清廷"浮辞"，结果空掷大好头颅。菜市口的鲜血，足证清廷不足信，如何执迷不悟！"往车已矣，来轸今方遒，无信人之言，人实诳汝"②！其时一些人所以侈言维新变法，一个重要原因便是以为藉此可以避免革命流血，但国粹派反驳道：维新又何尝能苟得？"康有为戊戌之事，成鉴未远"，固不必论；即东西各国，新政也无不以革命流血成。意大利、匈牙利"轰轰烈烈，百折不回，放万丈光芒于历史者，无论矣"，英国不是以立宪著称吗？然而在它的历史上也有多次革命，"使英人不革命，一土耳其耳"。同样，日本维新有尊王倒幕之役和西乡、南洲、鹿儿岛革命，"使日本不革命，一朝鲜耳"③。

立宪派一方面鼓吹君主立宪，另一方面则极力诋毁革命。1902 年康有为发表《答南北美洲诸华侨论中国只可行立宪不可行革命书》，以为中国今日公理未明，旧俗俱在，行革命必寻乱天下，杀人如麻。1906 年他复发表长达数万言的《法国大革命记》，污蔑法国大革命，倡言中国有"特别之情"，欲行革命，无非"无病而学呻矣"，其为祸之烈必至"不尽杀四万万人不止"④。二文在当时都产生了极恶劣的影响。对于前者，章太炎写了有名的《驳康有为论革命书》长文，痛加驳斥。其中，引史为证反驳康有为所谓公理未明不可革命，尤见精神。他说，义和团初起时，但知"扶清灭洋"，及景廷宾再举，则已知"扫清灭洋"；唐才常自立军起事，深信英人，卒为

---

① 汤志钧编：《章太炎政论选集》上册，243 页，北京，中华书局，1977。
② 柳亚子：《中国立宪问题》，载《江苏》，第 6 期。
③ 汤志钧编：《章太炎政论选集》上册，228 页，北京，中华书局，1977。
④ 汤志钧编：《康有为政论集》上册，589 页，北京，中华书局，1981。

所卖，及今日广西会党则已知己为主体而西人为客体；人心进化，公理日明，彰彰可见。据此，章太炎引出了著名的结论："公理之未明，即以革命明之；旧俗之俱在，即以革命去之。革命非天雄大黄之猛剂，而实补泻兼备之良药矣"①。这既是对历史经验的精辟总结，同时也即是对现实革命的有力肯定。

康有为的后一篇文章是其 1904、1905 年周游欧洲后写就的，并在《新民丛报》上连载，影响甚大。故章太炎说："自此论出，其为进步之梗者，良非浅鲜，不可不有以匡之"②。为此，他特嘱汪东撰文予以驳斥。汪东应其要求，先在《民报》第 11 号发表《正明夷法国革命史论》；其后，又参考日本学者河津祐所译《法国革命史》，及奥田竹松著《佛兰西革命史》等，撰成长文《法国革命史》，在《民报》第 13、15、16、18、19 号上连载。这两篇文章不仅是革命党人直接反驳康有为的专论，而且也是革命党人系统论述法国大革命的代表作。其基本观点自然也为章太炎所认可。

汪东的文章除了在具体史实上纠正康有为的歪曲外，主要突出了以下的内容：其一，高度评价法国大革命的历史意义，力斥康的污蔑。他说，法国大革命"一洗旧弊，遂能去虐政，均利权，卒达改革之首志，其功亦赫然可观哉"。它推翻王权，首创自由平等的原则，实为近代欧洲各国革命的先导。康有为诋毁它，要在"其尊君之心理使然"③。其二，指斥康有为替清朝专制统治涂脂抹粉。汪东强调，自己撰《法国革命史》，目的在于通过中外比较使人们"知金人之诬妄，与革命之真理"④。康谓清朝深仁厚泽并无法国式的苛政，因此倡革命无异无病呻吟；但汪东历数清廷"虐史"，证明其"惨酷"实远迈法国君主。其三，肯定革命的合理性。汪东认为法国革命是一次反对君主专制的战争，是合理的。康有为攻击它，无非谬托危言，阴阻国人革命。但清廷的暴政既过于法国君臣，中国人民革命

---

① 汤志钧编：《章太炎政论选集》上册，204 页，北京，中华书局，1977。

② 寄生：《正明夷法国革命史论》，载《民报》，第 11 号。

③ 寄生：《正明夷法国革命史论》，载《民报》，第 11 号。

④ 寄生：《法国革命史论》，载《民报》，第 15 号。

也同样是合理的："何以恶革命如耿鸟猛虎洪波巨焰如也"①。

值得指出的是，康有为诋毁革命的一个重要口实，便是革命必酿至伏尸百万、杀人如麻的惨剧。章太炎等人以各国立宪又何尝不流血反唇相讥，虽不无道理，但终因缺少正面作答而稍呈乏力。现在汪东没有回避问题，认真作了回应。他不否认法国大革命发生了杀人流血的场面，但他认为"天下之事，惟有所忍，乃能有所不忍，而大不忍之心即存于此须臾之忍之间也"。革命缘救民而起，"革命即不能不杀人流血，杀人流血，忍事也，忍而为之即将以达其舍身拯民不忍人之心也"。革命不能不流血，这是残酷的（"忍事"），但千百万人却因此解脱专制之苦，可见它同时即包含着最大的仁慈（"不忍之心"）。因此，革命乃舍身拯民正义的伟业，又如何能诬之为洪水猛兽呢？从中外历史上看，有道之士往往以"犹豫不忍"而致败，但"悍毒之奸雄"，却能"以凶恶捷疾胜"②。故徒然标榜"不忍人之心"而阻遏革命，即无异于助专制奸雄以虐民，其罪岂不上浮于天！汪东的见解义正词严，无疑是有说服力的。

汪东对整个法国大革命的认识并不完全正确。他将罗伯斯庇尔为首的雅各宾派认作革命中的消极力量，显然有失偏颇。这大约是因其取材日人的著作而受影响所致。此外，为了排满宣传的需要，他既肯定路易十六昏聩残暴民曰可杀，又说他"心在国家"与异种的清廷有别，难免陷于自相矛盾。但是，尽管如此，汪东与康有为针锋相对，高度评价法国大革命的历史功绩和有力地论证了革命自身的正义性，这不仅在对法国大革命总体的把握上是正确的，而且在其时对于击破立宪派的谬说助益革命宣传所产生的积极影响，尤其不容忽视。可以说，他达到了章太炎的要求："有以匡之"。

立宪派非难革命的另一重要口实是：革命将招致外人干涉。其时，革命党人的回应多是：中国革命是有秩序进行的，不会伤害外人利益，因而外人的干涉可以避免，闪烁其词，最为空泛无力。但是国粹派着眼于历史经验，对此的回答却是理直气壮。他们认为民族独立只能是抵抗列强的结

---

① 寄生：《正明夷法国革命史论》，载《民报》，第 11 号。
② 寄生：《正明夷法国革命史论》，载《民报》，第 11 号。

果，而历史已经证明列强的干涉也并不足畏：英之于脱兰斯哇，美之于菲律宾，虽大小悬绝，但费时数年，付出了巨大的代价，才勉强使之暂时屈服；而爱尔兰虽隶英有年，却至今不屈。以中国之大，人口之众，而惧外人干涉，岂非可羞之极！"夫干涉亦何足惧"？只要使革命思想普及全国，人人挟一不自由勿宁死之主义，"与文明公敌周旋"，外人必不能亡我中国。不然，"奴隶唯命，牛马唯命，亦终蹈红夷棕蛮之覆辙而已"！① 要言之，着眼于唤起国民以求战胜列强的侵略，而非着眼于追求所谓的"秩序革命"以取悦外人，这正是国粹派的回答以史为鉴根本不同于其他党人的可贵之处。也惟其如此，其对立宪派的反驳也就显得更加有力量。

（三）总结历史的经验，以助益革命政略

国粹派通史致用的思想，同样鲜明地体现在总结历史经验以助益革命政略上：

1. 总结太平天国革命的教训

1903 年章太炎在《革命军序》中就曾指出："洪氏之败，不尽由计画失所，正以空言足与为难耳"②。提醒人们注重革命实践。1906 年他为禺山世次郎撰的《洪秀全演义》作序，又不仅肯定太平天国的事业，而且主张"尊念洪王"，以唤起人们对"国家种族之事"③的关切。但从总的看来，国粹派对太平天国革命的总结，以黄侃《哀太平天国》一文为最重要。黄侃认为，太平天国败亡，其误有三：其于首义之时，借鬼神发难，不失为策略；但义旗既揭，"宜熟审民怀，概然捐其西方天国之教，以毋惊黎庶"，然计不出此，典章文告尽仿基督教，致使万方解体，此其一；建京后，以为大功将成，君臣争权内讧，"以成覆亡之祸"，此其二；将士多出草莽，无知无识，漫无纪律，民间寒心，此其三。应当说，黄侃的概括颇具尖锐性。尤其是第一点。强调太平天国固守基督教的范式，无视民族文化传统与社会心理，结果脱离民众，是其致败的重要原因，更表现独到的见地。同时，黄侃进而强调，革命党人当以太平天国为"龟鉴"，观其所失，"勿

---

① 汤志钧编：《章太炎政论选集》上册，228 页，北京，中华书局，1977。
② 汤志钧编：《章太炎政论选集》上册，192 页。
③ 汤志钧编：《章太炎政论选集》上册，192 页。

蹈其覆辙",并提出以下见解:"治国化民,不可不资于学;安众齐人,不可不慎于教;整军经武,不可不持以人;兢利而互争者,必败之道也。怙权而不恤,众将不忍之"①。这即是强调,革命党人当提高自己的学识素养,出以公心,知人善任。要记取不恤下情、争权夺利,乃是自取败亡的历史教训。黄侃"哀太平天国",从其失败中引出这些历史教训,对于革命党显然是具有借鉴的价值。

2. 反对"借权督抚"说

同盟会成立后,由于一系列武装起义的失败,和客观上清廷借预备立宪削减地方督抚权力,扩大了内外的矛盾,在革命党中"借权督抚"说,一时颇为盛行。它反映了某些党人意志的薄弱,章太炎最早看到了此一问题的严重性。1906 年他在《民报》周年纪念上演讲,就尖锐地指出这是"一种魔障,不可不破"。他不仅强调"借权说"企图"舍难取易",是一种连强盗、会党都不如的"下劣的思想",而且引历史经验证明它不过是一种空想。他说,从历史上看,从来藩镇不是逼到无路可走,断不轻易造反。吴三桂是决心步石敬瑭后尘,甘当儿皇帝的,只是后来撤藩,兵权尽失,才激成大举。现今的袁世凯,清廷不敢轻动,就是动其一人,北洋将校无恙,"一人愿革命,人人都不愿革命,这是万不得成的"。尤其可贵的是,章太炎还进而指出,督抚革命即便有成,于革命也是有害而无益:"且看从古革命史,凡从草茅崛起的,所用都是朴实勤廉的人士,就把前代弊政一扫而尽;若是强藩内侵,权臣受禅,政治总与前朝一样,全无改革。因为帝王虽换,官吏依然不换,前代腐败贪污的风俗,流传下来,再也不能打扫。"所以,他告诫人们,当彻底打消"借权"思想,不怕万难,去建设中华民国②。章太炎的主张,反映了他不妥协的革命精神。其时一些人还担心,督抚权削,革命愈难措手,但章太炎的看法正相反:历史经验同样已证明,督抚无权,正大有利于革命军。后来的事实证明,清廷行中央集权,扩大了统治阶级内部的离心力,在客观上果然有利于革命的发难。章的演

---

① 黄侃:《哀太平天国》,载《民报》,第 18 号。

② 章太炎:《民报一周年纪念会演说辞》,载《民报》,第 10 号。

讲在当时激起了热烈的反响，有力地激励了革命党人的意志。

3. 提出革命当重视和依靠农民的主张

从总体上看，作为革命派的一翼，国粹派较革命党中的许多人更看重农民问题。章太炎的《訄书》中的《明农》、《定版籍》，就是专谈农民问题的。尤其在后一篇文章中，章太炎记叙了自己与孙中山间关于如何解决农民土地问题的讨论。孙中山认为，为了避免"贫富斗绝"的现象，应当实行"不稼者不得有耕田"的政策。他说："夫不稼者，不得有尺寸耕土，故贡彻不设，不劳收受，而田自均"。章太炎根据历史经验，对孙中山的见解深表支持。他指出，同治年间，冯桂芬为郡人减租，世人传为美谈，至请立祠堂。但在实际上，受益者只在世家大户，无田或少田的农民并未受益。由此可知，要助益农民，根本的问题不在减租，而在均田："田不均，虽衰定赋税，民不乐其生，终之发难"。而所谓减租，也"适足以资富疆"而已。为此，章太炎甚至设计了《均田法》。这说明，在地主与农民的对立中，章太炎是同情和站在农民一边的。不过，借鉴历史，明确提出革命党当联合农民革命这一重要思想的，却是刘师培与黄侃。

刘师培在他的《悲佃农》①中指出，中国自古迄今，授田之法，均属失平。这从文字训诂中可以看出来："富"、"蓄"二字，从"田"；"私"、"积"二字，从"禾"；可见古代以田谷多少区分富贫。后贵显者将力农之役转属苗民。"民"古训为"苗黎"，"氓"为农民；而"氓"从"民"声，民、氓互训，则苗民与农仆同。细以劳逸之殊，定尊卑之制，自古已然。同时，刘师培在作了详故考证之后还指出，从周代的井田制开始，中国历代田制都无非是体现着"以野人养君子"的不平等制度。其中，又以清代为尤甚。因此，他认为，土地原为一国所共有，理当为国人所共享。今同为国民，却有多寡有无之别，是为"地权之失平"。劳动之人，义务重而权利轻，徒手坐食之人则反之，且高踞前者之上，是为"人权之失平"。所以，处今之世，要实现共和平权，首先必须破贵贱之级，没豪富之田，"以土地为国民所共有"。而要做到这一点，又非发动农民革命不可："然欲籍豪富之田，又必

---

① 刘师培：《悲佃农》，载《民报》，第15号。

自农人革命始"。刘师培相信，从陈涉以降，农民起义不绝于史，已足证中国农民"非不足以图大举"。革命的成功，公理的昌明，实最终有待农民革命的崛起。黄侃在《哀贫民》一文中也指出，广大贫民的痛苦，根源在"富人夺之"。他大声疾呼，要实现"平等之真"，贫民当奋起革命，推倒富人："殪此富人，复我仇雠，复平等之真，宁以求平等而死，毋汶汶以生也。事之济，贫民之福也。若其不济，当以神州为巨冢，而牵率富人与之共瘗于其下，亦无悔焉尔。哀哉贫民，盍兴乎来"！①

无视农民革命力量的存在，脱离以至于抵拒农民阶级，是中国资产阶级革命的致命伤。上述章太炎、刘师培、黄侃对农民土地要求的关注和主张联合农民革命，无疑是难能可贵的。尽管它未被施行，但其自身的意义并不因此减弱。

综上所述，不难看出，国粹派是革命派中擅长以史为武器无可或替的一翼。可以这样说，如果说国粹派的文化观使其在近代文化史上独树一帜；那么他们在近代革命史上的地位的确立，在很大程度上，则是缘其"通史致用"的结果。

五、努力保存史籍文物

国粹派始终强调保存史籍是保存国粹和进行史学研究的前提，因此于此竭尽全力，卓著建树。

中国古代史籍因清初清朝统治者一再大规模毁禁图书，损失惨重。其后，尤其是鸦片战争后，兵燹屡兴，亡佚益甚。国学保存会一成立便注重收集遗文孤本。其主要途径有三：一是在《国粹学报》不断公开征集。例如，其第4年第2期上就刊有征集黄梨洲遗书的广告，并公布了黄七世宗子提供的52种著作总目；二是发动会员广为访求。1908年年初，黄节从广东来信报告说："日来访求忠义之迹"颇有收获，计访得陈独漉真迹字二幅，清湘残梅一付，并魏征字真迹，元祐党人碑一幅。又去番禺新汀屈翁

---

① 黄侃：《哀贫民》，载《民报》，第17号。

山故乡访其遗书。在广州复发现了郑所南、史可法等人真迹，拟或购借或摄影而归①。此种访求通过留学生扩展到了日本。《国粹学报》常刊有报告日本各图书馆收藏中国古籍情况的来信。1907 年刘师培甫到日本即报告：在东京博物馆发现宋版《玉篇广韵》、医书数种、唐石刻及字画等②；三是通过书贩收购。国粹派为收集珍贵史籍历尽艰辛，可从邓实访求《钱牧斋初学集笺注》、《有学集笺注》看出来。钱谦益为清初著名学者，乾隆时著作遭禁毁，"几于只字不存"。迄晚清，藏书稍出。邓实自谓："余托书贾物色将近十年，今乃获之(指《初学》、《有学》二集)"。此前，他已先访得钱著《投笔集》、《吾灰集》及钱笺杜诗等，但尚缺钱氏所选《列朝诗集》及其文集、尺牍。他在《国粹学报》上撰文说："至今未得，心常怦怦，世有藏者，如能割爱，余固不惜兼金以相酬耳"③。不惜重金收购，足见其用心良苦。但也唯其如此，获致颇丰。例如，是时《龚定盦集》不下十数种，但所据不外武林吴氏本、平湖朱氏本而已，皆未得见魏源定本及其子龚孝珙手编定本。1907 年邓实辗转获得《定盦诗文》手稿 4 卷(9～12 卷)，是为龚孝珙在魏源定本的基础上重定之手编原迹。1910 年又获致龚孝珙定本前 8 卷，由是《定盦全集》始有定本，包括《定盦外集》、《定盦诗定本》、《定盦词定本》、《集外未刻诗词》，成为其时收集最全的龚自珍著作合集④。此外，《章学斋述学驳义》四篇，世无传本，由学诚世交处抄得之；《战国纪年》(40 卷，晋陵汤氏撰)，得之闽贾，不见著录，为旧抄本；《大广益会玉篇》(30 卷，梁顾野天撰)，唐本久佚，此为最旧的元刻本。如此等等。

国粹派不同于旧式收藏家，满足孤芳自赏，而是千方百计力图使征集到的史籍广为流传，以供世用。其主要方式也有三：一是于《国粹学报》辟"撰录"一门，"蒐罗我国佚书遗籍，征采海内名儒伟著皆得之家藏手钞未曾刊行者"⑤。迄1910 年，计已刊近世硕儒著作六七百种，明末遗民以至

① 见《国粹学报》，第 4 年，第 3 期"国学保存会报告"。
② 见《国粹学报》，第 4 年，第 3 期"国学保存会报告"。
③ 见《国粹学报》，第 5 年，第 5 期"国学保存会藏书志"。
④ 邓实：《定盦集序》，载《国粹学报》，第 6 年，第 5 期。
⑤ 见《国粹学报略例》，《国粹学报》，第 1 年，第 1 期。

乾嘉道咸诸儒遗文四五百篇①；二是将篇幅较大的史籍，经校勘整理后编辑成专书出版。先后出版了《国粹丛书》、《国粹丛编》、《风雨楼丛书》等大型丛书和《古学汇刊》12集24册；三是开设藏书楼，将珍本秘籍供人借阅。国学保存会藏书楼创于1905年，以邓实、黄节、刘师培个人的藏书为基础，初约6万卷，后扩充至20多万卷。藏书楼虽因经费支绌，几经竭蹶，但坚持定期开放，未尝中断②。为进一步发挥藏书的社会效益，他们不仅编了《国学保存会藏书目录》，还另编有《国学保存会藏书志》，以介绍每本藏书的内容概要。邓实在前言中写道："独念其中孤本、钞本，逸逸而有为海内所未见者，远方同志不克登楼以观，仅读目录则语焉不详，故复为本会藏书志，仿郡齐读书志、直斋书录解题例，条其源流篇目，间录原书序跋，另成一编，使异书佳帙，不必人人得读，而人人无不知有是书，或因是编之绍介，而益以蒐求而遍读焉"③。其保存史籍增益民族学术的热忱，溢于言表。同时，通过上述三方面的努力，也使他们对史籍的搜集保存变得更富有成效。

应当指出，进入20世纪后，外国殖民主义者加紧了对中国史籍与文物的掠夺，已成为古代史籍进一步流失的主要原因。1907年冬，法人伯希和盗走敦煌莫高窟石室约三分之一的藏书，"所有四部各书及经卷之精好者，亦略尽矣"④，就是一个典型的事例。事实上，继伯希和之后，仍不断有西人前往盗购。日本书贩也不甘落后。晚清文网疏阔，早先的一些禁书渐有复出。日人贮巨金趁机在苏州等文化古城收罗，"每一部出即收购以去"⑤。1907年日人田中青山以区区25万两之资，收买了久成江南之望的陆氏"皕宋楼"十万卷极其珍贵的藏书，舟载以归。是为中国史籍的又一次重大损失。国粹派看到了史籍、文物外流日趋严重，又进而揭露侵略者的掠夺，

---

① 见《国粹学报》，第6年，第11期"广告"。
② 顾颉刚先生早年就利用过该藏书楼。他说："有时我从苏州到上海去，那里《国粹学报》馆中设立了一个小型图书馆，我就不放过了"(《我是怎样编写〈古史辨〉的？》，见《古史辨》第1册)。
③ 邓实：《国学保存会藏书志》，载《国粹学报》，第4年，第2期。
④ 罗振玉：《鸣沙山石室秘录》，载《国粹学报》，第5年，第10期。
⑤ 《国学保存会藏书志》，见《国粹学报》，第5年，第5期。

大声疾呼国人奋起保护祖国史籍、文物。

1908 年 10 月，上海中西绅商举办中国"古瓷赛珍会"。邓实在《爱国随笔》中报道了这一消息，同时提醒国人说：中国古物以瓷器最为西人所重，故不惜重价收购，载归其国，每年所值不下百万，几至搜罗净尽。是因古物中惟瓷器一类为西人所易晓，能辨其真伪，非同金石彝器、名书法绘，需考订文字，赏鉴最难。但是，随着西人居华日久，考古日新，必收及书画金石，"吾恐中原重宝，日流海外，愿世之收藏者知所保存，勿令数千年之文献无征也"①。这是很有远见的。事实上其时西人已经开始大规模收罗中国古代的书画金石。罗振玉指出："洛中近日治铁道，故古物日出不穷。然欧美人以重价购求，凡古陶器及古造像之金涂者，每年流出海外者不少"②。某西人甚至刻好了赝品，试图盗走西安著名的唐代"景教流行中国碑"；后只因事发未能得逞。因此，一些爱国的收藏家也对此开始留心。1909 年，一位官僚出身的收藏家惧家道中落，不肖子孙"持此奇货贩之异域"，临终前特遗命将曾以百金购得的明大儒刘蕺山真堂轴一幅，转赠给国学保存会。为此，国学保存会在刊登此消息的按语中强调指出："蕺山先生为明大儒，饿死报国，大节凛然，可与日月争光。……年来古贤真迹流之海外不可数计，为人子孙不能保其先人遗物，至嗜利不惜以界外人，此真狗彘之不食，若郑君者可以风矣"③。尤具深意的是，《国粹学报》第 4 年，第 7 期全文译载了参与收买"皕宋楼"藏书的日人岛田翰的文章《皕宋楼藏书源流考并购获本末》。作者在文中不仅盛赞"皕宋楼"藏书弥足珍贵，而且毫不掩饰自己以区区之资购此宝物的得意："吾平生之素望尽于此……不亦人世之大快事乎"？"此举也，虽（实）曰于国有光"。译者因之在"附识"中说：陆氏藏书所收俱江浙诸名家旧本，如今异域长归，"反不如台城之炬，绛云之烬，魂魄犹长守故都也，为之太息者累月"。往后日商来华，其他藏书将继之乎？"用特印行皕宋楼源流考，以告有保存国粹

---

① 邓实：《爱国随笔》，载《国粹学报》，第 5 年，第 1 期。

② 罗振玉：《俑庐日札》，载《国粹学报》，第 5 年，第 2 期。

③ 见《国粹学报》，第 5 年，第 6 期，"通讯"。

之责者"①。其激励国人珍惜祖国典籍的拳拳之心，实足以动人。

其时国粹派已经意识到，要有效防止文物外流，单凭个人的力量是远远不够的，它需要借助国家的力量，颁布文物法："我国若不定古物保存律，恐不数十年古物荡尽矣，可不惧哉"!② 他们当然懂得，在反动腐朽的清政府统治下，此不过是一种空想罢了。但是，惟其如此，上述他们在十分困难的条件下为保存祖国文物、史籍所作出的种种努力和所取得的卓著建树，就愈显其难能可贵。

---

① 见《国粹学报》，第 4 年，第 7 期。
② 见《国粹学报》，第 5 年，第 1 期。

第六章　国粹派的伦理思想

　　近代中国历史的发展过程，也就是中国社会的近代化过程。所谓近代化，就其深层的内涵而言，实指国人的心理结构、价值取向、道德观念等的近代化。国粹派的伦理思想，在自然人性论的基础上，不仅批判了主张纲常名教和"存天理，灭人欲"的封建旧伦理旧道德，而且极力提倡"群重己轻，舍私为公"的新道德，并强调通过共和革命的社会变革，为造就国民"完全人格"①和建立"人人自由，人人平等"新型的社会伦理关系，开辟道路。显然，国粹派的伦理思想，究其命意所在，既是要助益现实的共和革命，同时，也即是体现了对中国社会近代化的执著。

一、"性有体用"的自然人性论

　　国粹派的人性论是其整个伦理道德思想的一个重要基石。他们继承了明、清以来进步思想家反对宋儒"存天理，灭人欲"的积极思想成果，并赋予自己人性论以鲜明的资产阶级性质。这集中表现在他们提出了"性有体用"的自然人性论。

　　"人"是什么？在国粹派看来，人不过是自然界进化的产物。人与万物一样，同由"原质"构成，所以，一旦死去，原质重新化合为他物，"而人性亡矣"②。至于人不仅有血气，而且有心知，这可由胚胎学来说明。人的心知、智虑非如古人所说"气"，而是男女精虫胚胎化育的结果。"人所以有知者，分于父母，精虫胚珠是也。二者又摄引各点以为我有，使成官

---

　　①　刘师培：《伦理教科书》，第 1 册，第 31 课，见《刘申叔先生遗书》，第 64 册，宁武南氏铅印本，1936。

　　②　章太炎：《菌说》，见汤志钧编《章太炎政论选集》上册，134 页，北京，中华书局，1977。

骸，而七情益扩，故成此知识，由于两情相搏，以生神明也"①；也可借生理学来解释："天下事事物物，易与五官相触……耳、目、鼻、口、手、足，咸有神经可以与脑髓相连。若偶与事物相接，则事物之象即由神经达脑髓，与电信同。……惟身有所感，则心有所触，故心即恃身而有知。然既与事物相感，则人心遂生思辨之能……能比较斯能分析，积之既久，由此推彼，由彼推此，而大小、高下、精粗、美恶，遂由人心中而辨别矣"②。

人既为自然进化的产物，又何以解释关于人性善恶自古争论不休的问题呢？国粹派正是在阐发自己认定人性无善无恶的见解的过程中，提出了"性有体用"的自然人性论。

这在马叙伦阐释最为周详。他在《论性》长文中说："是故性者，弥纶磅礴于天地之中，无物而不具者也。虽然所同具者性之体，而所不同具者性之用"。所谓"性之体"，就是指万物所同的物质构成，即"气化之自然"；所谓"性之用"，就是指无机物、植物、动物间有无血气心知的差异。不过，其"性有体用"说又分两个层次：就"气化自然"为万物"受生之质"而言，属宏观层次；就人具有"无所教而然"的特性而言，则属微观层次。所以他又说，人的"手、足、耳、目百体俱有性"，感情而动，手握、足履、耳听、目视，则为性之用。其性无善恶论，主要就后一层次发挥。马叙伦认为，古人所以纠缠于性善、性恶之争，要在不知性有体用之分。孔子曰"性相近也，习相远也"。所谓"性相近"者，即指其性之体，所谓"习相远"者，即指其性之用。习有善恶，而性不与焉。他说："然则生之谓性之体，生者气化之自然，无分于善恶。习之谓性之用，习于善则善，习于恶则恶。……是不明性有体用，不足与论性"。人性的本身无所谓善恶。人性有似目，目可以视，但视者何色，却非目所能决定的；人性又似土，土可以陶，但陶者何形，也不是土所能决定的。所以，人性有体必有其用，但

---

① 章太炎：《儒术真论》，见汤志钧编：《章太炎政论选集》上册，121 页，北京，中华书局，1977。

② 刘师培：《伦理教科书》，第 1 册，第 11 课，见《刘申叔先生遗书》，第 64 册，宁武南氏铅印本，1936。

用诸于善还是恶，又与体无关，"犹夫不能责目以视白而不视黑，责土为陶方，而不陶圆也"①。

刘师培不仅同样主性无善恶，而且他分性为"本体之性"与"作用之性"，也不外借"性有体用"说立论。虽少马叙伦周详阐释，却更显简括有力。在他看来，所谓"本体之性"，就是"人性未与事物相感时之性"，人的本于生初所具有的血气、心知及缘此而然的刚柔智愚，构成了"性中所含之材"，即为"性中之实体"。因此，就本体而言，人性无善无恶，"人之初生，未尝知善，则性中安得有善？未尝知恶，则性中又安得有恶？未尝有善有恶，故曰无善无恶性之体也"②。刘师培更明确地将所谓人性的"体"，界定为人的自然属性，即"性中之实体"。在他看来，"实体"仅具人的种种潜能，其未感物而动前，自然是无善无恶的。

尤其需要重视的是章太炎的性论。由于他主要以法相宗唯识论为自己性论的哲学基础，故其见解愈带思辨色彩。章太炎认为，宇宙间唯有类似康德所谓的"自在之物"的"如来藏"即"真如"，才是唯一真实的存在，它是天地的本源。"万物皆无自性"，宇宙间的万事万物，包括人及人性在内，流变不定，非住，非常，非实，因而都只是一种暂时的、虚幻的和运动变化着的现象。人、人性是由"八识"构成的。其中，最主要的是第八识，称阿罗耶识或阿赖耶识。它是"真如"本体的产物，内含万有"种子"，为前七识的依据，故又称"根本依"。第七识是末那识，它是人的肉体存在，一方面依托阿赖耶识，一方面又为眼、耳、鼻、舌、身、意六识所依存的"意根"。其作用在于联结阿赖耶识与前六识。"末那者，此言意根。意根常执阿罗耶以为我。二者若束芦相依以立，我爱、我慢由之起"。意识与眼、耳、鼻、舌、身识的功能，在于感知外界色、声、香、味、触，并经意识整合，将众多的感觉印象综合为统一的观念储入阿赖耶识之中。"意根之动，谓之意识；物至而知接，谓之眼、耳、鼻、舌、身识。彼六识者，或施或受，复归于阿罗耶藏。万有者，谓之初种；六识之所归者，谓之受熏

---

① 马叙伦：《论性》，载《国粹学报》，第 3 年，第 8 期。

② 刘师培：《东原学案序》，载《国粹学报》，第 1 年，第 5 期。

之种"。① 章太炎正是根据"八识"在不同层面上的运演、构连以及反馈、存储，形成了自己对"我爱"与"我慢"、"审善"与"审恶"等一系列人性范畴的判断。

章太炎论性的基本思路，虽然没有超出"性有体用"说的范围，但其内涵前后却有很大的不同。大体说来，当他早期从唯物的哲学本体论论性时，其见解同于马叙伦、刘师培，主性有体用而无善恶。例如，他根据英国唯物论哲学家陆克（洛克）"人之精神，本如白纸"的唯物论见解，强调善恶始于后天，人性无善无恶："（人性）自社会言之，则有善恶矣……无善无恶，就内容言；有善有恶，就外交言，本无异义"②。所谓"内容"，指认识的本体，即未感物前的人的自然特性；所谓"外交"，指感物后的人性。这显然有类于马叙伦、刘师培的见解。1906 年后，章太炎借法相唯识宗和德国唯心论哲学，重新建立自己的哲学本体论和认识论。由是，他极力强调佛性与人性的区别，认为人及人性不过是"八识"幻成，其本源在"真如"，自无善无恶；而既成人及人性，则必有善有恶："人之本性，所谓藏识无善无恶者，勿论也。而末那意根，虽无记而有复，常执藏识以为自我，以执我之见见于意识，而善恶之念生"③。章太炎在《俱分进化论》中又说："生物本性，无善无恶，而其作用，可以为善为恶。是故阿赖耶识，惟是无覆有记；无记者，即无善无恶之谓。其末那识，惟是有覆无记；至于意识，而始兼有善恶无记"④。这里表面仍主"性有体用"说，但其内涵较前已不可同日而语。因为，其时章太炎已在强调万物皆非实有，原质、以太之说本妄，故其上述所谓无善无恶的"生物本性"，实指未与意根联结，"不自执以我"的阿赖耶识即"真如"的本体："即以生为性是阿罗耶识也。阿罗耶者未始执我，未始执生。不执我，则我爱、我慢无所起，故曰无善

---

① 章太炎：《辨性上》，《国故论衡》下卷，见《章氏丛书》。

② 朱维铮、姜义华编：《章太炎选集》，86 页，上海，上海人民出版社，1981。

③ 章太炎：《五无论》，见《章太炎全集》（四），436 页，上海，上海人民出版社，1985。

④ 章太炎：俱分进化论，见《章太炎全集》（四），389 页，上海，上海人民出版社，1985。

无不善也"①。所谓"其作用可以为善为恶",实指阿赖耶识与意根联结启动的"八识"运演:"自尔以来,由有覆故,种种善恶,渐现渐行,熏习本识,成为种子"②。要言之,后期的章太炎实转而主张"佛性为体,人性为用"了,故又改称性有善有恶。

从总体上看,以马叙伦、刘师培、章太炎为代表,国粹派提出"性有体用"的自然人性论,是要从根本上廓清关于"天命"、"天理"一类的神秘主义,以与宋儒传统的性论划开界线。同时,他们的此种思路,显然也是借鉴了明清以来一些思想家积极的思想成果。事实上,所谓"性有体用",本身即是借用了王阳明的提法。所以,刘师培说:"王阳明有言,无善无恶,性之体;有善有恶,性之用;此语最精"③。但国粹派的性论主要还是借鉴了戴震的思想。戴震著有《孟子字义疏证》、《原善》二书,力斥程、朱性论之非,以为"人死于法,犹有怜之者;死于理,其谁怜之"!为古代性论开一新生面。国粹派对此十分看重。马叙伦《论性》,其文开头一句即谓:"自古论性者众矣,吾独挹乎休宁戴氏东原之说"④。刘师培撰有《戴震传》、《东原学案序》、《孟子字义疏证解理字》诸文,自谓"予束发受书即服膺东原之训"⑤。章太炎也肯定戴震论性,以为"其中坚之言尽是也"⑥。可以说,国粹派的人性论是在戴震论性的基础上,吸收西学新知和佛学理论(尤其是章太炎)而发展起来的。当然,在此一过程中,国粹派赋予了自己的人性论以鲜明的资产阶级性质。所以《国粹学报》对戴震的上述二书作这样的介绍:"二书之价值,其排斥专制主言共和,并与卢骚之民约论、黄梨洲之明夷待访录,并垂天壤者也"⑦。径将之比作共和革命的经典。这虽有失牵强附会,但其论性的命意所在,于此却可见一斑。

---

① 章太炎:《辨性上》,《国故论衡》下卷,见《章氏丛书》。
② 章太炎:《俱分进化论》,见《章太炎全集》(四),389页。
③ 刘师培:《伦理教科书》,第1册,第10课,见《刘申叔先生遗书》,第64册,宁武南氏铅印本,1936。
④ 马叙伦:《论性》,载《国粹学报》,第3年,第8期。
⑤ 刘师培:《东原学案序》,载《国粹学报》,第1年,第6期。
⑥ 章太炎:《释戴》,见《章太炎全集》(四),122页。
⑦ 见《国粹学报》,第4年,第1期"广告"。

同时，也唯其如此，国粹派继承了戴震的批判精神，以自己"性有体用"的自然人性论，进一步批判了宋儒"二性"论及"存天理、灭人欲"的谬说。

宋儒区别人性为二，即"天理之性"与"气质之性"。他们认为，"性即是理"，理是天地万物的本源，是绝对的"善"。因此，它是"天理之性"即性的本体，具有普遍的意义；而理体现于具体的人时，已是与"气"相杂，形成了"气质之性"。所以，朱熹说："性者，人之所得于天之理也"①；二程则谓，"人生而静以上不容说，才说性时，便已不是性也"②。人性就是先验的"天理"与"气"的混合。宋儒所以主张"二性"说，要在于他们视仁、义、礼、智封建的道德为先验的"天理"，绝对的"善"，同时却视人的情欲为遮蔽"天理"的绝对的"恶"，因而倡言"存天理，灭人欲"的禁欲主义。

在国粹派看来，宋儒的"二性"说，从根本上便是荒谬的。马叙伦说，谓性有体用则可，"谓有二性，而以不见诸形气者为一性，见诸形气者为一性"，这如同肯定木性可以为器，土性可以为瓦，却又说为器者已不是木性，为瓦者已不是土性一样荒唐。朱熹释"天命谓性"曰："命犹令也，性即理也。天以阴阳五行化生万物，气以成形，而理亦赋焉，犹命令也。于是人物之生，固各得其所赋之理以为健顺五常之德，所谓性也"。马叙伦认为，这里充满了逻辑上的混乱：既认理合于五常之德而后为性，则性为人造，已非"天命之谓性"；若谓性为"善根"，则尽可直说性有五常之德，"何必曰各得其所赋之理，以健顺五常之德所谓性乎"③？同时，宋儒的荒谬还在于，不懂得人的血性、心知本为"性中之实体"，即情、欲乃人性所固有，舍去人的肉体及其具有的七情六欲，所谓人性，尽成虚言。章太炎说："盖内有精虫，外有官骸，而人姓始具。使官骸皆殒，而精虫独存，则无声色香味诸欲，而独有牝牡之情。若去就桥起雌雄片合之始而已。此则于生人全性之中而得其见端，倘不能谓性具于是也"④。精虫可以

---

① 《孟子·告子上》注。

② 《二程遗书》卷1。

③ 马叙伦：《论性》，载《国粹学报》，第3年，第8期。

④ 章太炎：《菌说》，见汤志钧编《章太炎政论选集》上册，133页，北京，中华书局，1977。

造人，但精虫不等于人。因为它仅蕴含着未来"生人全性"的端倪，尚不能说化育成了人性。唯有精虫与赋有色香味诸欲的肉体合一，活生生的人始告诞生，人性也遂臻于成。由此可见，人性就体现在由精虫、肉体、情欲有机谐和的人的生命之中。刘师培从人的情、志、意、欲渐次发生的心理过程，对此作了更加细腻的论述。他认为，人生之初即具喜、怒、哀、乐、爱、恶之情。情生于性，性不可见，情正为其外烁。志、意、欲则是缘情而发：人情之动由于感物，情动则为志，心念缘此起则为志。心念既起，心有所注，意有所求，则不得不思遂其志，而欲念以生。故欲既是缘情而发，同时又是情的见诸实行。总之，"无情则性无所附丽，无意、志、欲，则情不可见"①。从人的心理发展看，也足见情欲乃人性所固有。

但是，他们强调，情欲又不仅仅是人性固有之质，更重要的还在于，它实为推动包括人在内生物进化及社会进步最深刻的内驱力。植物何以能进化为动物？动物何以能由低级的蜃蛤水母，递进为甲节、脊骨，复自鱼以至鸟兽而为猿狙猩狒，以至为人？根本原因即在于生物具有"求明"进化的欲望："夫自诸异物而渐化为人者，此亦以思自造者也"②；人类又何以能走出茹毛饮血的洪荒时代，使社会风习日趋文明？原因就在于人类具有"求进于优美"的强烈欲望："蒸人之性……被智机之鼓荡，欲望因而弥奢，则不宁觞酌樽俎之间，欲求其美而已……（人群）所尚好者，莫不欲求进于优美，缘是而风俗日侈而岁繁"③；同样，人智何以日开，利用厚生的工艺技术何以日明？这仍然是得力于人欲杠杆的推动："林蒸之群，欲性弥奢，奢则所求者多，给其欲者，不可不众，此人情之大略也。非艺术何以供其给哉，故曰工以成立，岂虚言也"④。应当说，国粹派将情欲视为社会进化的根本动力，是不正确的。道理很简单，人们的情欲不能不受到一定社会政治、经济、文化诸多因素的制约，即人们不能随心所欲地创造历史。但

①　刘师培：《理学字义通释》，载《国粹学报》，第 1 年，第 8 期。
②　章太炎：《菌说》，见汤志钧编《章太炎政论选集》上册，132 页，北京，中华书局，1977。
③　醒狂子：《风俗遗传论第六》，载《政艺通报》，1907 年，第 15 号。
④　马叙伦：《㽔天庐古政通志·艺术志序》，载《国粹学报》，第 1 年，第 5 期。

北京师范大学史学探索丛书

是，他们力图指出下面一点，却不无道理：宋儒的荒谬又不仅在于不知情欲为人性所固有，人无欲则不生，因而绝对禁欲实际上是不可能的；而且还在于，他们借封建名教的势力强制推行"克私断欲"的僧侣主义，严重地压抑、禁锢了国人的进取心和创造精神，因而也就阻滞了社会文明的进化。

当然，国粹派反对视人欲为绝对的恶和禁欲主义，并不意味着他们即主张视人欲为绝对的善和主纵欲主义。他们主张对人欲要有所分析，对属于男女饮食的"嗜欲"，要加以节制；但对名誉、财产等"人生所恃以进取"的"希望之欲"①，就不应当阻遏。因此，他们与宋儒论性的根本分歧，不在于是否承认人须接受道德的约束，而在于如何看待"天理"与"人欲"。《乐记》曰："好恶无节于内，知诱于外，不能返躬，天理灭矣。夫物之感人无穷，而人之好恶无节，则是物至而人化物，人化物也者，灭天理以穷人欲者也"。宋儒由此引出了"天理"与"人欲"对立的命题；但是国粹派却借近代民权理论对此作了全新的诠释：天理即公理，人人守公理，即人人自保其权利，而不可侵犯他人的自由，人而以权力强加于人，侵犯他人的自由，则是"穷人欲"。穷人欲、背公理，即《乐记》所谓"灭天理"。故穷人欲固非，却不得谓"有欲即与天理相背也"②。情欲为性之质，本无所谓善恶，但既感物而发，必不能尽出于正，善恶判断因之继起。所谓礼义、天理或公理，皆非先验的存在，而恰恰是人类为实现合群进化，对自身情欲行理性制约的结果。从这个意义上说，礼义、天理、公理也正是人欲的产物。章太炎写道：

> 人之嗜欲，著于声、色、香、味、触、法，而仁义即由嗜欲而起。独夫为我，即曰贪贼；能近取譬，即曰仁义。故《易》称利物足以和义，明非利亦无所谓义也。有义则分际有远近，而恩施有隆杀。是故至仁之行，可以强恕求之，而其量无可尽之理。随俗雅化，则周、孔不能舍刍豢；有物勿戕，则释迦亦不能啖（废）菜果，此皆以义裁断

---

① 刘师培：《东原学案序》，载《国粹学报》，第 1 年，第 5 期。
② 刘师培：《东原学案序》，载《国粹学报》，第 1 年，第 5 期。

者。而谓至戚不异于行路，华种于间于皙人，其可乎？是故内圣外王，无不托始于六根三欲，制为礼义，所以养欲给求，而为之度量分界。①

刘师培更进而认为，戴震论性以为义理即情欲，王船山认天理即在人欲之中，其见解皆符合卢梭的民约论："民约不云乎，民约也者，以为人之天性，虽有智愚、强弱之不同，而以义理所生为制限。盖卢氏之所谓义理，即戴氏之所谓情欲，此船山所以言天理即在人欲之中也，非情欲之外，别有所谓义理"。"宋儒倡说以权力之强弱定名分之尊卑，于是情欲之外，别有所谓义理，三纲之说中于民心，而君上之尊遂无复起而抗之者矣"②。将儒家先验的"天理"化解为合于近代民权论的现实性的公理；为受传统禁锢的人欲正名，尤其倡言人们追求名誉、财产恃以进取的"希望之欲"不容压抑，这无疑有力地表明了，国粹派所力为申论的正是反映了近代资产阶级利益与要求的人性。

同时，国粹派从自己"性有体用"的自然人性论出发，既将善恶归于后天的价值判断，便自然要进而触及人性所必然包含着的社会性问题。刘师培等人指出，不仅人性无善恶，而且事实上所谓善、恶的概念本身，缘人种、民情、风习的不同而不同，也并无一成不变的判分标准。例如，在中国，以"不争权利，服从君父为贤"；在欧人，"则以为放弃自由"。在印度，以妇殉夫为贤；在西人，却斥之为"伤贱人命"③。这实际上是指出了人性后天的善恶，主要取决于周围的社会环境。但刘师培等人的见解未能得到进一步展开，较比起来，章太炎关于"我爱"与"我慢"、"审善"与"审恶"、"伪善"与"伪恶"的思辨所触及的社会性问题，就显得更加开阔。所谓"我爱"，《唯识论》曰："我爱者，谓我贪，于所执我，深性耽着，故名我爱"。所谓"我慢"，则曰："我慢者，谓倨傲恃所执我，令心高举，故名

①　章太炎：《菌说》，见《章太炎政论选集》，133 页。
②　刘师培：《中国民约精义》卷 2，见《刘申叔先生遗书》，第 16 册。
③　刘师培：《伦理教科书》，第 1 册，第 17 课，见《刘申叔先生遗书》，第 64 册，宁武南化铅印本，1936。

我慢"。对此，章太炎的解说不尽相同，在他看来，人"有我爱故贪无厌"，但人又因此知人人有我，"知之，故推我爱以爱他人"；"我慢"则是"求必胜于人"。二者藏于意根，固为善恶之府，但不是绝对的。"我爱"表现为"善"，却非无我："爱者不过能近取譬人，撚我咽犹奋以解之。故虽爱犹不欲人之加我也"；"我慢"表现为"恶"，却非无可取："假令无我慢者，则是无厚无生者不自立，有生者无以为生"。人不可能只有单一的"爱"或"慢"，必令二者相辅相成：有"我爱"，人有好适之性；有"我慢"，人有好胜之性。"我慢足与他人竞，我爱足与他人和……我慢之性使诸我相距，我爱之性使诸我相调"，"是故爱慢异流而同其柢"。在这里，章太炎实际上是指出了人类具有构成自身社会所必需的人性与社会性相统一的人性基础，因而他进而强调，治国者必须尊重人性，善于引导人们的"爱"，"慢"之心，使之相得益彰，促进社会的进步与和谐："大上使民无主客尊卑，以聊合骊，以调海内；其次，善为国者，舒民之慢，无夺民之爱。舒慢，故尊君之义日去，其尊严国体亦愈甚；无夺其爱，故不苟人之隐曲也"①。据此，压抑人性的君主专制制度，自然没有存在的理由。

"审善"、"审恶"与"伪善"、"伪恶"相应，前者指缘肉体而生，无所为而为的人的本能，后者则指因社会环境而起，有所为而为的人的行为，二者不可等视。章太炎尤其是在阐发"伪善"、"伪恶"的过程中，使自己的见解深化了。他指出，出于道义或纳交要誉成就圣贤等诸多目的而行善的"伪善"现象，人们类能知之；但于被迫行恶的大量"伪恶"现象的存在，却无所容心，甚至以为无可救治，实属偏见。他说："今人何故为盗贼奸邪？是饥寒交迫之也；何故为淫乱？是无所施泄迫之也；何故为残杀？是以人之堕我声誉权实迫之也。……此其为恶，皆有以为者，是故予之伪恶之名"。一些人沦为盗贼娼妓以至于相互残杀，实为饥寒交迫、流离失所和强权压迫所致。其行为虽构成了"恶"，却非源于"性恶"，而是违心与被迫的"伪恶"。显然，章太炎同样是把不公正的社会环境，看成是造成人性扭曲的主要原因。他不赞德国学者萧宾霍尔的观点，以为"恶不可治，善不

---

① 章太炎：《辨性上》，《国故论衡》下卷，见《章氏丛书》。

可勉"；相反，他认为，"审善"、"审恶"不易去，但"伪善"、"伪恶"则易去。"人之相望在其施伪善，群之苟安，待其去为恶"。"伪恶"唯有待"伪善"去之："伪之与伪，其执足以相灭"①。但是，既然产生"伪恶"的根源在于社会环境，那么作为消除"伪恶"根本手段的"施伪善"，自然当逻辑地归结为人们对现实的不公正的社会制度的自觉改造了。尽管章太炎在事实上未能明确地指出这一点，但他毕竟尖锐地揭示了"伪恶"的社会现象，并提出了相应的救治构想，这在实际上就为时人提示了一种积极的思路：摆脱人性善恶的空谈，而转向思考社会现实的改造。其思辨的深刻之处，正在于此。

由上不难看出，国粹派提出"性有体用"的自然人性论，有力地批判了宋儒的"二性"论和主张"存天理，灭人欲"的谬说。他们不仅肯定争取名誉、财产"希望之欲"的合理性，而且相信唯有在实现了自由、平等、民权、公理的合理的社会环境中，人性才能得到真正健全的发舒。这些无疑都反映了国粹派对自己正为之奋斗的资产阶级社会的渴望与憧憬。

但是，国粹派人性论的弱点，也是显而易见的。

普列汉诺夫说："援引人的本性，即援引脱离特定社会关系的一般人的本性，就等于抛弃历史现实的基础，而指靠抽象的概念，这条路直接通向空想"②。

所谓人性或人的本质，说到底，是人的自然特性和社会特性的统一，"在其现实性上，它是一切社会关系的总和"③。国粹派始终未能理解和把握这一点。他们是将人的自然特性认作人及人性的本质。国粹派的"性有体用"论，强调性无善恶，而归善恶于"用"，实则仍未出二元论。目视白而不视黑，固然不能责目，如同土陶方而不陶圆，不能责土然，但是，国粹派忽略了：令目视白而不视黑，令土陶方而不陶圆的，不正是人自身吗？具有同样自然属性的人，在现实中有不同乃至完全对立的选择，这显

① 章太炎：《辨性上》，《国故论衡》下卷，见《章氏丛书》。

② 《普列汉诺夫哲学著作选集》，第 3 卷，637 页，北京，生活·读书·新知三联书店，1961。

③ 《马克思恩格斯全集》，第 3 卷，5 页，北京，人民出版社，1974。

然是"体用"论所无法解释的。国粹派既认性有体必有其用,又强调性无善恶,而归之"用"的结果,这一本身也不符合逻辑。究其原因,就在于他们在人的自然属性(所谓"性体")与人的行为(所谓"性用")之间,恰恰抽去了作为社会关系总和与行为主体的人自身!即是说,他们把人的善恶、情欲仅仅看做是人"感物而动",或叫"性体作用"的结果,这样,所谓人、人性、善恶、情欲,便都因被剥离了"历史现实的基础",而成了空洞、抽象的概念,自然难得自圆其说。同时,他们虽然在一定程度上看到了社会环境对人性的影响,从而彰显了自己性论的反封建的锋芒。但他们又显然是将以自由、平等、博爱相标榜的西方资本主义制度,憧憬为发舒人性的理想王国。而在他们更多看到了西方社会的弊端和幻想破灭之后,其对自己的"性有体用"论的自信也不能不发生动摇。这集中表现在刘师培、章太炎等人转向无政府主义后,便纷纷放弃了"性无善无恶"的初衷。刘师培为证明"无政府主义平等社会"的合理性,改主"性善"论①;章太炎则改主"性恶"论②,并以此为根据,进而提出"五无论":无政府、无聚落、无人类、无众生、无世界③。陷入了厌世虚无的迷津。至此,无论是刘师培,还是章太炎,原先的所谓"性有体用"论,固然已无从谈起,而自甘放弃了。

二、"群重己轻,舍私为公"的道德观

国粹派"性有体用"的自然人性论,既相信性无善恶,善恶仍起于后天的行为;由此,他们重视道德问题,便是很自然的。

国粹派是在强调人不可能脱离社会而独存,社会没有统一的规范也无法维持这一辩证认识的基础上,强调道德的价值。在他们看来,社会是合众人而成的有机体。就个人而言,为社会之分子,谓之"么匿",或谓之小

---

① 刘师培:《无政府主义之平等观》,载《天义报》,第4、5、7期。

② 朱希祖说:"太炎讲人之根性恶,以其具好胜心,二物不能同在一处,即排斥性也,而断定愈文明之人愈恶,愈野蛮其恶愈减"(《朱希祖日记》,见《章太炎年谱长编》,291页)。此外,章太炎在《五无论》中也说:"性恶之故,不得不废政府"。

③ 章太炎:《五无论》,见《章太炎全集》(四)。

己；合一群而言，谓之"拓都"，或谓之团体。"拓都为么匿之范围，么匿为拓都所限制"①。这就决定了，若细胞不可能离人体而独活然，个人也不可能脱离社会而独存："今夫人不与社会相扶助者，是势所不能也。虑犹细胞血轮，互相集合以成人体，然细胞离于全体，则不独活"②。换言之，社会的存在乃是个人生存的前提条件。但社会既合众人以成，要维持其和谐、统一，作为规范国民行动的道德，便成了不可或缺的要素，自当视为人群之鸿宝、人类赖以进化的资粮。邓实说："民德者，人群之鸿宝，社会之金玉也。使无此德，则人群社会不能终日，而瓦解决裂矣"③。马叙伦则谓："人不可无德？何也？德者生存之资、进化之粮，人而无德则所谓无资粮，人而不自修德，则所谓自弃其资粮也"④。

同时，人既赖群以存，即食群之利，享群之福，则尽个人义务以回报群体与社会，当是天经地义的。"个个重公德，日日讲合群，所以报答社会的恩赐，是人类第一等的义务"⑤。这又决定了，人类道德的真谛，归根结底，就在于"爱群"："人之大德曰群"⑥。因此，欲爱我必先爱群，欲利我必先利群，"群重己轻，舍私为公"，又当是社会道德最重要的原则。邓实写道："对一己则尽一己之私义，对一群则尽一群之公义。处正例之时，则群己两利，公私并重；处变例之时，则群重己轻，舍私为公，宁使群之负我，不可使我之负群；宁使我之益群，不可使群之益我。息息以一群之存亡得失为一己之存亡得失"⑦。值得注意的是，这里并没有一概否定个人的利益，只是强调在公私发生冲突的特殊情况下，道德的原则应当是舍私为公，舍己为群。所谓"群"，在现实中，就是指民族、国家、社会；故他们强调，"牺牲小己以利国家，实为今日重大之道德也"⑧。

---

① 刘师培：《伦理教科书》，第2册，第21课，见《刘申叔先生遗书》，第65册。
② 章太炎：《四惑论》，见《章太炎全集》（四），445页。
③ 邓实：《鸡鸣风雨楼民书·民德》，载《政艺通报》，1904年，第10号。
④ 马叙伦：《绎理》，见《癸卯政艺丛书》，政学文编卷6。
⑤ 林獬：《国民意见书》，载《中国白话报》，1904年，第13期。
⑥ 醒狂子：《醒狂斋治言·崇德》，载《政艺通报》，1903年，第19号。
⑦ 邓实：《鸡鸣风雨楼民书·民德》，载《政艺通报》，1904年，第10号。
⑧ 佚名：《论食古不化与食新不化》，载《警钟日报》，1904-07-28。

国粹派把民德的兴衰视为民族、国家兴衰的根本所系。因为，在他们看来，积人成群，合群为国，国强固由群强，而群强则缘其群力、群智、群德之日进。比如一器之成，金石为之则弥坚，沙土为之则易碎，要其原因即在于前者质坚，胶粘之"爱力"自坚，故能抵外力而不坏；反之，后者质脆，胶粘"爱力"自弱，故不胜外力而易损。此固物理，却足以喻人道。一群之民，道德劣恶，其国终衰，道德优美，其国必昌。西方所以强盛，即在于"人人知爱其群"，① 民德兴；中国所以劣败，也恰恰在于国人不知爱群，民德衰。这表现为二：一是国人只知有家、家族，不知有群体、国家。文明国的"国民爱力"，皆以一群为限，中国人的爱力"只晓得爱一家"。因此，其于家族有益的事情，没有一桩不做，于家族有害的事情，没有一桩敢为，于国于群有益的事情"自然没有工夫来过问了"②；二是国人好猜忌，少诚信，一盘散沙。"西人之心机，用之于物，而华民之心机，用之于人"。国人交友，往往不能推诚相待，言非由衷之言，行为伪托之行，好以空话相饰。其为事，则言行不一，或视契约为空文，或当约期为虚设，更有甚者，则以险诈相高。故其一盘散沙，合作共事尽成虚言③。国粹派强调民德兴衰关系着民族、国家的命运，不无道理；中国民族也自有其弱点；但他们对问题的估计，却过于偏激。中国民族历来有提倡"天下兴亡，匹夫有责"忧国忧民的优良传统。近代以来，中国人民不甘屈服，前仆后继，一再掀起轰轰烈烈的反帝爱国运动，都说明以偏概全，将中国民族说成只知爱家不知爱国，一盘散沙，无由共事，显然并不符合实际。至于邓实竟谓，中国民德不兴、转生出"鄙"、"吝"，"私"、"刻薄"、"卑屈"、"晏安"、"退缩"、"谄媚"、"龌龊"等无数"凶德"。"社会上下，怀奸挟诈，寡廉鲜耻。若斯之国，岂尚曰人国？谓之下等之动物，谓之非人类而已"④。一味抹杀，更是错误的。

---

① 邓实：《政群》（五）、（六），载《政艺通报》，1903 年，第 6 号。

② 林獬：《国民意见书》，见张枬、王忍之：《辛亥革命前十年间时论选集》，第 1 卷下，908 页。

③ 刘师培：《伦理教科书》，第 2 册，第 20、32 课，见《刘申叔先生遗书》，第 65 册。

④ 邓实：《鸡鸣风雨楼民书·民德》，载《政艺通报》，1904 年，第 10 号。

在国粹派中，章太炎对中国民德的估计，另辟蹊径。章太炎提出，"今之道德，大率从于职业而变"。他分社会职业为十六种：农人、工人、裨贩、坐贾、学究、艺士、通人、行伍、胥徒、幕客、职商、京朝官、方面官、军官、差除官、雇译人。他认为，农人终岁辛劳，被迫反抗，从死如饴，"于道德为最高"；此外，"朴学之士多贫，理学之士多诈，文学之士多淫"；近世军人"与盗贼最相似，而盗贼犹非最无道德者"；商贾仗清廷敛财害民，"斯乃所谓大盗不操戈矛者"；各级清朝官吏无非削民自娱，督抚监司更不惜"交通强国以自引重，投命异族，贰心旧君"，自然更等而下之。以十六种职业次第道德，大致自艺士以下，多在道德之域，通人以上则多不道德。"要之，知识愈进，权位愈申，则离于道德也愈远"①。章太炎的本意，是主张对国民的道德应有所分析，避免笼统论定。这自然较邓实等人为高明。同时，他强调辛劳贫苦的广大劳动人民，其道德实较卖国残民的清廷显贵为高，也不失创见。但也无须讳言，从总体上看，章太炎的判断仍然失之简单化。因为，从根本上说，道德的兴衰高下，与职业划分并无必然的联系。以"艺士以下"、"通人以上"为界，划定道德与非道德的范围，固属主观臆测；事实上，就是清廷的官吏、军人，也当有所分析。林则徐、关天培、邓世昌等人就不便说无道德。此外，商贾并非皆大盗；朴学之士未必多贫，理学之士未必多诈，文学之士也未必多淫。至于章太炎断言："知识愈进，权位愈申，则离于道德也愈远"；径将知识与道德对立起来，更属大谬不然。

然而，应当指出的是，国粹派对国人公德衰堕的批评，虽不免偏激，但他们于其致衰原因的探究，却是值得重视的。他们反对一些人将此归咎于中国人种的低劣，认为这与人种无关，其主要原因在于：第一，中国以家族为本位的社会组织结构使然。西洋社会"以人为本位，中国以家为本位"，故西洋以个人为单位，以社会为整体，其间并无阻隔；中国则不然，个人与社会之间，别有家族阻隔。同时，西洋家族以夫妇为中心，中国家族重父子一伦，尤以孝德为首，名分日严，压制日甚。职是之故，西洋社

---

① 章太炎：《革命之道德》，见《章太炎政论选集》上册，314～318 页。

会人我、群己相通，成一"完全社会"，其国民自然易生公益观念而民德兴："盖以己身对于社会，则社会为重，己身为轻，社会之事皆己身之事也"；中国社会则囿于家族、名分，人我、群己相隔，"中国无完全社会"。故其国民"以身为家族之身，不以身为社会之身"①，即"在人人知有己，而不知有群；知有家，而不知有国"②。只讲私德，虽不乏仁美，但爱力所及，仅以家族为范围，其公益观念自难进步，而民德不彰。第二，君主专制政治束缚的结果。在千年专制政体之下，中国从未形成真正的公、私观念，即不明公、私的界说。中国历来解"公"字，实等于王公之"公"或"官"言。《诗·大田篇》云："雨我公田遂得我私"。此"公"即指朝廷之君主。历代帝王据本非己有之物为"公"，而于民自营之业则目为私，"于民则禁其为私，于己则许其为私，盖至此而中国无真公私矣"。同时，帝王托公而忘私之名，使人忠于一姓，及其图公益谋公利，则又剥夺人民集会结社与言论的自由。国人既无由参与公事公益，其公德心自然无从发舒。刘师培说："以专制之祸涣人民之群，此固国民轻公德之第一原因"③。邓实也说："盖受于数千年专制政体之熔铸，无道霸者之芟锄，外族朝廷之压制，种此恶因，成此恶果，……中国民德之堕落，遂及世而莫能改也"④。国粹派将中国民德不彰，直接归因于封建的家族制度和君主专制政治，这无疑是十分正确的。

自戊戌维新时期严复大声疾呼"新民德"之后，志士仁人的道德论，无不以唤起国民公德心为重。例如，梁启超的名著《新民说》即专辟有"论公德"一节，说"道德之言，所以利群也"。中国政治不进，国势日衰，"此皆由知有私德，不知有公德"⑤。这是中国民族岌岌可危，急待国人合群自救的具体历史条件决定的。国粹派所以执著"大德曰群"，力主"群重己轻，

---

① 刘师培：《伦理教科书》，第 2 册，第 18、36 课，见《刘申叔先生遗书》，第 65 册。

② 邓实：《鸡鸣风雨楼民书·民德》，载《政艺通报》，1904 年，第 10 号。

③ 刘师培：《伦理教科书》，第 2 册，第 19 课，见《刘申叔先生遗书》，第 65 册。

④ 邓实：《鸡鸣风雨楼民书·民德》，载《政艺通报》，1904 年，第 10 号。

⑤ 梁启超：《新民说》，见李华兴、吴嘉勋《梁启超选集》，215 页，上海，上海人民出版社，1984。

舍私为公"，其命意同样也在于此。章太炎指出："生于其国而人偶其国，亦人之性然也。是故君子不耻不能御外侮，而耻不能仁种类；不耻海滨之不靖，而耻萧墙之无以自固"①。刘师培也谓："处竞争之世，非合群无以自存，而同族人民互相团结，实为合群之始基"②。但讲得最恳切的是林獬。他在《国民意见书·论合群》中说："如今当这种竞争的世界，我们所应该对付的有两种：一是共同一致对着□(满)洲政府，实行攘夷；一是共同一致对着大陆各国，实行自卫……(故国民当)赶紧讲求那合群的方法"。"顾着公义，彼此无分上下，通通合起来，求达以上两个大目的，中国前途才有一线之望。倘然不是如此，亿万人有亿万人的心，自私自利，不顾大局，等到亡国灭种的时候，大家同归于尽，还有什么益处"③？为了推翻清朝专制统治，实现民主共和；为了抵御列强的侵略，实现民族独立；国人当以国事为重，同舟共济，合群奋斗。能用如此诚挚、清晰的语言，将兴民德与中国人民反帝反封建的历史使命鲜明地联系在一起，于其时并不多见。这是国粹派的道德观的难能可贵之处。同时，也唯其如此，他们没有满足于指陈民德衰敝的现实及其原因，而力图进一步探究其救治的途径与方法，就是很自然的了。

与上述自己判断的中国民德致衰的原因相应，他们提出了救治的途径与方法，大体可归结为三：一是必须改造传统的家族制度："使非改良家族伦理，则平等之制难期实行，而国民公共之观念，亦永无进步之期矣"(其具体改良主张，下一节将详叙)④；二是实行国民教育，具有公德心的国民的资格不是天生的，"专靠着少时教育，慢慢地养成一种好资格"⑤。林獬认为，人类天生赋有"爱情"，但其发舒，却有"天然"与"非天然"，即无意识与有意识的分别。对于饮食男女、家族财产、功名利禄的"爱情"，

① 见汤志钧编：《章太炎年谱长编》，68页。
② 刘师培：《伦理教科书》，第2册，第12课，见《刘申叔先生遗书》，第65册。
③ 见《辛亥革命前十年间时论选集》，第1卷下，911～912页，北京，生活·读书·新知三联书店，1972。
④ 刘师培：《伦理教科书》，第2册，第18课，见《刘申叔先生遗书》，第65册。
⑤ 林獬：《儿童教育谈》，载《中国白话报》，第7期。

属于前者；对于国家、社会、自由的"爱情"，则属于后者。二者"制若天渊"。人的"爱情"要由"天然"、无意识升华为"非天然"、有意识，即由爱私转向爱公，其根本的契机则在教育："却因受了教育以后，天然会发生这乙类的爱情"。教育的功能便是在于"能够把爱的根性培植得好"，使人人自觉爱社会、爱国家，形成国民的公德，造福群体。欧美、日本国民"爱情"的发展多属"非天然"，中国反之，多属"天然"。差别即在于中国缺乏国民教育。因此，要振兴民德，发展国民教育就是刻不容缓的了①。三是借革命建共和，为新民德创造前提条件。作为革命党，国粹派既把专制政治的束缚视为民德衰堕的第一原因，他们自然要逻辑地将全部问题归结为借革命建共和，为新民德创造前提条件。章太炎在《驳康有为论革命书》中提出，"公理之未明，即以革命明之；旧俗之俱在，即以革命去之"。这里所谓明公理去旧俗，自然也包含着借革命兴民德。林獬强调，充分享受诸如思想、言论、出版、集会、身体、财产、婚姻、契约等"各种自由权"，是培养国民公德心的前提，这与专制政治水火不相容。所以，必须推倒清政府："仗义据理，声罪致讨，起个大大的革命军，革你这专制朝廷的命了"②。邓实也认为"新社会必新政治"，世界历史潮流已无可阻挡地正由专制时代转向共和时代，中国也只有实现了共和，国民道德才有可能焕然一新。他写道："惟其共治也，故全国人民合群智群力以建设一政府，自制定法律而自守之。……20 世纪之时代，其有一国雄飞大地呈种种之新道德新伦理以照耀世界者，吾知其必中国也"③。

在 20 世纪初年，为倡新民德而一般地抨击传统的家族制度与专制政治，固然是梁启超等立宪派所能为的；但是，将新民德最终归结为推翻清政府的共和革命，却是国粹派的道德论判然有别于后者的根本所在。这只要看看梁启超的《新民说》力斥革命为"瞎闹"，就很清楚。然而，在这里，我们更需要强调的是，国粹派进而提出了"革命之道德"论，从而使自己的见解愈趋深化和更著特色。

---

① 林獬：《国民意见书》，载《中国白话报》，第 13 期。
② 林獬：《国民意见书》，载《中国白话报》，第 13 期。
③ 邓实：《论中国群治进退之大势》，载《政艺通报》，1903 年，第 11 号。

1903 年后，随着许多知识分子转向革命，革命党的队伍迅速扩大。但泥沙俱下，成分愈杂，其内部的宗派情绪日渐显露，少数人的蜕化乃至于变节的现象，也时有发生。革命党人当如何保持自己的革命情操，以共举大业的道德问题凸显了。国粹派实较其他党人更早自觉到了这一点。早在1903 年，剑公就在《政艺通报》第 14 号上发表了《忧群》一诗，表达了此种忧虑。他写道：

> 念专制为虐，惨惨忧心长；欧美大革命，所赖实政党；支那今何如，尚在幼稚时；政党始芽蘖，无堪催刈之；而况党中人，攻击日以滋；入主而出奴，言论卮复卮；所言亦有□，其心已至私；匈奴尚未灭，男儿何家为；而乃自拊敌，痛哉祖国危；怵邑余侘傺，此理莫或察；屈己以卫群，群己两发达；屈群以利己，群败己亦拨；远望登高山，长歌寄天末；酌酒舒我忧，酒竭忧难遏。

章太炎经"苏报案"的磨难，于此感受尤切。1906 年甫出狱东渡，他在东京留学生欢迎会上就提出了要促进革命首先当办好"两件最要的"事情，其中第一件便是"增进国民的道德"[1]。不久，他又发表《革命之道德》[2]长文，力为申说，可见其用心良苦。

章太炎认为，"道德衰亡，诚亡国灭种之根极也"，此固然就一国而言；但事实上，即便就同国之内不同政治力量间的较量而言，同样也是"唯有道德者可以获胜"。如果说，历史上的楚汉之争，汉高祖之属"皆以身冒白刃"，激励将士用命，终胜项氏，是提供了这正面的例证；那么，近世戊戌之变和庚子自立军之役，则是提供了反面的例证。戊戌诸子，谭嗣同、杨深秀卓励敢死；林旭、杨锐等非为国事，徒以"萦情利禄，贪著赠馈"，导致人心离散，故"戊戌之变，戊戌党人之不道德致之也"。同样，自立军之役，唐才常"日狎妓饮燕不已"，党人自发之。及唐死，军需复为其他党人所窃。其败灭，"庚子党人之不道德致之也"。章太炎把道德说成

---

① 章太炎：《东京留学生欢迎会演说辞》，见《章太炎政论选集》上册，272 页。

② 章太炎：《革命之道德》，载《民报》，第 8 号。

是决定一切的因素，是将道德的作用夸大了。而且，把戊戌维新失败的主要原因，归咎于维新派道德低下，也不恰当。但应当承认，志士仁人谋国事，其个人道德情操的高下，直接关乎事业的成败，却是不争的事实。章太炎以此激励革命党人，强调革命事业既远较改良为艰难，其于党人的道德要求也自然更高。此一见解无疑是正确的。章太炎说："今与邦人诸友，同处革命之世，偕为革命之人，而自顾道德，犹无以愈于陈胜、吴广，纵令瘏其口、焦其唇、破碎其齿颊，日以革命号于天下，其卒将何所济"？某些党人好以"公德不逾闲，私德出入可也"①自我解嘲，但是，章太炎以华盛顿入激流救人为例，强调一个人优于私德，亦必优于公德，薄于私德，亦必薄于公德。马叙伦于此持同样见解："天下未有公德圆满而私德有怨者，又未有私德不修而公德能无缺者"②。总之，他们强调，党人必当修德，而无须问其公、私：无道德者必不能革命。

在他们看来，所谓"革命之道德"，并不复杂，归根到底，只需做到两点："公廉"与"贞信"。"方今中国之所短者，不在智谋而在贞信，不在权术而在公廉"③。所谓"公廉"，即能去富贵利禄之心。章太炎注意到，在留日学生中，初往者多"颖锐陵厉"，慷慨激昂，但学愈就，则气愈堕。所以加入义勇军大抵是留学不及一年之人，而革命党中热衷于倡言"借权督抚"者，则必为学业已就者。究其心理，无论是"劳苦为学，固将以求报偿"④，还是借口向督抚"借权"，以求"事发不为害，革命成仕宦如故"，都无非沉涵于富贵利禄。故名利之念不亡，而欲其杀敌致果，舍命不渝，是不可能的。不仅如此，革命党人而谋"借权"，必将是"权不可借而己反被借于人"⑤。所以，他说："我们今日想要实行革命，提倡民权，若夹杂一点富贵利禄的心，就像微中霉菌，可以残害全身"⑥。

---

① 章太炎：《革命之道德》，见《章太炎政论选集》上册，311页。
② 马叙伦：《畛说》，见《癸卯政艺丛书》，政学文编卷6。
③ 章太炎：《革命之道德》，见《章太炎政论选集》上册，311页。
④ 章太炎：《与吴君遂书》，见《章太炎政论选集》上册，225页。
⑤ 章太炎：《革命之道德》，见《章太炎政论选集》上册，319页。
⑥ 章太炎：《东京留学生欢迎会演说辞》，见《章太炎政论选集》上册，273页。

所谓"贞信"，就是重然诺，轻生死，勇于实践道德。章太炎说："今之革命，非为一己而为中国，中国人人所共有，则战死亦为人人所当有"。"道德者，不必甚深言之，但使确固坚厉，重然诺，轻生死，则可矣"。他有感于革命党中有些人以巧诈为贤能，以贞廉为迂拙，"虽歃血苴盟，犹无所益"。故立一会，建一事，少有始终。其或稍畏清议，而借口更有他事当为；或知祸至，则借远求学术，委而去之；无非勇于高论而怯于践言。因而他强调，革命党人除必须做到顾炎武提出的"知耻"、"重厚"、"耿介"三事之外，当另加一事："有信"，即言必信，行必果，有随时为革命献身的决心和勇气①。黄侃还进而将革命党与立宪党加以比较，指出备尝艰险，抛家舍命，为革命党义所当为。他说，立宪派好名，慕势竞利，故"畏死"，虽口曰不避艰险，实则"藏身最固，避死最精"。其安居一室，所交者大抵皆浮华之士。在国外若政党；返国后，上可为政府之谋臣，下可为诸侯之策士，最下者亦可据一乡以自霸，结一官以自豪。富贵显荣如操左券，妻妾儿女尽享欢娱；反之，革命党人奔走关河，出生入死，所交者大抵皆枯槁之士。甫入境，即指为乱党而受诛，眷属宗姻皆将不保。因此，"两两对观，宜人之乐"，在前者而非后者。图利禄安乐者，当人立宪党，既入革命党，则当自绝名利，重然诺，冒万死以救国，无所迟回："吾党之志，以敢死为先，吾党择人，以谨愿为要"②。所论义正词严，令人荡气回肠。

由上可见，章太炎诸人将革命道德概括为"公廉"与"贞信"，具有极大的尖锐性。革命党既能出以公心，又能言而有信，百折不挠，生死以之，则何坚而不摧！他们强调在完善革命的战略、战术之外，尤其须突出革命党人道德即人格的感召力量，不仅适应了革命发展的需要，而且也有力地说明了，在孙中山为首的革命派中，许多人实不乏为民族奉献的真诚与锐气。辛亥革命的成功，在一定意义上也可以说，正是千百万真诚的革命党人实践了革命道德的结果。

---

① 章太炎：《革命之道德》，见《章太炎政论选集》上册，322 页。
② 黄侃：《论立宪党人与中国国民道德前途之关系》，载《民报》，第 18 号。

同时，国粹派不仅倡言振兴革命道德，而且也力图指出其必由之路。章太炎认为，不脱富贵利禄思想的孔学不可用，惟当借重佛教，尤其是华严、法相二宗。华严宗强调普度众生，头目脑髓皆可施舍与人，于党人破利禄之念，"在道德上最为有益"。法相宗讲万法唯心，与康德讲"十二范畴"同，主一切有形的色相、无形的法尘均属幻成，如此齐生死，旁若无人，"才得勇猛无畏，众志成城，方可干得事来"①。所以他说："吾所为主张佛教者，特欲发扬芳烈，使好之者轻去就而齐生死，非欲人人皆归兰若"②。希图借佛教的理论，破"我执"，以激励人们的道德心，并不科学，事实上也易导致唯意志论。章太炎主张"依自不依他"和尼采的"超人"主义，就是如此③；但是，在当时的时代氛围下，国粹派，尤其是章太炎的革命道德论，在革命队伍中毕竟产生了很好的影响。景梅九回忆说：章太炎著《革命之道德》一文，"借以坚党人之信志，效率极大。……先生虽以学问独步一世，而对于革命，则以实行为重，曾一度于民报秘密会议席上，嗔责能文同志曰：'我辈以言语鼓吹革命，如祭祀之赞礼生，仅旁立而口喊仪节，而看他人跪拜行礼而已。'同人闻之，多为感动，于是弃笔墨从事于实际革命者，乃接踵发现于内地……皆先生一言之力也"④。当然，章太炎所以能感动人，又非仅仅在于"言"之功，更重要还在于他七经追捕、一次入狱，"在这艰难困苦的盘涡里头，并没有一丝一毫的懊悔"⑤，所充分显示出的力行道德崇高的人格力量。除了刘师培后来背叛革命，证明了他自己并未能脱利禄之念，言而无信，为人不齿外，就国粹派总体或其主要人物而言，多不乏高风亮节。章太炎自不待言，邓实、黄节倾囊维持《国粹学报》，而力拒端方的金钱收买，是如此；宁调元系狱三年，威武不能屈，同样是如此。因此，国粹派倡"群重己轻，舍私为公"的道德论，不仅应乎时代的需要，而且身体力行，直接裨益于革命，是应当看到的。

---

① 章太炎：《东京留学生欢迎会演说辞》，见《章太炎政论选集》上册，274 页。

② 章太炎：《答梦庵》，见《章太炎政论选集》上册，396 页。

③ 章太炎：《答铁铮》，见《章太炎全集》（四）。

④ 景梅九：《悲忆太炎师》，载《制言》，第 25 期。

⑤ 章太炎：《东京留学生欢迎会演说辞》，见《章太炎政论选集》上册，271 页。

三、主张建立"人人自由，人人平等"新型的伦理关系

如前所述，国粹派认为，人性的发舒有赖于创造合理的外部条件，这就是建立自己正为之奋斗的民主共和的新社会。缘是以进，他们又提出建立"人人自由，人人平等"新型的人伦关系。

其时，国粹派所熟悉和崇拜的西方关于自由、平等的理论，主要是卢梭的民约论。刘师培撰著名的《中国民约精义》一书，就是"证以卢说"①，因之人称"东亚一卢骚"②。柳亚子尊卢梭为西方"圣人"，读《民约论》，服膺其天赋人权之说，"遂更名人权，表字亚卢"③。马叙伦更自称对卢梭的民约论，"亦不禁五体投地而赞扬靡止"④。所以，毫不奇怪，国粹派主张建立"人人自由，人人平等"新型的伦理关系，其主要理论根据，实来自于卢梭的民约论。

卢梭认为，自然状态虽是人类最美好的境界，但人类不可避免要遇到每个个人所无法超越的生存障碍。因此，为了"自我保存"，人类不能不结束自然状态，实现联合。重要的问题在于，要找到一种联合方式，使之既能借共同的力量保障每个结合者的利益，同时又能使他们不至于因结合而丧失自身的自由。他将之归结为由人民自由协议产生的社会契约："我们每一个人都以其自身及其全部的力量共同置于公意的最高指导之下，并且我们在共同体中接纳每一个成员作为全体之不可分割的一部分"⑤。这样，人们虽然丧失了"自然自由"，却从这个共同体中获得了社会自由和对于自己所享有的一切东西的所有权；虽然失去了"自然平等"，却获得了社会契约的平等。总之，契约社会将是一种较之自然状态更加美好、稳定、和谐的社会。卢梭的社会契约论有力否定了"君权神授"说，论证了推翻封建君

---

① 刘师培：《中国民约精义·序》，见《刘申叔先生遗书》，第 16 册。
② 棣臣：《题〈国粹学报〉上刘光汉兼示同志诸子》，载《国粹学报》，第 2 年，第 4 期。
③ 柳无忌：《柳亚子年谱》，14 页，北京，中国社会科学院出版社，1983。
④ 马叙伦：《中国民族主义发明家黄梨洲先生传》，载《政艺通报》，1903 年，第 20 号。
⑤ 卢梭：《社会契约论》，24 页，北京，商务印书馆，1982。

主专制的合理性，所以它成了法国资产阶级革命的思想武器。但是，卢梭不是从人的社会关系首先是生产关系上来考察国家、社会，而是以抽象的人作为出发点，把"自我保存"、"个人自由"作为理论前提，由此去推演契约社会，不能不走向唯心主义。事实上，他所构想的自由、平等、幸福的契约社会，终不过是资产阶级理想化的王国。

国粹派对卢梭的理论崇信不已。刘师培指出，庄子主废"人造之自由"，复归"天然之自由"，正与卢梭的旨趣相背，实为大谬。据卢梭的理论，"人造之世"，人们因契约有所失即有所得，所失在于"天然之自由及吾心所欲以力得之者"，即所谓"无极限之权力"；所得则为"人造之自由及吾人所应有而他人不得侵之者也"，即所谓"有限之权利"。守"天然自由"，强者益强，弱者益弱；唯有"人造自由"，始能保通国之民不分强弱，"一心从公，保平等之权"[1]。在他看来，这契约的社会不仅是合理的和美好的，而且，"人造自由"所体现的"保平等之权利"的重要原则，同时也就是人类伦理所应当遵循的普遍的理性原则。他写道："盖行为之自由，固为己身之权利，然自由不能无所限，故有益于人之谓仁，无损于人之谓义。义也者，勿为所不当为也。……即能持人己之平，裁抑一己之自由而不复损人益己，情得其平，与事得其宜之义同。……故义之为德所以限抑一己之自由，而使之不复侵犯他人之自由也"[2]。从另一角度说，"裁抑一己之自由"，也即体现着"人己相关，必权利义务互相均平"。思想行为的自由，固然是己身的权利，但为使他人获得同等的权利，自己就必须承担义务，作出牺牲，"身尽义务即身享权利之基"，故"岂有权利义务之界不明，而克称为伦理者哉"[3]。需要指出的是，由于各自关注的问题的侧重点有不同，刘师培虽然吸收了卢梭的民约思想，但并没有完全沿其思路前进。卢梭强调以保障社会成员个人的自由为重："自由不仅在于实现自己的意志，而尤其在于不屈服于别人的意志。自由还在于不使别人的意志屈服于我们

---

① 刘师培：《中国民约精义·序》，载《刘申叔先生遗书》，第16册，卷1。

② 刘师培：《理学字义通释》，载《国粹学报》，第1年，第8期。

③ 刘师培：《伦理学教科书》，第1册，第6课，见《刘申叔先生遗书》，第65册。

的意志；如果屈服了，那就不是服从公约的法律了"①。刘师培则是要从民约论中引申出人伦关系的普遍原则，所以他不仅将自由与平等紧密联结起来，而且更强调以保障社会成员彼此间的平等为重："不平等即为不仁"②。"欲维持人类平等权，宁限制个人之自由权"③。

强调人伦关系的原则，应当是自由与平等并重，二者不可偏废，是国粹派中多数人的共识。例如，邓实不赞成无政府主义者主张废尽法律，以复人类"天然之真性"。他认为，既有社会、群体，便不能不有公法，"公法者合全国人民之契约而成立者也，公法所以卫群"。人权、自由是可贵的，但必须承认"人人自由，人人平等"人民契约关系的原则，否则"我自由，人亦自由，我滥用其权，人亦滥用其权"，社会便无法维持④。马叙伦也强调："五伦之义皆平等也"⑤。不过，章太炎的见解有不同。他虽然也指出人的自利性与社会性是统一的，"离社会性即无自利，离自利性亦无社会"⑥，因而人不可能是绝对自由的。但他于人类的伦理关系，更强调个性自由，而非人人平等。如许多论者所指出，其《明独》强调"大独，大群之母也"⑦，包含了个性发展是群体发展的前提的深刻思想，固然是反映了这一点。此外，其《平等难》说："吾九皇六十四民之裔，其平等也已夙矣。复从而平之，则惟去君臣，绝父子，齐男女耳"。"故曰：平等之说，非拨乱之要也"。⑧ 同样是反映了这一点。至于他在《齐物论释》中主"一往平等"，则属"泯绝人法，兼空见相"⑨的佛教平等，已非伦理平等本来的

---

① 见《社会契约论》，23 页译注③，北京，商务印书馆，1982。

② 刘师培：《理学字义通释》，载《国粹学报》，第 1 年，第 8 期。

③ 刘师培：《无政府主义之平等观》，见《辛亥革命前十年间时论选集》，第 2 卷下，918 页，北京，生活·读书·新知三联书店，1978。

④ 邓实：《法群第一》，载《政艺通报》，1903 年，第 20 号。

⑤ 马叙伦：《孔氏政治学拾微》，载《国粹学报》，第 2 年，第 5 期。

⑥ 章太炎：《读佛典杂记》，载《国粹学报》，第 1 年，第 3 期。

⑦ 见《訄书》重订本，《章太炎全集》(三)，239 页，上海，上海人民出版社，1984。

⑧ 见《訄书》重订本，《章太炎全集》(三)，236、237 页，上海，上海人民出版社，1984。

⑨ 见《章氏丛书》。

意义。

但是，无论如何，刘师培等人是以"人人自由，人人平等"为原则，重新审视中国社会传统的伦理关系。

他们认为，中国传统伦理的核心，就在于"以三纲立教"，即倡所谓君为臣纲、父为子纲、夫为妻纲，"纲则压制束缚之义"。但事实上，在人类童年的原古社会，人知其母不知其父，既无君民尊卑之别，遑论纲常名教①？"三纲"乃起于后儒的谬说。上古圣人揭示出君臣、父子、夫妇、兄弟、朋友五伦，仅为对待之词，并无尊卑之意。孔子言五伦，主父慈子孝，夫义妇贞，兄友弟恭，君臣以礼，朋友以信，就体现了"五伦之义皆平等"。"三纲"之说始见《春秋繁露》，马融遂以君为臣纲、父为子纲、夫为妻纲释《论语》。迄宋儒高谈义理，其说大昌，尤其是程、朱继起，"隐崇斯旨，钳制民心，以三纲立教，而名分之说遂为人主所乐闻，立之学宫，颁为公令"②。由是，祸中生民，中国伦理其道益苦。他们强调传统伦理之弊，集中表现在两个方面：

其一，伦理尽失自由、平等的真意，而陷于极端的不自由、不平等。中国家族伦理既由宗法而生，"对于亲有所施，对于己而无所制。神州伦理之缺憾，其端在此"③，"三纲"之说也正缘此而起。人而不容有自由、平等的权利，是中国传统伦理最大的悲哀。马叙伦说："曰君为臣纲，父为子纲，夫为妻纲，而后君与父与夫者，处至尊严赫然以临其臣及与子与妻；为之臣与子与妻者，一若奴隶者于仆皂供给统系，生死苦乐，莫得自命。且莫之失，为君与父与夫者得以绳人，而君与父与夫之横暴毒虐，畅其禽兽之行者，为臣与子与妻者，不得报而罪之"④。刘师培则指出，为君、父、夫者，"只有权利而无义务"；为臣、子、妻者，"有义务而无权利"⑤；"三纲"说兴，伦理失自由、平等之意，"中国之伦理遂为束缚人民

①　刘师培：《攘书·罪纲篇》，见《刘申叔先生遗书》，第18册。
②　刘师培：《东原学案序》，载《国粹学报》，第1年，第5期。
③　黄节：《黄史·伦理书》，载《国粹学报》，第1年，第8期。
④　马叙伦：《孔氏政治学拾微》，载《国粹学报》，第2年，第5期。
⑤　刘师培：《攘书·罪纲篇》，见《刘申叔先生遗书》，第18册。

之具矣"①。

其二，宋儒倡修身，束缚了人性。伦理之道既因人己关系而起，为保人人权利义务相均平，修身作为实践道德之基，自是不可少，但是，宋儒倡修身却大失偏颇。依民约公例，所谓"义"、"德"，"乃于自由之中加以制限，非因裁制自身之故，而并失身体之自由"。宋儒空谈心、性，其言"恭"，却"以礼仪为桎梏，束缚身体自由"。例如朱子所定《小学》及《家礼》，"于一己之身裁制极严，不侵他人之权利，致并失一己之自由"。更有甚者，则"以己身为桎梏"；其言"敬"，主闭目静坐，存心虚漠，几乎寂灭。要言之，宋儒训"恭"为"拘"，训"敬"为"静"，虽足收敛身心使之有以自律，但"活泼之风，进取有为之志"，却为所拘，终致尽驱"天下之人于自废"。且人人咸失自由，则人人无乐生之趣，使防维稍弛，必荡检逾闲，各逞其欲，"是恭敬者，又实以激天下之人，而使之自肆也"②。这即是说，宋儒的"恭"、"敬"，既违人性，只能制造虚伪不诚的国民。同时，"退让"虽不失一种美德，但宋儒排除一切必要的抗争，不仅使人人去竞争之心，失进取之志，且于他人侵犯己身之自由也不敢反抗，"含垢忍辱"，是自甘"放弃一己之自由"。而"放弃权利与辱身等"，故一味退让，又为国人失人格的一大原因③。

在国粹派看来，上述两方面的弊端互相发明，为害尤烈。其荦荦大者，即在于造成了中国只发达家族伦理，而社会伦理衰微，即公私之界不明，民德不兴。中国自古以来，便以为父母在，"为子者当对父母尽伦理，不得对社会国家尽伦理"，故先王因之制礼，有所谓"身体发肤受之父母，不敢毁伤"，"父母在不远游"，"父子不得同时立朝"，等等。由是，"子与亲之关系日深，而民与国之关系日浅"，这自然妨碍了社会伦理的发达和国民公德的培养。更有甚者，若伍子胥因报父仇，引吴灭楚。"夫所仇者仅君主一人，乃引异国复祖国，则为一国之公敌矣"④，足见公私之界不

---

① 刘师培：《伦理学教科书》，第1册，第2课，见《刘申叔先生遗书》，第65册。
② 刘师培：《理学字义通释》，载《国粹学报》，第1年，第9期。
③ 刘师培：《伦理学教科书》，第1册，第31课，见《刘申叔先生遗书》，第65册。
④ 刘师培：《伦理学教科书》，第2册，第4课，见《刘申叔先生遗书》，第65册。

明。同时，从权利、义务相统一的观点看，国人束缚于"三纲"，"若自身以外，皆非其权力所能及，即非其责任所得与"，于国事、天下事既无权参与，国民以天下为己任的责任心、公德心，自然也就无从发舒①。此外，传统的修身做法，主明心尽性，洁身自好，脱离实践，蔑视功利，其于社会国家无所补益。即是导"天下皆为无责任之人"②。国民而无责任，即国民而不尽社会义务，社会伦理不得发达，群弱国衰，不亦宜乎？要言之，中国几千年来以纲常名教为核心的伦理道德，不是"真道德"，而是"伪道德"，因为它从根本上违背了"自由、平等、博爱"人类的天性，故其"惑世诬民，则真甚于洪水猛兽"③。

与自己的道德论相一致，他们最终同样是把问题归结到封建专制制度的肆虐，因而极力强调，只有在推翻了以清政府为代表的君主专制制度和建立起民主共和的社会之后，"人人自由，人人平等"新型的伦理关系才有可能建立起来。马叙伦说："夫欲拨乱而反诸正，其道必自掊专制而主共治始"④。黄节也指出："何其为然也？三纲者辅翼专制者也，专制者破坏伦理者也"。"今惩专制之祸，观世者至欲举三纲而废之，夫是岂不然邪？……今欲大废三纲，必自扫除专制……"⑤。但是，这并不影响他们积极构想建立中国未来的共和社会所应有的新型的伦理关系。毫无疑问，在他们的心目中，新时代的伦理首当确立"人人自由，人人平等"的原则。为此，"知有己不知有人"的中国杨学及西方的自利主义，和"知有人不知有己"的中国墨学及西方的利他主义，皆不足训；因为二者多执一偏，均不明"人己相关之义"⑥。其次，中国传统伦理学重家族及个人伦理，于西方式的社会伦理，几付阙如，"所以伦理一门的教科，不能不参采外国的"⑦。最后，也是最繁难和最重要的乃是家庭伦理的改造问题。他们强调，传统

---

① 黄节：《黄史·伦理书》，载《国粹学报》，第 1 年，第 4 期。
② 刘师培：《伦理学教科书》，第 1 册，第 31 课，见《刘申叔先生遗书》，第 65 册。
③ 柳亚子：《论道德》，载《克复学报》，第 3 期。
④ 马叙伦：《孔氏政治学拾微》，载《国粹学报》，第 2 年，第 5 期。
⑤ 黄节：《黄史·伦理书》，载《国粹学报》，第 1 年，第 4 期。
⑥ 刘师培：《伦理学教科书》，第 2 册，第 21 课，见《刘申叔先生遗书》，第 65 册。
⑦ 林獬：《国民意见书》，载《中国白话报》，1904 年，第 10 期。

的家庭伦理固然弊端横生，但当主改良，不容言废除。道理很简单，"于一族不能和睦，又安望其能合群，于亲属不能施恩，又安望其能博爱①?"伪托新学，轻言废家庭伦理者，必是欲自纵其身的不负责任者。具体讲，他们提出了以下改良中国传统伦理的构想：

1."父子平等"。"天地之性人为贵，人皆天所生也，托父母气而生耳，父不得专也"②。父母养育子女未尝无恩，因之，子女有回报之责；但二者既同属人类，从根本上说，彼此就应当是平等的，而不当有尊长卑幼之分。古书训"父"为"矩"，训"母"为"牧"，即父母于子女非徒爱养，"使爱而不教，即失其为父之道"。为子当有孝亲之责，所谓"孝"，服劳奉养，仅是其狭义，更重要的还在于"爱利亲之谓孝"，即"非徒顺亲"，才有益于亲。父之言合于公理固当从，不合则须"正亲之失"。孔子言无改于父之道，"乃指父道之善者而言，非可概论也"③。总之，"欲新家庭伦理，必自父子平等始"④。

2."男女平等"。传统伦理不平等，其中又以男尊女卑为最甚："三从七出，所以禁锢女子之体魂；无才是德，所以遏绝女子之灵魂"⑤。在封建伦理之下，人人失自由，而女子缠足穿耳，复由奴隶而为玩物，其道尤苦。所以，新伦理不仅当自父子平等始，同时还须"自男女平等始"⑥。不过，国粹派主男女平等，不仅仅着眼于新家庭，更主要还着眼于社会革命。他们认为，女子为文明之母，女权不昌，其国必衰；中国最重男尊女卑，故其国势衰堕不足为奇。柳亚子为此撰《哀女界》指出，扶植女子共谋进步，以造福于女界，即以造福于中国："他日义旗所指，羽檄西驰，革命军中必有玛尼他、苏菲亚为之马前卒者，巾帼须眉相将携手以上20世纪之舞台，而演驱除异族、光复河山、推倒旧政府建设新中国之话剧……"。

①　刘师培：《伦理学教科书》，第2册，第2课，见《刘申叔先生遗书》，第65册。
②　黄节：《黄史·伦理书》，载《国粹学报》，第1年，第8期。
③　刘师培：《伦理学教科书》，第2册，第3课，见《刘申叔先生遗书》，第65册。
④　黄节：《黄史·伦理书》，载《国粹学报》，第1年，第7期。
⑤　柳亚子：《哀女界》，载《女子世界》，第9期。
⑥　黄节：《黄史·伦理书》，载《国粹学报》，第1年，第7期。

所以，他大声疾呼，首先女子当自奋起，争取自由人权及"一切平等"之权："世界无公理，国民有铁血，人以强权侵我之自由，吾即以强权自拥护其自由"①。

3. 行一夫一妻制。中国自古一夫多妻，男子可再娶，女子却须从一而终，复有"饿死事小，失节事大"的谬说，"而婚姻之道苦矣"。此固为男女不平等的又一重要表现，但其为祸，不止于此：夫虐其妻，姑虐其妇，妻复虐妾，嫡庶纷争，阴险惨毒，"家庭之苦，不可明言"②；"一夫多妻制，使神州伦理有江沱之叹"③。故刘师培认为，欲泯夫妇之争和家庭的虚伪，"必自男女平等始，欲男女平等，又必自一夫一妻始"④。黄节更进而指出，一些人以广嗣续为一夫多妻制借口，不知此为宗法时代的观念。上古人类稀少，故以繁衍传宗为重；今人类既繁社会日进，"则无取乎以嗣续为多妻借口者，对于祖先之伦理抑进矣"⑤。

4. "婚姻自由"。"中国婚姻之权操于父母，以素不相识之人，强之使合"⑥，大违男女情爱之理，要使夫妇情笃、家庭和谐，"必自婚姻自由始"⑦。时人多以自由结婚将生苟且之事为由，力斥其非。但林獬认为，苟且之事或有不免，但天下事不能"因噎废食"，重要的是提高人们的学识，"人到有了学问，那品行自然会端正起来"，"自由"二字是无须害怕的⑧。柳亚子在上海就曾大胆与某女士自由恋爱，虽因家庭阻挠未成，但他 1906 年与后来的夫人结婚，却是举行"文明结婚"⑨。其在婚姻问题上的反封建精神是十分鲜明的。同时，与主张"婚姻自由"相联系，国粹派否定封建的贞节观念。他们认为，汉以降，女子贞节之名兴，是夫权日隆的产物。男

---

① 柳亚子：《哀女界》，载《女子世界》，第 9 期。
② 刘师培：《伦理学教科书》，第 2 册，第 9 课，见《刘申叔先生遗书》，第 65 册。
③ 黄节：《黄史·伦理书》，载《国粹学报》，第 1 年，第 7 期。
④ 刘师培：《伦理学教科书》，第 2 册，第 19 课，见《刘申叔先生遗书》，第 65 册。
⑤ 黄节：《黄史·伦理书》，载《国粹学报》，第 1 年，第 7 期。
⑥ 刘师培：《伦理学教科书》，第 2 册，第 10 课，见《刘申叔先生遗书》，第 65 册。
⑦ 黄节：《黄史·伦理书》，载《国粹学报》，第 1 年，第 8 期。
⑧ 林獬：《国民意见书》，载《中国白话报》，1904 年，第 12 期。
⑨ 刘师培：《伦理学教科书》，第 1 册，第 6 课，23 页，见《刘申叔先生遗书》，第 65 册。

子"恐女子之舍己他适，乃以权力压抑之；又恐己死之后，女子不能为己守也，乃创为殉节之说，以压抑女子于无形"。清议为之表扬，国家为之奖励，女子多惑虚名，夫死殉节，其道可哀。刘师培说："天地之性人为贵，今也以身殉夫，在夫为不仁，在妻为不智，不仁不智，何得谓之知礼哉①"！应当指出的是，刘师培等人虽然主张婚姻自由，反对女子守节殉夫，但他们均未能提出女子还当享有离婚的自由。黄节甚至认为，在实行一夫一妻制之后，即当"示以女子无二适之文"②。同样，苏曼殊主张恋爱自由、一夫一妻，同时却又强调"一与之齐"，"终身不改"③。可见，他们毕竟尚缺乏进一步的勇气。但柳亚子则不同，他认为，传统的所谓"女德"、"妇道"，都不过是"伪道德"。男女婚姻当以双方的爱情为基础，既无爱情可言，女子有提出离婚的自由："堂上戋戋之礼，于女子自固无丝毫之责任；爱情不属，即废婚不为无信"④。这在当时，自然更属石破惊天之语。

5. 人人谋经济独立。择业治生，为天赋之人权，同时也是助益社会、国家，人人当尽之义务。"人人能治生，则人人不复仰给于他人，而咸为自立之民"⑤。经济即财产权的独立，是伦理即人格独立的前提："人之对于自己而有财产，如是乃不失其自主权"⑥，故个人财产神圣不可侵犯。由此可知，中国传统家族伦理的改造，归根结蒂，又必须"自分居、异财始"。黄节说："神州父子之伦理大变通者，得两义：曰析产，曰异居"。刘师培则谓，社会伦理的改造，须泯主仆之分，"使世之乏资财者，悉行作工自由之制，作工自由即雇工之制也，以争存于社会之中"。

由上不难看出，他们虽然也强调"伦理不以家族为范围"，当教育国人懂得国家重、家族轻，"不以私恩废公义"；但其整个改良传统伦理的构

① 刘师培：《伦理学教科书》，第2册，第10课，见《刘申叔先生遗书》，第65册。
② 黄节：《黄史·伦理书》，载《国粹学报》，第1年，第8期。
③ 见《苏曼殊全集》，第5册，136页，北京，中国书店，1985。
④ 柳亚子：《论道德》，载《克复学报》，第3期。
⑤ 刘师培：《伦理学教科书》，第1册，第34课，见《刘申叔先生遗书》，第65册。
⑥ 黄节：《黄史·伦理书》，载《国粹学报》，第1年，第6期。

想，仍以家庭为重点。其思路可以演绎如下：以自由、平等为原则，以析产、分居为基础，借婚姻自由建立一夫一妻制平等和谐的小家庭。由是，不仅可以化解僵硬古老的封建大家族，而且同时也就为国民进而发舒合群博爱的公德心，即发达社会伦理，创造了前提条件。如果我们注意到，直到新文化运动时期，婚姻、家庭问题仍是其时新旧文化论争的重要内容，那么我们就不难想见国粹派的上述见解，在当时具有怎样的尖锐性和表现了怎样勇于进取的锐气。

固然，国粹派建立"人人自由，人人平等"新型的伦理关系的主张，既是以卢梭的民约论为自己的理论依据，它便难以避免后者所具有的局限。在他们的心目中，人同样"不是历史的结果，而是历史的起点"；因此，他们未能从历史的发展中去理解和把握人们伦理道德观念的社会及阶级的本质，结果使自己所津津乐道的"人人自由，人人平等"的论说，成了抽象空洞的伦理说教。他们强调经济即财产独立为实现国民人格独立的前提，虽然不无道理，但却将这善果的获致寄托于资本主义的雇佣劳动制，又说明他们所憧憬的人伦和谐平等的未来社会，仍不过是将西方资本主义制度理想化了。

但是，他们毕竟有力地批判了封建的伦理道德，并提出了建立新型的家庭及社会伦理的大胆构想。惟其如此，如果说18世纪末卢梭的民约论在当时的欧洲，充当了资产阶级反封建的思想武器；那么由于东西方历史的落差，20世纪初年国粹派借此理论倡言建立"人人自由，人人平等"新型的人伦关系，则是从一个侧面，同样表现了近代中国资产阶级可贵的跨世纪的冲动。

第七章　国粹派的经学思想

以章太炎、刘师培为首的国粹派，既是以古文经为中坚的学术派别，又是革命派的一翼，此种一身二任，决定了其经学思想包含着两个层面：一是主张"夷六艺于古史"，将治经归入单纯的学术研究的范畴，体现了传统经学向近代的转换；一是倡大古文，以与康有为立宪派的经学根据即今文抗衡，反映了革命与改良的斗争在经学领域的延续。要言之，国粹派的经学思想，体现了时代性与革命性的统一。

一、"夷六艺于古史"

何谓"经"、"经书"？尽管中国传统文化离不开经学的规范，几千年来皓首穷经者不可胜数，但众说纷纭，莫衷一是。《白虎通义》释"经"为"常"，即常道、不可更易的公例；《说文》训为直线，即"经"皆直言、真理。二者意相仿，都是为圣化《六经》而作牵强附会的引申。清末今文家更称《六经》为"万世教科书"，"经"与"经书"，仍不脱圣化。从总体上看，国粹派的共识，是要让神圣的经学，返璞归真，归于俗化。

章太炎与刘师培都认为，释"经"为"常"、"径"，是后人的引申，而非其原始的本义；但具体解说，各有不同。章说，"经本编丝缀属之称"①。古以竹简成书，不能不靠编丝缀属，经的原意就是用绳线贯联的意思。譬如，浮屠书称修多罗，直译为线，译义为经，也是因为它是借贝叶为书，故须用线连贯。章强调经的原意是指借丝绳编贯竹简成书的动态过程。刘师培则从语言文字学的角度，强调"经"字是源于对治丝的借喻："盖经字之义取象治丝。从丝为经，衡丝为纬，引申之则为组织之义"。上古"字"训为"饰"。学术借口耳相传，《六经》作为上古的书，为便于记诵，其文奇

---

① 章太炎：《文学总略》，《国故论衡》中卷，见《章氏丛书》。

偶相生，声韵相协，"藻绘成章，有参伍错综之观"。古人缘是假治丝纵横喻其文为"经"。所以，用文言的古书皆称经，"以与鄙词示异"①。章、刘的具体解说虽有差异，但在根本上却是一致的："经"字的本义，只在突出对古代书籍的形体和语言文字结构外在特征的直观描摹，并不蕴含如同后人所引申的褒扬的意义。

此种见解较之训"经"为"常"与"直"，不仅更加通俗、形象，而且注意到经书的出现，在历史上有一个逐渐形成的过程。刘师培认为，《六经》之名始于三代，但其起源甚古，至少可以溯到伏羲。伏羲仰观附察，首作八卦，"后圣有作，递有所增"，合为六十四卦，借以施政布令，备物利用，是为《易经》之始；太古之君，左史记言，右史记动，言为《尚书》，动为《春秋》，是为《书经》、《春秋经》之始；"在心为志，发言为诗"，歌谣必始于太古。虞夏以降，已有采诗之官，借诗歌以观民风，是为《诗经》之始；乐舞始于葛天，伏羲、神农皆有乐名。到黄帝时已发明六律五音之用。其后帝王易姓受命，均作乐示功。"音乐之技，代有兴作"，是为《乐经》之始；上古蒙昧，圣王既出，本习俗以定礼文。唐虞时，"以天地人为三礼，以吉凶军宾嘉为五礼"。降及夏殷，代有损益，是为《礼经》之始。不过，刘师培强调，《六经》虽然范围了上古学术，但其真正成篇，却经历了漫长的历史岁月："特上古之六经，淆乱无序，未能荟萃成编，此古代之六经所由殊于周代之六经也。"②。

那么，上古的所谓经书是什么？可以说章学诚"六经皆史"的著名论点，是国粹派的共识。邓实就指出，所谓经书，就是某一人种演进的历史记录。人类聚居一处，因山川风土，自成一群。群内必有文字，以记其开辟迁徙、战争及古来传闻遗事，由是有书。"其书每人神并载，政教不分，有英雄传记焉，有酋长号令律例焉，有教主言行焉，有种人旧俗遗语焉。数体相合，而成一书，则尊之曰经。"《六经》即三皇五帝之书，"六经皆史，岂不信哉"③！照此观点，不仅《六经》皆史，而且尊古史为经，当是人类普

---

① 刘师培：《经学教科书》，第 1 册，第 2 课，见《刘申叔先生遗书》，第 66 册。
② 刘师培：《经学教科书》，第 1 册，第 3 课，见《刘申叔先生遗书》，第 66 册。
③ 邓实：《经学篇第一·六经皆史》，载《国粹学报》，第 2 年，第 7 期。

遍的现象。但邓实本人对此尚缺乏论证。章太炎通过中外历史比较，实际上对此作了补充。他指出，古代各国祭司皆僧侣，掌天文历数和历史记录。故犹太的《列王纪略》、《民数纪略》、印度的《富兰那》等皆史书，而并列神圣。由此足见，古史多出神官"中外一也"。《易》之为道，如同古希腊的披佗告拉斯家学派热衷于探求世界万物；《诗》如《薄伽梵歌》；《书》如《富兰那》神话；《乐》则如呔陀歌诗《僊马》与《黑邪柔》；惟《礼》与《春秋》稍近人世，故其言雅驯①。总之，古之为政必本于天，与神教为一，"故诸教令符号谓之经"。章太炎肯定章学诚"六经皆史"的观点，但又以为他复认定"经皆官书，不宜以庶士僭拟"，事实上未能将自己的观点坚持到底，而仍存对"经"、"经书"无须有的敬畏心理。"经之名广矣"，它不限于官书。孔子作的《孝经》，至汉《七略》才附六艺，而其始不过是师友雠仇之辞，不在邦典；此外，墨子有《墨经》；贾谊著有《容经》；韩非子著书自谓"著经"；老子的书到汉代仍被称为"道经"；可见"非徒官书称经"②。所以，他将章学诚的命题扩大了："人言六经皆史，未知古史皆经也"③。这自然较邓实的观点，更为明晰。

在经学史上，孔子与《六经》的关系，是今古文家激烈争论的一个重要问题。今文家坚持《六经》为孔子所作，"孔子以前，不得有经"④。而孔子作经，目的又在于"托古改制"。关于"托古改制"问题，我们留待"《春秋》研究"一节集中论述；这里只讨论国粹派对孔子与《六经》关系的一般见解。

从"六经皆史"的前提出发，国粹派不可能赞同"孔子作经"说。邓实为强调国学的意义，把经书说成是圣人著书"以俟百世"的"圣经"，似乎近于今文家言；但他终究认定"孔子未生，天下已有六经"，孔子订经"不作经"⑤，又从根本上否定了今文家说。但他毕竟不讲家法，所以对此不作系统的论证。真正遵从古文家法，对孔子与《六经》的关系作系统论说的是刘

---

① 章太炎：《清儒》，《訄书》重订本，见《章太炎全集》（三），154～155 页。
② 章太炎：《原经》，载《国粹学报》，第 5 年，第 10 期。
③ 章太炎：《清儒》，《訄书》重订本，见《章太炎全集》（三），154 页。
④ 皮锡瑞：《经学历史》，19 页，北京，中华书局，1959。
⑤ 邓实：《国学讲习记》，载《国粹学报》，第 2 年，第 7 期。

师培与章太炎。刘指出，"六经皆周公旧典"，西周之时，周公制礼作乐，"故易经掌于太仆，书经、春秋掌于太史、外史；诗经掌于太师；礼经掌于宗伯；乐经掌于大司乐"。这足证孔子之前久有《六经》。他认为，孔子的《六经》之学，大抵《周易》、《春秋》得之鲁史；《诗》得之远祖正考父；《礼》、《乐》得之老聃与苌弘；并在此基础上，另加修订，才使周代"未修之经"转为孔门"编定之六经"①。《孔子世家》谓，孔子"上纪虞之际，下至秦穆，编次其事"。可知，孔子于《书》，"仅有施编次之功"；于《诗》，"有取舍无增益"；于《礼》，"所从为周礼而旁溯夏殷"；于《易》，《十翼》虽为所作，然"亦系诠释大易之词"；于《春秋》，"实援古史而成"②。总之，孔子仅编次而非作《六经》。

刘师培从正面论证，章太炎则从反面驳难。皮锡瑞以为孔子作《易》，他说，伏羲画卦，孔子系辞，"《系辞》者，谓卦、爻下辞也。《系辞传》则为弟子所作"。章引《孔子世家》中的一段话"孔子晚而喜《易》，序、彖、系、象、说卦、文言。读《易》，韦编三绝，曰'假吾数年，若是，我于《易》则彬彬矣'"提出 11 条驳义，其中最有力者有四条：同为卜书，殷《归藏》已有辞，《周易》为周代用，反而不系辞，要待六百年后的人补苴，有违情理。其谬一。古书规制，百字以上书于策，不及百字书于方。《周易》64 卦，共 79 个字，"书之版牍则足矣，安得有韦编"？且寥寥数字，数日可诵。孔子圣人，读《易》何待数年之功，以至韦编三绝？其谬二。孔子自谓"五十以学易"，既谓"学"，必非自习其著作甚明。同时 64 卦人皆能之，若无卦爻辞，当何所学？其谬三。实则序、彖、象、说卦、文言皆为传；卦爻辞则为经。若系即卦、爻辞，《史记》当列文最先，何以反列在序、象之下，"文在传次，而以为经"？其谬四③。

要言之，他们相信，孔子的《六经》，归根到底，不过是在周代旧典的

① 刘师培：《经学教科书》，第 1 册，第 5 课，见《刘申叔先生遗书》，第 66 册，宁武南氏铅印本，1936。
② 刘师培：《孔子作春秋说》，《左盦集》卷 2，见《刘申叔先生遗书》，第 37 册。
③ 章太炎：《驳皮锡瑞三书》，见《章太炎全集》（四），20～21 页，上海，上海人民出版社，1985。

基础上制订而成的孔门教科书罢了:《易》是哲理的讲义;《诗》是唱歌的课本;《书》为国文教本;《春秋》为本国近世史教本;《礼》是修身的课本;《乐》是包容唱歌及体操的教本①。不过他们虽强调孔子述而不作,但并不因此否定孔子将散漫无序的周室旧典删定成规范的孔门教本,有其自身的创造。其中,《易》、《礼》、《乐》被认为多出文、周,无大变动;但《春秋》为孔子"笔削所成","其旨与先圣不同";《诗》,《书》只录成、康后的事,"其意亦不必同于尧舜周公"②。此外,孔子赞《易》为《十翼》,偶意也出于爻象之外,即便七十子传微言大义于后学,而为之作《记》,也已非《礼》、《乐》本经所能范围。正是在这个意义上说,他们又承认孔子订经,"其笔削去取,皆有深意,而非复先王政典六艺之旧"。经孔子删定后的《六经》,自然也就不同于此前儒家与诸子所共见的先王政典,而成了儒家相传专习的经典了③。也可以说,"经皆孔子之经,而非尧舜周公所得据"。总之,孔子超越了前圣,但此种超越是青胜于蓝,冰寒于水式的继承与创造的统一,而非凭空的制作:"六经自有高于前圣制作,而不得谓其中无前圣之成书,知此则诸疑冰释,以下毋庸再解矣"④。此种对孔子与《六经》关系的见解,至少对章太炎来说,是最富有灵活性的了。辛亥后,章认定孔子删经书,"未加一字"⑤,就显得僵硬了。

  同时,他们也指出了《六经》所以成为儒家的专利和得到后世长久的尊崇,又有其历史的机缘。其一,《六经》既为先王旧典,本为周末诸子所共治,但诸家无定本,旧本失传之后,唯孔子编订本独存,自显其贵。班固作《艺文志》,列《六经》于诸子之前,原明其为古籍,非儒家所得私;但同时又将《论语》、《孝经》附《六经》之后,由是孔门自著之书,始与《六经》并

---

  ① 刘师培:《经学教科书》,第 1 册,第 5 课,见《刘申叔先生遗书》,第 66 册。1936 年宁武南氏铅印本。

  ② 章太炎:《今古文辨义》,见汤志钧编:《章太炎政论选集》上册,110 页,北京,中华书局,1977。

  ③ 邓实:《国学通论》,载《国粹学报》,第 1 年,第 3 期。

  ④ 章太炎:《今古文辨义》,见汤志钧编《章太炎政论选集》上册,111 页,北京,中华书局,1977。

  ⑤ 诸祖耿:《记本师章公自述治学之功夫及志向》,载《制言》,第 25 期。

崇。但这是因尊孔子而并崇《六经》，"非因尊六经而始崇孔子"。其二，后儒治经学，能随世俗为转移，不断损益其内涵：两汉侈言灾异，则说经者著灾异之书；东汉尚谶纬，则说经者杂谶纬之说；魏晋好清谈，则说经者杂玄言；宋明尊道学，则说经者空言义理。"盖治经之儒，各随一代之好尚，故历代之君臣咸便之，而六经之书，遂炳若日星，为一国人民所共习矣"①。此种对中国历史上《六经》独尊的现象的分析，既肯定了它作为独存的古籍的价值，更揭示了它适应历代专制君权的需要，其内涵变动不居的本质，应当说是相当深刻的。同时，也正是看到了经学的内涵因时代而异，刘师培在其《经学教科书序》中，将经学分为四派："大抵两汉为一派，三国至隋唐为一派，宋、元、明为一派，近儒别为一派。"这种分法虽然仍有商榷的余地②，但它注意突出经学发展的阶段性的特点，较《四库全书总目提要》及江藩的《国朝汉学师承记》、《宋学渊源记》、阮元的《国史儒林传序》等，仅分经学为汉宋两家，就显得更为合理，因而成一家之言。

国粹派对经、经学和经学史的上述见解，决定了他们对治经的价值取向，也大异于传统的经学家。

戴震被认为是清代富有科学家求真求是精神的正统派经学大师，但他说："六经者，道义之宗而神明之府也。古圣哲往矣，其心志与天地之心协，而为斯民道义之心，是之谓道"③。《六经》在他们心目中，仍是万世不易的圣典。晚出的简朝亮甚至说得更明确："经义者万世之公义"，"经可从而不可违者也"④。孙诒让虽认为古人的"迹与习"，可相与变革，但强调《六经》之中含有"政教之阂意眇旨，固将贯百王而不弊"，今日论治，"宜莫若求其道于此经"⑤。旧式经师一脉相承，终难脱尊经崇道的常轨。晚清

---

　　①　刘师培：《经学教科书》，第 1 册，第 8 课，见《刘申叔先生遗书》，第 66 册，宁武南氏铅印本，1936。

　　②　周予同先生分经学为：西汉今文学、东汉古文学、宋学三大派。见《经学历史·序言》，北京，中华书局，1959。

　　③　戴震：《古经解钩沈序》，见《戴震集·文集》，卷 9，上海，上海古籍出版社，1980。

　　④　简朝亮：《尚书集注述疏序》，载《国粹学报》，第 5 年，第 4 期。

　　⑤　孙诒让：《周礼正义序》，载《国粹学报》，第 3 年，第 7 期。

康有为、皮锡瑞等今文家，视《六经》为"万世教科书"，以为"其微言大义，实可为万世之准则"①，就其对经书的此种迷信和崇拜而言，他们与尊经崇道的传统，是相通的。

但是，国粹派超越了二者。他们只是将经书视为古史资料，把治经认作是一种单纯的学术研究。这就从根本上廓清了两千多年来笼罩在经书、经学上神圣而又神秘的色彩，从而使自己的经学研究与传统区别开来。

经书的价值是什么？章太炎认为，就在于存古即保存了古史。他说："历史还有用么？如果说他有用，那么经典是最初的历史，怎么可以废得"！经书的价值如同《史记》、《汉书》，它保存了古史，故读经能"使人增长历史的知识"②。惟其如此，尽管他激烈批评孔子，但却极力称颂孔子修《春秋》有存史之功，足以不朽。不过，章太炎仅局限于强调经书存古本身的意义，邓实诸人则进了一步，指出通过经书研究，可以有助于推动整个中国学术文化的发展。刘师培认为，《六经》浩繁芜杂，"然观于嘉言懿行，有助于修身，考究政治典章，有资于读史；治文学者，可以审文体之变迁；治地理者，可以识方舆之沿革"③。邓实说，"六经皆先王之旧典，不读经则无以知古代之典章风俗学术，以成其考古有用之学。故治国学莫先于经"④。在马叙伦看来，"六经皆三代之史"，刑法礼乐，风土山川，求诸古籍，实出《礼经》；周礼外史掌四方之志，若晋《乘》、鲁《春秋》、楚《梼杌》之类，是一国之专史；而"行人献"、"陈风诗"，则为后世书志之滥觞，可视为一国之通史。因此，研究《六经》，不仅是探讨中国史学发展所不可或缺的史料，而且对于研究整个人类文化的发展，都具有不容忽视的价值：其"政体也，教育也，学术也，皆于世界有绝大之关系"⑤。林獬也指出，采用新的读书法，经书"很有可以增长新智的地方"。研究中国政治

---

① 皮锡瑞：《经学历史》，26页，北京，中华书局，1959。

② 章太炎：《经的大意》，见吴齐仁编：《章太炎的白话文》，泰东图书局，1921。

③ 刘师培：《经学教科书·序例》，见《经学教科书》，第1册，第2课，《刘申叔先生遗书》，第66册，宁武南氏铅印本，1936。

④ 邓实：《经学篇第一·六经皆史》，载《国粹学报》，第2年，第5期。

⑤ 马叙伦：《史学总论》，载《新世界学报》，1902年，第1期。

史，不能不看《周礼》；研究历史地理，不能不看《左传》；研究哲学史，不能不看《周易》①。同时从西方近代的学术思想出发，他们都主张对《六经》作多学科分门别类的研究，例如，对于《周易》，就可以从哲学、政治学、史学、社会学、数学、博物学、伦理学、科学、文字学等新的角度进行探讨。在他们的心目中，《六经》最终脱去了千年神圣的外衣，而还原为古史，就可以成为今天研究上古史，促进民族文化与学术发展弥足珍贵的史料。邓实诸人的见解，显然较章太炎为开阔。

国粹派虽然都把治经认作是一种单纯的学术研究；但其具体见解，又不尽相同。这集中表现在邓实诸人颇热衷于提倡"通经致用"，而章太炎却力斥其非。例如，邓实的《国学讲习记》第一篇"经学"，内中就有"致用"一节。他说，读经要在博观其义，而不必拘泥其迹，能"以古证今，而权以时义，用之则可行，则可谓之通经之士矣"②。同时，刘师培的《攘书》、《中国民约精义》；黄节的《黄史》、《春秋攘夷大义发微》；马叙伦的《孔氏政治学拾微》等著述附会经文，将民权说及民族主义说成是《六经》的精义所在，也都是其"以古论今，而权以时义"的范例。

但是，章太炎却认为，"通经"决不可能"致用"。由周、孔至今，政俗迭变，人世沧桑，"凡诸法式，岂可施于挽近"③？今文家尊《六经》为"万世教科书"，无异于视"经典作推背图"④。在他看来，所谓"通经致用"最初不过是汉儒干禄的借口罢了，尊信这一条，必然产生两大祸害：一是束缚人们的思想："过崇前圣，推为万能，则适为桎梏"⑤；二是曲学干禄，必陷于实用主义。章在写给简朝亮的信中，批评他关于"经可从而不可违"的说法，认为古今异变，想以经典检括今世，必不可得，"不得，则变其文迹，削其成事，虽谀直不同，其于违失经意，均也"⑥。章也不赞成认《六经》为

①　林獬：《新儒林外史》，载《中国白话报》，第 21～24 合期。
②　邓实：《国学讲习记》，载《国粹学报》，第 2 年，第 8 期。
③　章太炎：《与人论朴学报书》，见《章太炎全集》（四），153 页。
④　章太炎：《经的大意》，见吴齐仁编：《章太炎的白话文》。
⑤　章太炎：《与人论朴学报书》，见《章太炎全集》（四），154 页。
⑥　章太炎：《与简竹居书》，载《国粹学报》，第 7 年，第 8 期。

"修身的书"。经典中固然有不少嘉言懿行，有益于修身；但是问题在于，它们并非专门为后人修身而写的，这如同大海中有许多珍奇物品，可供人用，"难道海为要给人用，特生这珍物么"①？所以，他肯定清代经儒的可贵之处，即在于其与汉儒绝异，不以经术明治乱，不以阴阳断人事，虽短于风议，却长于求是。总之，章太炎强调指出，治经的前提首在"夷六艺于古史"，破传统尊经的诬妄；治经的目的，只在于存古求真，不在于"适今"、"尚用"②；同样，经学研究的最高准则，不是"通经致用"，而是"实事求是"。他写道：

> 仆谓学者将以实事求是，有用与否，固不暇计。……学者在辨名实，知情伪，虽致用不足尚，虽无用不足卑。古之学者，学为君也；今之学者，学为匠也。为君者，南面之术，观世文质而已矣；为匠者，必有规矩绳墨，模形惟肖，审缔如帝，用弥天地，而不求是，则绝之③。

强调经学研究必须摆脱对君权和急功近利的政治的屈从，而归于淡泊的对客观真理的追求，这是章太炎突出求真科学精神的可贵之处。梁启超在《清代学术概论》中，总结清代朴学的优点和反思自己为以"经术饰政论"所造成的学问上的遗憾时说："其实，就纯粹的学者之见地论之，只当问成学不成学，不必问有用无用，非如此则学问不能独立，不能发达"。这与章太炎的见解是相同的。因此，章太炎的上述见解，也可以看成是对清中期以来如日中天的"通经致用"说的一种反思。

应当说，"通经致用"的思想在历史上有它的积极作用。这不仅表现为在封建社会中，一些有志之士得以借此打破空疏的传习，关心民瘼，从事实务；而且还表现为，在君主专制和儒学独尊的社会条件下，士大夫得以

---

① 章太炎：《经的大意》，见吴齐仁编：《章太炎的白话文》，泰东图书局，1921。

② 章太炎：《清儒》，《訄书》重订本，见《章太炎全集》（三），158～159 页，上海人民出版社，1984。

③ 章太炎：《与王鹤鸣书》，载《国粹学报》，第 6 年，第 1 期。

借经术倡解放，甚至革命党人也借以倡革命（上述刘师培、黄节等人的撰述就是如此）。但是，也应当承认，"通经致用"的提法不同于"古为今用"，是不科学的。因为，它实际上潜藏着一种极易导致将经书神秘化的消极思路：《六经》足以治世。邓实轻率地肯定西汉诸儒以《禹贡》治水，以《春秋》断狱，以《诗》三百篇当谏书，是"通经致用"的典范，就反映了这一点①，所以，将"通经致用"作为经学研究的思想指导，是有害的。章太炎认为它必然造成思想的僵化与经学自身的扭曲，不无道理。但问题在于，章太炎将"求真"与"致用"对立起来，完全排斥了功利主义，又走向另一个极端。他说："求六艺者，究其一端，足以尽形寿，兼则倍是，汎博以为用，此谓九能之士，不可言学"②。事实上，学术上的求真与现实中的致用，没有也不应当对立起来，否则，学术研究便成了无意义的活动，也就不可能有生命力。乾嘉经师"为经学而经学"突出了"求真"，但因完全脱离现实，却难免饾饤破碎之讥，就是如此。章太炎对康有为立宪派的许多精彩的反驳，常借经史立论，说明他原先也并不反对"致用"；而他强调经书的价值在于存古，可使人增长历史知识，本身也是在讲"致用"。但是1907年后，他愈益强烈地片面反对"致用"，毕竟表明自己开始逐渐回归乾嘉考据的老路。是年，章太炎在《国粹学报》发表《某君与人论国粹学书》，就强调要"钩发沈伏，字字徵实"③。次年，在为《国粹学报》刊行三周年的祝词中，又明确提出，"学以求是，不以致用"，今之为学，"非粹与朴是忧，忧其夸以言治也"④。章太炎的这些片面的主张，对邓实诸人产生了消极的影响。1908年以前的《国粹学报》，强调"致用"，许多探讨古代政治史、学术史的文章，视角新颖，发凡起例，虽不免牵强附会，但与共和革命的现实息息相通，虎虎有生气；相反，此后强调徵实，考据文章日多，说经虽趋"古朴纯正"，但与现实却日形隔膜。从第6年起（1910年），更宣布"更定

---

① 邓实：《国学讲习记》，载《国粹学报》，第2年，第8期。

② 章太炎：《与王鹤鸣书》，载《国粹学报》，第6年，第1期。

③ 章太炎：《某君与人论国粹学书》，载《国粹学报》，第3年，第12期。

④ 章太炎：《祝辞》，载《国粹学报》，第4年，第1期。

例目"，"力避浮华，而趋于朴学"①，以至最终改刊《古学汇刊》，强调"收罗旧闻"，自然愈走愈远了。这说明，国粹派经学思想的转换，又不是全然清醒的。

但是，尽管如此，国粹派力主经书、经学脱去神圣的华衮，返璞归真于史料与学术研究，如前所述，他们实际上是将经学归入了近代学术的范畴，从而宣告了传统经学的终结。此中的意义，自不容忽视。

二、革命与改良　古文与今文

耐人寻味的是，国粹派"夷六艺于古史"所体现的经学思想的转换，又是通过20世纪初年激烈的今古文争而获彰显的。

但是，主张君主立宪的康有为等人高揭今文经的大旗，而主张排满革命的国粹派则高揭古文经的大旗，这绝非偶然。它说明，其时国粹派倡大古文经及其与康有为今文经学派的对立，不能单纯归结为传统的学术上的分歧，而应当看到其更深刻的动因，却是植根于现实的革命派与立宪派间尖锐的政治斗争。

众所周知，今古文争是历史上的一桩公案，但20世纪初年，康有为、廖平、皮锡瑞等人与国粹派间的今古文对立，与戊戌前相较，已不可同日而语。古文经学在几千年的封建社会中，长久踞主导地位。它原服务于封建统治，不言自明。清代今文经学派重新崛起，借助今文经长于风议的特点，宣传变异与经世思想，为经学带来了新生机。尤其是康有为高揭"孔子改制"的大旗，以公羊"三世"说附会西学新知，推进戊戌维新运动，更使今文经学的正面的社会效应得到了充分的展布。但是，随着戊戌维新迅速失败，今文经学社会效应的正负面价值，此消彼长，开始发生逆转。特别是康有为固守"孔子改制"说，其消极的负面价值，更日益显露出来。这表现有二：一是发展了公羊家的神秘主义，尊孔子为百代教主，主张日趋

---

① 《国粹学报明年之特色》，本刊第5年，第13期。

荒诞，窒息了思想活力。这一点甚至连其弟子梁启超及黄遵宪都不愿苟同；①二是自1902年后，公羊"三世"说实已被康作了重新诠释。他说，《春秋》分据乱、升平、太平之世，即君主专制、立宪、民主之法，"必当一一循序行之，若紊其序，则必大乱"②。中国正处于由据乱向升平过渡之时，民主绝不可行。不仅如此，他还强调："中国之治教，遂以据乱终，渔流断港，无由入于升平太平之域"③。由于升平、太平之世被判定不可企及，中国不出据乱世，所以康专讲"拨乱"，即加强乱世君权的重要性。④要言之，随着康有为由一个"拉车子前进"的改革者，退化为"拉车屁股后退"的保皇派，其原先力图"推陈出新"的今文经学和"孔子改制"说，实蜕化成了自己政治上坚持君主立宪和反对革命的工具了。其时许多革命党人也已经指出了这一点。例如，无偍在《孔子非满洲之护符》⑤一文中就指出，康有为诸人无非借公羊说"以为胡虏藏身之固"。他说："虏廷以革命风潮起于新学，遂尊孔子为上祀，冀以君臣之义钳制之"，而康有为诸人"亦附会春王正月之文，以阿虏廷所好，不悟革命二字即出于孔子易传，而尊周攘夷，春秋并著其义，周王可尊，未闻虏王之可尊也"。只是他们缺乏经学的功力，无法与康有为诸人同时在学术领域争鸣驳难而已。

因此，其时以古文经为主干的国粹派在革命党中异军突起，与之对抗，实为应乎革命需要的结果，而与传统的今古文争判然相异。这不难从他们对今文经态度的前后变化中看出来。

章太炎早年在诂经精舍虽已立下了崇尚古文经的志向，但并不影响他兼采今文。例如，他在早期著作《春秋左传读》中就肯定孔子改制说："（孔子）自号素王，则托王复何嫌乎？《孔子世家》云，'因史记作《春秋》，据

---

① 梁著《保教非所以尊孔论》，表示反对。其《清代学术概论》并谓："启超自三十以后，已绝口不谈'伪经'，亦不甚谈改制"。黄则谓："其尊孔为教主，谓以之统天，兼辖将来地球即无数星球，则未敢附和也"（《梁任公先生年谱长编初稿》，154页。）

② 见汤志钧编《康有为政论集》，476页，北京，中华书局，1981。

③ 《春秋削笔大义微言考》，转引自孙在春：《清末的公羊思想》，188页，台北，台湾"商务印书馆"，1985。

④ 参看孙在春：《清末的公羊思想》，第5章"完备及蜕变期"。

⑤ 无偍：《孔子非满洲之护符》，载《民报》，第11号。

鲁，亲即新周，故殷，运之三代'。史公极尊《左氏》，不治《公羊》，而其说如此，然则《左氏》家亦同《公羊》说也。且《春秋》改制，孔子已亲行之"①。所以，他自己后来回忆说，早年"治左氏，偏重汉师，亦颇傍采公羊"②。戊戌时期，捐款加入强学会，虽谓与康、梁"论及学派，辄如冰炭"③，但实际上却是将今古文的学术分歧搁置一边，热情赞助变法。即便到1899年即戊戌政变发生之后，章太炎在《翼教丛编后书》中仍然指斥顽固派说，康氏经说诚有误，"苟执是非以相争，亦奚不可，而必借权奸之伪词以为柄，则何异逆阉之陷东林乎"④？他强调经说与政治当分别对待，显然意在从政治上保全康有为。但是，在转向革命之后，章太炎却一反过去，明确地将康有为的经说与其政治立场联系起来，揭露其借公羊学媚事清廷，反对革命。1903年他在有名的《驳康有为论革命书》中指斥康有为："种种谬戾，由其高官厚禄之性素已养成，由是引犬羊为同种，奉猳尾为鸿宝，向之崇拜《公羊》，诵法《繁露》，以为一字一句皆神圣不可侵犯者，今则并其所谓复九世之仇而亦议之……必为满洲谋其帝王万世祈天永命之计，何长素之无人心一至于是也"⑤！这说明，章太炎已经看穿了康有为诸人的立宪保皇主张，自有其今文学上的根据。此种认识随着革命派与改良派间的论争日益展开，愈形自觉。所以他总结历史的经验说："庄周固云：'圣人不死，大盗不止。'一切经术，无不可为篡盗之阶。……而《春秋》进吴、楚之言，复为东胡所假"⑥。他听说今文家王闿运拟就湖南宪政支部会长，"为立宪派表旗"，专门致书王的学生刘揆一，要他讽劝其师不得以公羊学助立宪护清廷⑦。但具体地说，章太炎认定今文经为康梁立宪派反对革命的一大理论根据，而决心对之发难，却是始于1906年。是年7月，他

---

① 章太炎：《春秋左传读》，见《章太炎全集》（二），64页，上海，上海人民出版社，1982。

② 章太炎：《自述学术次第》，载《制言》，第25期。

③ 章太炎：《致谭献书》，见《章太炎政论选集》上册，14页。

④ 章太炎：《翼教丛编后书》，见《章太炎政论选集》上册，97页。

⑤ 章太炎：《驳康有为论革命书》，见《章太炎政论选集》上册，196、197页。

⑥ 章太炎：《春秋左传读叙录》，见《章太炎全集》（二），837页。

⑦ 章太炎：《与刘揆一书》，见《章太炎全集》（四），186～188页。

出狱后甫抵扶桑，即在东京留学生欢迎会上的演讲中指出，"公羊学派的人，说什么三世就是进化，九旨就是进夷狄为中国"，无非是"仰攀欧洲最浅最陋的学说"罢了①。不久，复致书《国粹学报》主持人刘师培，对本刊第2年第7期刊登今文家廖平、王闿运的文章，大谈"孔子改制"，提出批评。②他说："《学报》钩微探赜，宣扬国光，诚所崇仰。独其中所录《公羊》诸说，时有未喻。"廖平附会西书，"至谓雅言即翻译，翻译即改制"，荒谬诬妄已极。复举《庄子》玄圣素王之语，"谓玄圣即周公"，可见全未读书。"今乃录其学说，不已过乎"？需要指出的是，此期廖平不仅反对革命，而且其经学正进入第四变，愈益向神化孔子及经书怪诞的方向发展。他认为，《六经》是孔子为地球人类乃至于无限宇宙立的法则。③他在《国粹学报》的撰文重申其说，强调"春秋"所言典制纲常，皆百世不改；"用春秋改良进步，方足以尽春秋之量而跻太平"；道不变，皇帝也不可"绝于天壤"；如此等等。其维护封建纲常、反对革命的旨趣，依然鲜明。所以，章太炎的批评，不能简单看作尽出门户之见④。同时，在同一信中，章太炎提出三点意见，最为重要：一是《国粹学报》此后当专主古文，不取公羊家言："经术则专主古文，无取齐学。《穀梁》、《鲁诗》，皆可甄录；《公羊》、辕固，则无取焉"；二是建议刘师培充分发挥家学优势，倡大《左氏》："君家世治《左氏》，诚宜笔其精粹，以示后生"；三是决定将自著二万多言的《春秋左传读叙录》随后抄寄《国粹学报》发表，相信足以破今文家的谬说。由是，他身先士卒，张大古文，力辟今文，壁垒日趋森严。所以，是书实可以看做是他决定采取实际步骤向公羊家发难的宣言书。

章太炎致刘师培的这封信，刊在《国粹学报》第2年第12期上。它同样也可以看做是刘师培及国学保存会接受章的意见，决心以《国粹学报》为阵

---

① 章太炎：《东京留学生欢迎会演说辞》，见《章太炎政论选集》上册，276页。

② 廖平的文章是：《公羊春秋补证后序》、《公羊验推补证凡例》、《春秋孔子改制本旨三十问题》；王闿运的文章为《湘绮楼讲学记》，包括《论致用当通春秋》、《论周孔同异》第八则。

③ 见陈德述等著《廖平学术思想研究》，第1、5章，成都，四川省社会科学院出版社，1987。

④ 廖平：《公羊验推补证凡例》，载《国粹学报》，第2年，第7期。

地，展开批驳今文经学的宣言书。只要翻检一下《国粹学报》就会发现，迄1906年8月为止的19期中，虽然发表了许多论经的文章以鼓吹排满革命，但究其基本精神，却是突出今古文并采。对廖平、王闿运的经说能一视同仁，照登无误，自不必说；期间重要的长篇连载文章，如刘师培的《读左札记》、《两汉学术发微》、《群经大义相通论》等，都强调今古互补，非难公羊家言，实匪夷所思。但是，从9月的第2年第8期起，情况迥然不同。廖平等人的经说从此刊落了。第8期首刊黄节的《春秋攘夷大义发微》，开始指责董仲舒倡"春秋进吴楚"大违春秋大义。从第11期起，刘师培的《论孔子无改制之事》、《汉代古文学辨诬》、《司马迁左传义·序例》；章太炎的《春秋左传读叙录》、《刘子政左氏说》、《驳皮锡瑞三书》等著名的长文，洋洋洒洒，接着先后在《国粹学报》上连载，一时实造成了全面反攻今文经学浩大的声势。不难看出，上述章太炎提出的三点意见，被迅速付诸实践。《国粹学报》作为倡大古文经学，驳难公羊家言的主要阵地的作用由是突显了。

从章太炎在戊戌前后强调经说有别于政治，容忍今古文学术上的分歧，而着意支持作为维新改革派的康有为诸人，到其转向革命后，强调康有为诸人经说与政治的统一，而着意彰显今古文的对立以揭露其借公羊说媚事清廷、反对革命的真面目；从《国粹学报》的排满宣传，最初重在兼采今古文，到其后响应章太炎，转而戮力倡大古文而驳诘今文；上述国粹派对今文取向的改变及其经学研究的动因，不仅限于学术的执著，更主要的是植根于打破康梁派主张立宪的经学根据，以顺应排满革命需要的现实的政治斗争，显而易见。如果我们注意到，1906—1907年间，《国粹学报》掀起全面抨击今文经学的高潮时期，同时也正是革命派在《民报》等革命刊物上与康梁改良派展开激烈论战的时期，那么国粹派的经学研究及其与康有为诸人的今古文对立，与革命和改良之间的本质联系，也就愈加明显。此外，由下节将要进行的论述中，还可以看出，国粹派的经学研究着重在指驳"孔子改制"说和倡言"攘夷"为"春秋大义"。由是产生了积极的社会影响：一是夷孔子为史宗，打破了康有为诸人的造神运动所形成的极端尊孔的社会氛围，有助于时人的思想解放；二是否定"孔子改制"说，既褫夺了康有为改良的政治主张的神圣外衣，又借"春秋大义"为排满革命作了学术上的论证，从而打击了改良派，扩大了革命的影响。正是在这个意义上说，国粹派的经学研究及其与康有为诸人的今古对立，是革命派与改良派的斗争在经学领域的延续。

周予同先生曾指出："（清末）当时站在章氏旗帜下的，大概是激进的比较热情的比较勇敢的青年。……所以当时的青年界，在学术上是经古文学与经今文学之争，在政治上是革命党与保皇党之争"①。当代另一位著名学者的见解也是对的："太炎先生早年从事于民族民主的革命运动，反对康梁派的变法维新；而今文经学是康梁派的理论渊源，于是他鼓吹古文经与之抗衡"②。所以，革命与改良的对立，古文经与今文经的对立，二者互为表里，相辅相成，是20世纪初年中国社会特有现象，其实质，是反映了资产阶级的两大政治派别各自借重古老的学术华衮，竞相演出历史的新场面。理解这一点，是正确理解国粹派经学研究的前提。同时，也唯其如此，我们对于国粹派所以费很大的气力，首先对今古文争的历史公案作出判断，就不应当仅仅看做是出于单纯治经的需要，而且更主要的还应当看做是出于击破康有为立宪派经学根据政治斗争的需要。

综观国粹派的驳论，他们对此主要着力于三点：

（一）力证古文经非伪。

康有为的《新学伪经考》攻击古文不遗余力，其中"最重大的发明"，据认为有二：第一，"秦焚，六经未尝亡缺"，与今文经相异的古文经自然为伪；第二，何间献王及鲁共王无得古文经之事，古文为刘歆所伪③。但刘师培、章太炎对此都作了直截了当的反驳。刘据《史记·儒林传》曰："秦焚诗书，六艺从此缺焉"和《六国表》云："诗书所以复见者，多藏人家"，断言："夫六艺既从秦而缺，此尚书礼经所由有佚篇也；书既从秦而散亡，

① 周予同：《康有为与章太炎》，见《周予同经学史论著选集》，上海，上海人民出版社，1983。
② 杨向奎：《试论章太炎的经学和小学》，载《历史学》，1979年，第3期。
③ 钱玄同：《重论经今古文学问题》，见《新学伪经考》附录，北京，中华书局，1988。

此太誓所由得于河内也；书或藏于民家，此孔壁所由有古经也"。同样，《儒林传》既言，伏生求壁书，亡数十篇，独得 29 篇，是《尚书》有缺的证明；既言《礼》多散亡，"今独有士礼高堂生能言之"，是《礼》有缺的证明。《六国表》既言秦烧天下诗书，于"诸侯史记尤甚"，《春秋》为诸侯《史记》之一，是《春秋》至秦而晦的证明①。今文家坚持"六经未曾残缺"有两大理由，即秦焚未及博士所藏与"书籍收于萧何"说。对于前者，章引荀子言"秦无儒"，强调秦博士与儒生有别，除伏生通《尚书》外，仅备顾问，不明经术，因而也无其书。《周礼》不传于汉初，《礼经》有逸文 39 篇，就证明了这一点。因此，即便博士所藏未焚，亦不足证"经皆完书"②；对于后者，章、刘都指出，萧何所收不过是秦丞相、御史所存的国籍即政书，而非六艺之文。同时，何以刀笔起家，时高祖正排斥儒生，诗书虽存秦宫，必不为所取。且经项羽大火之后，博士所藏亦亡，则《六经》残于秦火甚明。因此借口"秦焚，六经未曾亡缺"而抹杀古文，是不足为据的。应当指出的是，邓实、马叙伦于今古文本无成见，但于"经皆完书"说，却持否定态度。邓实说：《六经》"自秦火之残犹藏于博士，乃咸阳一炬，尽荡为飞烟。汉兴诸经仅得之屋壁，或出之淹中"③。又说："自有孔子之删订，而古代之六经亡，自经秦火之焚烧，而孔门之六经亦亡。"④马叙伦也同样指出："自经秦燔，书出于屋壁淹烬之中，残缺者繁矣。故六艺，乐已不传，可考见于礼经者，皆弟子所记，后世所益。"⑤这说明，他们从根本上是站在了古文家的立场上。

至于刘歆伪经说，章、刘也不以为然。他们认为，歆虽附莽，然"皆举《经》、《传》师说，未尝妄作"。例如，《李寻传》载：夏贺良等言"汉历中衰，当更受命"，是虽为王氏代兴之兆，但歆以为不合五经，不可施行，就说明了这一点。在他们看来，"一切经术，无不可为篡盗之阶"，本无须

① 刘师培：《六经残于秦火考》，《左盦集》卷 3，见《刘申叔先生遗书》，第 38 册。
② 章太炎：《今古文辨义》，见《章太炎政论选集》上册，113 页。
③ 邓实：《国学保存会小集叙》，载《国粹学报》，第 1 年，第 1 期。
④ 邓实：《国学通论》，载《国粹学报》，第 1 年，第 3 期。
⑤ 马叙伦：《孔氏政治学拾微》，载《国粹学报》，第 2 年，第 1 期。

伪造。今文家以"《春秋》进吴、楚"之言为清廷张目，不正是如此吗？所以仅凭歆附莽，即坐实其伪经，并不足以服人①。当然，他们强调，更重要的是揆之史籍，足证古文非伪：

首先，古文《尚书》的传承过程，可证孔壁非虚。据《汉书·刘歆传》，知孔安国献孔壁古文《尚书》于汉廷，藏秘府。班《志》言刘向以中古文校欧阳大小夏侯三家经文，此中古文即孔安国所献。同时，安国得古文后，复录附本二，一以授徒，数传至涂恽、桑钦；一藏于家，数传至孔僖。龚自珍谓古文《尚书》为歆所伪，东汉古文《尚书》则托自杜林，实则二者为一。《后汉书·儒林传》言，杜于西州得漆书古文《尚书》一卷，"于是古文复显"。漆书即科斗文。《尚书》唯孔壁之文用科斗，则林书为孔壁中书无疑。是因世乱之后，秘书星散，安国献书为杜所得，故漆书非伪。此外，《贾逵传》言：逵父徽于涂恽受古文尚书，逵传父业；《儒林传》复谓：杜林传古文尚书，同郡贾逵作训，马融作传，郑玄注解，足见贾逵既承父传，又得杜林漆书之本。"盖安国献汉之书，涂恽传徽之说，均为贾逵所传，则东汉古文尚书，乃合中古文及民间古文为一者也"②。孔壁古文既由安国、贾逵一脉相承，如何能诬刘歆所伪！

其次，秦汉间古文学未尝一日断绝，可证孔壁献王得书非伪。景、武间，河间献王得古文，先于孔壁；而贾谊等治古文，又在景、武以前，"足征秦汉之间，古文之学，虽残佚失传，然未尝一日绝也"。只是武帝后今文立于学官，古文学不显，故献王所献，孔壁所获，诧为奇书罢了③。

（二）强调东汉以后今文经衰败，有其自身的必然性。

对于经今古文现象的缘起，刘师培将之归结为两方面的原因：一是由孔子授经的本身特点决定的。古代书写维艰，学术授受多凭口耳流传。孔子讲经，"大抵仅录经文以为课本，而参考之语，诠释之词，则大抵以口耳相传"。讲演之时，或旁征事实以广见闻，或判断是非以资尚论，或杂引他说以证异同。弟子各记所闻，或详故事，或举微言，详于此者略于

① 章太炎：《春秋左传读叙录》，见《章太炎全集》（二），837页。
② 刘师培：《中古文考》，《左盦集》卷 1，见《刘申叔先生遗书》，第 37 册。
③ 刘师培：《汉代古文学辨诬》，载《国粹学报》，第 3 年，第 2 期。

彼，所记有详略，因这有异同。"然徵厥源流，咸为仲尼所口述，此春秋所由分为三，诗经分为四也"①；二是受秦汉间字体嬗变的影响。秦汉改行字体，由科斗文即古文，改为篆文即今文。故秦前《六经》惟古文，无今文，"汉代之所谓古文经，乃秦代之时未易古文为秦者也"。所以，若就古文而言，则汉儒所谓今文经如《公羊》、《穀梁》等，在秦篆未兴前，其书皆古文；若就今文而言，则《左传》、《周官经》等，西汉末又未尝不书以今文。要言之，今古文的不同，只在于"其由古文易今文有先后之殊"，即如书有版本的分别，"非以其义例亦有不同"②。总之，今古文的缘起与差异，在孔门弟子传道有详略侧重，而非在经说本源；在文字而非在经义。也正是依此，刘师培、邓实等人都强调今古文是一脉相承、彼此相通的两大学派，其后今文衰败，并非像今文家所说，是东汉古文兴导致了两汉博士家法亡。今文之衰，无须怨天尤人，其咎在今文家自身。刘师培指出，汉初，今文未立学官，今古文并行不悖；既立学官，今文学渐成利禄之学，由是汉博士滋生两种弊端：其一，分立门户，排斥异己，自背家法。汉博士除通一经之外，别无他长，为保一己利禄，不仅排斥古文，而且党同伐异，"甚至一家之中，分立门户，邀求立学"。《后汉书·徐防传》言："永元十四年，防上疏于帝，谓伏见太学博士皆以意说，不守家法，以遵师为非义，意说为得理，诚非诏书实选本义"。是为东汉博士自背家法之证；其二，旷官溺职，自废其学。今文既立学官，博士精进之心自懈，"故其学愈趋而愈陋"。《儒林传》云："安帝览政，博士倚席不讲。"又谓儒者之风益衰，"有私行金贷定兰台漆书经字，以合其私文者"。可见旷官溺职，舞文弄奸。与此相反，古文家孤芳自赏，"研精殚思，实事求是"。同时为求立学官，"争竞之心以起，故其说愈降而愈精"。总之，今文衰，博士不能辞其咎："今文学派之衰，今文家之罪，夫岂古文家过哉"③。在历史上，今文衰败的原因是多方面的。例如，东汉时不再通过今文经做官，而易为征辟，便使士人向习的热情大减；同时今文过于烦琐。秦延君说《尚书》，

---

① 刘师培：《汉代古文学辨诬》，载《国粹学报》，第2年，第12期。
② 刘师培：《汉代古文学辨诬》，载《国粹学报》，第2年，第12期。
③ 刘师培：《汉代古文学辨诬》，载《国粹学报》，第3年，第4期。

"尧典"二字，竟达十多万字；说"曰若稽古"四字，多至三万字。《汉书·艺文志》言"幼童而守一艺，白首而后能言"，正中其弊。相形之下，古文家主通训诂，就简明得多。人厌今文而趋古文，也成了必然之势。此外，大儒郑玄杂糅今古文家法，遍注群经，也促进了今文的湑亡。刘师培仅仅将之归结为汉博士的利禄之心与古文家的奋进，显然有失偏颇。但他强调今文衰败有其自身的必然性，与古文真伪无关，毕竟符合历史实际。

（三）断言古文实优于今文。

章太炎、刘师培终究是古文经师，他们相信古文优于今文。廖平曾认为，今文重师承，不务歧说；古文重训诂，好自衍解。章太炎反唇相讥说，今文真以师承为重，《五经》应只有五师，安得有14博士？《易》当本商瞿，何以分施、孟、梁丘；《诗》当本子夏，何以为齐、鲁、韩？"此见其不守师承，故有争端也"。古文家不言章句义理，唯求字句之通，如校勘家实事求是，"迨其左右采获，征结尽解，则豁然瑀斯而不可变"①。他认为，今文的最大弊端，是糅杂谶纬邪说，其《易》京氏，《书》大小夏侯，《诗》辕固，《春秋》公羊氏，"妖妄之说最多"。古文则反是。《左传》、费氏《易》虽也糅杂纬侯，但那是贾侍中附会《公羊》的结果②。刘师培的见解更为系统，他指出今文逊于古文，主要有四事：一曰"晚出"。《春秋》三传，《左传》最早，《穀梁》次之，《公羊》最晚。三家《诗》，成书也后于《毛诗》；二曰"妄诞"。今文家言谶纬，"合术数六艺为一轨，非惟惑世诬民，且失经义之本，岂若古文之通故训详故事乎"？三曰"口授"。今文如《公羊》、伏生《尚书》均凭口授，"于经文必有增损，且俗语方言杂糅于经文之内，致正字易为错字，而古义渐湑"。是不若古文有竹帛可凭；四曰"分歧"。古文《左传》、《毛诗》、《尚书》均仅一家，而今文《春秋》有公、穀两家，《诗》有齐、鲁、韩三家，《尚书》有欧阳、大小夏侯三家，纷争不已，说经自杂己见③。刘师培尤其反对后儒以法古文的王莽败亡，"遂疑古文不可行"。他认为，这无非是"以成败论人"。倘新朝传世数百年，"则学者又将

---

① 章太炎：《今古文辨义》，见《章太炎政论选集》上册，113页。

② 章太炎：《原经》，《国故论衡》中卷，见《章氏丛书》。

③ 刘师培：《汉代古文学辨诬》，载《国粹学报》，第3年，第5期。

转易其词，而以古文为足以治国矣"。实则，汉制用《周官经》"不下数百十事"。若谓古文害政，汉武行平准征输之制，纯用今文，何以病民？用今文《尚书》巡狩之说，遂生封禅之邪谋，岂非今文家言害政之证？若谓莽、歆以古文成其奸，秦、西汉博士皆用《公羊》"助人君之焰"，岂非今文家饰往以成奸？况且汉高得天下，用"刘为尧后之说"，已先用古文成其奸，"何以不斥汉高，而斥新莽乎"①？这里重要的不在于为古文辨诬，而在于刘师培反对以王莽新朝的成败论学，突破了封建正统观念，就史识境界而言，实高于康有为的"新学伪经"说。

　　章太炎与刘师培看重古文是一致的，但在如何看待今古文关系的问题上，二者的态度却颇不相同。如前所述，章太炎对今文的取向，大致经历了一个由兼采到排斥的渐进过程。但这里需要进一步指出两点：其一，章太炎对今文经态度的变化，契机固然在于本人由改良转向革命的立场转换，但二者并非是同步的。事实上，在1900年转向革命前后，他对今文经依然有所采获。例如，为响应康有为"纪孔保皇"论，1899年他在《客帝论》中主张清帝退居"客帝"，拥孔子后裔为虚君的政治方案，便是借助于今文经说："昔者《春秋》以元统天，而以春王为文王。文王孰谓？则王愆期以为仲尼是已。……支那之共主，非仲尼之世胄则谁乎？"②1902年他撰《杂志》一文，力主排满革命，却仍不脱今文家言："自素王之兴，吾以知诸夏之无是患也。王者代替而孔不代衷，当其无君，则褒成之胄为里尹。虽有戎狄，以盗我九鼎，诚无若共主何？"③1903年他发表《驳康有为论革命书》后，今古文的壁垒渐趋森严，但这在一个时期里也不是绝对的(下面即将谈到)；其二，1906年东渡后，章决心向今文家发难，其根本动因固然是适应排满革命与反对改良派的政治需要，但其于学术上的执著，也是不容忽视的因素。章太炎后来回忆说，1906年东渡后，潜心研读《说文解字》，一旦顿悟语言文字的本源，"于是初为文始，而经典专崇古文"④。正反映

---

① 刘师培：《汉代古文学辨诬》，载《国粹学报》，第3年，第3期。
② 章太炎：《客帝论》，见《章太炎政论选集》上册，85页。
③ 章太炎：《杂志》，《訄书》重订本，见《章太炎全集》(三)，335页。
④ 章太炎：《菿汉微言》，见《章氏丛书》。

了此种执著。1906年他致书刘师培，要求《国粹学报》停止刊载廖平等人的经论，强调"经术则专主古文，无取齐学。《穀梁》、《鲁诗》皆可甄录；《公羊》、辕固，则无取焉"。这是其思想变化的重要标志，但其时还只主张排斥《公羊》与辕固《诗》，而且并不绝对。所以翌年2月他还在肯定《左传》含"素王新意"①，以致刘师培批评他"不必以公羊改制之说附会左传，以淆其家法"②。其后趋于强硬。1909年《原经》③一文谓，"大氐古文家借今文以成说者，并宜简汰去之"，则进而主排斥全部今文了。晚年在《自述学术次第》中，态度更趋绝对："余治经专尚古文，非独不主齐、鲁，虽景伯康成亦不能阿好也。先师俞君曩日谈论之暇，颇右公羊，余以为经即古文，孔子即史家宗主"④。这里干脆不认今文为经了。梁启超说，"炳麟谨守家法之结习甚深，故门户之见，时不能免。……治经学排斥今文派，其言常不免过当"⑤。梁略去在晚清章太炎与康有为等人间今古文对立的政治意义，有失公允；但他认为章太炎实存门户之见，却符合实际。钱玄同曾师事章太炎，他后来也评论说："在过去学者，只不过偏于古文，或偏于今文，决没有如康有为之专信今文，而认古文为全非，同时也绝没有如太炎先生之专信古文，而认今文为全非者，所以他们两个可以说是两个极端。"⑥不过，由于具体历史条件的不同，章的今古文成见，在辛亥前后存在着明显的差异，是应当注意到的。

刘师培有不同。他继承扬州学派学主会通、不立门户的传统，虽尚古文，但始终不排斥今文，而主群经相通，今古互补。他认为汉初只有缘师说而成的齐学、鲁学之别，本不存在今古文之争。齐学详于典章，故多属今文经；鲁学详于故训，多属古文经。通儒兼习今古，并治群经。例如，《汉书·伏生传》云："书曰三载考绩，黜陟幽明"。是今文读至"幽明"为

---

① 章太炎：《某君与某君书》，载《国粹学报》，第2年，第1期。
② 刘师培：《刘师培史学论著选集》，365～366页。
③ 章太炎：《原经》，载《国粹学报》，第5年，第10期。
④ 章太炎：《自述学术次第》，载《制言》，第25期。
⑤ 梁启超：《清代学术概论》，47页。
⑥ 钱玄同：《经学史讲演稿》，转引自曹述敬：《钱玄同年谱》附录，济南，齐鲁书社，1986。

句；而《汉书·李寻传》云《经》曰："三载考绩，三考黜陟"。读至"黜陟"为句，与《史记》同，必是"尧典古文之说"。寻治今文，而用古文《尚书》，是今文家兼通古文之证①。据《汉书·儒林传》，贾谊世传古文学，而其孙贾嘉则兼治今文《尚书》，是古文家兼治今文之证。而后世儒学所以式微，究其原因，恰恰在于拘执一经之说，昧于旁推交通之义的结果。

同时，刘师培不仅主张兼治群经、今古互补，而且主张治经的方式可以多样化：或明物训诂，或微言大义，或口耳相传，或以经证经，应允许不拘一格。他说，两汉治经有五派：①伏生、公羊高凭口耳相传，继之则著于竹帛；②孔安国、夏侯氏等援引故训证明经义，语简而不烦，意奥而不曲；③费氏注《周易》，以经解经，不立异说，使经义自明；④董仲舒等发挥经义，成一家言；⑤焦氏《易林》之拟《易》，扬雄《法意》之拟《论语》，是拟经为书。西汉五派并行不悖，所以说经呈生动局面，而东汉以降，万马齐暗，说经惟余名物训诂一派，"此微言大义所由日晦也，可不悲哉！"②刘师培不仅肯定今文家倡微言大义可成一家之言；而且认经儒仅知训诂是经学的不幸，是不啻在批评传统古文家的狭隘了。同时，也正是根据这一思路，他又肯定庄存与、刘逢禄等常州学派讲"微言大义"，称得上为"汉学之一体"③。这与章太炎主简汰今文说，适成鲜明对照。所以，后来已转为今文家的钱玄同说得客观："刘君虽尊信古文之左氏，却并不摒斥今文之公羊……刘君于经学，虽偏重于古文，实亦左右采获，不欲专己受残也"④。

综上所述，国粹派关于今古文争历史公案的判断，其是非得失，可不置论；但仅就他们提出的三种见解而言，显然具有很强的逻辑力量：既然古文非伪，且优于今文，康有为立宪派借今文神化孔子、反对革命的一整套经学理论，便不能不从根本上发生动摇。

北京师范大学史学探索丛书

---

① 刘师培：《汉代古文学辨诬》，载《国粹学报》，第3年，第3期。

② 刘师培：《国学发微》，载《国粹学报》，第1年，第3期。

③ 刘师培：《戴望传》，《左盦外集》卷18，见《刘申叔先生遗书》，第58册。

④ 《刘申叔先生遗书·序》。

三、《春秋》研究

国粹派经学研究的重点，在《春秋》与《左传》。这是因为：其一，《春秋》在儒家经典中处于特殊地位。在《六经》中，《乐》早已佚亡，《诗》、《书》、《礼》、《周易》作为古籍，经孔子删定，义训既详，内容较确定，历来争议亦少。《春秋》则不同。它不仅因文字过于简略，引出《左传》、《公羊传》、《穀梁传》三家传述并存的局面，义训既歧，研究者用力自然益勤；更主要还在于，它是《六经》中唯一由孔子自撰的著作，被认为是集中体现了孔子思想和孔子借以统一《六经》的最重要的经典，因而历来为治经者所看重。故章太炎说，"春秋之作乃与它经绝异……则孔子自作，异于古书"①。康有为也说："然则于六艺之中，求孔子之道者，莫如《春秋》"②；其二，《左传》是今古文之争的焦点。康有为强调，"孔子改制，统于《春秋》"，③ "《春秋》灭于伪《左》"④；因此力证《左传》是伪经。以古文大师为主体的国粹派起而驳难辨诬势在必然；其三，刘师培、章太炎恰恰都是治《春秋》左氏学的大师。刘家世传经学，正是以治《左传》名于世。刘师培曾祖刘文淇著有《左传旧注疏证》、《左传旧疏考正》；祖毓崧著有《春秋左氏传大义》；伯父寿曾著有《读左劄记》。同时刘文淇修《左氏春秋长编》未成，毓崧、寿曾继之，仍未果。祖孙父子共治一书，传为佳话。刘师培自谓"予治左氏久"⑤，"束发授经，思述先业"⑥，有志倡大左氏学。章太炎虽不具家学渊源，但自幼"专治左氏春秋"，还在诂经精舍就读之时，即已完成了约 50 万字的《春秋左传读》。其后又撰有《春秋左传读叙录》，《驳箴膏肓评》等书，对《春秋》左氏学有专深的研究。同时，专尚古文、护卫左氏

① 章太炎：《春秋左传读叙录》，载《国粹学报》，第 3 年，第 6 期。

② 康有为：《春秋笔削大义微言考序》，见汤志钧编：《康有为政论集》上。

③ 康有为：《新学伪经考》，352 页，北京，中华书局，1988。

④ 康有为：《春秋笔削大义微言考序》，见汤志钧编《康有为政论集》上。

⑤ 刘师培：《司马迁左传义·序例》，《左盦外集》卷 3，见《刘申叔先生遗书》，第 43 册。

⑥ 刘师培：《读左札记》，载《国粹学报》，第 1 年，第 1 期。

学的意志极坚："方余之有一知半解也，公羊之说，如日中天，学者煽其余焰，簧鼓一世，余故专明左氏以斥之"①。

上述主客观的因素，也决定了国粹派的《春秋》与《左传》研究，始终具有浓重的与今文家驳难的色彩。对于《左传》，他们重在辨诬，即力证其非伪，这里不作赘述；对于《春秋》，则重在指驳今文家"孔子改制"说和倡言"春秋大义"。

今文家对《春秋》一书主旨的概括，有所谓"三科九旨"，尽管具体的说法有不同，但大体上都包括有："王鲁新周"、"以春秋当新王"、"张三世"、"存三统"这些"非常异议可怪之论"。而其更鲜明和集中的表述，又在"孔子托古改制"一句。此说始于《公羊》，倡于董仲舒《春秋繁露》，康有为著《孔子改制考》一书，更将之作了系统的发挥。康认为，上古惨乱，"天闵振救，不救一世而救百世，乃生神明圣王，不为人主，而为制法王"。只因刘歆以《左传》破《公羊》，孔子才失去了改制立法教主圣王的地位，人不认"素王"，而民益愚，世愈衰。随着维新思潮的发展，"孔子托古改制"说风行一时，成了康、梁倡导变法的理论根据。虽经戊戌政变，其风依然甚劲，且成了康有为立宪派借以反对革命重要的经学依据；然而，这果真是《春秋》的大义所在吗？此期章太炎与刘师培的一系列经学撰述，正是集注于力破其说而展开的。

今文家"孔子改制"说的前提，在肯定《春秋》是孔子为万世立法而托古写就的著作，因而强调"孔子作春秋"。章太炎等人则力主《春秋》为史，只认孔子意在编写历史教科书。他们认为，《春秋》原是古代史书即编年史书的总称，东周时已为各国历史教科书。孔子的《春秋》不过是鲁国的"近世史"罢了②。不错，《孟子·滕文公篇》云："孔子惧作春秋"。后儒即据以谓《春秋》皆孔子所作。然而，"作"兼二义，或训为"始"，或训为"为"。前者见《说文》，即"创作之作"；后者见《尔雅》，与"创作"不同，"因前人之意而为亦谓之作"。所以，孟子言孔子"作春秋"，"即言孔子因古史以为春

① 诸祖耿：《记本师章公自述治学之功夫及志向》，载《制言》，第 25 期。
② 刘师培：《读左札记》，载《国粹学报》，第 1 年，第 11 期。

秋"。其所谓"其事则齐桓晋文，其文则史，至于诗亡然后春秋作"，这里的"作"又较前异，而为"始"，意《春秋》所记之事始于东周①。可见，孟子的话并不能成为今文家言的根据。同时，《春秋》书写体例本身，也说明了这一点。孔子著《春秋》，意在借助鲁史，和布当世，故重在"道齐桓晋文五伯之事"。但五伯事散在各国史籍，鲁史不备，又博征诸书，贯穿其文，形成了"属辞比事"的独特写法，即一事涉及数国者，各国仅记一端，《春秋》将之排比整齐，如同司马光的《通鉴》辑诸《史记》传志之事同为一篇。但此种体例，非良史不易为，这就是《春秋》失之凌乱的原因了。某些重要的典法如改官、定赋、制军等所以付之阙如，也是因超越鲁史不合凡例的缘故。惟其如此，《春秋》"经传相依，年事相系"的体例，成了百世史官的宗主。很显然，若孔子其意不在主事，而在改制微言，尽可以另著专书，何必独赖刻意于史例的《春秋》呢②？康有为将《六经》所载的上古史迹，都说成是孔子为"托古改制"而作的虚构。这在章太炎等人看来，尤属荒诞不经。周代除儒家外，诸子言古事大致同于群经。其时故典俱在，孔子并不能尽焚其籍，"彼诸子者，何为舍实事不言而同于孔子虚拟之事乎"？章认为，康有为诸人词穷，不得不谓庄、墨、申、韩诸子皆宗孔子，以自圆其说；但却终于无法摆脱自相矛盾的窘迫："至此则欲摈古文于经义之外，而反引珍说于经义之中；欲摈尧、舜、周公不得为上圣，而反尊庄周、墨翟为大师，则亦仅可鹘突其词，敷衍其语，而于心终不得安，于理终不能晰矣"③。

应当指出，《春秋》为鲁国的史书，这是为现代学者所肯定的事实。国粹派关于《春秋》为史的论述，不管尚有怎样的欠缺，它是正确的，也是有说服力的。如果说这具有从根本上动摇"孔子改制"说的立论基础的意义，那么他们进而对"素王"、"王鲁新周"、"春秋为新王"这些今文家主要论点的指驳，单刀直入，则具有极大的尖锐性。

章太炎指出，"素王"一词最早见于《庄子·天道篇》，与孔子无涉。孔

① 刘师培：《孔子作春秋说》，《左盦集》卷2，见《刘申叔先生遗书》，第38册。
② 章太炎：《春秋故言》，见《章太炎全集》（三），411、412页。
③ 章太炎：《今古文辨义》，见《章太炎政论选集》上册，109页。

子称"素王"，出于后儒。且"素王"原意也不等于"制法王"。王充以桓谭为"素丞相"，难道能说"桓谭之为新论，则为魏制法乎"①？刘师培也认为，孔子称王，于古无徵。"素王"二字援自纬书。儒家素无帝王思想，孔子称圣人，不过是"学者标榜之词"。《中庸》云："虽有其德，苟无其位，不敢作礼乐"。可见称孔子为"素王"，大违其本人正名之旨。他还进一步强调指出，汉儒以王拟孔子，是出于政治上的需要：他们一则以孔子当正黑统。因秦原为黑统，不欲汉承秦后，遂夺其黑统而归于孔子，以明汉承孔子之统；一则以孔子为赤统，明其为汉制法，《春秋》为汉兴而作，如此孔子受命之符自然也成了汉代受命之符了。由前之说，出于尊汉抑秦；由后之说，出于导汉尊孔。要言之，以"素王"拟孔子，无非是汉儒欲借此"颜媚时君"罢了。由此复引申出西郊获麟端门受书为孔子受命之符，并杂引纬书以为证，也就不足为奇了。所以，"知孔子之不称王，即知孔子之未尝改制，无稽之说，其亦可以息啄矣"②。

公羊家有"王鲁新周故宋黜杞"的说法，大抵谓孔子托王于鲁，变革周制。但刘师培借助自己深厚的训诂学的功力，独具只眼，却指出了所谓"王鲁新周"云云，不过是因文字上的错讹而引起的无谓的思辨罢了，从而举重若轻，将神秘的公羊家言悄然化解了。他说，考《孔子世家》言："孔子因史记作春秋，据鲁亲周故殷"。《索隐》云："言夫子修春秋以鲁为主，故云据鲁"。据此，则"王鲁"，乃"主鲁"之讹。"主"、"据"音义略同，故史公以"据"代"主"。而西汉初年，讹"主"为"王"，董仲舒遂有"托王于鲁"之说。此外，《公羊》宣十六年成周宣榭灾传云："外灾不书，此何以书，新周也"。"亲"、"新"均从"亲"声，故"新"为"亲"字之讹。盖外灾本不书，因周与鲁最亲，特书其灾。汉儒不解其词，遂有"新周"谬说。至于"故宋"，不过以宋为古国之后；"黜杞"，则以其用夷礼。史公亲见古书，其文足证董仲舒之谬③。此种见解，自然仅仅属于推论而已，但刘师培的博学与机智，无疑大有助于增强其立论的基础。

---

① 章太炎：《原经》，《国故论衡》中卷，见《章氏丛书》。
② 刘师培：《论孔子无改制之事》，载《国粹学报》，第2年，第11期。
③ 刘师培：《王鲁新周辨》，《左盦集》卷2，见《刘申叔先生遗书》，第37册。

"春秋当新王"，是"王鲁新周"说的衍生。意谓"王鲁"仅为托词，新王虽受命于鲁，实则孔子为继周之王，即为"制法王"。对此，刘师培引西方逻辑学和政治学的原理相难，同样新人耳目。他写道：

> 今以论理学及国家学两者言之，则王为一国之元首，就中国学理言之，则王即国家。是则王也者，必有王位，有居王位之人，而后可以谓之王者也。今以春秋等新王，则是以无机体之书当有机体之人也；以孔子为王，则是以不居王位之人，而妄称之为王，岂不迂曲难通乎①？

章太炎等人不仅指驳了公羊家所谓"非常奇异可怪之论"，而且强调事实上孔子没有也不可能为汉及百世制法。古今异势，千古兴亡多少事，而《春秋》不过记242年的历史，如何能尽人事的蕃变！譬如，官制之弊无过于封建，生民之痛无过于肉刑。汉代削疆蕃去剚刑，可谓仁政，但《春秋》徒讥世卿，不非封建；"有书妄杀，无议肉刑"②；又如何能说为汉制法？在章太炎看来，汉承秦制，与其说为汉制法者是孔子，毋宁说是李斯为宜。这是相当深刻的。

总之，章太炎等人坚持《春秋》为史书，其微言仅如史公所说"褒贬挹损"而已；除此之外，所谓"改制"云云，"伪言也"。同时，他们强调，遵信"改制"说必然产生消极的后果：一为"害典。"公羊家推此义说经，使《六经》易为庄列寓言；典制人物本确然可据者，均成伪托，"以真为伪，同于戏剧"。一为"害政"。汉儒取以媚时君，助纣为虐；近世康有为借以"附会新法"，倡言维新，但"既奉孔子为教主，崇尚孔子所定之制，则凡政治与孔子不合者，均将不论，其利弊得失，悉屏不行，则革新之机转塞"。"孔子改制"说虽能一时动人视听，推动变法，但终因其自身的荒谬，而自塞生机："而无如其说之无根也，岂足成为确当之论乎？"③这是其时从理论上

---

① 刘师培：《论孔子无改制之事》，载《国粹学报》，第2年，第11期。
② 章太炎：《驳皮锡瑞三书·春秋平议》，载《国粹学报》，第6年，第3期。
③ 刘师培：《论孔子无改制之事》，载《国粹学报》，第2年，第13期。

分析"孔子改制"说的弊害最集中也是最鲜明的文字。它不仅指出了其说"害典"即有碍学术的发展，而且指出了它"害政"，即最终窒息维新变法的事实。尤其是后一点，径直从康有为经学思想的角度上，探究戊戌维新致败的内在原因，更是发人所未发，表现了难能可贵的洞察力。

但是，国粹派的反思并未止于此。他们从历史与现实的联系中，力图引出更深一层的历史教训来。这就是孔子、经术与政治脱钩的历史必然性。为此，他们大声疾呼，恢复孔子和《春秋》作为史学宗主与史书的本来面目，"孔子自孔子，新法自新法"①，使孔子、经术与政治区分两途，则孔子、经学幸甚，中国政治幸甚。论者谓 19 世纪末 20 世纪初，是传统经学终结的时代；上述的呼声，正可以看做是国粹派经学思想向近代意义的层面转换的又一表征。当然，在他们看来，这并不意味着孔子及其《春秋》的价值有丝毫的贬损，只是意味着人们当从史的角度，重新体认其真正的价值罢了。国史愈久远，其亡愈难。中国自秦以降，屡危而复安，就在于赖《春秋》维纲，"古今国性不堕"。所以，《春秋》之绩，等于大禹治水：禹不治水，民溺尽，无后裔可言；孔子不布《春秋》，国性堕，国民安于外来奴役，则中国早已灭亡。"故春秋者，可以封岱宗，配无极"。惟有识史之可宝，始能知孔子及《春秋》之所以当尊。章太炎感喟道：印度人为古史湮没而叹息，"彼今文家特未见此尔"②。

由此可见，国粹派与康有为诸人的根本分歧在于：后者视《春秋》为百代政书，尊孔子为范围千古的政治家；前者则视《春秋》为古史，认孔子为伟大的历史学家。平心而论，后者因袭了过多的情感重负和神秘主义色彩；而前者则表现了近代可贵的理性精神。

需要指出的是，马叙伦 1906 年在《国粹学报》第 2 年第 1～6、9 期上发表了《孔氏政治学拾微》一文，一反自己 1902 年在《史学总论》③中提出的"六经皆三代之史"的见解，倡言"仲尼为制法之圣"，是政治家；"春秋非史"，是"政书"。他不仅不主张将孔子、经术与政治剥离，相反，却认为

---

① 刘师培：《论孔子无改制之事》，载《国粹学报》，第 2 年，第 13 期。

② 章太炎：《原经》，《国故论衡》中卷，见《章氏丛书》。

③ 马叙伦：《史学总论》，载《新世界学报》，第 1 期。

千年"诸夏之不竞"，正由于孔子法意的隐耀不明；因而主张"学春秋，然后知治法"。这从表面上看，是与整个国粹派的见解不甚协调，但如果据此便以为马叙伦在重弹康有为今文家的老调，却又大谬不然。因为，他所谓的"孔子改制"，与康有为诸人不可同日而语。这可从以下几点看出来：

（一）关于"仲尼为制法之圣"

他指出，西方文明萃于希腊。雅典就衰，亚里士多德出而集其大成，著《治制论》，发明政治学。后世学者继起，其学益明，故其国勃兴。"今孔子之于诸夏，不后于亚氏，六经所以探天地之玄妙而立之政法，追述往事，以验来者，盖尤精于治制论。顾自孔氏卒二千余年，其有绍六经者何其少也，且承而发明之者，亦罕得其要焉，诸夏之不竞，我何怪与"？很明白，马叙伦只是把孔子视为亚里士多德式集中国古代学术大成的学者，而非视作"为百代立极"的教主；只是视《春秋》为《治制论》一类的政治学的滥觞著作，并不认其为神圣的"万世教科书"。"故诵五学，识其典章沿革人伦进化而已，学春秋然后知治法"。说到底，他主习《春秋》，不是要守千古范本，而是要像西人那样，能承继先人的智慧，借以见社会进化的轨迹，以通"治法"。在这里，马叙伦的所谓"仲尼为制法之圣"，是指孔子发凡起例，为中国最早的政治学说的开创者，并不包含任何教主创教的神秘。

（二）关于"《春秋》改制"说

马叙伦认为，"法"即社会政制的设立，非先王私立，而是人民的公意："先王因民之所欲立也，而不能不立焉"。法又含有"意"与"训"的分别。前者是政制所要体现的人民公意或天赋之民权，是不可稍异的："意则本民生之所俱来，而百王之所沿也"；后者是法意的外烁形式，却不能不因时损益。"春秋者，探政法之统系，而为之更张，以求贤于故。故必有介以一言，曰：王者必改制。改制者何？曰：补弊起废"。《春秋》的价值，不仅在于它是孔子变革现实政制的政书，同时更重要的还在于，由它所最早揭示出的政治学普遍原理，即执著追求"法之意"与"法之制"的内在统一与和谐的"改制"说，构成了《春秋》的"法意"，却具有久远的意义。要言之，所谓"孔子改制"，是指孔子本天赋民权之旨，时时"补弊起废"，变革政制，以臻于至善的变政自觉，而非是指孔子提供了某种可范围千古的现成与僵死的政治模式。所以，它不是由孔子一次完成的，而是百代"王者"的天职。马叙伦删汰了公羊家神秘的"王鲁新周"诸说，他的"春秋改制"说，强调因时变革是有生命活力的孔门政治学原理，这与坚持孔子为百代制法传统公羊家专断、凝固的"孔子改制"说，显然是格格不入的。

（三）关于"春秋之新王"说

《公羊传》曰："王者孰谓，谓文王也"。文王何指？是指孔子还是指周文王，今文家自己便争论不已。马叙伦却另辟蹊径，提出了："春秋之新王"的新概念。他说："所谓新王者，不必文王、仲尼，有能备春秋之法度者，皆春秋之新王也"。这就是说，能体认《春秋》"法意"，循进化之理，因时变革，"循世而进"者，都可以称"新王"。在这里，"春秋当新王"的公羊家旧说，同样被剥离了。他的"新王"，不指孔子，而是泛指合于理性、勇于革故鼎新的一切贤者①。

由上可知，同主"孔子改制"，马叙伦不同于康有为诸人。后者视孔子为教主，认《春秋》已经设计了当代政治的蓝图；前者则仅视孔子为古代的学者，仅主张倡大《春秋》适时变革进取的政治学原理。质言之，他们都强调孔子与现实间的联系，但康有为诸人抹杀了二者间存在着的巨大的历史空间，马叙伦却自觉到了这一点，而这恰恰是与整个国粹派的根本观点相通的。事实上，从本质上说，马叙伦并未离开"六经皆史"古文家的立足点，不过是以其人之道反治其人之身，即借助"孔子改制"说，宣传排满革命以驳斥康有为诸人而已。这从以下他与章太炎诸人殊途同归，在体认"春秋大义"中获致共识，就可以看出来。

章太炎、刘师培等人虽然强调《春秋》为史，孔子为古史家；但如前所述，他们并未否认孔子编次《春秋》包含着个人的创意，刘师培、邓实且认为它是孔门的近世史兼政治学的教本。可见他们也没有完全否定孔子是古代的政治学学者。同时，作为集革命党与国学大师二任于一身的国粹派，终难坚拒"缘经术饰政论"的龚、魏遗风。所以，他们虽力辟"孔子托古改

---

① 马叙伦：《孔氏政治学拾微》，载《国粹学报》，第 2 年，第 1～6、9 期。

制"说，但为了宣传排满革命的现实需要，也热衷于牵强附会，进行所谓"春秋大义"的探微。国粹派认为，"春秋大义"主要蕴含三大旨趣：

1. "明人群之进化"

他们认为，《春秋》与社会学相通，其主旨在"明人群之进化"。刘师培说，《公羊》言"通三世"，即一曰乱世，一曰升平世，一曰太平世，"以验人群进化之迹"，最能体现"春秋大义"。"盖人群虽有变迁，然事迹秩然，如必循当然之阶级，春秋立三世之文，遵往轨而知来辙，殆即此义也"①。马叙伦也指出，《春秋》"三世"说，"其义取诸从"，不同于《周易》"终于未济而有往环"的循环论，"其旨在图人群之进化"②。但人群进化既是一充满着优胜劣败激烈竞争的过程，所以《春秋》强调"进化之途术"，必须具备两个条件：一是"合群"，即"亲其所亲"，"合群于诸夏"。郑败盟而伐许，《春秋》夷狄之，原因即在于"诸夏者礼义之邦，为其能群也。郑无群志，故使之如夷狄"；反之，鞍之战，曹无大夫而书公子手，是《春秋》"褒其忧我之心能为群"。这就是说，"国同群则保国，诸夏同群则夷狄不能窥……外侮自绝"。但《春秋》讲合群，又不单具有抗外侮、保种强国的意义，它同时还具有对内团结民众、捍卫民权、抵拒暴君的意义。数千年来，君主所以能横行无道，而百姓饱受荼毒却无能推翻君权，原因即在于百姓独居，不知合群的缘故；二是"言强"。《春秋》贵仁义，但同时"耻伐丧而荣复仇"，以示不贱势力，不讳言强。在诸国纷争之世，唯有致国强，而后致太平。这是"进化之途术"必然要经历的阶段。武力不足而侈谈仁义，只能招亡。后儒"敦德而羞武力"，恰恰是"诬春秋之义"。这也是导致后世"夷狄谋夏，纲纪沦丧"的重要原因。所以他们指出：据乱世当有武而缓文，升平世则尚文而弛武，太平世然后偃武而修文。"春秋示治法与进化之相切者，则如斯而已"③。

2. 隆民抑君

《左传》"凡弑君称君君无道"一句，成了他们议论风发的中心。章太炎

① 刘师培：《周末学术史序·中国社会史序》，载《国粹学报》，第1年，第1期。
② 马叙伦：《孔氏政治学拾微》，载《国粹学报》，第2年，第9期。
③ 马叙伦：《孔氏政治学拾微》，载《国粹学报》，第2年，第3、9期。

指出，《左传》曰"弑君君无道"；《榖梁》曰"称国以弑君君恶甚矣"；《公羊》曰"为人君而不通春秋之义者，必蒙首恶之名"；三传通义，都体现了《春秋》"九伐之法"，即治臣者一，"其余通治君"①，责君为重。而毛奇龄、方苞诸人，托《春秋》"惧乱臣贼子"之义，倡"尊君抑臣之说"，"实为春秋之巨蠹"。他们每于弑君诸狱，谓传、注归罪于君，是为助乱；不知正本清源，"非先正君父，终不能遏乱贼之逆谋"②。章太炎甚至径直认为，"春秋大义"就在于"主弑君"，即旨在鼓励国人推翻无道之君③。不过，章太炎虽肯定君无道可杀，但仅比作军正丞可斩为奸的监军御史，并未涉及君民关系的问题。章太炎一般不主附会经文，加之不喜公羊家言，故对此少有论列。与章不同，马叙伦、刘师培既主今古文会通，加以少年气盛，对此都有极大胆的议论。在马叙伦看来，《春秋》的根本宗旨，还不在于"贵让国之义"，而在于发明"君、群之所立"，即在阐明政治学的根本原理——君与民的正确关系。"春秋之言曰：君者，为民者也"；"民非为王也，而天之立王，以为民也"。君无非是受民之托而掌令者，故君违民意，民有"起而覆之"的权利，"去之可也，执之可也，弑之可也"。所以，天下之君，有不为群之所立者，《春秋》"掊而贬之"，其中苟非大无道，如鲁隐公、齐桓公、晋文公之流，则"随其所行而贬之讥之"；苟有罪，则称"国人以弑之"，不书"葬"，以贬之，如"莒弑其君庶，晋弑其君世蒲"等皆然。总之，《春秋》强调，欲拨乱而反诸正，"其道必自掊专制而立共治始"④。刘师培较马叙伦更勇于联想。他说，隐公四年《经》云"冬十有二月，卫人立晋"；《左传》云"书曰卫人立晋，众也"；此明"君由民立"⑤。由此引申开去，他又联系卢梭的《民约论》，作了进一步大胆的附会：春秋战国时代，君权稍杀，"人民之思想遂日渐发达"。其时政体组织，多见三代遗风。《左传》谓"郑人游乡校而论执政"，是为下议院；"卫人立君众"，是为民选；"怀公

① 章太炎：《驳皮锡瑞三书·春秋平议》，载《国粹学报》，第6年，第3期。
② 章太炎：《驳箴膏肓评叙》，见《章太炎全集》(二)，898页。
③ 章太炎：《艾如张、董逃歌序》，见《章太炎全集》(四)，240页。
④ 马叙伦：《孔氏政治学拾微》，载《国粹学报》，第2年，第3、6期。
⑤ 刘师培：《读左札记》，载《国粹学报》，第1年，第3期。

北京师范大学史学探索丛书

朝国人而问非",更是国民参政的表现①。所谓"凡弑君称君君无道"一句,在这里便有了新的意蕴。他指出,陋儒泥于君父之义,以为弑君罪莫大焉,不知诛独夫民贼,"正天下至正至义至仁至勇之事乎"?《民约论》说:"不正之约,非由主权所出之法典,即不得为人民应尽之责";可见抵抗政府为卢梭所认可。所以,刘师培与马叙伦一样,强调《春秋》的根本旨趣就在于确立"君为民立"的政治准则:"以民为国家之主体,以君为国民而设,而人君之立不以得位正与不正而分,实以民心归不归为判"②。这样,马叙伦与刘师培虽然都超越了今古文的界限,但却同样不啻视《春秋》为《民约论》的滥觞了。

此外,马叙伦还将平等的概念引入了"春秋大义"。他说,孔子言五伦,曰:"父慈子孝,夫义妇贞,兄友弟恭,君臣以礼,朋友以信"。这里夫妇、兄弟、君臣、朋友,都有相对待的义务。例如,父不慈则不得责子以孝;夫不义则不得责妇以贞等,足见"五伦之义,皆平等也"。而《春秋》正体现了这一点。"春秋讥亲迎,公薨书葬,夫人不异也。夫人淫佚而致国乱,春秋如其讥"。此外,《礼》与《春秋》通,据婚礼,妇初至,姑迎酬之;女之于归,三月而后庙见,以证夫妇以"爱合",不合则离,"是夫妇平等而后可"。臣弑君,子弑父,常见于《春秋》,但《春秋》必据君父之善恶,以责臣子之重轻。例如楚公子比弑其君虔。《春秋》不书,以恶灵王之无道,宽比而不诛;赵盾弑其君夷獔,《春秋》也赦盾不诛,而灵公不书葬;蔡世子般弑其君父固,《春秋》虽不予楚灵之讨,但反书葬,由此可见,"春秋之旨,君臣父子夫妇平等之义,昭然"。马叙伦还特别强调,孔子只讲五伦,遍查《春秋》也并无后儒所谓"三纲"之说,是程朱宋儒将"三纲"说强加于孔子与《春秋》,致使《春秋》"平等之义"晦而不彰:"如其说,则春秋不啻仁义桀纣而叛逆汤武也,其背于仲尼之志亦甚远矣。于乎后世三纲之说,吾为其非圣人之信而为鬼魔也,而掊之则平等之义显然昭于天地,而春秋之道行"③。

---

① 刘师培:《中国民约精义》卷1,见《刘申叔先生遗书》,第16册。

② 刘师培:《中国民约精义》卷2,见《刘申叔先生遗书》,第16册。

③ 马叙伦:《孔氏政治学拾微》,载《国粹学报》,第2年,第5期。

3. "内诸夏外夷狄"

国粹派对"春秋大义"的概括，最集中最鲜明的一条，无过于"内诸夏外夷狄"。章太炎说："内诸夏外夷狄，春秋诸家所同"①；刘师培也说："攘狄春秋伸大义，区别内外三传同"②；黄节则谓："内夏外夷之辨，春秋持之至严"③；马叙伦也强调："夏夷之畛，族类之防，此则仲尼之志，而春秋之教也欤"④? 作为排满革命宣传的健将，国粹派刻意彰显"攘夷"为"春秋大义"，是合乎逻辑的。不仅如此，他们还进一步强调"春秋大义大复仇"。他们认为，圣人命名万物，首在使民辨其族类，澈其荣辱之情。而辱莫大于"国家为人灭，君父为人弑"；由是而倡复仇雪耻，示民以荣辱之所在，可以"厉拨乱立国之神"，反大辱为大荣，"则国自然固"。所以齐襄公虽有禽兽之行，《春秋》不仅为之讳，而且加以褒奖，就是因其灭纪，"不忘耻辱，能复九世之仇"，措齐国于大荣的缘故⑤。与国粹派相反，康有为诸人站在清廷的立场上，尤其反对这一点。他们强调，《春秋》有"进吴楚"之说，可见圣人不薄四夷，讲"天下大同"、"进夷狄"，才是"春秋大义"之所在。因此，"以攘夷为春秋大义，未足以尽春秋"；同时，"匹夫任侠杀人报仇，是为乱民"，遑论"复九世之仇"？但是，国粹派反驳说，"攘夷"明明是《春秋》各家所同，而大同说仅见于《礼运》篇，可知"大同者，本非春秋大义"⑥。康有为等人借口"春秋进吴楚"，而倡"进夷狄"，无非是偷换概念。黄节说，"春秋进吴楚则有之，未闻有进夷狄也"。吴楚为荆蛮之地，但临制者却是汉种。故由其地而言，是用夏变夷；由其主人而言，"吾黄帝子孙盖可进也"。而夷狄其地在王化之外，其主人又非吾种，"宜皆在屏绝之例"，"则不可进也"⑦。章太炎则认为，大同之世千年而不可得，眼下侈谈大同、进夷狄，无非空言。他肯定在大同世实现之前，倡

① 章太炎：《驳皮锡瑞三书·春秋平议》，载《国粹学报》，第6年，第3期。
② 刘师培：《甲辰年自述诗》，载《警钟日报》，1904-09-10。
③ 黄节：《春秋攘夷大义发微叙》，载《国粹学报》，第2年，第8期。
④ 马叙伦：《方召传》，载《国粹学报》，第2年，第6期。
⑤ 章太炎：《孔氏政治学拾微》，载《国粹学报》，第2年，第6期。
⑥ 章太炎：《驳皮锡瑞三书·春秋平议》，载《国粹学报》，第6年，第3期。
⑦ 黄节：《春秋攘夷大义发微叙》，载《国粹学报》，第2年，第8期。

"复九世之仇"是天经地义的。据《檀弓》言，孔子肯定庶人有复仇之义，诸侯得仍世复仇。至于"庶人所报止乎杀者一身"之说，那仅适于"冠带之族而已"。"若夫蛮夷猾夏，窃地自主，虽庶人至百世犹可复。何者，豺狼异族，本无臣主之分，君父不校，其义岂施此哉"①！马叙伦虽然较章太炎谨慎一些，肯定复私仇仅能止乎子孙；但他强调国仇属于公仇，人之所得复之，虽百世犹可："何也，国仇者，其耻千世，犹焰然揭于牒谱，况百世乎？况九世乎"②？在这里，无疑又一次集中暴露了国粹派大汉族主义消极的情绪。

上述国粹派的《春秋》研究，着力指驳了康有为诸人的"孔子改制"说，和倡言合群进化、民权平等、外排夷狄的"春秋大义"，这在多大程度上合乎《春秋》原意，并不重要；重要在于，它完全适应了革命党人排满宣传的需要。同时，从康、梁派到国粹派，从他们对"春秋大义"的不同概括中，也可以看出清末今古文正负面社会效应的嬗变。

---

① 章太炎：《驳皮锡瑞三书·春秋平议》，载《国粹学报》，第 6 年，第 3 期。

② 马叙伦：《孔氏政治学拾微》，载《国粹学报》，第 2 年，第 6 期。

第八章　国粹派的历史地位

一、辛亥后国粹派的落伍

1912 年 2、3 月间，《国粹学报》正式停刊①。其最后一期即第 82 期上同时刊出了国学保存会的《拟推广本会之志愿》及《古学汇刊略例》两文。前文写道：

> 今者清帝退位，汉德中兴，海内识微之士，多谓本会为精神革命之先河，同人等固未敢自居文字之功，然碌碌自守，抱其素志，毋敢少渝。中间虽屡经官家之注目，始饴以金资，继加以威吓，同人不为少动中止，乃延一线至今日。际兹民国成立，言论结社得以自由，同人等固当不懈而益勤，思以发展其素抱。

它拟定的"推广条例"包括：一刊印先哲遗书；二《国粹学报》停刊，另组《古学汇刊》；三设古物流通处、金石采访处及古学研究所；四推广藏书楼；五设考古展览会。《古学汇刊》由缪荃荪为总纂，邓实仍为主任。定每两月出一编，分上、下二篇，刊前人遗著与近人新著，"宗旨在发明绝学，广罗旧闻"②。但实际上，所谓"推广本会志愿"并未实现，《古学汇刊》从 1912 年 6 月至 1914 年 8 月，共出 12 编 24 册后，也告终绝。

国学保存会最初的设立，目的本在于"阴谋借此以激动排满之思潮"，

274

---

① 这里据《中国近代期刊篇目总汇》论定，但其实际停刊，当晚至 1912 年 2、3 月间。因为，其最后一期即第 82 期封面标明，该期为 1911 年第 8—13 期合刊本，但是期载国学保存会《拟推广本会之志愿》一文，内有"满清退位，汉德中兴"一句，按清室退位在 1912 年 2 月 12 日，可知其实际出版时间，当在 1912 年 2、3 月间。

② 《古学汇刊略例》，载《国粹学报》，第 82 期。

清廷既覆，它也失去了存在的意义。所以，可以说，迄 1912 年初《国粹学报》停刊，国学保存会也实告寿终正寝。如果说当年国学保存会与《国粹学报》的成立，是清末国粹派和国粹思潮崛起的标志；那么其时二者的中绝，则是宣告了它们的终结。其后，国粹派风流云散，虽有"南社"①仍在发展，但物换星移，其存在已非原来的意义。

从总体上看，辛亥后，缘于资产阶级共和国和"借国粹激动种性"美妙理想的破灭，国粹派多由先前慷慨悲歌、壮怀激烈的弄潮儿，渐归于宁静、消极和颓唐。刘师培先已变节，不足论；国学保存会和《国粹学报》的主持人邓实，在上海"以金石书画自娱，厌倦文墨，无复当年豪兴"②；诸贞壮也"卜居武林，以诗文自娱，啸傲湖山"③；黄节虽一度出任广东高等学堂监督，但不久即退归北大任教。他有《沪江重晤秋枚》七律一首，记1918 年在上海与邓实久别重逢时的心境，曰：

> 国事如斯岂所期，当年与子辨华夷。
> 数人心力能回变，廿载流光坐致悲。
> 不反江河仍日下，每闻风雨动吾思。
> 重逢莫作蹉跎语，正为栖栖在乱离。④

他对理想破灭，国事日非，深感失望，为人写字常钤"如此江山"印章⑤。

---

① 晚清著名革命文学团体，1909 年由陈去病、柳亚子、高天梅等创于苏州。但其酝酿始于 1907 年，柳亚子说："1907 年(光绪三十三年)冬天，薄游上海，偕刘申叔、何志剑、杨笃生、邓秋枚、黄晦闻、陈巢南、高天梅、朱少屏、沈道非、张聘斋小饮酒楼，便孕育南社的精虫"(《南社纪略》，上海人民出版社，1983 年，第 10 页)。第一批社员 17 人，其中列籍国学保存会者 6 人。可见它主要是由国学保存会和《国粹学报》同人中衍生出的革命团体。除了章太炎、邓实、刘师培外，晚清国粹派主要代表人物，包括黄节、马叙伦、黄质、黄侃等人在内，多先后加入。辛亥前，南社社员不过数十人，辛亥光复时增至约 200 人，不数年，复增至几及千人(傅熊湘：《南社丛选序》)。

② 胡朴安：《余墨》，《朴学斋丛刊》第 4 册。
③ 胡朴安：《南社丛选·文选》，卷五，"大至文选"识，国学社铅印本，1924。
④ 刘斯奋：《黄节诗选》，130 页，广东，广东人民出版社，1984。
⑤ 郑逸梅：《南社丛谈》，250 页，上海，上海人民出版社，1981；《周作人回忆录》，462 页，长沙，湖南人民出版社，1982。

虽愤世嫉俗，却洁身自隐。国粹派最主要的人物章太炎，继续奔走政治，但多限于军阀上层，日渐脱离了民众。他最终退居宁静，"身衣学术的华衮，粹然成为儒宗"。①

国粹派既在政治上消极、落伍，其思想也必然失去光泽，而趋于僵滞。邓实将《国粹学报》改刊《古学汇刊》，强调"广罗旧闻"，已显示了此种倒退。章太炎在被袁世凯囚禁的"幽居"期间，追迹往事，"感事既多"②，手定《章氏丛书》，将许多宣传革命的旧著刊落了，反映的也是同样的心态。不仅如此，章甚至还对自己先前猛烈批判封建旧文化的正义之举，表示忏悔。1922 年 6 月他致书南京高师柳诒徵教授说，自己订孔、反孔，"妄疑圣哲"，"乃十数年前狂妄逆诈之论"，这在《章氏丛书》中业已刊落，"不意浅者犹陈其刍狗"，"足下痛与箴砭，是吾心也，感谢感谢"。他在信中特别说明：当年是因"深恶长素孔教之说，遂至激而诋孔"。中年以后，"诋孔则绝口不谈"，只是"前声已放，驷不及舌，后虽刊落，反为浅人所取"③，追悔莫及。它说明，章太炎这位当年"有学问的革命家"，已经丧失了昔日的勇气和革命精神。

同时，也唯其如此，面对新文化运动的兴起，他们多抱抵触和反对的态度。诸贞壮讥评新文化倡导者"舍己以从人，昧古以徇今，犹以文体改革自命为时流，此诚可谓大惑不解者也"④。1919 年初，刘师培、黄侃在北京大学主办《国故月刊》，"以昌明中国固有之学术为宗旨"，明显意在与《新青年》、《新潮》杂志分庭抗礼。章太炎也指责新学的提倡者，"大氐稗贬泰西，忘其所自，得矿礇以为至宝，而顾自贱其家珍，或有心知其非，不惜曲学以阿世好"。1923 年他创办《华国月刊》，自谓是"睹异说之昌披，惧斯文之将坠"，故欲有所补救，以"甄明学术，发扬国光"⑤。章无疑也是站到了新文化运动的对立面上去了。

———————————

① 见《鲁迅全集》（六），547 页，北京，人民文学出版社，1987。
② 《太炎先生自定年谱》，载《近代史资料》，1957 年，第 1 期。
③ 章太炎：《章太炎先生致柳教授书》，载《史地学报》，第 1 卷，第 4 期。
④ 《读译书经眼录》。
⑤ 章太炎：《发刊辞》，载《华国月刊》，第 1 卷，第 1 期。

国粹派是落伍了，但某些论者用"封建复古"或"反动"，来概括辛亥后的晚清国粹派；更有甚者复借此反证晚清国粹派文化思想的实质，本在于维护封建旧文化①，却是失之偏颇。因此，指出以下几点，仍然是必要的。

其一，就晚清国粹派主要代表人物而言，类能保持共和革命者的气节。辛亥后，封建复辟势力一直甚嚣尘上，但早在1912年1、2月间，柳亚子就在《天译报》上发表了一系列时评，坚决主张北伐，反对革命党人向袁世凯妥协让权。他说："袁之为人，专制锢毒，根于天性，与共和政体无相容之理"②，其效法拿破仑借总统而登皇位之心，路人皆知。"今日之事，万绪千端，唯有乞灵于铁血"③。其后，为反抗袁氏独裁，宁调元在"二次革命"中献出了生命。迨袁世凯复辟帝制，章太炎"以大勋章作扇坠，临总统府之门，大诟袁世凯的包藏祸心"，虽因此遭禁锢，"而革命之志，终不屈挠"④。惟刘师培附逆，参加了筹安会；但他不仅遭到了马叙伦、黄侃的当面怒斥⑤，而且也激起了其他原《国粹学报》同人的一致谴责。其中，黄节曾两次致书刘，责其解散筹安会："夫倾复民国是为内乱，聚党开会，是为成谋，岂与米博士泛论国体、著书私言所可同语？仆以为斯义一出，动摇国体，招致祸败，心所谓危，愿因足下以告诸君，深察得失，速为罢止"⑥。黄节复将信的原稿寄上海老友黄宾虹，请他代为分致沪上各报刊登。最后黄宾虹将节稿交柳亚子，发表在《南社丛刻》里了。黄节革命气节

---

① 杨天石先生认为，晚清国粹派文化思想的实质，是在"维护封建旧文化不受资产阶级革命思想的冲击"（《南社》，中华书局，1980年）。章开沅、林增平先生主编的《辛亥革命史》中册（人民出版社，1980年），辟有"国粹主义思潮"专章。作者虽认为不能把国粹主义与"封建复古思潮混为一谈"，但又说，"而封建复古的铁枷却又压得他们喘不过气来，在政治上自然容易堕落为保守复古思想的支柱"。辛亥后，国粹思潮"迅速同反动文化合流，国粹派中的一些人，又退回到封建营垒中去了。这是旧中国历史发展的必然趋势"。

② 柳亚子：《论袁世凯》，载《天译报》，1912-1-21。

③ 柳亚子：《北伐》，载《天译报》，1924-1-23。

④ 见《鲁迅全集》（六），547页，北京，人民文学出版社，1981。

⑤ 马叙伦：《鼓吹民族革命之国粹学报》，《石屋余沈》，192页，上海，上海书店，1984。另见章太炎的《黄季刚墓志铭》，见《章太炎全集》（五）。

⑥ 转引自刘韶清《黄晦闻之生平及其政治学术思想举例》，载《广州文史资料》，1963年，第10辑。

尤为凛然。张尔田在《兼葭楼诗序》中说："君既以诗鸣海内，居京师十年，穷且饿。当项城称帝时，名士趋之若坑谷焉，而君独攸然南归。又有浼之出者，亦坚卧不一应"。郑逸梅也称赞他"生平绝不与遗老唱和"①。他们既保持着共和革命者的气节，这也就决定了他们与"复古"、"反动"者，不可同日而语。

其二，国粹派不都是落伍者。辛亥后的晚清国粹派从总体上看是落伍了，但也要指出，他们中也仍有许多人在继续前进。钱玄同原为典型的国粹论者，却成了新文化运动的主将，固不必说；马叙伦曾积极推荐陈独秀为北大文学院院长，足见其并非反对新文化运动。而五四运动发生后，他复出任北大教员会书记兼北京中等以上学校教职员会联合会主席，自然说明更趋激进了②。柳亚子最初对新文化运动抱有抵触情绪，但后来"便完全加入新文化运动了"。1923年他所以要重组新南社，目的也在于为了适应新形势和加入新文化运动的潮流。柳亚子自己回忆说："不过，我应该用怎样的方法，才可以参加这一个运动呢？于是就有改组南社为新南社的计划出来"。"新南社的成立，是旧南社中一部分的旧朋友，和新文化运动中的一部分新朋友，联合起来，共同组织的"③。同时加入新南社的《国粹学报》同人，还有胡朴安、陈去病等人。因此笼统说晚清国粹派带有沉重的"封建复古的铁枷"，故"在政治上自然容易堕落为保守复古思想的支柱"，并不正确。

其三，对国粹派的落伍尚须有"度"的把握。长久以来，人们已习惯于以赞成抑或反对新文化运动，作为评判时人进步抑或反动的唯一标准，而未能顾及缘文化问题的复杂性，对新文化运动抱抵触或反对态度的人，固算不得高明，但并不等于即与"反动"同列。这里于其"度"的把握，不是没有意义的。《国故月刊》的设立，如前所述，固是意在与新文化运动抗衡；刘师培、黄侃、马叙伦、黄节分任总编辑与特别编辑，也集中反映了原有《国粹学报》同人的落伍。但尽管如此，它的创办仍不足以说明国粹派已走

① 郑逸梅：《南社丛谈》，250页，上海，海人民出版社，1981。
② 马叙伦：《我在六十岁以前》，北京，生活·读书·新知三联书店，1983。
③ 柳亚子：《南社纪略》，90、100页，上海，上海人民出版社，1983。

向"封建复古"的反动。《国故月刊》最初由张煊等几位学生发起，简章在草定之后才复征求教员赞助的①。从内容上看，除了张煊的《驳〈新潮〉〈国故和科学的精神〉篇》、《言文合一平议》两篇为与《新潮》商榷者外，其余多为古奥的国学论文。平心而论，张的二文对《新潮》有所驳难，但究属学理探讨，所论亦非无见，与封建复古说无涉。所以，其时构成与新文化运动真正对立的是康有为、林纾之流为代表的尊孔复古思潮；晚清国粹派诸人继续埋首国学研究，固然也表现为对新文化运动的抵触和不满，但究不能与前者等量齐观。所谓辛亥后"国粹主义思想迅速与反动文化合流"云云，实属夸大其词。

较比起来，章太炎落伍得更远，但鲁迅却是这样评价其晚年的："既离民众，渐入颓唐，后来的参与投壶，接收馈赠，遂每为论者所不满，但这也不过白圭之玷，并非晚节不终"。② 这自非有意宽容，而是基于深沉的历史感而引出的理性判断。准此以言，上述对辛亥后晚清国粹派的苛刻否定，不是应当得到矫正吗？著者以为，也可以这样说：就其主要代表人物的整体而言，辛亥后国粹派落伍了，但非"反动"，而且"这也不过白圭之玷，并非晚节不终"。

中国近代历史发展的一大特色，就是新旧更迭十分迅速。一些本是虎虎有生气的人物、派别或思潮，曾几何时，便因落伍而黯然失色。因此，评价他们，既不能以其前期掩盖后期，也不应以其后期而抹杀其前期。科学的态度，是要把问题提到特定的历史范围加以考察。对于晚清国粹派及其国粹思潮的历史地位的认知，也应当作如是观。

二、国粹派的历史地位

晚清国粹派是一些确立了进化论的宇宙观和具备了较为系统的西方近代社会学新知的资产阶级、小资产阶级的知识分子。他们作为革命派的一

---

① 《本社记事录》，载《国故月刊》，第 1 期。
② 《鲁迅全集》(六)，541 页。

翼而崛起，不仅借经史助益革命，而且主张保存国粹复兴中国民族文化。国粹派所倡导的国粹思潮，是资产阶级民主革命思潮的一个组成部分；而其文化思想，同样应当看做是后者在文化思想领域延伸所产生的积极的成果。这至少可以指出以下几点：

(一)借中国的历史文化为时代和革命酿造了爱国主义的激情

国粹派文化思想的核心是民族主义，而其卓特之处，即是在于执著体认中国历史文化与现实的民族民主运动间的内在联系：后者永远需要依赖前者为之提供必不可少的民族良知的依托，即国民的爱国主义精神的弘扬。"爱国精神者，精神之精神也"，人而"无爱国心，是丧其良知者也"①。从呼吁"保种、爱国、存学"，到鼓吹"陶铸国魂"；从连载《正气集》提倡民族气节，到借重顾炎武"知耻"、"重厚"、"耿介"的主张，倡导"革命道德"；国粹派苦心孤诣，以经史助益革命，实则归根到底就是一条，"用国粹激动种性，增进爱国的热肠"，即自觉地借助于中国的历史文化为时代和革命酿造了宝贵的爱国主义激情。胡适说，晚清国粹派"他们不是为学问而做学问，只是借学术来鼓吹种族革命并引起民族的爱国心"②。作为一批"有学问的革命家"，国粹派的宣传尤其在知识分子中产生了巨大的影响。就此而言，他们在革命中的作用实为其他党人所无法替代的。

章太炎说，革命之初，孙中山的兴中会可号召南洋华侨；黄兴的华兴会可号召沿海会党；徐锡麟的光复会可号召江、浙、皖士民；三党结成同盟会后，虽于留学生多通风气，但对"国内文学之士则未能产生影响。自余主笔《民报》，革命之说益昌，入会之士益众，声势遂日张"。③ 汪东也指出，《民报》在章太炎主持下，转以经史立论，影响愈大："……尤其是太炎的文辞渊雅，立论以经史为根据，这样就使当时的士大夫阶级，在思想上发生了很大震动。"④这不应当看做是国粹派好自高标，周作人在自己的回忆录中也曾指出，由邓实、黄节、刘师培、马叙伦主撰的《国粹学报》，

---

① 马叙伦：《宋爱国士岳文二公传》，载《新世界学报》，第15号。
② 胡适：《新文化运动与国民党》，载《新月》，第2卷，第6期。
③ 见汤志钧编《章太炎年谱长编》上册，210页。
④ 汪东：《同盟会和〈民报〉片断回忆》，见《辛亥革命回忆录》(六)。

"以复古来讲革命，灌输民族思想，在知识阶级中间很有势力"。《民报》上章太炎等人的文章，"在东京及中国内地的学生中间，力量也不小"①。

长久以来，某些论者习惯于将国粹派借经史论革命，说成是封建思想在革命队伍中的反映。这是一种脱离历史实际的误解。道理很简单，在当时革命举步维艰的年代，革命党人有充分的理由根据不同的宣传对象、普遍的社会心理和自身的条件，选取不同的角度、方式去有效地激发人们的革命热情，尽管它们在后人看来也许并不十分妥当。其时，革命宣传主要有两种范式：一是径直发挥西方的政法原理，所论鲜明，但于时人稍嫌隔膜；一是借经史立论，所说迂远，但易于动人心。前者多为熟悉新学的海外留学生所重，后者多为精于旧学的国粹派所擅。应当说，两种范式互有长短得失，其于革命并无高低之别。对于这一点，汪兆铭在1923年有一精彩的总结，值得重视：

> 中国之革命文学，自庚子以后，始日以著，其影响所及，当日之人心为之转移，而中华民国于以形成。……核其内容与形式，固不与庚子以前之时务论相类，亦与民国以后之政论绝非同物。盖其内容，则民族民权民生之主义也。其形式之范成，则涵有二事：其一，根底于国学，以经义史事诸子文辞之菁华为其枝干；其二，根底于西学，以法律政治经济之义蕴为其条理。二者相倚而亦相扶，无前者，则国亡之痛、种沦之戚，习焉忌忘，无由动其光复神州之念；无后者，则承学之士，犹以君臣之义无所逃于天地之间，无由得闻主权在民之理。且无前者，则大义虽著，而感情不笃，无以责其犯难而逃死；无后者，则含孕虽富，而论理未精，无以辨析疑义，力行不惑。故革命之文学，必兼斯二者，乃能蔚然有以树立。其致力于前者，则有国粹学报、南社集等；其不懈于前者而尤能致力于后者，则有民报等。……革命党人所以能勇于赴义，一往无前，百折不挠者，恃此革命文学以自涵育，所以能一变三百年来奄奄不振之士气，使即于发扬

---

① 周作人：《周作人回忆录》，215页，长沙，湖南人民出版社，1982。

蹈厉者，亦恃此革命文学以相感动也①。

这里，汪兆铭强调有二：一是指出当时革命宣传有借重西学与国学两种范式，以《国粹学报》为主要阵地的国粹派是运用后一范式的代表。但其内容皆准于三民主义，二者相辅相成，促成了辛亥革命的成功，因之若鸟之双翼、车之两轮，同为革命所不可或缺，自然也并无高低之分；二是认为国粹派借经史助益革命，其主要特色和功绩，就在于为革命与时代酿造了爱国主义的激情。汪的总结不仅符合历史实际，而且由于他本人曾是主第一种范式的著名革命党人，其评论就更具说服力。耐人寻味的是，时隔半个多世纪之后，曼华先生也强调了同样的结论：

> 论者以民报偏重民族革命之宣传，殆眩于章氏之文所由误也。惟以革命之实际工作着着失败，环境关涉，民报之态度遂不能不因之转移。……"专以历史事实为根据，以发挥民族主义，期于激动感情，不入空漠"为旨也。特吾人今日馨香讽诵民报全帙，往复绎思，觉诸贤文字，撷新除旧，理论精湛，谓其与政治革命与社会革命，或有次列之先后，而并非权衡其轻重，斯则可已②。

国粹派是革命党的坚定一翼，其借经史助益革命具有无可替代的历史作用，这一点毋庸置疑。我们要强调的是：事实上，不仅如此，在近代史上，国粹派又是在更加自觉和更为完整的意义上，较比更早地揭示出了必须借历史文化积极培育中华民族的凝聚力、向心力，即弘扬国民的爱国主义精神这一重要的命题。这一命题既然在今天仍具深远的意义，他们开风气之先，就愈显其难能可贵。

(二)俗化、历史化孔子与《六经》于思想解放的意义

普列汉诺夫对于旧有意识形态随时代更迭而蜕变的一般规律，曾有过

---

① 见胡朴安编《南社丛选·序》。
② 《国盟会时代民报之始末记》，载《食货月刊》，1985年，第14卷，第910期。复见书目文化出版社出版的《历史研究》，1986年，第6辑。

十分深刻的论述。他写道：

> 一个时代的意识形态决不会和自己的先辈作 Sur tonte la ligne（全线的），在人类知识和社会关系的一切问题上的斗争的。18 世纪的法国空想主义者在许多人类学的观点上与百科全书派完全相同；复辟时代的英国贵族在许多问题上（如公民权利等）是和他们所厌恶的清教徒完全一致的。心理的领土划分为省，省分为县，县分为村和公社，公社乃是各个人（即各个问题）的联合。当"矛盾"产生时，当斗争爆发时，它的注意力普通只涉及个别的省——如果不是个别的县的话——只有反射的作用才涉及于邻近的区域。首先被攻击的是那前一时代的领导权属于它的省份。只是逐渐地"战争的灾难"才扩张于邻近，扩张到被攻击省份的最忠实的同盟者身上。①

在两千多年的中国封建社会，意识形态握"领导权的省份"，无疑是充当封建君主专制政治的精神支柱而获居独尊地位的儒学；而儒学的传统权威，除了君权的羽翼，则源于孔子及《六经》的"圣化"。所以，毫不奇怪，随着康有为借今文经学改塑孔子，重释《六经》，向传统儒学的权威发起挑战，维新思潮一时得获激浪冲天之势。但又毋庸讳言，如前所述，康有为诸人既尊孔子为教主，奉《六经》为范围百世的宝典，又无异于将二者由"圣化"推为"神化"。无论其主观动机如何，随着时间的推移，康有为的今文经说又日益浸成了新的思想桎梏，在不同的层次上又反转来，起到重新稳固儒学摇摇欲坠的"领导权"的消极作用。国粹派继起，"夷六艺于古史"，力斥尊"孔教"之非②，且径评孔子之得失，乃至"订孔"、"诋孔"，无所顾忌，孔子及《六经》最终被俗化，历史化了。这如同釜底抽薪，其于促进传统儒学"领导权"的最终崩溃的巨大作用，是不难想见的。普列汉诺夫

---

① 《论一元论历史观的发展》，见《普列汉诺夫哲学著作选集》，第 1 卷，736 页，北京，生活·读书·新知三联书店，1961。

② 见章太炎的《原教》、《訄书》（重订本）；刘师培：《论孔教与中国政治无涉》，《读某君孔子生日演说稿书后》（《左盦外集》卷 9）。

说，"每一个批判时代，按之情况之不同，或者继续形式上承认旧的领导权而将新的、相反的内容加到统治的概念中去（例子：第一次英国革命），或者完全否认它们，而领导权转入新的思想的省份（例子：法国的启蒙典籍）"①。如果说康有为在戊戌时期改塑孔子，只是在一定程度上类似前者；那么国粹派的所为，则是相类于后者，即它于传统社会心理"省份"的触动，较康有为深刻。

毫无疑问，新文化运动高举"科学"与"民主"的大旗，提出"打倒孔家店"，是封建旧意识形态的"领导权"最终无可挽回地"转入新的思想的省份"之重要标志。然而，人们往往没有注意到国粹派俗化、历史化孔子与经书的努力，恰恰是为新文化运动提供了必不可少的思想铺垫。这一点，在新文化运动的主将钱玄同及其新秀傅斯年的身上，就表现得更加典型。钱玄同为章太炎的弟子，学术思想多变。早年读庄方耕、刘申受等人的书，倾向今文经学；后在日本受章太炎教诲，转向古文经学；再后复受崔适的影响，重归今文经说。但尽管如此，他在新文化运动中的思想底蕴，则主要源自章太炎。他的挚友黎锦熙在《钱玄同先生传》中说："一般人只看见钱先生并不和他老师（指章太炎——引者）一样的反对今文经学……故以为他于章氏的古文经学竟无所承，殊不知他在新文化运动中，大胆说话，能奏摧枯拉朽之功，其基本观念就在'六经皆史'这一点上。不过，在《新青年》他的文章中，一般人不易看出这个意识上的渊源来耳。"章太炎视《六经》为历史文献，钱玄同同样强调要以"史眼"穷经，只承认经书无非"国故"，而"'国故'就是史料"②。傅斯年最初也十分崇拜章太炎，他指出："章（太炎）先生现在虽然尊崇孔子，当年破除孔子的力量，非常之大。""中国人的思想到了这个时期，已经把孔子即真理一条信条摇动了"③。有国粹派先期的努力促进人们化解对孔子圣人的敬畏心理，新文化倡导者继起，

────────────

① 《论一元论历史观之发展》，见《普列汉诺夫哲学著作选集》，第 1 卷，736 页，北京，生活·读书·新知三联书店，1961。

② 刘绍唐主编：《钱玄同先生传与手札合刊》，台北，台湾传记文学出版社，1972。

③ 傅斯年：《清代学问的几种门径书》，见《傅斯年全集》，第 4 册，1459 页。转引自王汎森：《章太炎的思想(1868～1919)及其对儒家传统的冲击》。

号召人们动手"打倒孔家店"，自然也就会变得容易了。

（三）开创了近代"国故研究之新运动"的先河

国粹派俗化、历史化孔子与《六经》，既促进了普遍性的思想解放潮流，同时，还意味着将近代的观念引入了传统的学术领域，从而又推动了这一古老园地革命性的变革。这不仅表现在他们勇于打破传统观念，注重诸子研究，从而使诸子学摆脱了屈从经学的奴婢地位，由附庸蔚为大国；更主要的是，在研究国粹、"复兴古学"的名义下，他们借助西方社会学研究的理论与方法，在对古代学术史作系统的总结和研究的过程中，已是相当自觉和卓有成就地将传统学术，提升到了近代意义的层面上，即促其近代化。章太炎的《訄书》、《国故论衡》；刘师培的《国学发微》、《古政原始论》以及国学教科书等，具有怎样重要的学术价值，近人多有论说；刘师培、黄节、马叙伦、陈去病、胡朴安等《国粹学报》同人，以及黄侃、钱玄同、朱希祖、汪东等此期章太炎的弟子，辛亥后多成北京大学等中国南北各大学国学教学与研究的原动力，也是众所周知的，无须赘述；这里需要强调的是，他们开创性的学术研究于近代中国学术的发展，同样产生了不容忽视的影响。钱玄同在《刘申叔先生遗书序》中，曾回忆了刘师培学术思想对自己的启发；而黎锦熙则指出，钱玄同一生得益的"'疑古'的治学方法"，则是传之于章太炎①。作为新文化运动另一主将的胡适，不仅高度评价章太炎的《国故论衡》为千古佳构②，而且实际上也承认自己于后者多有师承。他在《中国哲学史大纲》自序中说："对于近人，我最感谢章太炎先生。"何以感谢？就是他受到了章氏思想的启发，其中荦荦大者，即是本书赖以立论的诸子平等观念。不仅如此，柳诒徵将章、胡二人的文字细加比较之后还指出，胡适受到了章太炎早期非儒反孔论的影响："胡氏之好诋孔子与章同"③。这是符合实际的。但较比起来，钱玄同从近代学术思想发展的全过程，考察国粹派的地位，所论最为明晰。他指出：最近五十年来，为中国"学术思想之革新时代，其中对于国故研究之新运动，进步最

---

① 周作人：《周作人回忆录》，215页，长沙，湖南人民出版社，1982。
② 胡适：《五十年来中国之文学》，见1923年《申报》馆编《最近之五十年》。
③ 柳诒徵：《论近人讲诸子之学者之失》，见《柳翼谋先生文录》，416页。

速，贡献最多，影响于社会政治思想文化者亦最巨"。此新运动以1884年、1917年为界，又分两个时期。后期较之前期，研究之方法与结论，自然更趋正确；但前期作为"黎明运动"，人才辈出。其中卓特者先后有康有为、宋衡、谭嗣同、梁启超、严复、夏曾佑、章太炎、孙诒让、蔡元培、刘光汉、王国维、崔适十二人，虽持论多异，趋向有殊，但无不"思出其深邃之旧学，与夫深沉之新知，以启牖颛蒙，拯救危亡"，创获极多。"此黎明运动，在当时之学术界，如雷雨作而百果草木皆甲坼，方面广博，波澜壮阔，沾溉来学，实无穷极"①。钱玄同明确肯定了以章、刘为代表的清末国粹派的学术实践构成了近代"国故研究之新运动"的一个重要组成部分，厥功甚伟。这与我们强调国粹派是推动传统学术向近代化转换的自觉力量的见解，显然是相通的。

(四)提出了关于中西文化问题的新思路

在20世纪初年，反对全盘欧化，主张中西调和，固然已成为具有相当普遍性的文化取向，但人们毕竟未能就此作出足以自圆其说的理论说明。国粹派的建树在于，在执著体认文化的民族性及其内在生命机制的存在的基础上，提出了中西文化是互相平行、各具独立价值的两大文化体系即"类"文化的重要见解。由是国粹派形成了自己关于中西文化问题的新思路，这便是在肯定世界文化的多维性和中国文化独具价值的基础上，重新论证了中西调和与发展中国民族新文化的必然性。此种新思路，有力地开拓了人们的思维空间，表现出了可贵的前瞻性。在新文化运动时期，著名的《东方杂志》主编伧父(杜亚泉)在其《静的文明与动的文明》②等文中，根据"地理环境决定"论将中西文化区分为主"静"、主"动"各具特色的两大文化体系，并在更加自觉的文化模式论的基础上倡言调和中西、以中国文化"统整"西方文化③。这显然是与上述国粹派的思路相通的。然而，随着

---

① 《刘申叔先生遗书序》，宁武南氏铅印本，1936。

② 伧父：《静的文明与动的文明》，载《东方杂志》，第13卷，第10号。

③ 伧父与《新青年》的论争，属于学理之争，不能简单斥之为反动。其文化思想有弱点，但合理的内涵是应当肯定的。参看著者与人合作的《近代中西文化论争的思想》一书，北京，高等教育出版社，1991。

1922年《学衡》杂志创刊出现的"学衡"派与国粹派间的关系,尤其值得重视。"学衡"派中坚如胡先骕、吴宓、梅光迪等人,都曾先后就读于美国哈佛大学。该校比较文学系教授白璧德所倡导的新人文主义是20世纪现代保守主义的核心。吴宓等人或直接或间接都受到了白璧德思想的影响(吴为白璧德的学生)。所以《学衡》系统介绍新人文主义(现代保守主义),实奉白璧德为宗师。但是,"学衡"派与国粹派之间又存师承关系。这一方面表现为前者与后者有直接的师友之谊:"学衡"派多为东南大学文学系教授,胡先骕、梅光迪更早在1915年即有诗作在《南社集》发表,二人后且列籍"南社"会员。而原《国粹学报》主笔及"南社"的主要发起人陈去病,也正"主教东南大学"①。特别是吴宓,还在《国粹学报》时代即崇拜黄节的诗,后更成其入室弟子,故《学衡》刊黄节诗作最多②。另一方面,则表现为"学衡"派毫不隐晦自己承国粹派的余诸,而以新一代的国粹派自居。《学衡》杂志标明自己的宗旨在"昌明国粹,融化新知"③。高揭的同样是保存国粹的旗帜。吴宓说,"为保国保种之计",尤须保存国粹,"如是则国粹不失,欧化亦成,所谓造成新文化融合东西两大文化之奇功,或可企致"④。"学衡"派倡言国粹,一头连着白璧德,另一头连着黄节、陈去病,本身就极具象征性,说明国粹派的文化思想与现代保守主义是怎样一脉相通。当然,事实上整个东方文化派执著中国文化自身的价值,力拒全盘西化论,就其文化思想合理的思维而言,又何尝不可以看成是国粹派最初提示的文化新思路的掘进?

(五)提出了某些积极的新文化主张

耐人寻味的是,国粹派虽然看重国粹与传统,但这并不影响他们提出某些积极的新文化主张。这不仅包括男女平等、婚姻自由、改造传统家庭、旧伦理、旧道德等,而且还包括主张推广白话文。例如,刘师培就指

---

① 胡朴安:《南社丛选·文选》,卷8,"巢南文选"识。

② 刘峻:《诗人黄节的思想和风格》,见刘斯奋选注:《黄节诗选》,广州,广东人民出版社,1984。

③ 《学衡杂志简章》,载《学衡》,1922年,第1期。

④ 吴宓:《论新文化运动》,载《学衡》,1922年,第4期。

出，语言与文字的分离，以及为文以典雅为主，而斥世俗之语，是中国文字致弊的第一原因。他认为，文字进化的公理是由繁趋简，它决定了"中国自近代以来，必经俗语入文之一级"①。文言合一，也有利于平民识字。所以他主张古文不必废，但当务之急要推广白话文。在国粹派中，林獬于推广白话文最有成绩。他创办的《杭州白话报》、《中国白话报》，不仅为时较早，而且影响甚大。刘师培也是《中国白话报》的重要撰稿人。同时，章太炎与钱玄同共同创办的《教育今语杂志》也是一份白话报，它在"缘起"中说："凡诸撰述，悉演以语言，期农夫野人皆可了解"②。上述这些新文化的主张，无例外都是后来新文化运动所积极倡导而又引起激烈争论的问题（尽管在深度上有不同）。由此不难窥见，其时国粹派的文化思想又具有怎样激进的一面。柳亚子后来回忆自己在新文化运动初期的困惑心情时说："对于这一个运动，我原是同情的。反对封建礼教，提倡男女平权，以至打倒孔家老店，在我都是很早的主张。"③这不仅符合他本人的实际，而且也符合国粹派的实际。不管他们中多数人后来如何抵触和反对新文化运动，他们在当年曾提出了一系列具有前瞻性的新文化主张，却是值得重视的事实。

总之，国粹派文化思想的展开过程，并没有脱离中西文化冲撞、交融的时代格局，但它显示了自身的特点，在批判传统的基础上，强调传统；在肯定民族文化主体性的前提下，强调融合西方文化。这里体现的是一种自觉的和理智的力量。所以，试图经由自己选定的"保存国粹"、"复兴古学"的路径，推动中国固有的文化向近代化转换，这是国粹派文化思想的基本取向和主流，也是它规范自身在近代意义的理论框架中运作的前提。

诚然，肯定这一点，并不影响我们看到国粹派文化思想的局限。首先，是它忽视了文化的时代性。国粹派始终未能正视中国文化在进化程度上落后于西方文化的事实，而只承认那是局部的或表面的现象，并把问题仅仅转换为"国学"与"君学"的对立。超时空、纯正无瑕的"国学"既为中国

北京师范大学史学探索丛书

---

① 刘师培：《论文杂记》，载《国粹学报》，第1年，第1期。

② 钱玄同：《刊行教育今语杂志之缘起》，载《教育今语杂志》，第1期。

③ 柳亚子：《我和南社的关系》，见《南社纪略》，90页。

文化的本来面目，或者说，其局部表面的衰堕是因"君学"肆虐而蒙尘，中国文化自然从根本上说就无所谓落后。这样，近代中国文化面临的尖锐的时代转换即近代化主题，在无形中被淡化了。由是国粹派便在很大程度上钝化了自己追求西学新知、批判封建旧文化的紧迫感和变革进取的意识。所以也不奇怪，其倡言保存国粹，虽不乏合理性，却又不免于空疏和夹杂着令人生厌的颂古常谈；其次，文化思辨染上了过于浓重的情感色彩。这主要不是指他们出于排满革命宣传的需要，对历史文献喜欢作实用主义的诠释，而是指以下两种情况：一是缘于民族主义情绪，过分夸大了中国文化将受西方文化同化现实的危险性，造成了心理的紧张："世多欧风，有百年为戎之惧"①。二是作为积学之士，难完全摆脱恋古的情结。所谓"旧籍未沦，风徽未沫，旧国旧都望之畅然"②，是发忧国之思，也是抒恋古之情。故马叙伦曰："某性不因，未敢自溺于俗伍。读书窃慕古，获三皇五帝之贻经，虽不甚解，读而津津有味。若余焉，犹恨其无古古者，斯亦性之爱古与世之宝翠与圜圭者已。"③惟其如此，在国粹派的身上，情感与理性的冲突，随处可见：一方面既强调"吾国犹图腾也，科学不明，域于无知，然则吾学犹未至于逻辑也，奚以国，奚以学"④？另一方面却又将"国学"说得完美无缺；一方面既强调文言合一、推广白话文的必然性，另一方面《国粹学报》却依旧是佶屈聱牙的文言天地，孤芳自赏；一方面既欢呼20世纪文明必是中西结婚产生的人类新文明；另一方面却又寄希望于"古学复兴"。此种趋新复恋古、一步三回头的矛盾心态，说明国粹派缺乏进一步批判旧文化所必需的心理承受力，故其多数人在其后的新文化运动中落伍，是难以避免的。

国粹派的文化思想包含着一个矛盾的世界。然而，它呈现为国粹思潮的整个图像所具有的正面价值，仍然是清晰的。20世纪初年的中国，在经历了戊戌维新和义和团运动之后，民族民主运动正迅速高涨，以民主共和

① 邓实：《国粹学报第一周年纪念辞及叙》，载《国粹学报》，第2年，第1期。
② 邓实：《国粹学报发刊辞》，载《国粹学报》，第1年，第1期。
③ 马叙伦：《古政述微·自叙一》，载《国粹学报》，第1年，第1期。
④ 黄节：《国粹学报叙》，载《国粹学报》，第1年，第1期。

为目标的辛亥革命的浪潮洪波涌起，而社会文化心理却呈现向传统文化回归的态势，此种看似相悖的现象，在实际上却是相反相成的。辛亥革命的最终目的，不仅在于推倒清廷、改行共和，而且还在于实现民族独立，"辛亥革命是革帝国主义的命。中国人所以要革清朝的命，是因为清朝是帝国主义的走狗"①。社会文化心理呈回归态势，并非意在复古，而是渴望吸纳西方文化最终必当助益复兴固有文化，即意在实现民族的文化独立。可见，二者相反相成，无不植根于中国现实的民族民主运动。国粹派在革命队伍中异军突起，其文化思想归结到一点，就是反对民族虚无主义，主张发展民族新文化。这显然较其时许多人更有力地彰显了民族的觉醒。固然，他们实际上并无能力解决自己提出的时代课题，其理论与实践也许暴露了过多的失误，但人们却无须苛求古人。事实证明，在未经新文化运动洗礼，使自己的思想提升到科学与民主的基点上来之前，国人对传统文化的反思和否定，不可能达到应有的深度。尤其在晚清封建君主专制政权依然存在，封建旧文化的势力依旧强劲的情况下，国粹派提出发展民族新文化的主张，实属超前的课题，其难以与传统主义划清界限，是不可避免的。总之，发展民族新文化是十分重大而复杂的时代课题，缺少科学世界观的指导和从容的内外部环境以从长计议，是难以正确把握的。如果我们注意到，直至1940年毛泽东发表《新民主主义论》，提出"民族的科学的大众的文化"的主张，才标志着近代中国人民最终找到了发展新民主主义文化的正确道路，而真正进一步复兴民族文化，甚至在今天仍然是个有待解决的大课题，我们就不会对国粹派的失误感到奇怪了。"判断历史的功绩，不是根据历史活动家没有提供现代所需要的东西，而是根据他们比他们的前辈提供了新的东西"②。因此，重要的问题不在于国粹派存在严重的失误，而在于他们所鲜明提示的中国新文化的发展必须走民族化的道路这一富有远见卓识的新思想、新思路，不仅体现了20世纪初年国人文化识见的深沉和缘是获致的善果；而且甚至在今天仍不失其意义。

---

① 《毛泽东选集》，第2版，第4卷，1513页，北京，人民出版社，1991。

② 《列宁全集》，第2版，第2卷，150页，北京，人民出版社，1984。

附录一

一、拟设国粹学堂启

中国自古以来，亡国之祸迭见，均国亡而学存。至于今日，则国未亡而学先亡。故近日国学之亡，较嬴秦、蒙古之祸为尤酷。何则？以嬴秦之焚书，犹有伏生、孔鲋之伦，抱遗经而弗堕；以蒙古之贱儒，犹有东发、深宁数辈，维古学而弗亡；乃维今之人，不尚有旧，自外域之学输入，举世风靡。既见彼学足以致富强，遂诮国学而无用，而不知国之不强，在于无学，而不在于有学。学之有用无用，在乎通大义，知今古，而不在乎新与旧之分。今后生小子，入学肄业，辄束书不观，日惟骛于功令利禄之途，卤莽灭裂，浅尝辄止。致士风日趋于浅陋，毋有好古博学、通今知时而务为特立有用之学者。由今而降，更三数十年，其孤陋寡闻，视今更何如哉！嗟乎！户肄大秦之书，家习刲卢之字，宿儒抱经以行，博士倚席不讲，举凡三仓之雅诂，六艺之精言，九流之堕绪，彼嬴秦蒙古所不能亡者，竟亡于教育普兴之世，不亦大可哀邪！故国学之阨，未有甚于今日者也。

夫国于天地，必有与立。学也者，政教礼俗之所出也。学亡则一国之政教礼俗均亡，政教礼俗均亡，则邦国不能独峙。试观波尔尼国文湮灭，而洼肖为墟；婆罗门旧典式微，而恒都他属。是则学亡之国，其国必亡，欲谋保国，必先保学。昔西欧肇迹，兆于古学复兴之年，日本振兴，基于国粹保存之论，前辙非遥，彰彰可睹，且非惟强国惟然也。当春秋之时，齐强鲁弱，而仲孙谓鲁未可取，犹秉周礼。是学存之国，强者可以益兴，弱者亦可以自保。今也弃国学若弁髦，非所谓自颠其本乎？况青年之辈，侈言爱国！爱国者，以己国有可爱之实也，故怀旧之念既抒，保土之情斯切。若士不悦学，则是并己国可爱者而自弃之矣，虽托爱国之空名，亦何益哉！夫中土之学，兴于三代之前，秦汉以还，大师魁儒，纂述尤盛。代有传人，人有传书，篇目并较然可按。今竟湮没不彰，销蚀湮轶。彼东西重译之国，其学士大夫转以阐明中学为专门。因玄奘《西域记》以考佛教之起源，因赵氏《诸蕃志》以证中外之交通。而各国图书楼，竟贮汉文典籍，即日本新出各书报，于支那古学亦遞有发明。乃华夏之民则数典忘祖，语及雅记故书，至并绝域之民而不若，夫亦可耻之甚矣！

同人有鉴于此，故创立国学保存会于沪渎，并刊行学报、丛书，建设藏书楼，以延国学一线之传。然君子之学，非仅自为而已也。学术之兴，有倡导之者，必有左右翼赞之者，乃能师师相续，赓续于无穷，而不为异说伪言所夺。昔颜习斋先生主讲证人书院，首倡蕺山之学，并推论读经考史之方。承其学者，咸择其性之所近，以一艺自鸣。风声所树，揽芳承执，矢音不衰，则化民成俗之功，必基于讲学。今拟师颜王启迪后生之法，增益学科，设国粹学堂，以教授国学。夫颜、黄诸儒，生于俗学滋行之日，犹能奋发兴起，修述大业，以昌其学术；今距乾嘉道咸之儒，渊源濡染，近不越数十年，况思想日新，民智日瀹，凡国学微言奥义，均可借皙种之学，参互考验，以观其会通，则施教易而收效远。从学之士，三载业成，各出其校中所肄习者、发挥光大以化于其乡。学风所被，凡薄海之民均从事于实学，使学术文章寝复乎古，则 20 世纪为中国古学复兴时代，盖无难矣，岂不盛乎！（《国粹学报》第 3 年第 1 期）

二、拟国粹学堂学科预算表

武事学	译学	书法学	图画学	音乐学	文章学	博物学	历数学	地舆学	考古学	典制学
古柔道	东文	书法派别	图画史毛笔画法实习	单音唱歌用古诗歌	文学源流考作文	中国理科学史	历代算学派别九章	中国自然地理、人文地理	钟鼎学	历代行政之机关
同上	东文	古碑帖学实习	历代画家派别重笔画法实习	单音复音	文章派别考作文	中国植物	天元一法	直隶、山东、山西、河南、陕、甘	石刻学	官制
同上	东文	同上	毛笔及铅笔画法实习	复音读古乐府	文章各体作文	植物动物	四元各法	江苏两湖江西四川	金石学史	法制
古柔术古兵法	拉丁文	同上	铅笔	古词曲古乐器	文章各体作文	动物矿物	中西算学异同	闽浙两广云贵	美术史	典礼
古兵学	希腊文	同上	用器	戏曲学律吕学	文章各体作文	矿物古生物学	历学	东三省新疆及外藩	美术史	兵制田制
外国操	梵文		绘影	练习诗歌	著书法	理科大义	算学大义	地理研究法	研究法	制度杂考

史学	社会学	实业学	政法学	宗教学	哲学	心性学	伦理学	文字学	经学	学期	学科
年代学 大事年表 历代兴亡史	古代社会状态		历代政法学史			古代心性学	古代伦理学	文字源流及其派别	经学源流及其派别	第一学期	时间及程度
外患史	中古社会状态		历代政法学史			中古心性学	汉唐伦理学	字音学	汉儒经学	二	
政体史	近代社会状态	历代实业学史				近代心性学	宋明伦理学	偏旁学	宋明经学	三	
外交史	社会研究法	历代实业学史			古代哲学 佛教哲学		近儒伦理学	训诂学	近儒经学	四	
内乱史		历代实业学史			宋明哲学 近儒哲学		伦理研究法	析字学	经学大义	五	
史学研究法		计学		宗学派别			教育学	论理学	经学大义	六	

(《国粹学报》第 3 年第 1 期)

三、拟设国粹学堂简章

一宗旨　以保存国粹阐明实学养成通才为宗旨。

一学额　正额六十名，旁听生二十名作为副额。

一学科　略仿各国文科大学及优级师范之例，分科讲授，惟以国学为主，另有学科预算表。

一学龄　以年龄在二十二以下十七以上，国文清通，国学有根底者为合格。

一学期　半年为一学期，六学期卒业。量程度之高下，发给毕业及修业文凭。

一学费　正额生每学期收费四十元。学膳费及一切杂用在内。讲义由学校给发，参考书籍可由藏书楼取阅。旁听生例不寄宿，每学期收费二十五元。

一学规　以整齐严肃为主，另有细章。

一校舍　上海。

（《国粹学报》第 3 年第 1 期）

附录二

一、晚清国粹派论孔子

孔子是中国古代伟大的学者，中国传统文化的化身。但经历代封建统治者的推崇和利用，又成了封建君主专制主义的精神支柱。

晚清国粹派是一些以保存国粹、复兴古学为己任的国学大家。那么，他们怎样论孔子？这无疑是个有意义的课题。探讨这一课题，不仅有助于我们进一步正确认识国粹派，同时，也可加深对整个辛亥时期社会思潮的理解。

(一)孔子是人，不是神

如果说，自汉武帝罢黜百家、独尊儒术后，历代封建君主渐将孔子抬至"大成至圣先师"的地位，是圣化孔子的话；那么，戊戌时期，康有为藉今文经推进变法，力尊孔子为教主，立孔教为国教，则是神化了孔子。他说："天既哀大地生人之多艰，黑帝乃降精而救民患，为神明，为圣王，为万世作师，为万民作保，为大地教主。"①然而进入 20 世纪初年，"孔教问题"却引起了广泛的争论：夏曾佑先是主立孔教为国教，后又反过来，力斥几千年来是孔教误中国；梁启超则认为保教非所以尊孔；中国教育会甚至专门举办讨论会，激烈"争论孔子是否为教主"②。

耐人寻味的是，以章太炎、刘师培、邓实等人为代表的晚清国粹派，虽力主复兴古学，却力排众议，鲜明主张：孔子是古代学者而非教主，是人而非神。

康有为诸人主孔学为宗教的一个主要论点是认为周末诸子并行，乃

---

① 见汤志钧编《康有为政论集》上，198 页，北京，中华书局，1981。
② 《警钟日报》，"中国教育会纪事"，1904-06-24。

"皆创新教"①，孔子在竞争中获胜，故千年定于一尊，成中国大教主。包括孔学在内的周末诸子学，到底是宗教还是学派呢？邓实指出，"九流固出于史官，六经皆先王政典，制礼作乐，道术盛于周公"②。因之，包括孔子在内，诸子并兴，无非"各尊所闻，各欲措之当代之君民"，求显理想而已。他们创立的是学派，而非教派。刘师培于此发挥得最充分。他说，古学出于史官，"是则史也者，掌一代之学者也，一代之学，即一国政教之本"③。及周末官失其传，诸家并起，各执一术自鸣。例如，儒家之学即教民之遗法；墨家之学即宗祀之旧典，法家之学即行政之大纲，如此等等。就孔学而言，孔子所立之六经，皆周史所藏旧典，而为孔门教科书：《易》为哲学讲义；《诗》、《书》为唱歌国文课本；《春秋》为本国近世史课本；《礼》为伦理心理学讲义；《乐》为唱歌体操课本。因是可知，诸子"皆学术而非宗教"④："孔子者，中国之学术家也，非中国之宗教家也"⑤。

　　刘师培不单从周末学术史的角度立论，而且进而提出了以下的根据：其一，孔子之前，中国上古久有宗教，无须孔子创教；其二，"孔子未立宗教之名"。孔子著书偶有言及"教"字，那是指教育、教化而言，与宗教无涉。即便如公羊家言，孔子有改制之说，那也是讲"革政"，而非"革教"，与耶稣摩山麦加创教者不同。否则，"何以六经及儒家之书无一语涉及灵魂世界，孔子也不创祈祷和入教的仪式"⑥！其三，"唐宋以前孔教之名未立"。《汉书·艺文志》列儒家为九流之一，称儒为家，不称儒教。直到南朝之时，释、道渐盛，张融之徒始创儒教之名与老释并列为三。所以，若谓孔子即立宗教，则荀子为传孔学巨子，"何以又力破迷信乎"？这些见解，无疑是有说服力的。

　　康有为诸人的另一主要论点，是把孔子说成"改制教主"。章太炎、刘

　　①　《康有为政论集》上，281 页。

　　②　邓实：《国粹学报第一周年纪念辞并叙》，载《国粹学报》，第 2 年，第 1 期。

　　③　刘师培：《论古学出于史官》，载《国粹学报》，第 1 年，第 1 期。

　　④　刘师培：《国学发微》，载《国粹学报》，第 1 年，第 9 期。

　　⑤　刘师培：《论孔教与中国政治无涉》，见《刘申叔先生遗书》，第 49 册，宁武南氏铅印本，1936。

　　⑥　刘师培：《论孔子无改制之事》，载《国粹学报》，第 2 年，第 24 期。

师培等人认为将孔子说成万世垂范的"改制教主"，无非把孔子神化了。章太炎说，事实上孔子没有也不可能如康所谓为汉及百世制法。古今异势，千古兴亡多少事，《春秋》不过记242年的历史，如何能尽人事的变迁！譬如，官制之弊无过于封建，生民之痛无过于肉刑，汉代削疆藩去剠刖，可谓仁政；但《春秋》徒讥世卿，不非封建，"有书妄希，无议肉刑"，① 又如何能说孔子为汉制法？章认为，汉承秦制，与其说为汉制法者是孔子，勿宁说是李斯为宜。孔子既无法为汉制法，又如何能为百世制法！相信公羊家言，不啻将《六经》当做推背图了。所以，借口孔子为"改制教主"，也是无谓的。

要言之，国粹派强调，孔子是学问家而非宗教家，是人而非神。人们欲研究孔子，首先便须破孔教的谬说，"归孔子于九流之一"②，即"都要把孔子当做儒家看待"③。

(二)真孔子与假孔子

从一般意义上说，在近代，"真假孔子"问题肇端于戊戌时期的康有为。他为替自己的变法维新提供传统权威的依据，著《新学伪经考》、《孔子改制考》诸书。他借今文经"奇异可怪之论"，力证孔子是"托古改制"的教主，而千余年来人们奉古文伪经为圣法，尊孔子为述而不作的圣人，是将伪孔子认作了真孔子，中国政治也因之难以进化。康有为是从今古文纷争的历史公案中提出"真假孔子"的问题。

但进入20世纪初年后，"真假孔子"问题有了新的内涵。随着民主思想的深化，人们愈益看到了历代封建帝王独尊儒学对于中国文化思想发展的严重危害，少数激进者进而攻击孔子本人。在此种情况下，饱受传统教育的许多人，便不能不在理性与情感的冲撞中陷于困窘。他们要求批判封建专制主义，但在情感上却不能接受有损于孔圣人完美形象的任何否定。梁启超不仅自称"尊圣子"，写了《孔子讼冤》，"一一纠正"对孔子的批评；其《论中国学术思想变迁之大势》一文，虽然对汉以后儒学独尊的弊害常加挞

---

① 《春秋平议》，载《国粹学报》，第6年，第3期。
② 刘师培：《论孔教与中国政治无涉》。
③ 刘师培：《孔子传》，载《中国白话报》，第13期。

伐，但事涉孔子，便徒唤奈何："呜呼！吾不敢议孔子，吾不能不罪荀卿焉矣。"

国粹派中部分人不再忸怩作态，一针见血地道出了真谛。林獬说："从前尊孔子的只有帝王，因为那帝王要想以孔子压制贵族，压制平民，所以不能不把孔子当做傀儡。现在士大夫推尊孔子，也是要想以孔子抵抗帝王，所以不能不把孔子当个教主。其实两边都是私意"①。刘师培也指出，"缘饰古经，附会政治"，这是"后世之利用孔学"②。

然而国粹派中并非人人都能突破感情上的障碍。有人还竭力为孔学辩护。以黄节、邓实为代表，强调孔学与君学的对立。

黄节撰《孔学君学辩》长文，对此发挥得最详备。他指出，"盖自秦以来，当世之所谓孔学者，君学而已矣"。经秦焚书坑儒，"君学之统成，而孔学之真扫地而尽矣"，黄节认为，孔学之真是要"裁抑君权"，这可从先秦诸儒的言行中得到证明。《汉书·艺文志》纪尹文曰："善政也，众之所誉，政之所是也；众之所毁，政之所非也。毁誉是非与政相应。"这是强调"决之众人"，与西方民主政治近似，"此儒者论政之真也"，鲁仲连义不帝秦，公然与君主相抗，足见孔学与君主专制本是对立的。也唯其如此，它招致嬴政的迫害。秦灭之后，六艺缺，汉儒则百计歪曲孔学，以媚时君。由是，"儒学之真日远日失，彼时君臣借孔子以束缚天下之人之思想言论，其祸皆因汉初儒者有以致之。是故后世之所谓尊孔学者，尊君学而已矣"③。邓实也强调，秦汉以降，为"君学之天下而已"。先秦"真儒之学"易为"伪儒之学"，"中国国学之真之失，殆久矣乎"④。黄节、邓实牵强比附，极力判分孔学与君学，其意在维护孔子及孔学的声誉，是显而易见的。

在国粹派中，还是两位主帅和公认的国学大师章太炎、刘师培能摆脱情感的重负。他们无所避讳，直截了当揭破了问题的真相：明确指出孔子本是尊君权者。章太炎说："孔子最是胆小，虽要与贵族党争，却不敢去

---

① 林獬：《新儒林外史》，载《中国白话报》，第21～24合期。
② 刘师培：《论孔教与中国政治无涉》，载《东方杂志》，1904年，第3期。
③ 黄节：《孔学君学辩》，载《政艺通报》，1907年，第1号。
④ 邓实：《国学真论》，载《国粹学报》，第3年，第3期。

联合平民，推翻贵族政体。"他教弟子依人作嫁，最高理想是作帝师王佐。孔子本人摄行相事时，"只是依傍鲁君"，迄周游列国归来，日暮途穷，甚至依傍季氏，其志气实是日短一日。在章看来，孔子不仅主张依附君权，而且迷恋利禄，这正是他所以被历代君主利用的根本弱点。他说，孔学"最大的污点，是使人不脱富贵利禄的思想。自汉武帝专尊孔教以后，这热忠于富贵利禄的人，总是日多一日"①。

刘师培把问题讲得更明确。他说："现在康梁的邪说，喜欢用古书附会西书，都说孔子是着重民权的，由我看起来，却不什么相信"。事实上，孔子不可能懂得近代"君由民立的公理"，他是"最着重君权"。《春秋》虽有"讥世卿"的说法，但孔子的本意"是抑臣权伸君权，并不是要抑臣权伸民权"。《易》曰："君子以辨上下定民心"；《论语》曰"臣事君以忠"，都是有力的凭据。在刘师培看来，历代君主所以要表彰孔子，并非偶然，仅仅将之归咎于汉儒有意篡改孔学，也不正确。从根本上说，是因为孔子的尊君主张适应了君主专制需要的结果。他写道："是因为孔子的说法，与他们所行的专制政体，很有相近的地方。又有名分尊卑的话头，很可以压制百姓，所以把孔教尊的了不得。读书的人迎合这政府的意思，也都来崇拜孔子……所以孔子的学术，就一天一天大起来"②。

章太炎、刘师培较邓实、黄节高出一筹，他们都超越了"真假孔子"论，其见解不仅表现了学者的勇气，而且表现了思想的深刻性。

(三)孔子评议

章太炎、刘师培对先秦诸子都有专深的研究。前者的《诸子学略说》以及《訄书》中的《儒墨》、《儒法》、《儒道》诸文；后者的《周末学术史序》、《孔学真论》、《国学发微》等，都是享誉一时的著述。因之，他们论孔子视野开阔，多发新想。但见智见仁，又各具特色，以至于大相径庭。

章太炎对孔子正面价值的肯定，主要强调两点：其一，非鬼神，重人事，促进了社会文明的发展。章说："按仲尼所以凌驾千圣，迈尧舜，轹

---

① 见汤志钧编《章太炎政论选集》上，272～273页，北京，中华书局，1977。
② 刘师培：《孔子传》，载《中国白话报》，第13期。

公旦者，独在以天为不明及无鬼神二事"。"惟仲尼明于庶物，察于人伦，知天为不明，知鬼神为无，遂以此拔本塞原之义也，而万物之情状尤著。由是感生帝之说绌，而禽兽行绝矣，此所以冠生民横大陆也"①；其二，著《春秋》既保存了古代史迹和培植了国人民族的意识，又创史例，促进了中国史学的发展。章指出，在孔子之前，古籍散乱无序，又深藏百国故府，不下庶人，故极易湮没无闻。孔子著《春秋》，保存了古代史迹，使后人有所观感，从而培植了国人强烈的民族意识，厥功甚伟。"故春秋者，可以封岱宗已无极"②。同时，《春秋》发凡起例，复开创了中国史学的先河。他称赞说："仲尼，良史也"③。"世无孔公，史法不著。……宣尼一出……纷者就理，暗者得名，迁、固虽材，舍是则无所法，此作者所以称圣也。"④

综观此期章太炎对孔子的评说，从总体上看，却是贬甚于褒。这可从以下事实看出来：

1. 于诸子中，贬抑孔子。章说："六艺者，道墨所周闻……异时老、墨诸公，不降志于删定六艺，而孔氏擅其威，遭焚散复出，则关轴持于孔氏，诸子却走职矣。《论语》者晻昧，《三朝记》与诸告饬、通论，多自触及也。"⑤删定六艺本公认是孔子的主要功绩，这里却被说成原是道、墨不屑一顾的寻常事；无怪乎孔门的主要著作《论语》更被讥为晻昧不通而遭抹杀了。此外，章以为，儒墨相较，后者的道德非前者"所敢窥视也"；儒道相较，"儒家之术，盗之不过为新莽，而盗道家之术者，则不失为田常、汉高祖。……夫不幸汗下以至于盗，而道犹胜于儒"⑥。抬高道、墨，贬抑孔子，显而易见。

2. 在儒家系统中，贬抑孔子。章认为，孔子下比孟子，"博习故事则贤，而知德少歉矣"，荀子主隆礼合群治天下，并创名学，足与西方苏格

---

① 章太炎：《儒术真论》，见《章太炎政论选集》上，120~121 页。

② 章太炎：《原经》，见《国故论衡》卷中。

③ 章太炎：《检论·订孔上》，见《章太炎政论选集》上，183 页。

④ 章太炎：《与人论朴学报书》，见《章太炎全集》（四），上海，上海人民出版社，1985。

⑤ 章太炎：《訄书》，见《章太炎政论选集》上，179 页。

⑥ 章太炎：《儒道第三》，见《訄书》初刻本。

拉底相比美，"其视孔氏，长幼断可识矣"。在他看来，孟、荀的"道术"远胜于孔子。不仅如此，章甚至降孔子与刘歆同列："孔子死，名实足以偿者，汉之刘歆"①。

3. 贬损孔子的人格。章批评孔子求为帝王师，不脱富贵利禄之心，可以说是一家之言；但他反复强调孔子"哗众取宠"、"诈伪"、"巧伪"，实已进而贬损孔子的人格。

4. 强调孔子祸中国。在有名的《订孔》中，章开宗明义即引日人远藤隆吉的话说："孔子之出于支那，实支那之祸本也"。斥孔子为中国衰败的祸根，这是当时最大胆的反孔言论，曾产生了很大的反响。主张尊孔教的许之衡曾投书《国粹学报》，埋怨说：章太炎抑孔，"至以孔子下比刘歆，而孔子遂大失其价值，一时群言，多攻孔子矣"②。所谓"孔子遂大失其价值"，实则正反映了封建传统权威的动摇。国粹派巨子邓实虽停留在"真假孔子"论的层面上，但他也肯定章太炎的《订孔》诸文，是思想解放的表征。他说，随着西学不断传入，人们思想日趋解放，儒学独尊的局面被打破，"此孔老墨优劣之比较，孟荀优劣之比较，及其他九流优劣之比较，纷然并起，而近人且有订孔之篇，抑孔之论也"③。不过，章虽藉"诋孔"助益革命，但为前所述，他并未全盘抹杀孔子，却是应当看到的。

相较之下，刘师培对孔子的评说，则为我们提供了另一种更加冷静、平实的氛围。

刘师培认为，孔子及其学说，至少有以下长处：

1. 集中国古代学术之大成。他说："周室既衰，史失其职，官守之学术一变而为师儒之学术，集大成者；厥唯孔子。"④这表现为：其一，孔子删定六经，使古代典籍得以保存，"是以孔子者，固得周史学术之正传者也"；其二，兼明九流术数诸学。后儒但知孔子为儒家，是"缩小了孔子学

---

① 章太炎：《检论·订孔上》，见《章太炎政论选集》上，180 页。
② 许之衡：《读〈国粹学报〉感言》，载《国粹学报》，第 1 年，第 6 期。
③ 邓实：《古学复兴论》，载《国粹学报》，第 1 年，第 9 期。
④ 刘师培：《孔学真论》，载《国粹学报》，第 2 年，第 5 期。

术之范围"，实则孔子兼通道、墨、兵、农诸子之学，故"孔门学术大而能博"①；其三，成一家而言。这包括孔门以"仁"与"礼"相联结的伦理学；以"忠君爱民"为核心的政治学；以阐述"性命"为主的心理学；以"因材施教"、"有教无类"为指导思想的教育学等等，推动了中国古代学术的发展。

2. 兼师儒之长，躬行实践。述而不作者，为儒之业；成一家之言者，为师之业。孔子兼师儒之长：征三代之礼，计《六经》之文，征文考献，多识前言往行，为其通儒之业；成《论语》、《孝经》诸书，衍心性之传，明道义之蕴，集中国哲学之大成，为其师之业。而孔子复主经世致用，政教合一，由是其师儒兼备之学，更体现了体用合一、躬行实践的可贵精神。刘师培说："孔子的为人，是很想切实办事的"。"孔学的好处，都是不架空，句句可以着得实"，② 与宋明儒者空谈，不可同日而语。

3. 品德高尚。孔子希望借人君势力以行其道，但"他们为人也是很有气节的，并不同流合污"。鲁人不归祭肉，即暂去鲁；卫南子教孔子参乘，即暂去卫，就是其有气节的表现。晚年归鲁，未能实现用世之志，但"孔子的用心是没有一天不为百姓的"③。

但刘师培也不认为孔子尽善尽美，他指出孔子有以下诸弊：

1. "信人事而并信天事"。孔子固重人事，但又曰"畏天命"，"鬼神之为德，其盛矣乎"，可见他并未尽脱古人的迷信观念。

2. "重文科而不重实科"。孔子曰"志于道，据以德，依于仁，游于艺"。《易》曰"德成而上，艺成而下"，足见孔子"以道为本，以艺为末"，轻视实验科学。惟其如此，孔门弟子除传六经之外，"无一能言及各数质力者矣"④。

3. "有持论无驳诘"。孔子不喜欢弟子质疑，于颜子不违如愚，则称好学；于宰我、子质好问，则斥之。有听受而无问难，既反映了孔子不懂伦理学，于"辩诘之法，杳然无闻，而理论之是非亦无从辨别"，也反映了

---

① 刘师培：《孔学真论》，载《国粹学报》，第 2 年，第 5 期。
② 刘师培：《孔子传》，载《中国白话报》，第 13 期。
③ 刘师培：《孔子传》，载《中国白话报》，第 14 期。
④ 刘师培：《孔学真论》，载《国粹学报》，第 2 年，第 5 期。

"孔门之专制"。

4. "执己见而排异说"。孔子曰"攻乎异端，斯害也已"，是为儒家"排外之鼻祖"。孔子因"论政不合"诛少正卯，是学术专制，"不能为孔子讳也"。其后孟子斥杨墨，荀子作《非十二学》，李斯焚儒，宋儒讲道统，无不与孔子一脉相承。"学术定于一尊，于学术稍与孔孟异者，悉以非圣无法罪之"①，于中国之害亦大矣。

5. 多"迂阔之论"。孔子政治学以德为本，以政刑为末，"视法律为致轻"。但处乱世，"断无舍法律可以治民之理"。这是他不如法家之处。孔子尊君权，又欲君采众议，而戢淫威，"夫人君既将统治之权，无法律以为之限，而欲责其爱民，是犹授刃与盗，而欲其不杀人也，有是理哉"！此其一；孔子讲"君子喻于义，小人喻于利"，以为以利与义不两立。此为后儒进一步发展，宋儒且谓"存天理，灭人欲"，"由是以利己为非，并以兴公利为不然"，压制人性，束缚生产，为祸之烈，莫此为甚。此其二；孔子讲尊王贱霸，胜残去杀，因而主去兵。孟、荀继之，倡"善战者服上刑"。这虽有矫乱世殃民之处，"然竞争既烈，犹欲以德服人，是犹诵孝经以退羌胡，执春秋以惧乱贼也。儒效迂阔，此其一端"②。中国民族不武，实肇端于此。此其三。

平心而视，刘师培论孔子的某些具体见解未必精当，且不乏前后矛盾之处，但从总体上看，还是体现了实事求是的精神。

(四)结语

在 20 世纪初年，孔子论约分三类：主立国教的尊孔论；力攻腐儒误孔误国的"真假孔子"论；倡"孔丘革命"的排孔论。前二者已如上述，后者为以《新世纪》杂志同人为代表的少数激进的革命党人所倡言。他们主张全盘否定孔子，虽不无振聋发聩之处，但究因缺乏国学功力，多停留在标语口号式的肤浅层面，影响也自有限。

晚清国粹派认孔子是学者而非教主，是人而非神，力斥孔教之非，反

① 刘师培：《孔学真论》，载《国粹学报》，第 2 年，第 5 期。
② 刘师培：《孔子传》，载《中国白话报》，第 13 期。

对尊孔论；他们也不赞成全盘抹杀孔子，又与排孔论者异趋。国粹派的见解并不完全一致。邓实诸人力申孔学、君学之辩，未超出"真假孔子"论的藩篱；章太炎、刘师培不仅鲜明地指出了孔子有适应封建专制统治的一面，而且登堂入室，对孔子及其学说作了大胆的批评（当然也不一致），则又超越了"真假孔子"论。就章、刘为国粹派两大主帅人物和其撰述产生了广泛的影响而言，他们的孔子论，既否定了传统孔子的权威，促进时人的思想解放，同时也开创了近代中国从学术意义的层面上重新研究孔子的先河，因而也最能体现国粹派作为革命派兼学者的双重品格，而在其时独树一帜。

由于孔子成为千年封建专制的精神支柱，在近代历次重大的政治斗争中，对孔子的不同认知（或利用），便往往鲜明地凸现出一个人或一个派别不同的政治取向。这在辛亥革命时期，尤其是如此。简单地将尊孔与反孔视作革命与反动的分水岭，固不可取；但从思想文化观念上看，其时主张尊孔者多保守，反对尊孔，主张俗化孔子和在近代学术意义上大胆重新评判孔子者，多为积极的进取者，却是符合历史实际的。据是以观，晚清国粹派属于后者。那种认为国粹派是革命派队伍中的守旧复古势力的观点，显然是不正确的。

不仅如此，无论是国粹派俗化、人化孔子，还是其先进者章太炎、刘师培进而"订孔"、"诋孔"和平议孔子，无疑都有力地化解了国人敬畏孔圣人的传统心理。从这个意义上说，国粹派论孔子，实为五四新文化运动进一步批判孔子，作了必要的思想铺垫。新文化运动的巨子傅斯年说："章（太炎）先生现在虽然尊崇孔子，当年破除孔子的力量，非常之大"。"中国人的思想到了这个时期，已经把孔子即真理一条信条摇动了。"①国粹派是晚清摇动"孔子即真理"这一传统信条的重要力量，是值得重视的。

---

① 傅斯年：《清代学问的几种门径书》，见《傅斯年全集》，第 4 册，1459 页。转引自王汎森：《章太炎的思想（1868～1919）及其对儒家传统的冲击》，台北，1985。

二、晚清国粹派论清学

清学是中国古代学术发展新的也是最后的一次高峰。因时代条件的缘故，它跌宕起伏，异彩纷呈。辛亥革命时期的国粹派在近代较比更早更系统地对清学进行了总结，其研究成果在这一领域产生了积极的影响。因此，探讨国粹派论清学，不仅为正确认识晚清国粹派所必需，同时对于促进近代文化史的研究也是有益的。

以章太炎、刘师培、邓实等人为代表的国粹派作为革命派的一翼，其在排满革命风潮洪波涌起之时论清学，最初动因显然意在表彰民族气节，以助益排满革命的宣传。故其论清学染上浓重的民族主义色彩，是不足为奇的。

刘师培在《孙兰传》中提出"学术之界可以泯，种族之界不可忘"的民族主义的论学原则，实为国粹派的共识。他指出，孙兰师从汤若望，但拒绝以绝学事清廷，就体现了"学术之界可以泯，种族之界不可忘"的圆满。反之，扬光先力诋西学，直声似著于明廷，但仕籍复标于清史，却是本末倒置："彼斤斤于学术之间衡量夷夏，而出处大节则转舍夏就夷"①。此一原则与我们今天所说"科学无国界，科学家有祖国"，并无共同之处。在国粹派眼里，夏夷之间本无所谓"学术之界"，所谓"学术之界可以泯"，实指中西学无须分畛域；而"种族之界不可忘"，则是强调汉满的界限不可无，士人的出处大节当高于一切。所以这"原则"又不等同于"不事二姓"传统的观念。章太炎说，"同在禹域，则各为其主，无伤也"；但若助夷谋夏，"此则所谓悖德遁天，以训则逆者邪"②。

从此种民族主义的原则出发，国粹派对顾炎武、黄宗羲、王船山、孙奇逢、李二曲、颜习斋清初六大儒最为崇敬。在他们看来，这不仅在于六

---

① 刘师培：《孙兰传》，见《刘申叔先生遗书》，第58册，宁武南氏铅印本，1936。

② 章太炎：《别录甲》，《訄书》重订本，见《章太炎全集》（三），上海，上海人民出版社，1984。

北京师范大学史学探索丛书

人学问博大精深，实开有清一代学术之先河，更主要还在于他们心怀故国，终生不仕清廷，"艰贞大节，照耀人目"①。同时，臧林、梅文鼎、王锡阐诸人皆伏乡井，或穷历数或研训故形声，怡然自守，"以全孤竹之节"；惠栋及弟子江声等终不应试，亦不通显门；戴震及弟子王念孙、孔广森、钱大昕、王鸣盛等，"淡于荣利，或仕宦不达，薄遊以终"，也皆被视为"信宁沈潜之士矣"。与此相反，清初"仕虏"官至一品的汤斌、李光地诸人，固被斥为"口诵朱泗之言，身事氈裘之主"②；就是嘉道间身致封坼的阮元、毕沅等汉学大家，也被视作伪学媚君、败坏清学的"蟊贼"，予以贬斥。邓实说："余叙述一代学术而不及高位者，如宋学一派则二魏（象枢、裔介）、汤斌、李光地；汉学一派则徐乾学、纪昀、阮元、毕沅，皆以大人先生执学界之牛耳，然而无取焉者，一则伪应道学以媚时君；一则著述虽富或假手于其食客；是故清学而有此巨蠹之蟊贼，而清学亦衰矣"。③

清政权是一个种族压迫的政权，它的建立明显地制约了清代学术的发展，因此国粹派从民族主义的角度看问题，不仅具有一定的合理性，而且常使自己知人论世的目光变得尖锐起来。例如，他们认为，雍乾之世学者所以尽趋考据一途，实因清廷文网日密的缘故。学者怀抱才智，举足荆棘，"无所于施，则遁于声音训诂无用之一途以自隐"④。"家有智慧，尤凑于说经，亦以舒死"⑤。魏源讥汉学锢天下聪明智慧使尽出于无用一途，固然不错；但他没有指出所以导此末路，"则由于时君之抑扬、种族之观念、运会之适然，其原因为甚繁，"而一味归罪于儒者，则是不公平的⑥。这种看法虽然并不全面，但仍不失为尖锐。同样，章太炎强调读清世儒先遗书，"当心知其意"，例如江藩《宋学渊源记》不录高位者一人，自汤斌诸人

① 邓实：《明末四先生学说序》，载《国粹学报》，第 2 年，第 3 期。
② 刘师培：《清儒得失论》，《刘申叔先生遗书》，第 49 册。
③ 邓实：《国学今论》，载《国粹学报》，第 1 年，第 5 期。
④ 邓实：《国学今论》，载《国粹学报》，第 1 年，第 4 期。
⑤ 章太炎：《清儒》，《訄书》重订本。
⑥ 章太炎：《别录甲》，《訄书》重订本，见《章太炎全集》（三），上海，上海人民出版社，1984。

无不见黜，而顾炎武、黄宗羲二人为明代人物，"却列论叙以见端，诚谓媚于胡族得登肮仕者，不足与于理学之林也"①。这也自有见地。

但是，民族主义又毕竟不足以规范清学。清代学术虽受清廷某些种族政策的制约，但说到底仍与古代学术一脉相承，有着自身的规律性。近年来不少论者都指出，乾嘉汉学的动因不仅限于文字狱，与其时生产繁荣、社会安定造就了学者得以专心著述有利的外部环境也是分不开的，正是强调了这一点。事实上，局限于民族主义看问题不可避免要产生片面性。例如，在国粹派中唯有章太炎贬抑黄宗羲，其理由是黄本人虽以死拒征，"而令其子从事于徐、叶间，谅曰明臣不可以贰，子未仕明，则无害为虏者，以《黄书》种族主义正之，则喑焉自丧矣"②。就不免绝对化。同样，他无视戴震等人也出仕清廷，而断言其倡汉学乃是为了阻断士人侧身伪朝。"绝其恢谲异谋，使废则中权"③，也有失牵强。至于以是否"仕虏廷"或致身公辅臧否清儒，从而贬黜阮元诸人，实不啻将清学大半勾销了。

国粹派的难能之处就在于，他们实际上是意识到了这一点，所以并未囿于民族主义的视角；作为精通国学的学者，他们同时更能注重从学术自身发展的规律上探讨清学，从而获致了愈形开阔的历史视野。

概括起来看，国粹派论清学主要集注于以下几个方面：

(一)探讨清学演变的内在动因

清学的主干是考据学，复以汉学标名。邓实将汉学的兴起最终归结为三方面的因素：第一，"盖自乾嘉之世天下大定，海内无事，学者无所用其才智，身心暇逸，故得从容以讲求其学问"；第二，功令方以点画声病之学取士，得功名既难，故贤智之士在野者多，"不至以其精力消磨于从政，而仍专注于学问"；第三，文网日密，士人为学辐辏于说经，撷拾细故，"苟以耗日力纾死祸而已"。要言之，汉学之兴是诸多因素制约的结

北京师范大学史学探索丛书

---

① 章太炎：《自述学术次节》，载《制言》，第 25 期。
② 章太炎：《说林上》，见《章太炎全集》(四)，上海人民出版社，1985。
③ 章太炎：《学隐》，《訄书》重订本。

果："此汉学考据所以经乎天演淘汰而于清世为最适者也"①。其论说的视角显然已越出了民族主义的范围，更客观地看到了清代中期生产发展、社会安定对于促进学术繁荣的积极作用。刘师培的见解更进了一步，看到了清代学术变动具有自身的内在逻辑。他将清代汉学的变迁分为四期：顺、康之交，顾氏诸人集注于音韵训诂，于汉学虽有创始之功，但却非其萌芽之所在，"汉学初兴，其征实之功悉由怀疑而入"。阎百诗之于《古文尚书》；胡渭之于《易》；毛奇龄之于《四书》；"怀疑派"崛起辨伪指谬，宋学数百年的权威因之动摇，由怀疑而求真的探索精神，也因之一发而不可收，汉学缘是浸浸而起。是为第一期；乾嘉间，以惠栋、戴震为代表的"征实派"继起，博征其材，约守其例，"可谓无征不信者矣"，汉学如日中天。是为第二期；汉学既炽，精华已竭，后继者转相仿效，摭拾旧闻，不得不出于丛缀一途，所得自微。是为第三期；嘉、道间常州学派继起，理先王之绝学，外辅致用之名，中蹈揣摩之习，虽言之成理，不能持之有故。是为第四期。这里有两点值得注意：一是同样没有把汉学兴起的原因只归于清廷的文字狱，而是强调了学术发展自身的内驱力，即学者求真的"怀疑"精神的高扬；二是认为汉学四期演进，大抵前二期属于进，后二期属于退，所以如此，合乎学术思潮兴衰内在的逻辑："譬之治国，怀疑派在于除旧布新，旧国既亡而新邦普建，故科条未备而锐气方新；若征实学派是犹守成之主，百废俱兴，综合名实，威令严明；而丛缀派又如郅治既隆，舍大纲而营末节，其经营创设不过褥礼之微；虚诬学派则犹向力既虚，强国支厉，欲假富强之虚声以荧黎庶，然根本既虚，则危亡之祸兆，此道咸以还汉学所由不振也"②。除了对今文经学派的崛起所论不免偏颇之外(下面还将谈到)，刘师培的上述见解颇具独到之处，尤其以拓疆建邦作比喻，说明汉学由拓荒而昌盛而衰微转型的必然的逻辑发展，比人们时常征引的梁启超在《清代学术概论》中相类的见解，要早了13年。可见其对清学的理解，同样已非民族主义的原则能规范的。

---

① 邓实：《国学今论》，载《国粹学报》，第1年，第5期。
② 刘师培：《近世汉学变迁论》，载《国粹学报》，第3年，第7期。

(二)看重清学的特色

国粹派将清学的主要特色归结为三:

1. 清儒无常师,学术源流分合无定。

刘师培指出,周末诸子源远流分,但无非各守一师之言以自成其学,汉儒说经固最崇家法,宋明讲学也必称先师。清儒则不同,治学虽多专门名家,但究其学术渊源,"或析同为异,或合异为同",学无常师、学术流别分合无定,卓然自成特色。例如,清初浙学为盛,但黄宗羲授学蕺山,而象数之学兼宗漳圃,文献之学得自金华先哲之传,复兼采礼制以矫空疏,是其学"合异为同"。传黄宗羲学者数十人,万氏兄弟以史学见长,而象数之学则传于查慎行,是其学复"析同为异"。同样,戴震受学江永,曲征旁通,以小学为基,以典章为辅,兼通历数音韵水地之学,故成皖派汉学之祖。而其弟子各得性之所近,以实学自鸣:汪莱、洪梧诸人传其数学;段玉裁、王念孙诸人传其音韵训诂之学;凌廷堪诸人传其礼学;任大椿诸人传其典章制度之学;源远则流分。庄存与治公羊,其兄子绥申传其学而复言钟鼎古文;绥申之侄刘逢禄、宋翔凤治公羊黜古文,翔复从张惠言游,得其文学,而常州学派始抵于成。龚自珍少问段玉裁六书之学,后从刘逢禄复喜公羊,而校雠古籍又出章学诚,矜言钟鼎古文又近常州学派。戴望授《毛诗》于陈奂,受公羊于宋翔凤,又笃嗜颜、李之学,而搜辑明季佚事又与全邵同。足见清代今文经学派的学术派别,一样体现了多元合分的统一。刘师培认为,江藩的《汉学师承记》、《宋学渊源记》二书都未能道及清学的此一特色,不能不说是一大缺憾;为此他撰《近儒学术系统论》[①],以申其说。

2. 清学南北异趋。

20世纪初年,西方传来的"地理环境决定"[②]论正风行一时。国粹派也注意吸纳此一理论,借以考察清学。他们强调因地理条件的差异,清学有南北之分,其趋不一。太湖之滨,苏、常、松江、太仓诸邑的东南地区,

---

① 刘师培:《近儒学术系统论》,见《刘申叔先生遗书》,第49册。

② 章太炎:《清儒》,《訄书》重订本。

多平原水乡，其民佚丽，士人喜文词，博学多问，好浏览而少纪纲，易趋撷拾之学，以校勘见长。故惠栋吴派兴于斯。章太炎说，吴派特色在"好博而尊闻"，"大共笃于尊信，缀次古义，鲜下己见"。刘师培也谓，惠栋诸人执注说理，随文演释，扶植微学有补苴罅漏之功，但富于引申，寡于裁断，终不脱撷拾之学①；相反，皖南多山，其民勤苦卓厉，其治经亦深邃，故戴震皖派起于斯。章太炎认为，"综形名，任裁断"②是其特色，而与吴派异趋。"地理环境决定"论将外部自然环境说成是制约社会发展的决定性因素，是不科学的。但是注意到地理条件差异对于社会学术文化分布与发展的影响，仍具有合理性。需要指出的是，国粹派并未将地理因素绝对化，他们曾明确指出地理条件对学术文化的影响程度，是与社会的交通与开放程度成反比③。惟其如此，他们自觉到不同地区间学术交流与趋同又是不容忽视的，尤其是清儒学无常师，对清学南北异趋的特点，更不能作僵直、机械的理解，而忽略了其南北交汇的一面。刘师培认为，南北学交汇始于嘉道之际。包世臣诸人倡今文经学，是南学输入北方之证；而以陈寿祺、陈庆镛等人为代表的闽中学派和以金鹗、黄式三、俞樾、孙诒让为代表的浙中学派的先后出现，则是北学南下的标志。由是南北学都经历了各自的衍化："要而论之，南方学派析为三：炫博聘词者为一派，撷拾校勘者为一派，倡微言大义者为一派；北方学者析为二派：训物正名者为一派，格物穷理者为一派"④。探讨清代学术的地区分布，是现代学者肯定的课题。国粹派的上述具体结论是否科学，可不置论；但他们既注意到了清学的地理区分，而又能避免将其凝固化，此种思路无疑是值得肯定的。

3."清儒之学，以求是为宗"。

章太炎将清学与汉代比较，以为除了今文经学派外，清儒与汉儒绝异，"不以经术明治乱，故短于风议，不以阴阳断人事，故长于求是"⑤。

---

① 刘师培：《南北考证学不同论》，见《刘申叔先生遗书》，第15册。
② 章太炎：《清儒》，《訄书》重订本。
③ 章太炎：《原学》，《訄书》重订本。
④ 刘师培：《南北考证学不同论》，见《刘申叔先生遗书》，第15册。
⑤ 章太炎：《清儒》，《訄书》重订本。

刘师培则将之与明儒相较，指出"明儒之学，以致用为宗"，"清儒之学，以求是为宗①"。要言之，国粹派视"求是"为清学的又一大特色。这与梁启超强调清儒的精神只在"为学问而学问"一点②，异曲同工。

(三)论清学的成就与弱点

国粹派对清学给予了很高的评价，以为它是中国古代学术发展的新高峰："(清学)可谓神州学术之中兴矣，经学迈汉、唐，性理越宋、元，辞章驾魏、晋，其著作等身褒然成家著录于国史儒林文苑传者，以数十百计焉，前代所未有也。"③但具体讲，清学的主要成就又被概括为三：

1. 以经学为中坚带动了一系列新的学术领域的开拓，从而促进了中国学术的新繁荣。

邓实认为，清世经儒其于义疏之外，对于诸经及小学古籍有"四大功、四小功"。所谓"四大功"是："辨伪经"；"存古书"；"发明微学"；"广求说"。所谓"四小功"是："驳正旧解"；"创通义例"；"缀拾丛残"；"辩正讹诬"④。但他强调，清儒的成就又不仅限于经学本身，更主要还表现为以经学为中坚带动了清代一系列新学术领域的开拓："学者穷经必先识字，故有训诂之字；识字必先审音，故有音韵之学；今本经文其字体与古本不同，故有校勘之学；校理经文近世字书不足据，则必求之汉以上之文字，故有金石之学；又以诸子之书时足证明经文，于是由经学而兼及诸子学；以经之传授源流详于史，于是由经学而兼及史学；以释经必明古地理，于是由经学而兼及地理学；以历法出于古经，于是由经学而兼及天文学；以古人习经先学书计，于是由经学而兼及算学。"⑤总之，清学以经学为宗主，带动了训诂、声音、金石、校勘、史学、地理、天文、算学新学的开辟，便有力地促进了中国古代学术的繁荣与发展。

2. 发展了一种"实事求是"的科学精神和严谨的治学方法。

国粹派认为，清学即以"求是"为宗，缘是清儒发展了一种"实事求是"

---

① 刘师培：《清儒得失论》，见《刘申叔先生遗书》，第 49 册。
② 梁启超：《清代学术概论》，28 页。
③ 邓实：《国学今论》，载《国粹学报》，第 1 年，第 5 期。
④ 邓实：《国学今论》，载《国粹学报》，第 1 年，第 4 期。
⑤ 邓实：《国学今论》，载《国粹学报》，第 1 年，第 5 期。

科学的精神与严谨的治学方法，尤其可贵。章太炎说："盖近代学术，渐趋实事求是之途，自汉学诸公分条析理，远非明儒所能企及。"①邓实也说，清儒治学方法"实足以自成其一种之科学"。② 刘师培将清儒考据学所提炼的此种科学的态度和方法，归结为"标例"与"证实"二端。他认为，自汉以降为学之弊有二："逞博"与"笃信"。"逞博"则不循规律，漫无纲纪；"笃信"则不求真知，尊信好古；学术因是难进。清儒的所谓"标例"，就是"取舍极严，而语无庞杂"；所谓"征实"，就是"实事求是，而力矫虚诬"③。这在章太炎则归结为以下六条："审名实"、"重佐证"、"戒妄牵"、"守凡例"、"断情感"、"汰华辞"。他说："六者不具，而能成经师者，天下无有。"④在国粹派看来，主要由皖派学者所完善的清代考据学所体现的实事求是的治学态度与严谨的方法，合乎西方近代科学的精神，具有久远的价值。

3. 民主思想的发展。

众所周知，经明末清初社会剧烈震荡之后，以顾、黄、王为代表，中国古代反对君主专制朴素的民主思想在清代有了明显的发展。国粹派不仅看到了这一点，而且将之视为清学的一份重要遗产加以着意表彰，尤具深意。刘师培的《中国民约精义》一书⑤，以卢梭的《民约论》为范本，试图整理出中国古代源远流长的民权思想，以助益共和革命的宣传，自然有失牵强附会；但是，仅就该书开列的清代几位代表人物：顾炎武、黄宗羲、王夫之、唐甄、李塨、吕留良、胡石庄、全祖望、戴震、王昶、魏源、龚自珍、章学诚、戴望而言，今人所公认的清代富有民主思想有代表性的主要人物，实多已囊括其中。这足以说明作者目光的尖锐。同时，在这些人物中，国粹派尤其突出强调了黄宗羲的《明夷待访录》、唐甄的《潜书》和戴震的《孟子字义疏证》与《原善》的思想价值。他们称颂黄宗羲为中国的卢梭，

① 章太炎：《答铁铮》，见《章太炎全集》（四）。
② 邓实：《国学今论》，载《国粹学报》，第1年，第4期。
③ 刘师培：《崔述传》，见《刘申叔先生遗书》第58册。
④ 章太炎：《说林下》，见《章太炎全集》（四）。
⑤ 刘师培：《中国民约精义》，见《刘申叔先生遗书》第16册。

以为其《明夷待访录》"发明君臣之原理，以提倡人权"①，足以与《民约论》并驾齐驱，国人读是书，"足以觉迷而争自由"②；称颂唐甄的《潜书》"去君主之威严，发平等之公理"③，与黄宗羲的《明夷待访录》并垂不朽。戴震的上述二书倡言人性自然论，强调情、欲为人性所固有，力斥宋儒"存天理灭人欲"的谬说，发出了要求尊重与发舒人性反封建的强烈呼声。但二书长久不为世人所重，默然无闻。惟国粹派十分看重其价值，视若拱璧。刘师培的《中国民约精义》、《东原学案》、《理学字义通释》；章太炎的《释戴》；马叙伦的《论性》；邓实的《国学今论》等撰述，对此都反复申论。国学保存会不仅出版了二书，且在《国粹学报》第 4 年第 1 期上刊有广告写道："（二书）皆发明公理，确宗汉诂，尽扫去宋儒合理论势，以势为理之谬见。我国自宋以来盛倡名分之说，以犯理即犯分。君主利用其说以制天下，祸中生民盖数百年矣。自二书出，始决藩篱，独申公论，舍名分而论是非，舍势而论理。其解理字也，以为理生于欲，情得及其平，是为循理，与西国民主制公好恶于民而倡人类平等之说相合……凡宋儒意见拘墟之说足以误国害民者，咸扫荡廓清，如拨云雾而见青天。二书之价值，其排专制主言共和，盖与卢梭《民约论》、黄梨洲之《明夷待访录》，并垂天壤者也。"这里虽然仍不免牵强，但戴书的反封建意义首先主要是由国粹派倡明的事实，却是值得重视的。他们上述对清儒民主思想的彰扬，既是适应现实的革命需要，同时也即是对清学的有力的肯定。

在国粹派看来，清学的长处中同时即倚伏着自己的短处。清代学术固以"求是"为宗，因而锤炼了一种实事求是的科学精神和严谨的治学方法；但"用世之念汩于无形"④，即淡忘了经世致用的责任，其末流更不能不陷于破碎与空疏。他们指出，清儒"学鲜实用"，为汉学者"攫摭细微，剿袭

---

① 邓实：《国学今论》，载《国粹学报》，第 1 年，第 4 期。

② 马叙伦：《中国民族主义发明家黄梨洲先生传》，载《政艺通报》，1903 年，第 20 号。

③ 马叙伦：《中国民族主义发明家黄梨洲先生传》，载《政艺通报》，1903 年，第 20 号。

④ 刘师培：《清儒得失论》，《左盦外集》卷九，见《刘申叔先生遗书》。

成说，丛脞无用"；为宋学者"又复空言心性，禅寂清谈，固陋寡闻，闭聪塞明"①。清学以反对宋明理学空疏和倡实用兴，终因重蹈覆辙，无实无用衰。这应是公允之论。

清学不仅博大精深，而且其间学派林立，论争迭起。邓实概括清学"凡三变"：顺康之世，明季遗儒惩明儒空疏无用，"其读书以大义为先，惟求经世，不分汉宋"，此一变；乾嘉考据风盛，汉学崛起，同时方苞诸人治古文，承程朱理学，继兴宋学，汉、宋学因是相争，此再变；道咸时常州学派起，治今文经，标微言大义，与古文经学派争胜，此三变②。这里强调汉宋学之争与今古文之争，为清学发展中带有划时期意义的两次重要论争，是合乎历史实际的。国粹派对此两次重要论争的见解，不仅构成了其论清学的一部分，而且由于他们自身同时即是以古文经学为中坚的学术派别，因此其论说愈加引人关注就是很自然的了。

宋明理学弊极而清学兴。但清初顾炎武诸人虽惩宋、明空疏而倡经世之学，却无分汉、宋。迄乾嘉之际惠、戴崛起，汉学大炽，清学壁垒森严，宋学愈无颜色。然是时有方苞、姚范、刘大魁为首的桐城派异军突起，不仅尊宋学，且主"因文见道"，创为古文义法，以孔、孟、韩、欧、程、朱以来之道统自任，与汉学相抗。道光初年方东树著《汉学商兑》一书，攻击汉学不遗余力，更标志着汉宋学之争趋于激化。方书批评汉学饾饤破碎，"推之民人家国，了无益处"，名为实事求是，"而乃虚之至者"，固然中其肯綮；但其出发点却在维护道统，欲挽宋明理学于既倒，故于戴震肯定情、欲，批评宋儒"以理杀人"的论点，攻击尤力，以为"此亘古未有之异端邪说"。这决定了方书从根本上陷入了荒谬。

如前所述，国粹派于戴震皖派有很高的评价，自不赞成桐城派的攻击。陈去病说："桐城者空谭义理，俚浅不根，浮光掠影，如痴人说梦呓语满纸。"③刘师培在《东原学案》中重申戴氏情、欲之说"最便于民"，认为

---

① 邓实：《国粹学报发刊辞》，载《国粹学报》，第1年，第1期。
② 邓实：《国学今论》，载《国粹学报》，第1年，第4期。
③ 陈去病：《五石脂》，载《国粹学报》，第3年，第3期。

方东树诸人的攻击无异于蚍蜉撼大树:"鄙儒之说,何损于东原万一哉"①。但说理最充分的当数章太炎。他指出,方书以汉学为破碎。认疏弃宋儒为败俗,不知顾炎武诸人多志节过人,足见"学之碎无害于人之躬行"。宋儒之学既未能超越经学,人们乐群经而厌理学自有其合理性;必以疏弃宋儒为非,汉儒大抵放道而行,其时并无所谓宋儒当作何解释呢?章太炎强调,清代政俗腐败,乃"建夷秉政之为"即清朝政权倒行逆施的结果,清廷不去,即便程、朱再世也无济于事,如何能归咎于汉学!应当说,章太炎尤其能从批判清朝专制政治的角度出发,反驳方东树诸人妄图重振理学、强化道统之谬,是有说服力的。但他于对方关于汉学破碎无益民生不无尖锐的批评,仅仅将之推诿于末流的"转趣奇邪"②,以为与正统汉学自身无涉,回应却不免乏力。同时,无论是章太炎还是刘师培,他们于究竟当如何看待汉、宋学关系,都缺少必要的说明,实际上是重汉学而轻宋学。惟其如此,邓实在这方面的见解就愈显可贵。他认为,汉、宋学多有其弊,也各有其"真"即自身的价值:"夫汉学解释理欲则发明公理,掇拾遗经则保存国学。公理明则压制之祸免而民权日伸;国学存则爱国之心有以附属,而神州或可再造。宋学严夷夏内外之防,则有民族之思想;大死节复仇之义,则有尚武之风。民族主义立,尚武之风行,则中国或不可亡,虽亡而民心未死,终能复兴之。是则汉学、宋学之真也"③。邓实以明公理、倡民权和严夷夏大防、倡死节复仇主义分别概括汉、宋学之"真",自然并不恰当;但是,肯定汉宋学作为中国古代学术发展的两大高峰,各有其精华与糟粕的见解却是正确的。因此,重要的在于,他既反对存门户之见,倡汉宋对立;也反对无谓的汉宋调和说,而强调舍短取长,充分吸收了二者的精华都能裨益现实的民族民主革命。这不仅是更加鲜明地体现了国粹派论清学的时代亮度,而且事实上也是提示了一种正确处理汉宋学关系的积极思路。

今古文之争是历史上的一桩公案。清代今文经学重新崛起,肇始于乾

---

① 刘师培:《东原学案》,载《国粹学报》,第 1 年,第 5 期。
② 章太炎:《汉学论》,见《章太炎全集》(五),上海,上海人民出版社,1985。
③ 邓实:《国学今论》,载《国粹学报》,第 1 年,第 5 期。

嘉之际的常州学派。龚自珍、魏源继起推波助澜，今文之势愈炽，"常州学派遂夺吴、皖之席，赫然称海内经师矣"①。后经康有为集其大成，迄戊戌时期更如日中天。

对于清代今文经学的崛起，邓实归结为四种原因：第一，惠、戴之学须先通音韵为难，不若微言大义之学，"可以涉猎口耳而得"；第二，正统汉学出于明物训诂，朴质无文，而今文词意华妙为士所喜；第三，"道咸时海内渐多故，汉学方以破碎无用见讥于时"，而今文经使学者得"借以讽言经世"；第四，文学之士便以附庸风雅②。这里第三条最具尖锐性。今文经学派兴起于乾嘉之际，不是偶然的。从单纯的学术角度看，固然有文士厌倦正统汉学繁苛无文，以及旧有经学领域既被正统派开辟殆尽，后起者不得不另辟新径等动因；但这些毕竟不是根本的原因。根本动因植根于其时清代社会的深刻变动。嘉庆元年的白莲教大起义延续了九年之久，已预示着所谓"康乾盛世"早成过眼烟云。由是清朝统治盛极而衰，迅速陷入了"衰世"。其时它面临着内外交困的窘境：内有人民反抗此起彼伏，外有西方殖民主义者东来频频扣关。在此种情况下，沉湎于故纸堆中的正统汉学家固然一筹莫展；一些感觉敏锐的士大夫，在清廷文网渐疏的条件下，转而藉多有"奇异可怪之论"的今文经学倡经世致用，即缘经术饰政论，谋求变革，便成了合乎逻辑的事情。所以今文经的复苏不是两汉公案的简单重提，它是现实的政治变动影响经术变动的产物。邓实指出道咸时海内多故，学者讥汉学破碎，借今文以言经世，显然在一定程度上是触及了问题的实质。但遗憾的是，他未能自觉地强调和突出这一点；相反，不仅所提的其他三条均为负面的意义，而且即此"讽（夸张）言经世"一句，也仍不乏讥讽之意。在国粹派中，章太炎的见解更趋绝对。邓实、刘师培诸人尚肯定今文经学派的出现是对汉学末流破碎无用的一种反拨；他则不同，不仅强调后者无非借今文以便文士，而且认为正是庄存与、龚自珍、魏源之流"转趣奇邪"本身败坏了汉学："末流适以汉学自弊，则言《公羊》与说《彝器

---

① 邓实：《国学今论》，载《国粹学报》，第 1 年，第 5 期。
② 邓实：《国学今论》，载《国粹学报》，第 1 年，第 5 期。

款识》者为之也"①，这就是说，今文经学本身即是汉学的末流。这样，从整体上看，国粹派对今文经学派的兴起及其对此后中国社会的深刻影响，都缺少应有的重视，自然也不可能对其作出积极的评价。

何以如此呢？将这简单归咎于国粹派的今古文门户之见，并不恰当。就其主要代表人物而言，国粹派固然是以古文经学为中坚的学术派别，但具体讲又是扬州学派（刘师培）、浙中学派（章太炎）、岭南学派（邓实、黄节）的绪余风云际会的结果。扬州、岭南学派主今古会通，最少门户之见。刘师培承家学渊源，为前者的殿军；邓实、黄节则同为后者殿军简朝亮入室弟子。他们都各自继承了学派的传统，主今古兼采。浙中学派守古文壁垒最严，章太炎为其后劲，今古门户之见也稍显。但此期的章太炎与辛亥后不同，虽不喜公羊，于今文经并未全盘否定。因此，笔者认为与其以门户之见论定，不若指出国粹派的以下两点失误更恰当：其一，未能把握清中叶政治变动与经术变动的内在联系。今文经学派缘经学饰政论，其目的重在经世而非"求是"；故其倡微言大义，附会经文乃是应有之义。梁启超因之承认"龚魏及祖述龚魏之徒，则近于诡辩者也"。国粹派未能看到这一点，他们一味看重汉学"以求是为宗"，自然斥今文家"转趣奇邪"，称之为能言之成理却无能持之有故的"虚诬派"，而予以贬斥了；其二，受自己民族主义的论学原则的制约。强烈的民族主义情绪，使国粹派终难忘情于对清儒作道德化的批评。他们认为，宋明儒者虽迂滞固执不足应变，但烈士殉名，匹夫抗愤，砥名励行，颇存婞直之风。相形之下，清儒不免黯然失色。章太炎说："宋、明诸儒多迂介，而清儒多权谲"②，刘师培也以为"明儒直而愚，清儒智而谲"③。此种有失偏颇的断语，自然只能视作国粹派提倡民族气节而又激于排满义愤的过激之论；但它毕竟影响了国粹派对今文经学派的观感。因为后者多是些功名无成的士人，为行经世之志，多入幕府代督抚筹划，魏源、包世臣等人就是为此。因此他们在国粹派眼里，往

---

① 章太炎：《汉学论》，见《章太炎全集》（五）。
② 梁启超：《论中国学术思想变迁之大势》，见《饮冰室合集·文集》七，北京，中华书局，1989。
③ 章太炎：《别录乙》，《訄书》重订本。

往成了以经术弋荣利，藉经世动公卿，甚至夷为食客而不知耻的无聊文人，而遭鄙视。

需要强调指出的是，无论国粹派的上述见解有怎样的失误，他们最终将清学及其纷争置于两千多年中国学术文化发展的全过程来考察，明确指出了清学终结的必然性及其中国学术文化发展的新方向，却是独具创意。在这方面作为《国粹学报》主编的邓实的见解，最具代表性。他认为，神州学术多变，但今古不同。春秋以降，鬼神术数之学变为诸子百家，诸子百家变为儒，"其变也，各自为家，树矛戟于道外"；今之变不出孔学，"近是树矛戟于道中"。变之于道外，则百家争鸣，学术之途日争而日辟；变于道中，同室交閧，学术之途日争而日狭。要言之，清代学术虽有汉、宋学、今古文学之分，其范围仍不出两千年一脉相承的儒学与六经。它决定了无论是清学的哪个学派都无法引导中国学术文化走出衰败的迷津。邓实强调，全部的问题在于，必须打破两千年来儒学一统的局面，创立新的学派以谋求中国学术文化的复兴："能出乎孔子六艺之外而更立一学派。有之，自今日之周秦学派始"。① 这即是国粹派所极力倡言的藉西学重新研究中国的历史与文化，实现"古学复兴"——20世纪中国文化的复兴。自然这已是须另文论述的问题了。

从总体上看，国粹派论清学体现了实事求是的精神。这表现为三：其一，他们对清学发展的内在逻辑、主要特色、成就与弊端的概括与判断，合乎历史实际；其二，于自己所敬重的学派、学者无所避讳。国粹派推崇惠栋的吴派、戴震的皖派为汉学中坚，高山仰止。但也指出，前者信古过深，难免曲为之原；肯定戴震的《孟子字义疏证》最精，也不影响批评作者不脱门户之见，"故讹误实多"，"不足为千古定论"②。至于章太炎不为本师讳，更是人所共知的难能之举；其三，于自己所不赞成的学派、学者并不全盘抹杀。国粹派不看重清代理学，对与汉学为难的桐城派批评尤多；

---

① 邓实：《国学今论》，载《国粹学报》，第1年，第5期。
② 刘师培：《东原学案》，载《国粹学报》，第1年，第6期。

但他们并不否定桐城诸子在文学上的成就。曾国藩是国粹派斥为"民贼"者，他们却称赞他能融合古文、汉学为一，扩大了桐城派古文的堂庑。同样，国粹派不看重今文经学派，但并未全然抹杀其价值。例如，刘师培就曾指出，从庄存与到戴望，今文经学派"特立成一家之言"，即"为微言大义学"①。章太炎稍存门户之见，但也肯定戴望述《公羊》有师法；王闿运并注五经，廖平传其学，"时有新义"②。如果我们注意到国粹派既是激烈的排满革命派，又是以古文经学为中坚的学术派别，而且在现实中他们正与康有为诸人展开的激烈的今古文争，复与革命和立宪尖锐的政治对立互为表里，那么我们就应当肯定，其论清学（"本朝"学术史）所表现出的实事求是精神是怎样难能可贵的了。

在 20 世纪初年，国粹派与梁启超一样是较比更早对清学进行系统研究的一批学者。梁启超 1904 年发表的《论中国学术思想变迁之大势》第四章"近世之学术"，是其时论清学有影响的撰述。他后来于 1920 年撰成的名作《清代学术概论》一书，实际上正是以此为基础扩充而成。我们注意到，国粹派与梁启超对清学的见解（今文经学派评价除外）是相类的。这反映二者的识见正处在同一层面上。不仅如此，前者的研究成果对后者产生了积极的影响，这至少可以指出以下两点，其一，章太炎的《清儒》一文是近代学者论清学最早的重要著作。是文对纷繁的清代学术派别的传承、演变，尤其是对吴、皖两派朴学的特色，作了简明而又精辟的概括与判断，实成了国粹派的清学论纲。梁启超的《近世之学术》吸收了章太炎的研究成果，他在文中附识说："以上叙传授派别，颇采章氏氜书而增补之"；其二，戴震作为皖派巨擘，其最具反封建思想光辉的著作无疑是《孟子字义疏证》一书。但如前所述，长久湮没无闻，是国粹派的着意彰扬使之重放异彩。然而，梁启超当时却作了否定的判断，他写道："人生而有欲，其天性矣，节之犹惧不及，而岂复劳戴氏之教猱升木为也。二百年来学者记诵日博而廉耻日丧，戴氏其与有罪矣"。全然颠倒了是非。但在后来的《清代学术概

---

① 刘师培：《戴望传》，见《刘申叔先生遗书》第 58 册。
② 章太炎：《清儒》，《氜书》重订本。

论》中，梁却一反过去，不仅详细征引戴书，且评论说："疏征一书，字字精粹"，主张以"情感哲学"代替"理性哲学"，"实以平等精神作伦理学上的一次大革命"，不愧为"三百年间最有价值之奇书也"。梁启超认识的变化受到了国粹派的影响，当是显而易见的。因此，如果我们肯定梁启超于清学研究有筚路蓝缕之功，那么也应当肯定国粹派开创了近代清学研究的先河。

当然，国粹派论清学仍不脱自身的局限。其最明显的一大缺憾，便是对清代今文经学派的崛起其及经世思潮的发展未予应有的关注和作积极的评价。这样，他们实际上既将于近代社会政治文化发展以深刻影响的清中期学术的重大变动刊落在自己的视野之外，其论清学便不能不因之顿然减色。而梁启超的《近世之学术》，恰恰是缘此而增色（尽管这与其本人从属今文经学派不无关系）。因之，我们又须承认，国粹派论清学终究未能尽脱非理性的情志的制约。

三、刘师培史学思想略论

在近代史上，刘师培是一位成败功过分明的人物。在 1908 年变节前，他不仅是被誉为"东亚一卢骚"著名的革命骁将，而且是公认与章太炎齐名的年轻的国学大师，于推动中国传统学术的近代化，多所建树。既变节之后，在政治上固为人所不齿，身败名裂；在学术上也迅速倒退，暗淡无光。但我们不能因噎废食。刘师培前期虎虎有生气的许多思想主张自有其价值在，值得研究。

本文拟集中探讨其史学思想，以就正于贤者。

由刘师培主撰的《国粹学报》发刊辞的"例言"写道："用理秘文，发掘幽潜，志古匡今，俾作箴砭，撰史篇。"①钩深致远，探赜索微，用在志古匡今，箴砭现实。可以说，刘师培（自然也是国粹派）史学思想的核心是：通史致用。

刘师培通史致用思想的形成，有其主客观的因素。就前者而言，是出自他对中国史学优良传统的体认。刘师培认为，中国史学肇端于上古史官。在上古，尊人鬼，故崇先例；奉先例为清议，载之文字，其事便是史职。"是则史也，掌一代之学者也，一代之学，即一国政教之本。……史为一代盛衰之所系，即为一代学术之总归"②。这即是说，不仅史为一代盛衰之所系，且官师合一，学用统一，一开始便形成了中国史学及全部学术的特点与优点。所以，在他看来，所谓《六经》，就是先王的政典，史官的实录。先秦九流并起，共出史官。诸子承《六经》余绪，各成一家之学，即各成一家之史。刘师培"古政出于史官"的见解是否确当，可不置论；但他强调通史致用本是中国史学的优良传统，却无疑是正确的。从司马迁倡言"究天人之际，通古今之变"，到龚自珍强调"欲知大道，必先为史"，足见

---

① 刘师培：《〈国粹学报〉发刊辞例言》，载《国粹学报》，第 1 年，第 1 期。
② 刘师培：《论古学出于史官》，载《国粹学报》，第 1 年，第 1 期。

中国史学主张致用的优良传统，一脉相承。刘师培体认这一点，也就是继承了此一优良的传统。

就后者而言，则是时代条件使然。20世纪初年的中国，正面临着大变革的前夜，社会急剧变动。一方面帝国主义的侵略使民族岌岌可危，激起了争取独立的民族运动日趋高涨；另一方面清政府颠顶腐朽，倒行逆施，又使各种社会力量迅速分化和重组，反封建的民主运动也因之风起云涌。随着反帝反封建的民族民主运动空前高涨，中国往何处去的问题，便以极其尖锐的形式提到了人们的面前：是君主专制、君主立宪，还是共和革命？在这种情势下，"通古今之变"的古老箴言，自然会如响斯应地凸现在许多通晓经史的志士仁人的脑际，引导他们以史为鉴。章太炎说："少时治经，谨守朴学；所疏通证明者，在文字器数之间……遭世衰微，不忘经国，寻求政术，历鉴前史。"①正反映了这一点。刘师培既坚信"史为一代盛衰之所系"，作为著名的共和革命党人，他愈加自觉地藉史学助益革命，也就是合乎逻辑的了。

前期刘师培借史助益革命的思想，主要表现在以下三个方面：

其一，从进化的历史观出发，论证共和革命的必然性。刘师培指出，从人类进化的历史过程看，君权不过是人类进化到一定阶段上的产物。"上古之时，众生芸芸，无所谓君主也，无所谓臣民也"②。后因民起相争，为协调群体计，遂共立君。《尔雅释诂》："林烝天帝皇王后辟公侯君也"。"林烝"二字古皆训为众，《尔雅》训君之义凡十字，而"林烝"二字独冠于"天帝皇王"之上，可见"以君为民立为太古最初之义"，"此可破中国以君权为无上者之疑"③。不仅如此，君主专制制度的形成，也同样有一个历史的发展过程。三代之时，君民共主，但主权在民，"民也者，君之主也"，"君也者，民之役也"④。只是在禹传位于启，且改禅让为世袭之后，主客

---

① 章太炎：《菿汉微言》，见《章氏丛书》，浙江图书馆刻本，1919。
② 刘师培：《周末学术史序》，载《国粹学报》，第1年，第2期。
③ 刘师培：《中国民约精义·尔雅》，见《刘申叔先生遗书》，第16册，宁武南氏铅印本，1936。
④ 刘师培：《中国民约精义·书》，见《刘申叔先生遗书》，第16册。

易位，君民共主之世才一变而为君权专制之世，而君祸日炽。君主既为窃国大盗，为避免国人反抗，便力行愚民政策。所以中国群体衰弱的原因，归根结底，"不得不归咎于立君"即封建君主制度本身。据此，刘师培引出结论说：今欲固群强国，"必先合群力以去君主"和建立"共和政府"①。共和革命不单势在必行，而且也是天经地义的，因为据卢梭民约论，君既由民立，民自能废君。刘师培的上述见解自多牵强附会，但他据进化的历史观和民约论，驳斥君权神授的谬说和论证共和革命的必然性与正义性，仍然是有力的。所以他在《中国民约精义·魏源》中颇有气魄地写道："今公理大明，古学渐重于世，逆君叛主谅无敢再鼓邪说以惑天下。吾知忠君顺主之说，将有见于后乘，而一扫数千年积辱沉冤者，虽然盖以待乎吾党。"

其二，借经史为排满革命酿造激情。在辛亥革命时期，排满思潮不仅是资产阶级民主革命思潮的组成部分，且为推动其迅速高涨的重要助力。刘师培所以成为与章太炎齐名的激烈的排满革命派的代表性人物，就在于他借经史倡排满，用力甚勤，影响实巨。是时，倡言"一个民族，一个国家，一个国魂"，浸染着浪漫主义色彩的西方民族主义理论正传入中国。革命党人因之热衷于宣传"辨种族，建国家"，排满思潮随之日益高涨。刘师培起而撰《攘书》，内含"华夏"、"夷裔"、"夷种"、"溯姓"、"渎姓"、"辨姓"诸篇，借经史倡排满，不遗余力。《警钟日报》刊登广告说：是书"发国人类族辨物之凡，取春秋内夏外夷之例，考文徵献，覆诂明经，发思古之幽情，铸鼎新之理想，……凡我国民有欲饮革命主义之源泉，而造20世纪之新中国者，不可不人手一编"②。《攘书》不啻被视为排满革命的宝典。不仅如此，刘师培还借经史与立宪派驳难，不少文章"极为海内外传诵"③。具体评价革命党人的排满宣传，不是本文的任务；但有一点是显然的：人们既肯定排满宣传是革命的重要助力，那么刘师培卓有成效地借经史为之酿造激情，便是同样应当肯定的了。

其三，助益革命政略。人所共知，资产阶级革命派的一个致命弱点，

---

① 刘师培：《中国民约精义·程子》，见《刘申叔先生遗书》，第16册。

② 《警钟日报》，1904-04-14。

③ 冯自由：《刘光汉事略补述》，《革命逸史》，第3集。

是漠视农民的利益与要求，不是主动联合而是排斥农民阶级，从而使自己在强大的封建主义与帝国主义联合势力面前，陷于软弱的地位。但是，其时刘师培却独具只眼，以清晰的语言明确地提出了满足农民土地要求、发动"农人革命"这一重要的政略思想。他在《悲佃农》①中说："既处今之世……必尽破贵贱之级，没富豪之田，以土地为国民所共有，斯能直合于至公"；否则，即便共和告成，农民受地主挟制，所谓选举自由权，也无非徒具空名。而要藉富豪之田，"又必自农人革命始"。这自非偶然。刘师培是在详细考察了中国自古土地制度失平及其与封建等级制的内在联系后，才提出这样重要的见解的。在同一文章中，他指出，"中国自古迄今，授田之法，均属失平"。"富"、"蓄"二字从田，"私"、"积"二字从禾，可见古代以田谷多少区富贫。后贵显者复将力农之役转属农人。"民"为苗黎，"氓"为农民，与民互训，则苗民与农仆同，故"以劳佚之殊，定尊卑之制，夫固自古为然矣"。尤其可贵的是，他还依据历史经验告诫党人，不应将农民视为无所成事的乌合之众，历史上陈涉、吴广等众多农民起义的事实，已"足证中国之农夫，非不足以图大举"。他事实上是认为，共和革命的成功，在很大程度上有待"农人革命"的再起："世有陈涉、刘秀、邓茂七其人乎，公理之昌可计日而待矣。"刘师培的见解在当时并未引起人们的重视，但这无损于其自身的价值。他提出"农人革命"的主张，确是缘于对历史与现实联系的冷峻思考，和更多地表现出其"通史致用"思想的深刻性。

以上事实也说明：前期的刘师培所以成就为著名的革命党人，在很大程度上是因其"通史致用"的结果。

从史学领域本身来说，刘师培是资产阶级新史学的积极开拓者。

20世纪初年，是近代中国资产阶级新史学的发轫期。长期以来，人们对梁启超、夏曾佑等资产阶级立宪派的新史学思想较为重视，但对革命派却注意不够。事实上，后者中有不少人对新史学的创立，同样卓著功绩。

---

① 刘师培：《悲佃农》，载《民报》，第15号。

刘师培便是其中的佼佼者。他不仅同样揭出了"新史学"的旗号，而且身体力行，著有《中国历史教科书》、《古政原论》、《周末学术史序》等许多著作，都产生了广泛的影响。

刘师培的新史学主张，主要集中在两方面：

(一)史家当确立新的进化的历史观

刘师培认为，中国史书纪事述制，明晰周详，"然治化进退之由来，民体离合之端委，征之史册，缺焉未闻"①，即无由阐明历史进化的规律。究其根本的原因，就在于旧史家囿于传统的循环论的历史观。他说："中国前儒，推论世运，以为世界递迁，一治一乱，终始循环，周流不息。"《易经》之义，言阴极则阳生；《春秋》之义，言乱极则治生；许慎说文解字，"亦曰亥终则复始一也"，都无非在强调这一点。但是，随着"进化学理日昌"，此种循环论已被证明全然不符合历史的发展，"悉归无验矣"②。故史学欲通古今之变，助益群治，便不能不接受西学，确立新的进化的历史观。

在刘师培看来，史家确立进化的历史观，还须打破两种传统观念：一是打破以帝王为中心的观念。"中国史书之叙事，详于君臣，而略于人民"③，即以封建帝王为中心；而事实上，君由民立，人民才是社会历史进化的主体。因之，著新史当反其道而行之，着重考察群体进化的大势。这主要有五："一历代政体之异同；二种族分合之始末；三制度改革之大纲；四社会进化之阶级；五学术进退之大势。"具体讲，当突出中国历史上的以下重要事件：黄帝、唐尧、商汤、周武即位；周民逐厉王；周避犬戎东迁；古哲学家孔子生；秦始皇即帝位；陈涉起革命军；晋避五胡南迁；隋文帝一统南北；沙陀夷李克用入主中国，宋南迁；蒙古入主中原；满洲入关；洪秀全起义金田村；联军入北京④。与此相应，新史书还必须改变依

---

① 刘师培：《周末学术史序·总序》，见《刘申叔先生遗书》，第 14 册。
② 刘师培：《小学发微补》，载《国粹学报》，第 1 年，第 5 期。
③ 刘师培：《中国历史教科书·凡例》，见《刘申叔先生遗书》，第 69 册。
④ 刘师培：《黄帝纪年说》，见《刘申叔先生遗书》，第 54 册。

王朝更迭铺陈史实的传统体例，改用"西人新历史的体裁"①，而以时代区先后，注重彰显历史进化的阶段性发展。在《中国历史大略》中，他从民族主义出发，将中国历史划分为以下四个时代：上古（三皇五帝至周），"汉族增势的时代"；中古（秦至唐），"汉族扩张的时代"；近古（梁至明），"汉族衰弱的时代"；近世（满清），"异族窃国时代"。② 同时，刘师培还首倡以黄帝纪年。这固有与康有为立宪派的孔子纪年相颉顽，以利排满宣传的一面，但同时也是为了进一步打破人们的以帝王为中心的传统观念。所以他在《黄帝纪年说》中指出："中国政体达于专制极点，皆由于以天下为君主私有也。今纪年用黄帝，则君主年号徒属空文，当王者贵之说将不攻而自破矣"③。

二是打破封建的正统观念。刘师培认为，旧史家一方面歌颂帝王、圣人，另一方面则极力贬抑农民起义的领袖，这里体现的封建正统观念，与进化的历史观格格不入。他特别指出，司马迁著《史记》，在做完《孔子世家》后，便做《陈涉世家》，人以为不伦，实则是为史家卓识。他说：政治与教育是群治进化的两大要素，"如若没有孔子，就不能集学术大成，这教育就不能完了。如若没有陈涉，就不能起革命风潮，这政治就不能改革了。所以陈涉共孔子，是个一样看重的"④。孔子、陈涉所以都值得史家立传，是因为他们在不同的领域里，都为群体进化作出了重要贡献。所以他称陈涉为"中国革命家"，在作了《孔子传》后，更撰《陈涉传》。同样，刘师培以为洪秀全的业绩不逊于朱元璋，但史官"一则崇之如帝天，一则目之为潜窃"⑤，是一种可悲的历史偏见。他称颂洪秀全、杨秀清等太平天国领袖，都是民族"绝大的英雄"，在《攘书》中特辟《帝洪篇》。需要指出的是，刘师培对郑成功的评价尤具深意。其时《浙江潮》、《江苏》等革命派刊物多刊有郑成功传，颂扬其反清业绩，但刘师培以为这些文章都未能说清

---

① 刘师培：《中国历史大略》，载《中国白话报》，第19期。

② 刘师培：《中国历史大略》，载《中国白话报》，第19期。

③ 刘师培：《黄帝纪年说》，见《刘申叔遗书》，第54册。

④ 刘师培：《中国革命家陈涉传》，载《中国白话报》，第16期。

⑤ 刘师培：《攘书·帝洪篇》，见《刘申叔先生遗书》，第18册。

"郑成功的特色"。他将之归结为六点：第一，"保种的功业"，反清坚决而卓著功勋；第二，"辟地的功业"，从荷兰殖民者手中收复台湾。"中国到了现在，天天受白种的欺侮，没有一椿敢与他抗，仿佛白种的势力都非黄种所能及的。他那里晓得二百年前还有一个战胜白种的大英雄呢"；第三，"没有奴隶的性质"，他的奋斗是为民族的，"不是为一姓的"；第四，"实行家族的革命"，与降敌的父亲决裂，破家族观念，"为民族尽力"；第五，"晓得内政"，开发台湾；第六，"晓得外交"，联络日本。① 这里刘师培高度评价郑成功以民族国家利益为重，收复、开发台湾的丰功伟绩，其识见不仅超越了封建正统观念，而且超越了狭隘的排满宣传，表现出近代民族民主主义更为开阔的视野。

刘师培反对封建正统观念，在学术领域，便是反对儒学独尊，主张学术平等，即降孔子与诸子同列。他写的《孔学真论》一文，就是将孔子视为先秦九流之一，并指出其儒家学说自身的不足。

由上可知，尽管囿于排满宣传，刘师培对中国历史进化大略的概括有失偏颇；但他强调新史家当摆脱循环论和封建传统观念，在进化的历史观指导下，重新研究中国历史和着意表彰为旧史家长期贬抑埋没的民族英雄人物，其视野、情感，即史学研究的价值取向，无疑已与旧史家判然相异。

(二)强调史学方法论的更新

20 世纪初年，随着社会学传入我国，近代西方以进化论为基础的资产阶级社会科学研究的一些理论和方法，也渐为士人所熟知。刘师培对西方社会学尤为关注，自谓"予于社会学研究最深"②。因之，他颇多心得，以为中国新史家应借鉴西学，在方法论上也要有所更新，这至少可以提出以下几方面：

1. 加强史家的逻辑思维。刘师培认为西方社会学所以能成为藏往察来的"精微之学"，说到底，是得益于它有一套健全的逻辑思维方法："大抵

---

① 刘师培：《中国排外大英雄郑成功传》，载《中国白话报》，第 20 期。
② 刘师培：《甲辰年自述诗》自注，载《警钟日报》，1904-09-11。

集人世之现象，求事物之总归，以静观而得其真，由统计而徵其实。凡治化进退之由来，民体合离之端委，均执一以验百，播始以验终，使治其学者克推记古今变迁，究会通之理，以证宇宙所同然。"①集诸多现象，由统计而徵其实，是为归纳法；执一以验百，则为演绎法。他指出，这两种逻辑思维的方法，中国古代原本有之，例如，荀子所谓的"大共"，道德家言"由经验而反玄虚"，讲的就是社会学的归纳法；荀子所谓的"大别"，阴阳家言"执一理以推万事"，讲得的就是社会学的演绎法②。但可惜，经久湮没无闻。旧史家所以侈陈往迹而不明进化之理，除了囿于循环论的历史观外，还在于"史官不明社会学之故也"，即不懂得逻辑思维的方法。所以刘师培主张，欲治新史，史家不能不加强自己的逻辑思维训练。例如，他在《拟编辑乡土志·序例》中论及如何编"风俗志"时就曾指出："编此志宜搜集人世之现象，推记古今迁变，以验人群进化之迹。"③这里强调的便是归纳法的运用。

2. 开阔视野，会通中外，运用比较研究法。19 世纪中叶后，西方社会学、人类学所以得到迅速发展，一个重要的原因，是交通的日趋发达大大方便了学者在全球范围内，对人类的历史、文化、风习行综合的考察研究。"社会学非常注意原始社会史和用比较法来研究无文字民族社会制度的起源和发展"④。刘师培显然理解了这一点，故他说："今西人言社会学，非含世界全体研究之，则其法不成。"⑤达尔文考察各地动植物，渺思穷想，求其会通之理；甄克思的《社会通诠》，征引众多史实，以证宇宙同然，无不是如此。由是，他引出了重要的结论："今日治史，不专赖中国典籍"，必须"参考西籍及宗教社会之书，庶人群进化之理可以稍明"。这有两层含义：一是指西方有关中国历史的典籍和著作，"足补中史之遗"⑥。他在《重

---

① 刘师培：《论中土文字有益于世界》，载《国粹学报》，第 4 年，第 10 期。

② 刘师培：《周末学术史序·社会学史序》，见《刘申叔先生遗书》第 14 册。

③ 刘师培：《拟编辑乡土志·序例》，载《国粹学报》，第 2 年，第 12 期。

④ （苏）N. C. 科恩主编：《19 世纪至 20 世纪初资产阶级社会学史》，梁逸译，49 页，上海，上海译文出版社，1982。

⑤ 刘师培：《周末学术史序·社会学史序》，见《刘申叔先生遗书》第 14 册。

⑥ 刘师培：《中国历史教科书·凡例》。

刊洪氏元史西北地附录释地序》中，就高度评价清廷驻法俄公使洪钧的著作有三大特色："据西书佚事，以正史册之治讹；本大食之方言，训诂卢之文字，是曰正名；定声，其善三。"①他还借助法人拉克伯里的《支那太古文明西源论》，探讨中国民族起源。② 虽然事实证明该书的"中国人种西来"说，纯属杜撰，刘师培据为信史是一失误，但他积极借鉴外人研究成果的本意，还是可取的；二是在肯定人类历史文化具有共性的基础上，指出中外比较研究有益于加深对中国历史现象的理解。事实上，刘师培已在自觉地运用此种研究法。例如，为说明洪荒之世，民智初开，故其观察事物知具体不知抽象，而言词简单，与后世殊异，他举证说：西方学者告尔敦说，达马拉人数数，用左手撮右手指计算，故其数至五为止。而中国文字也恰恰是"五"字以下皆有古文，"六"字以上皆无古文，可见古人同样以五为止数。此外，西方社会学指出，文明幼童与野蛮近，欲言赤色，则言金鱼；欲言黑色，则言薪炭。而在中国古籍中，五色之字都有代名，如曰铁、曰墨，皆黑的代名；曰金、曰华，皆黄色的代名，"是古人不知离物言象之确证"③。刘师培的中外比较研究，当然还只是处在简单类比的层次上，但重要在于，它提示了史学研究的一种崭新的思路。

3. 重视考古。西方的考古学作为史学的一门辅助学科，20 世纪初也开始被介绍到了中国。它引起了中国士人的关注，但却非人人都能很快接受和理解的。国学大师章太炎先是肯定考古学，后又力斥其非，以为"以地质徵者，斯犹探汤而验虚实，刺血而质亲疏，愚者持以为证，非其证也"④，就是一个典型的例子。但刘师培却始终高度重视其价值。他甚至不无道理地断言："以掘地术精，克致古初之造物，因古器以究古制"⑤即考古学的发达，正是西方社会学赖以成立的又一重要原因。刘师培认为，中国要发展新史学也应当重视考古。"欲考古政"，可有三种途径：一曰"书

---

① 刘师培：《重刊洪氏元史西北地附录释地序》，载《国粹学报》，第 1 年，第 2 期。

② 参看《中国历史教科书》第 1 册第 1 课。

③ 刘师培：《周末学术史序·文字学史序》，见《刘申叔先生遗书》第 14 册。

④ 章太炎：《信史上》，见《章太炎全集》(四)，上海，上海人民出版社，1985。

⑤ 刘师培：《论中土文字有益于世界》，载《国粹学报》，第 4 年，第 9 期。

籍"。上古渺茫，但《世本》诸书去古未远，藉其"片言单词，皆足证古初之事迹"；二曰"文字"。造字始于苍颉，察其繁简衍变，也可"窥治化之浅深"；三曰"器物"。木刀石斧，今虽失传，"然刀币鼎钟，考古家珍为拱璧"。他对考古的理解不仅限于"洪积石层"（考古发掘），是较为全面和正确的。但他对其时中国尚无条件开展野外考古，深为惋惜，他说："惜中国不知拙地之学，使西人之法行之，必能得古初之遗物。况近代以来，社会之学大明，察来彰往皆有定例之可循，则考迹皇古，岂迂涎之辞所能拟哉！"①刘师培相信，中国上古史研究最终有赖于考古学的发展，这是很有远见的。

4. 从地理角度研究古代学术史。20 世纪初年，西方的"地理环境决定"论在中国风行一时。它强调地理环境对人类社会的发展有着决定性的影响，而无视其内部的因素，是非科学的外因论。但它毕竟注意到了地理条件与人类社会发展的内在联系，又有其一定的合理性。其时，人们多以此解说中西文化的差异，尤其是中国文化落后于西方的原因。刘师培则另辟蹊径，提出了"学以域分"的命题，主张从地理与人文关系的角度，探讨中国古代学术史。刘师培自己已开始作了初步尝试。他指出，据西人那特轻的《政治学》诸书，山地之民坚忍不拔，有崇尚实际之风；泽国之民向慕虚无，常具活泼进取精神；学术也因之互异。所以，毫不奇怪，东周以降，中国学术的发展不仅以长江、黄河为界，且以山地泽国之别，各异其趋：齐国背山临水，故有管子、田骈之学，"以法家之实行，而参以道家之虚无"，若邹衍谈海，则又活泼进取之证；西秦三晋之地，山岳环列，民风强悍，故申、韩、商君"法家者流，起源于此"；鲁承周公之典，习于缛礼繁文，"儒家亲亲尊尊之说，得而中之"；宋承殷人事鬼之俗，墨子尊天明鬼之说，得行其间。"盖山国之民修身力行，则近于儒，坚忍不拔则近于墨，此北方之学所由发源于山国之地也"；楚北临汉江，南极潇湘，地为泽国，故老子之学起于其间。"从其说者，大抵遗弃尘世，渺视宇宙，以自然为主，以谦逊为宗，如接舆沮溺之避世，许行之并耕，宋玉、屈平

---

① 刘师培：《古政原始论·总叙》，载《国粹学报》，第 1 年，第 4 期。

之厌世，溯其起源悉为老冉之支派。此为南方之学所由发源于泽国之地也"①。是为诸子学因地理而异。刘师培还撰有《南北经学不同论》、《南北理学不同论》、《南北考证学不同论》、《南北文学不同论》、《论美术援地而区》等文，以为经学、理学、考证学、文学、美术等的发展，也无不皆然。将古代多样化的学术流派，一概按地理区分为南北派，难免有失绝对化；但刘师培自觉到了地理环境对社会风俗与学术分布的影响，提出"学以域分"的命题，对于开拓人们的思维空间，仍然是十分有意义的。同时，应当指出，他并未将地理条件绝对化，因为他还指出随着交通日开和学者间的交往增加，南北学派的差异也并非是一成不变的。

5. 将小学与社会学结合。作为朴学家，刘师培精通小学。他发现原为治经津梁的小学与西方社会学具有互补性，二者的结合将可进一步彰显社会的进化轨迹。他说，"西人社会之学，可以考中国造字之源"②，即借助西方社会学原理，可以进一步理解中土文字的缘起与发展。但社会学远未成熟，其穿凿附会之说尚不能免；故是学的昌明，又不能不藉中土文字以为折中。因为，"文字繁简，足窥治化之浅深，而中土文字以形为纲，察其偏旁，而往古民群之状况，昭然毕呈。故治小学者必与社会学相证明"③。刘师培著有《小学发微补》、《论小学与社会学之关系》、《论中土文字有益于世界》等文，是其探讨二者结合的代表作。其中，他曾指出，"尊"为酒器，古代奉以祭神，引申为尊卑之"尊"。是上古惟尊者能握祭祀之权，惟天子能祭天，诸侯、大夫、士、庶人依次减杀，"以祭祀隆杀定尊卑"；"君"、"父"二字皆像持杖之形，说明上古凡握兵权者皆居尊位；"贵"、"贱"二字皆从贝，是古代富者必贵，穷者必贱；而"民"训冥，以民生不得学，故曰愚民。"观此四证，则阶级制度之起源，可以深思而得其故矣"④。这显然使人们对上古社会的认识变得大为丰富了。章太炎对刘师培在这方面的探索，称赞不已。他在给后者的信中写道："大著《小学发

---

① 刘师培：《南北诸子学不同论》，载《国粹学报》，第1年，第2期。
② 刘师培：《论小学与社会学之关系》，见《刘申叔先生遗书》，第46册。
③ 刘师培：《论中土文字有益于世界》，载《国粹学报》，第4年，第9期。
④ 刘师培：《古政原始论》，载《国粹学报》，第1年，第6期。

微》，以文字之繁简，见进化之第次，可谓妙达神恉，研精覃思之作矣。下走三四年来，夙持此义，不谓今日复见君子，此亦郑、服传舍之遇也"①。将小学与社会学结合，使小学超越了作为治经津梁的传统，而成为考察古代社会史的一个重要手段，这不单是合理的，而且当看做是其时在史学领域实现中西融合的一个值得重视的积极成果。

从强调新史家加强逻辑思维训练，到主张将传统的考据方法与西方社会学原理相结合，说明刘师培对史学方法论更新的见解，已具有相当的系统性。人所周知，在 20 世纪初年，梁启超的《中国史叙论》和《新史学》，被公认是近代资产阶级新史学的最初代表作，自有其重要的价值。但也毋庸讳言，二文于史学方法论却甚少涉及。所以，刘师培能从历史观和方法论两个方面探讨新史学，就不单是独具特色，而且是难能可贵的了。

通史致用和倡言新史学建设，是刘师培史学思想的两大特色，二者相辅相成。通史致用强烈的革命功利主义必然产生的参与现实、活泼进取的精神，有力地推动着刘师培突破旧史家的封闭与褊狭，大胆吸纳西方新学，以构建合乎共和革命需要的新史学；反之，以新的思想、新的形式所表达的新的历史诗情，又使其"通史致用"愈加卓有成效。早期刘师培的史学思想和实践获得了很大的成功：通史致用在很大程度上成就了他作为著名革命党人的地位，而由此撰就的一系列著作，扩大了资产阶级新史学的疆域，同时也为自己在近代史学史上赢得了一席之地。

对于刘师培新史学著作的价值，论者多强调其《中国历史教科书》。这自然是对的。因为该书是刘师培按进化论的历史观和西方新体例写就的一部通史性著作(未完成)，较集中体现了其史学思想与风貌。但从开创性的意义上讲，既有公认的"新史学佳构"、夏曾佑的《中国历史教科书》出版于前，它便不能不稍呈逊色。事实上，刘师培新史学研究最具创意的贡献不在于此，而在于他得风气之先，开拓了中国新史学研究两个重要的领域。

---

① 章太炎：《与刘光汉书》，见《章太炎全集》(四)。

(一)吸纳摩尔根以来西方人类学研究的重大成果，开创了中国原始社会史研究的先河

恩格斯曾指出，摩尔根"确定原始的母权制氏族是一切文明民族的父权制氏族以前的阶段的这个重要发现"①，开辟了原始社会史研究的新时代。摩尔根及其后来的西方学者不仅证实了母系氏族的存在和人类社会起源的普遍性，而且确定了氏族内部婚姻家庭发展的阶段性，从而为整个原始社会研究提供了新的基础。1904年由严复翻译出版的甄克思的《社会通诠》一书，第一次具体介绍了上述原始社会研究的重大成果。刘师培不仅肯定西方学者的这些精辟论断，而且据以重新考察中国远古社会，引出了许多新人耳目的见解。他具体论证了中国原古母系氏族的客观存在及其因婚姻家庭的演变向父系氏族转换的历史机缘。更可贵的是，他借助甄克思著作的提示，对上古君权起源所作的解说，已相当接近了由摩尔根肇端的关于家庭、私有制和国家起源的科学思想②。刘师培为人们勾画了远古人类经历漫长的岁月，由母系氏族过渡到父系氏族，最终跨入国人所熟知的"三王时代"，而站到中华民族开化史的源头的进化过程。他铺陈的正是一部中国原始社会发展史，尽管其浮光掠影式的鸟瞰，尚谈不上对上古史作科学的研究；但其凭借深厚的国学功力，对古代典籍所作的新的诠释和判断，仍然是十分有意义的。应当指出的是，上述刘师培对中国原始社会的见解，其论述之系统，观点之鲜明，当时实无出其右者。梁启超倡新史学，主张藉泰西方法"为比例，以考中国史前之史"③，但他毕竟没有具体研究上古史的著述。夏曾佑亲为《社会通诠》译本作序，但他后此出版的《中国历史教科书》，却于构成原始社会史基础与核心的母系氏族、父系氏族及其婚姻家庭的演变，不著一词。这就从根本上忽略19世纪以来西方人类学研究的最重大成果。所以，重要的还在于，刘师培不仅在传统的圣贤经传之外，第一次为国人描绘了较比更接近其本来面目的中国原始社会史，而且在事实上也为中国原始社会史的研究，开创了先河。

---

① 见《马克思恩格斯选集》，第1版，第4卷，14页，北京，人民出版社，1972。
② 参看拙作《晚清国粹派与社会学》，载《近代史研究》，1992年，第5期。
③ 梁启超：《中国史叙论》，见《饮冰室合集·文集》，第1册。

(二)所著《周末学术史序》开创了中国古代学术史研究的新生面

刘师培于中国古代学术史用力尤勤,《国学发微》、《两汉学术发微论》、《汉宋学术异同论》等,皆是其有代表性的力作。但其中《周末学术史序》最具创意。是书由总序、心理学史序、伦理学史序、论理学史序、社会学史序、宗教学史序、政法学史序、计学史序、兵学史序、教育学史序、理科学史序、哲理学史序、术数学史序、文字学史序、工艺学史序、法律学史序、文章学史序十七篇组成,实为拟议中的《周末学术史》一书的论纲。刘师培在"总序"中说:"学案之体以人为主,兹书之体拟以学为主,义主分析,故稍变前人著作之体也。"①这即是说,他想打破传统的学案体,从西方近代学术的观念出发,对周末学术史作多学科多角度的研究,为古代学术研究开一新生面。这同样发人所未发。时章太炎著《诸子学略说》,是有重要影响的著作,但它在体例上,未见创新。梁启超的《论中国学术思想变迁之大势》,对古代学术史作全景式鸟瞰是其特色,但既非专门研究,于体例也无所发明。所以,刘师培的《周末学术史》虽未成书,但因其能发凡起例,有力地开拓了时人的思维空间,尤其受到了年轻一代学子的欢迎。黎锦熙回忆说,年轻时,乡居读书,于古代典籍"每苦漫漶,又精涉新籍,谓学宜成科,思分别钞系"。后见《周末学术史序》,"知刘君已先我而为之言……因是大乐,逐篇手抄,镌骨簪为圈点,以上等印油施之行间,又即其自注而为之疏,及所引书皆探其原,不合者校订之。眉端广长,批以蝇头小字,有时尚不能容也。旋入校,则于课余或寒暑假期为之。迄岁己酉,积成一册。自是遂坐待刘君本书之成"。一个青年学子的向慕之情,溢于言表。黎锦熙尤其强调指出,三十余年后的今天,"反观兹篇,其分科之论,容有可商,虽然固'不废江河万古流矣'"②。他同样是肯定《周末学术史序》发凡起例,于古代学术史研究有筚路蓝缕之功。

质言之,刘师培不仅倡导新史学,且身体力行,多所建树。可以这样说,他是20世纪初年继梁启超、夏曾佑之后,于推动资产阶级新史学建设

---

① 见《刘申叔先生遗书》,第14册。
② 见《刘申叔先生遗书·序》。

最具建树的开拓者之一。其在近代史学史上的地位，是应当得到尊重的。

固然，刘师培史学思想的弱点也是明显的。他在政治上勇于革命却又偏激浪漫缺乏韧性的特点，不能不影响其史学思想：感觉敏锐，无所忌讳，发凡起例，故能于新史学多所创获，是其长处；但缺乏严谨，轻于比附，牵强附会，则成其弱点。他的《中国历史教科书》依毫无根据的"中国人种西来"说，铺陈中国历史起源，就是典型的例子。即便是关于中国原始社会和周末学术史的研究极具创意，但其中的武断也随处可见。尽管在新史学开拓期，此种偏颇是难以避免的，但它毕竟影响了刘师培新史学著作的自身价值。至于在政治上变节之后，其史学思想也迅速归于颓唐、平庸，自然更是令人叹息的事。

北京师范大学史学探索丛书

四、章太炎刘师培交谊论

在辛亥革命时期，革命党人间的友谊，千姿百态；但其中章太炎与刘师培的交谊，无疑更引人注目。这不仅在于他们集革命党与国学大师于一身，携手并肩，借经史助益革命，崇论宏议，曾令人神往；还在于二人的交谊因刘师培中途变节而破裂，章太炎不乏真诚与宽容，百计修补，却无法避免最终绝交的结局，又使之染上了悲剧的色彩。同时，章、刘交谊始于"苏报案"发生前夕、辛亥革命洪波涌起之时，终结于袁氏复辟帝制、革命确然失败之日，其变迁又从一个侧面生动地反映了时局的变动和革命知识分子走过的艰难曲折的历程，启人深思。

章太炎、刘师培最初定交于 1903 年上半年。时章为中国教育会成员，任教于爱国学社。刘则为初至上海不甚更事的青年人。章士钊记初见刘师培时的情景说："申叔于光绪癸卯夏间，由扬州以政嫌遁沪。愚与陈独秀、谢无量在梅福里寓斋闲谈，见一少年短襟不掩，仓皇叩门趋入，嗫嚅为道所苦，则申叔望门投止之日也。时年且不足二十耳。"[①]大约正是由章士钊诸人的介绍，刘得晤章太炎，"即与章公订交"[②]。

综观全过程，章、刘交谊明显地经历了三个阶段：1903 年至 1906 年；1907 年至 1911 年；1912 年至 1915 年。

章、刘年龄相去悬殊(时章 36 岁)，萍水相逢，即能很快建立起友谊，在于他们有两大共同的思想基础：

第一，具有主张排满革命共同的政治立场。

章太炎当时已成名动天下的排满革命家，固不待言。刘师培少读《东华录》，也夙具排满之思，及"晤章炳麟及其他爱国学社诸同志，遂赞成革

---

① 章士钊：《孤桐杂记》，载《甲寅周刊》，第 1 卷，第 37 号。

② 钱玄同：《〈章太炎黄季刚二君关于刘申叔君之文十首〉题记》，见《刘申叔先生遗书》，第 1 册，宁武南氏铅印本，1936。

命"①。在此后二三年间，他不仅加入了光复会、同盟会，而且先后出版了《攘书》、《中国民约精义》、《中国民族志》等书，并主撰《警钟日报》、《国粹学报》，其论著对鼓荡排满革命思潮产生了广泛的影响。张继说，刘师培倡光复，"孕育磅礴，振聋发聩，其勇气尤大有过人者"②。人以东方卢梭相况，有诗赞曰："刘生今健者，东亚一卢骚，赤手锄非种，黄魂赋大招。"③总之，刘师培不仅转向革命，而且很快成长为颇具建树的著名革命党人。是时章、刘是鼓吹排满革命思潮最激烈的两位代表性人物，其政治立场是一致的。

第二，有共同的学术旨趣和保存国粹、复兴中国文化的远大抱负。章太炎早年就读于经学大师俞樾的诂经精舍，立志上追戴、段、王、俞，昌大古文经学。是时，章已成著名国学大师，文章每一出，学者珍之，如获大贝。同时，复主张保存国粹，孜孜以振兴中国文化自任。刘师培则出自经学世家。曾祖文淇、祖毓崧、世父寿曾，治左氏《春秋》有声于道、咸、同、光四朝，列名国史《儒林传》；父贵曾亦以经学名。刘师培"未冠即思著述，服膺汉学，以绍述先业，倡洋扬州学派自任"④。此期他主撰《国粹学报》，主持国学讲习会，同样提倡保存国粹、复兴古学。不仅如此，他还著有《国学教科书》五种行世，并积极筹建国粹学堂，英才勃发，文名籍甚，以至"海内想望风采"⑤。故章、刘的学术旨趣和复兴中国文化的志向，又是一致的。

刘虽少年负盛名，但在第一期敬仰章太炎，"尤佩仰章太炎学术"⑥。"苏报案"后，刘赋有《岁暮怀人》诗一首，怀念章太炎，其中说："枚叔说经王戴伦，海滨绝学孤无邻。"⑦他常将文稿送章请益。章太炎也十分敬重刘氏家学，曾两次致书说："仁君家世，旧传贾服之学，亦有雅言微旨匡

① 蔡元培：《刘申叔事略》，见《刘申叔先生遗书》，第 1 册。
② 《刘申叔先生遗书序》。
③ 棣臣：《题国粹学报上刘光汉兼尔同志诸子》，载《国粹学报》，1906 年，第 2 期。
④ 尹炎武：《刘师培外传》，见《刘申叔先生遗书》，第 1 册。
⑤ 尹炎武：《刘师培外传》。
⑥ 冯自由：《刘光汉事略补述》，见《革命逸史》，第 3 集。
⑦ 刘赋：《岁暮怀人》，载《警钟日报》，1904-10-2。

我不逮者乎?"①又说:"旧疏考证,家有是书,《正义》虽未完具,终望讽诵一过,未知他日可以借阅否,甚狠狠也。"②不过,他更欣赏刘师培的才华。他称赞刘的《驳太誓答问》,"条理明遫,足令龚生钳口";《小学发微》将西方社会学与小学相结合,以文字之繁简,探讨中国历史进化之次第,实属"妙达神恉、研精覃思之作"③。章太炎是自视甚高的人,但却以结识刘师培而感到无限欣慰。他甚至约请刘为自己编次《春秋左氏读》,并认为小学的发明非自己与刘莫属④。至于他致书后者说,"国粹日微,赖子提倡"⑤,更不啻将复兴古学的希望寄托在刘师培的身上了。惟其如此,他虽身陷囹圄,却十分关心刘的健康,知其吐血,急急作书嘱其少自珍摄,殷殷之情,溢于言表⑥。

钱玄同认为,章、刘所以订交,端在"二君之学术途径及革命宗旨皆相符合"⑦。正是强调了上述具有双重共同思想基础的缘故。不过,订交不久,章即因"苏报案"入狱,1906年再出狱即东渡日本;而刘为逋逃计也避居外地;故在第一阶段,二者真正相处的时间甚暂,其交谊多限于书信往返的"神交"。从现存章致刘的七封信看,此种"神交"主要表现为章以师友的身份时常从学术与政治上指导后者,从而促进了彼此的友谊在志同道合基础上的发展:

1. 在治学方法上,提示刘师培不应满足于博览,当专精一家,尤其是昌大家传左氏学。章说:"君家世治左氏,诚宜笔其精粹以示后生","泛滥群籍,未若专精一家。君以贾服古文,奕世载德,年力鼎盛,必当比辑成书,岂效雅存诂,率尔操觚,自衿博览而已"⑧。

---

① 章太炎:《章太炎致刘申叔书》,载《国粹学报》,第1年,第1期。
② 章太炎:《章太炎再致刘申叔书》,载《国粹学报》,第1年,第1期。
③ 章太炎:《章太炎再致刘申叔书》,载《国粹学报》,第1年,第1期。
④ 章太炎:《说林》,载《民报》,第10号。
⑤ 章太炎:《与刘光汉书》,载《国粹学报》,第2年,第12期。
⑥ 章太炎:《章太炎致刘申叔书》,载《国粹学报》,第1年,第1期。
⑦ 章太炎:《章太炎黄季刚二君关于刘申叔君之文十首》,见《刘申叔先生遗书》第1册。
⑧ 章太炎:《与刘光汉书》,载《国粹学报》,第2年,第12期。

晚清国粹派文化思想研究

附录二

2. 勉励刘师培以保存国粹、复兴古学自任。早在 1903 年，还在狱中的章太炎就曾致书刘师培，提出当效法日本，倡言"保存国粹"①。刘显然接受了他的意见。1905 年刘与邓实、黄节诸人共同发起组织国学保存会和刊行《国粹学报》，二者的宗旨便是"发明国学，保存国粹"。刘和章一样成为公认的晚清国粹派的主要代表人物，本身就说明刘不仅受章的影响，且为倡言"保存国粹"投入了多么大的热情。

3. 动员刘师培起而共同藉古文经反驳康有为立宪派的理论根据今文经，以助益排满革命。章早年虽主古文，于今文也有所采获；但是，随着转向革命并日益清楚地看出了康有为诸人正是藉今文媚事清廷、反对革命，他便决心严今古壁垒，对后者发难。1906 年 7 月，他出狱后甫抵东京，便在留日学生欢迎会上的演讲中指出："公羊学派的人，说什么三世就是进化，九旨就是进夷狄为中国"，无非是"仰攀欧洲最浅陋的学说"罢了②。紧接着，8 月后，复致书《国粹学报》主持人刘师培，对该刊 1906 年第 7 期刊登今文家廖平、王闿运的文章，大谈"孔子改制"和道不变皇帝也不可"绝于天壤"，提出批评。在信中，章提出三点意见：一是《国粹学报》此后当专主古文，不取公羊家言；二是建议刘师培发挥家学，昌大《左氏》；三是决定将自著二万多言的《春秋左传读叙录》随后抄寄该刊发表，相信足以破今文家谬说。由是，他身先士卒，张大古文，力辟今文，壁垒日趋森严。所以，是书实可以看做是章决定采取实际步骤向公羊家发难的宣言书。章信登在该刊是年第 12 期上，它同样也可以看做是刘师培及其同人接受章的意见，决心以《国粹学报》为阵地，反击今文经学的宣言书。从同年 9 月第 8 期起，廖平等人的经说从此刊落了。从第 10 期起，刘师培的《论孔子无改制之事》、《汉代古文学辨诬》、《司马迁左传义序例》，以及章太炎的《春秋左传读叙录》、《刘子政左氏说》、《驳皮锡瑞三书》等著名长文，洒洒洋洋，接踵在《国粹学报》上连载，一时实造成了全面反攻今文经学的浩大声势。这场斗争与同时正在进行的革命派与改良派的论战紧相配

---

① 章太炎：《章太炎致刘申叔书》，载《国粹学报》，第 1 年，第 1 期。

② 章太炎：《东京留学生欢迎会演说辞》，见汤志钧编：《章太炎政论选集》上。

合，是国粹派以经学助益革命的一大贡献。它由章发动，刘师培积极投身其中并成为前者最得力的助手。这不仅有力地说明了刘是怎样在章的引导下不断走向进步，而且也生动说明，二者交谊的双重共同的思想基础，即学术旨趣与革命目标的一致性间，又是怎样相通与密不可分的。

当然，强调章太炎对刘师培的影响和指导，并不排斥他们作为论学诤友，存在分歧与驳难。例如，章虽高度评价刘的《太誓答问》条理明晰，但也指出断言墨、孟诸家所引皆出《太誓》下篇，值得商榷。刘师培也独具见地，他支持章反击今文家言，但并不赞成章全然抹杀今文的见解，而坚持扬州学派的传统，主今古兼通。他甚至对章以楚音即夏音的见解，提出直言不讳的批评。他们各自的意见是否正确，可不置论；重要在于，这里表现了朋友间的坦诚。钱玄同在评论此期章太炎致刘师培的书信时说："此诸文中，或谈学问，或叙离阔，或述期望，或致推挹，读之可见二君彼时交谊之笃。"①这是公允之论。

"苏报案"发生后，刘师培曾赋《岁暮怀人》，表达对章太炎的怀念之情；无独有偶，章东渡后，也有一信致刘师培，倾诉其"独弦寡和，方更寂寞"同样的思念。他说，东汉大儒郑（众）贾（逵）同处明、章之世，不知彼此交往砥砺，良为悼恨；然而吾辈生当今日，却聚首无期，更为可哀："子漱江流，我迎日出，相距一苇，竟无遇期，方之前哲，又益悲哀。"②章将自己与刘师培比作郑众与贾逵，足见其对彼此交谊的高度评价；同时也唯其如此，不能不对迄今云水相隔而深感悲伤。他不再满足于"神交"，于是便向刘师培发出了东渡的邀请。

1907年2月，"应太炎之招"，刘师培携妻何震东渡日本。由是章、刘交谊进入了第二个发展阶段。

阔别3年之后，得于异国重逢，章太炎的快慰，不难想见。他很快搬出《民报》社，与刘师培夫妇同住在麴田区饭田町。刘的到来也确为章宣传

---

① 章太炎：《章太炎黄季刚二君关于刘申叔君之文十首》，见《刘申叔先生遗书》，第1册。

② 章太炎：《与刘光汉书》，载《国粹学报》，第2年，第12期。

排满革命和"保存国粹"，平添了一位得力的助手。

章东渡后，《民报》从第 6 期起归其主编。时《民报》与《新民丛报》间的论战正在激烈进行，梁启超托人调解，希望在章主持《民报》后能停止彼此的论战，但被拒绝。不过章以为"胡、汪诘责卓如，辞近诟谇"，往后当"持论稍平"①。所谓"持论稍平"，就是以经史立论，避免简单化的谩骂。章文辞渊雅，由其主笔，《民报》在内地士人中影响大为扩展。而于此，刘师培同样是里手。他任《民报》撰述，连续发表了《普告汉人》、《辨满洲非中国臣民》等文，借经史倡排满，"极为海内外传诵"②。尤其是后文，系继汪精卫《斥为满洲辩护者之无耻》而作。汪文论证稍疏，遭梁启超反驳；刘继撰是文，博征史籍，洋洋三万余言，影响独巨。章看后称赞说："申叔此作，虽康圣人亦不敢著一词，况梁卓如、徐佛苏辈乎！"③

同时，章太炎力主用"国粹"增进爱国精神，故宣传国粹也是其主持《民报》的重要原则。章前后共编《民报》15 期，发文总数 160 篇，其中属于国粹研究的文章 57 篇，占总数 36％。此外，从第 6 期至 24 期，章本人共撰文 64 篇，其中国粹研究文章 34 篇，占总数 53％。他复创办国学振起社，自任社长，艰难困苦，讲学不辍。在章的主持下，《民报》及《民报》社实成为与上海的《国粹学报》及国学保存会遥相呼应的又一国粹宣传中心。刘师培的到来为章助一臂之力。此期刘在《民报》撰文共 7 篇，其中国粹研究文章 5 篇，占总数 71％。《民报》第 14 期实为国粹文专集，共刊文 4 篇，内容全然属国粹研究，章、刘各占了两篇。同时，刘师培除了与章共同审定在日本发现的佚书《南疆逸史》外，还为章的得意之作《新方言》"分疏数十事"④，并为之作序。

应当说，在此期最初一段时间，刘师培与章太炎在宣传排满革命与保存国粹上的合作，卓有成效。就前者而言，所以汪东肯定他"以文字为义

---

①　《太炎先生自定年谱》，见《近代史资料》，1957 年，第 1 期。

②　冯自由：《刘光汉事略补述》，见《革命逸史》，186 页。

③　万易：《刘师培》，见《仪征文史资料》，1984 年，第 1 辑。

④　章太炎：《与刘光汉黄侃问答记》，见《章太炎全集》（四）。

师先声，其功实与章君胡汪相伯仲"①；就后者而言，"光汉时向太炎请益，学乃益进"②，故时人"有二叔之目"③。二人的友谊自然也缘此得到了发展。

然而，好景不长，就在 1907 年底便发生了章太炎托刘师培夫妇向端方告贷和后者叛变投敌的事件，二者的交谊也随之迅速破裂。这一变故不是偶然的，其契机实肇端于日本无政府主义思潮的影响。

章、刘接受日本无政府主义思潮的影响，以及刘师培以其妻名义刊行《天义报》、发起成立"社会主义讲习会"等创办宣传无政府主义的刊物和团体的事实，已有许多专论，不作赘述。这里要指出的是，刘师培成为狂热的无政府主义者，完全背弃了同盟会的革命宗旨。他说，政府为万恶之源，故推倒清政府后须"即行无政府，决不欲于排满以后，另立新政府"④。任何主张新政府者，"虽目为敌仇，不为过矣"⑤。建立民国被斥为"以暴易暴"，原先致力的排满革命的宣传，也被抛弃了："不复言民族主义，自是遂废'光汉'之名"⑥。刘另树一帜，完全站到了同盟会的对立面上去了。

章太炎不同于刘师培。他不主张在推倒清廷之后，立即实行无政府，以为需要有一个过渡时期。这个区别是重要的，因为它保证了章从根本上肯定现实的民族民主革命的必然性与合理性。但是，无政府主义无疑助长了章太炎宗派主义的消极情绪，他成为其时同盟会内部一再出现的"倒孙"风潮的主要鼓荡者，就反映了这一点。当年身历其境的竹内善朔指出："可以这样说，关于社会主义思想的研究，使部分中国同志发生了内部纠纷。这样看来，它和日本社会主义者之间的派系分歧的情况大致相同。思

---

① 《刘申叔先生遗书序》。

② 冯自由：《刘光汉事略补述》，见《革命逸史》，187 页。

③ 原文为"章太炎字枚叔，刘师培字申叔"，《刘光汉事略补述》，见《革命逸史》，187 页。

④ 公权：《社会主义讲习会第一次开会记事》，载《天义报》，第 6 期。

⑤ 刘师培：《社会主义与国会政策》，载《天义报》，第 15 期。

⑥ 钱玄同：《左盦诗录后叙》，见《刘申叔先生遗书》第 61 册。

想的发展，使他们之间发生了裂痕，随着也带来了感情上的龃龉"①。但问题又不止于此。章太炎从人性恶出发，提出所谓"善亦进化，恶亦进化"、"乐亦进化，苦亦进化"悲观的"俱分进化论"，并最终主张超越无政府，径趋无人类无生物的寂灭之境，以求解脱；这说明，缘无政府主义与佛教的结合，章更误入了悲观厌世的迷津。所以从1907年底到1908年初，他曾试图到印度出家。黄侃说："(章)见国事愈坏，党人无远略，则大愤，思适印度为浮屠，资斧困绝，不能行"②。毋庸讳言，章的悲观厌世本身也是表现为对同盟会革命宗旨的某种疏离。

章、刘交谊既以共同的革命宗旨为前提，二人对革命宗旨的疏离与背弃，便不能不将彼此交谊引向歧路。这就是上述章太炎为到印度出家，竟托刘师培夫妇向端方告贷，而后者随即叛变。

章与端方的关系，及其致刘氏夫妇五封信非伪，已有论者专文考证③。这里有必要进一步提出的问题是：

其一，刘师培何以变节？

竹内善朔说："这个曾经鼓吹过无政府主义的刘光汉，竟然会甘充端方的幕僚，这是一件令人非常难以理解的事。"④他对刘走两个极端深感惊讶。实则刘表面上善变，而其内在的迷恋功名利禄的劣根性始终不变。此种劣根性与无政府主义的结合是导其走向反面的重要原因。刘出身书香门第，18岁中秀才，19岁成举人，20岁得赴会试，本是个一心走猎取功名、光宗耀祖传统道路的人。只因会试不第，复受革命风潮的裹挟，转而主张排满革命。"光汉之性务名"⑤。刘师培易名"光汉"，自称"激烈派第一人"，表现得异常激烈，加之世传家学，他果然获得了"中国卢梭"、"国学大师"

---

① 〔日〕竹内善朔：《本世纪初日中两国革命运动的交流》，载《国外中国近代史研究》，1981年，第2辑。

② 黄侃：《太炎先生行事记》，载《制言》，第41期。

③ 参看杨天石、王学庄：《章太炎与端方关系考析》，载《南开大学学报》，1978年，第6期。

④ 《本世纪初日中两国革命运动的交流》。

⑤ 陶成章：《浙案纪略》，见汤志钧编：《陶成章集》下编，北京，中华书局，1986。

一类美名，"党人咸尊礼之"①。务名与好利是相通的，只是在清廷高压下，革命的"美名"与实利一时尚难联结；但至东京进入同盟会总部之后，情况便不同了。刘师培开始感到有朝一日革命成功，革命的"功名"未尝不能换取利禄。因之，甫至日本，他便不仅"平日欲运动成章，使为己用，以高其名"②，而且积极为章太炎、张继等人因铃木久五郎助款事掀起的倒孙风潮推波助澜，并趁机要求改组同盟会本部。他援引日人北一辉与和田三郎为本部干事，目的想自己当同盟会领导人③。这完全暴露了他的政治野心。"光汉心衔所提议改组同盟会攘夺干部职权之策不成，渐有异志"④。在夺权失败之后，刘师培转而鼓吹无政府主义也非偶然。"个人主义是无政府主义整个世界观的基础"⑤。刘再次以激烈的面目出现不仅是为了替自己及妻何震扬名，也是为了另树一帜，谋个人势力的发展。然而，"乃应之者寡，光汉郁郁不得意"⑥。是时，刘经济拮据，而端方正派人携巨金至东京收买党人，许以高官厚禄。刘既已背弃革命宗旨，无政府主义空谈又前途暗淡，他最终接受何震及姻亲汪公权的怂恿，投向官场谋青紫，就是合乎逻辑的了。刘富曾为撰《墓志铭》，叹息道："侄得名太早，厥情无恒，好异矜奇，悁急近利"⑦，是其酿成人生悲剧的原因；陈钟凡为撰《行述》，也谓"不能亡情爵秩，……遂入于坎陷"⑧；都强调了刘的好名近利。如果我们联想到辛亥革命后刘为荣华富贵，竟敢再度冒天下之大不韪，列名筹安会，就不难想见此人之无法忘情于功名利禄的劣根性是怎样的根深蒂固，而在革命艰难缔造时代，其由激烈而颓唐而变节，也就不足为奇了。

其二，刘师培变节与章太炎的关系是什么？

有的论者认为，章向端方告贷是端方、刘、何、汪预设的圈套，即强

---

① 陶成章：《浙案纪略》，见《陶成章集》下编。

② 陶成章：《浙案纪略》，见《陶成章集》下编。

③ 陶冶公：《中国同盟会原始党报(民报)的历史和我在报社服务的一些见闻》，全国政协文史资料未刊稿。

④ 冯自由：《记刘光汉变节始末》，见《革命逸史》，第2集。

⑤ 《列宁选集》，第1卷，218页。

⑥ 陶成章：《浙案纪略》。

⑦ 《刘申叔先生遗书》，第1册。

⑧ 《刘申叔先生遗书》，第1册。

调章实出于被动①。这有失牵强。此种判断显然是以 1907 年 12 月刘返国前即已确然叛变并与端方有深入的勾结为前提的。但事实不尽然。我们有理由假设是时刘与端方已有接触并产生了投靠的意向，但并无根据认定他已确然叛变且在事实上已达到与后者密谋预设圈套的程度。刘的《与端方书》及其提出的十条"弭乱之策"②，是其最终决心卖身投靠的自白书。是书作于刘 1907 年 12 月回国后至 1908 年 2 月返日前之间，而此前章托刘、何告贷已成事实。同时，刘在《与端方书》中固然捏造了章欲叛变革命的事实，但却完全是以朋友的身份代为乞求的。他不仅要求端方"君子成人之美"，且要求予以保密。这很符合其时刘的心理：既为朋友办了事，又表明了自己愿策反革命巨子以为晋见礼。显然，若彼此已预设圈套，刘即不会有这样的口气和心理。其实，章本人并不隐讳事出自己主动。他事后曾解释说："于时假贷俱绝，惟南皮张孝达有一二日之旧游，后在东京关于文学教育诸事，亦尝遗书献替。张于革命党素无恶感，不得已告贷焉。其书嘱长崎领事卞某带归，卞即(张)之婿也。卞回国后，不敢请通，私以语端方，遂居为奇贷，后嘱卞来告。……仆亦欲达初志耳，何论出资者为端为张！"值得重视的是，这里章承认与张之洞已先有通款之事，且在他看来贷款者为张为端本不重要。章一向强调"革命道德"，曾反复告诫党人不要对督抚抱有幻想，而如今自己不仅同之通款，尤其向党人最痛恨的端方告贷，不能不说是一种污渍。同时，刘的变节固然应有其自己负责，但章的所为也对之产生了消极的影响，是应当看到的。何震为所公布的章致其夫妇的五封信作注说："彼于去岁八月致函张之洞，(表示)若赠以巨金，则彼往印度为僧。书为申叔所见，始知彼与官场有往来。"③何注不尽可靠，但章先与张通款既为事实，其为刘所发现也不是不可能的。这无疑会弱化刘变节的罪恶感。此其一；章托刘师培夫妇充当自己与端方间的联络人，何为此约于 1907 年 11 月中下旬返国。是年 12 月 4 日苏曼殊从上海致刘三

---

① 姜义华：《章太炎思想研究》，280 页，上海，上海人民出版社，1985。
② 见《建国月刊》，1935 年，第 12 卷，第 4 期。
③ 见《新世纪》，1909 年，第 109 号。

书说:"剑妹十五日回乡,云一周可返,今逾半月未来,殊悒悒。"①而刘则晚到是年冬才返国,并随即上了《与端方书》,最终决心归降。不难看出,何"回乡"为先路打点,刘后至则是具结投靠。因此章的假托在客观上是加速了刘的堕落过程。时刘仅24岁,毕竟是少更世事的青年;章"七被追捕,三年禁狱",是有阅历的人,竟放手让前者与狡诈的端方打交道,这本身即是一种过失。此其二。当然,事后一些党人攻击章已变节,又是过甚其词。因为不久章、刘交谊破裂,靠贷既未成事实,章与端方间的关系也未见进一步发展。

1908年2月,刘、何作为内奸返回日本,表面上继续高谈无政府主义。章、刘合住一处也依然"情好无间"。但到3、4月间,二人忽起争吵,何之表弟汪公权甚至扬言要对章"白刀子进去,红刀子出来"。这样章只好搬回《民报》社,"自是遂不复相见"②。二人何以突然反目成仇? 有的论者认为,这是刘怕自己与端方的关系被章识破,同居不便,所以借故(指章将何、汪的暧昧关系告刘,被反诬为离间)闹翻③。此说同属牵强。章将何、汪的暧昧关系告刘固然是造成彼此反目的导火线,但其前因却非在于刘怕东窗事发。是时刘、何"他们夫妇和端方的关系,都不避曼殊面谈讲着。曼殊听了,即来告诉陈仲甫"④。曼殊也与之同住,刘何以就不怕被他识破? 事实上章必有此闻,而不能及时制止与告发,恰是他的又一过失。笔者以为其反目的真正原因,乃在于心胸狭隘的刘师培与章争名求胜的缘故。此期二人朝夕相处,抵掌论学,自有其乐;但刘师培"论难经术,每不能胜"⑤。章且勤攻其过,例如,他认为刘治学的弱点在"读书过多,记忆太繁,而悟性反少",故劝后者不妨暂不观书,"少忘之而后执笔,庶可增其悟力"⑥。刘性务名,此时自以为成名,不甘居后,其对章的妒忌、怨

———————————

① 《苏曼殊全集》,第1集,199页,北新书局,1931。
② 钱玄同:《章太炎黄季刚二君关于刘申叔君之文十首》按语。
③ 姜义华:《章太炎思想研究》,284页。
④ 柳无忌:《苏曼殊及其友人》,《曼殊全集》卷5,21页。
⑤ 刘成禺:《洪宪记事诗本事簿注》卷1。
⑥ 汪太冲:《章太炎外纪》,16页,北京,北京文史出版社,1934。

恨之心便不由自起。章在刘归国且叛徒身份大白天下之后，仍致书言好。在信中，他一方面将刘的变节说成是不得已为之，"非独君之过"，表示不予重视；另一方面却力图解释彼此间的误解。值得注意的是，他所解释的问题恰恰是："仆岂有雍蔽之志哉"。这不啻是点破刘反目的主要原因在于误以为受到了自己的压抑的缘故。所以他写道："君雅好闻望，不台于先我，自谓文学绪业两无独胜。怀此觖望，弥以恨恨。然仆岂有雍蔽之志哉。学业步骤与年相将，悠悠之誉，又非而已。畴昔坐谈，盖尝勤攻君过，时有神悟，则推心归美。此盖朋友善道之常，而君岂忘之耶"?① 固然，我们强调刘对章的忌恨是二人交谊破裂的真实原因，并不意味着无视二者政治上对立(革命者与叛徒)的意义②，而只是说，事实上在此种对立被人们明确意识到之前，刘的忌恨心理的发展已足以摧毁了彼此的交谊罢了。

从关系破裂后两人的不同的行径看，刘的阴险卑劣与章的坦诚宽厚正成鲜明对照。刘见替端方策反章既不可能，便企图搞臭后者。他指使人伪造《炳麟启事》刊于 1908 年 5 月 24 日的上海《神州日报》上，声言"立宪革命，两难成立"，决意剃发出家。而章于 6 月 1 日还致书经学大师孙诒让，请他以父执的身份劝解刘师培；10 月，刘的《天义报》、《衡报》与《民报》同遭日本政府封禁。11 月，刘返上海，旋即将章托其向端方告贷的五封信由何震加注说明后摄影寄给黄兴诸人，意在进一步搞臭章并在革命党人内部制造混乱。12 月，因出卖党人张恭，刘的叛徒身份开始暴露，随后他即投入端方幕府。1909 年 8 月端方调任直督，刘师培的名字赫然列在上海报纸发表的随员名单中，其叛徒身份于是暴露无遗。刘的公开叛变，尤其是他公布的五封信，使章在党内的纷争中处于极困难的地位。但章于刘依然"深爱其学，时萦思念"，故如上述是年仍移书诉说衷情，"并劝其归隐"③。然而，刘师培利欲熏心，纯情难以将其唤醒，他拒不作答就说明了这一点。但章一往情深：他依然怀抱着有朝一日能破镜重圆的希望。

---

① 《与刘光汉书七》，见《刘申叔先生遗书》，第 1 册。

② 1908 年 6 月章发表《排满平议》，表明他已与无政府主义决裂，这又不同于刘。

③ 钱玄同：《章太炎黄季刚二君关于刘申叔君之文十首》按语。

北京师范大学史学探索丛书

辛亥后，章、刘交谊一度回光返照，但终归决裂。是为第三期。

1911年武昌起义爆发时，刘师培正随端方入川。11月27日端方在资州被杀，刘也被当地军政分府拘留。章太炎于是月16日甫从日本归上海。他"不念旧恶"，依然"甚思"刘①，见后者下落不明，12月1日即在《民国报》上发表《宣言》，称："今者文化陵迟，宿学凋丧，一二通博之材，如刘光汉辈，虽负小疵，不应深论。若拘执党见，思复前仇，杀一人无益于中国，而文学自此扫地，使禹域沦为夷裔者，谁之责耶?"次年1月11日，复与蔡元培联名在《大共和日报》刊出《求刘申叔通信》："刘申叔学问渊博，通知古今，前为宵人所误，陷入范笼。今者民国维新，所望国学深湛之士，提倡素风，保载绝学。而申叔消息杳然，死生难测。如身在地方，尚望先通一信于国粹学报馆，以慰同人眷念。"25日，资州军政分府电大总统请示处置刘师培的办法。29日，临时政府教育部、大总统府分别复电，令其保护刘到南京教育部。刘师培自觉无颜见故人，乃接受谢无量的聘请，主讲四川国学院兼任四川国学学校讲习。但章显然更希望他东下。10月他与马良、梁启超等发起"函夏考文苑"，拟仿效法国成立研究院，下设研究所，以"作新旧学"、"奖励著作"。他便推荐刘主持群经专门科②。如果我们注意到当时因章与同盟会对立，原同盟会的一些党人正重提其与端方及刘师培关系的旧案以为反击，就不难理解上述章对刘的全力营救与关照，表现了对后者多么真切的思念。

1913年夏，刘由成都返上海。一路上抚今思昔，黯然神伤："风雨他乡别，山川故土思。星霜歌舞换，岁月鬓毛衰"③。《国粹学报》旧同人并未嫌弃他，马叙伦、陈去病等人与之多有往来。查章太炎同年4月离开东三省筹边使任所返上海，至8月初始复北上入京。故当刘归沪时，章正在上海。二人也正是在此间恢复了交谊，"申叔深感枚叔，复言归于好"④。章、

---

① 蔡元培：《刘君申叔事略》，见《刘申叔先生遗书》，第1册。

② 后因经费无着，其事无成。

③ 《癸丑纪行六百八十八韵》，《左盦诗录》卷3，见《刘申叔先生遗书》，第61册。

④ 曼华：《同盟会时代民报之始末记》，《辛亥革命》(二)。

刘所以能言归于好，除了前者的宽厚外，还与彼此的政治见解趋同有关。刘是不甘寂寞的人，还在 1912 年初，他便为谢无量在成都组织政进党机关报；同年冬西藏发生叛乱，四川军政府拟出兵平叛，他复上书川督尹昌衡，主张仿效旧制，布恩感化，以臻统一。但从他撰《废旧历论》反对南京临时政府改行公历，便不难看出，其思想是守旧的。而辛亥后章的思想也正迅速后退。他倡言"革命军起，革命党消"，与立宪派、旧官僚共组中华民国联合会于上海，旋改为统一党，以与同盟会势力抗衡。章厌倦激烈的变革，强调"中国本应旧之国"，政治法律要在"去甚去奢去泰"①，无须破坏习惯，大事更张。他对袁世凯也抱有幻想，不仅反对首都南迁，且接受了东三省筹边使之职。但此种趋同又是暂时的，随着"宋案"发生后中国政局再次急剧变动和各派势力的重新分化组合，章、刘在政治上又一次分道扬镳，二人甫经恢复的交谊便若回光返照，也因之无可挽回地永远终结了。

1913 年秋，刘师培由上海北上山西，经友人南桂馨介绍，充任阎锡山高等顾问。时袁世凯正大力招降纳叛，以为己用，翌年春便因阎的推荐，任刘师培为公府谘议。刘感激涕零，上书说："宠光曲被，陨越滋虞，惟有仰竭涓埃，冀图报称"②。由是刘投入了袁氏的怀抱，其刚刚受挫的希冀功名利禄的劣根性，又重新鼓胀起来。他所谓"冀图报称"，就是冒天下之大不韪，甘为袁复辟帝制效劳。1915 年 3 月，杨度撰《君宪救国论》，博得袁氏"旷代逸才"之称，他也不甘落后，写了《国情论》、《告同盟会诸同志》，为帝制鼓噪。8 月，筹安会成立，刘列名其中；9 月 1 日，筹安会为各省请愿团代草请愿书，进呈参政院，刘复列名江苏请愿团中。不仅如此，还与康宝忠重刊《中国学报》，第 1 期封面赫然署"洪宪元年"。其《重组中国学报缘起》说："（原刊初创）而南服难作，狼匪跳梁，丧乱洊臻，弦歌辍响，遭斯挫折，遂渐消沉。……方今国体问题解决，伊迩应古合旧，厌塞众心……"③。公然攻击"二次革命"和人民反袁斗争，为袁氏独裁复辟张

---

①　汤志钧编：《章太炎年谱长编》，375、377 页，北京，中华书局，1979。

②　转引自陶菊隐：《筹安会"六君子"传》，107 页。

③　见本刊第 1 期。

目。刘的《君政复古论》、《刑礼议》、《立庙议》等赤裸裸鼓吹复辟的文章都刊于此。该报成了其时死心踏地响应帝制少有的几家刊物之一。刘也因此得到了袁的垂青。1915 年 10 月，受任参政院参政，代理参政院事务；11 月复拜上大夫，扶摇直上。

与刘师培的行径相反，"宋案"后章太炎很快认清了袁世凯的真面目。1913 年 8 月初，他毅然入京，并"以大勋章作扇坠，临总统之门，大诟袁世凯之包藏祸心"①。后被长期囚禁龙泉寺，直到 1916 年 6 月袁死去，始获自由。在此期间，袁曾遣人示意，只要章上劝进书，便可获释，但被严词拒绝。章致书袁，表示"九死无悔"；并在家书中嘱其夫人："家居穷迫，宁向亲朋借贷，下至乞食为生，亦当安之"②，断不受袁氏挟持。章太炎大义凛然，真正体现了威武不能屈，富贵不能淫，贫贱不能移的高风亮节。

耐人寻味的是，当时章、刘同在北京，但因政治立场断然有别，其处境也迥然相异：后者奴颜婢膝，甘当袁氏复辟帝制的吹鼓手，高官厚禄，垂手已得；前者坚贞不屈，怒斥帝制，致身陷囹圄，古寺清灯历煎熬。但二人在时论中的地位，却是另一番云泥之别：

刘师培志行堕丧，益为士论所不齿。时有打油诗讥云："门前灯火白如霜，散会归来便举枪，赫奕庭阶今圣上，凄凉池馆旧端方"。同时，其《国粹学报》的同人愤怒了。马叙伦、黄侃当面予以怒斥③；黄节则两次致书刘师培，指出："倾复民国是为内乱，聚党开会是为成谋"。并责其解散筹安会。他还将信的原稿寄上海旧友黄质，请他代为分致沪上各报刊登。后黄质将节稿交柳亚子发表在《南社丛刻》里了。黄节对刘厌恶已极，1917 年复致书北京大学校长蔡元培，对聘刘为教授提出批评，他说："申叔之无耻，甚于蔡邕之事董卓"，"不当引为师儒贻学校羞"④。

章太炎则得道多助。其故旧门生纷起奔走营救与探视。黄节、马叙伦

---

① 《鲁迅全集》(六)，547 页，北京，人民文学出版社，1987。

② 《章太炎年谱长编》，471、469 页。

③ 参看马叙伦的《石屋余沈》第 192 页和章太炎的《黄季刚墓志铭》。

④ 转引自李韶清《黄晦闻之生平及其政治学术思想举例》，见《广州文史资料》，1963 年，第 4 辑。

曾分别致书政治会议议长李经羲，请力为营救。马叙伦、钱玄同、黄侃、鲁迅、许寿裳、朱希祖等人常往探视，黄侃一度干脆搬与其师同住。是时进步报刊纷纷报道章的现状，无不赞扬其高风亮节。1916年章获释南归，被普遍视为民国英雄，受到了各地的热烈欢迎。

同时，上述现实的对比，也不能不促使章太炎对自己与刘师培的交谊重新检讨。他后来在《自定年谱》中写道："七月，筹安会起，劝进者日数百，余知袁氏将满贯也，顾不能无感愤。"令其"感愤"的自然是包括劝进者，尤其是参加筹安会的故旧的恶行在内。他提到孙毓筠以"袁氏要人"参与筹安会，"余甚恶"，而李燮和"以狱事被胁"，稍可原谅；独未提及刘师培。刘再次堕落，且贵为袁氏"上大夫"，从章怒斥与刘合作重刊《中国学报》、鼓吹帝制的康宝忠看，其对刘的厌恶必更甚。同时，章太炎一定也注意到了以下的事实：许多故旧都为自己奔走营救或殷殷探视，唯有自己不念旧恶、鼎力救助过且不久前重归于好的刘师培，近在咫尺，贵居参议，却不肯援手。而且，甚至连李燮和、康宝忠都能来探视，唯刘避而不见。刘不仅无耻，且冷酷绝情，无可掩饰。黄节在致蔡元培的信中斥责刘的无耻时，曾愤怒指出："公等故人待之，不为不厚矣，及其来京入觐，太炎方被桔察，乃始终未一省视，何论援手！"①于此，黄节即感同身受，则章太炎必有切肤之痛矣。所以，可以说，自刘师培投入袁世凯的怀抱，尤其是列名筹安会时起，章太炎便已决心与之一刀两断。二人的交谊至此实已真正终结了。

1919年11月20日，刘师培卒。身后萧条，历两日始入殓，由陈独秀出资代为料理后事。时章太炎在上海。陈去病致北大校长蔡元培书说："兹因就医返沪……即闻太炎云申叔死矣，正惊讶间，而申报亦复详列其事，为之懊丧不置。"②陈刚到上海就先于报刊从章处"即闻"刘的死讯，说明章对刘的情况依然关注；但仅云"申叔死矣"一句，又分明反映了他复杂的心理：为一位不可多得的国学人才的夭折而惋惜，但同时却不能宽恕其

①　见李韶清：《黄晦闻之生平及其政治学术思想举例》。
②　《北京大学日刊》，1919-12-5。

堕志丧行。章曾为苏曼殊、黄节、黄侃等许多故旧的辞世送去挽联,寄托哀思,于刘独无所表示;自定《年谱》忆及多少友人,于刘却讳莫如深;反之,分别写于1914年、1934年的《苏元瑛记事》、《黄季刚墓志铭》,却一反过去,对刘师培的变节与附逆一再作鞭挞,足见其失望之深。

章太炎、刘师培订交于1903年"苏报案"发生前夕,即排满革命春潮涌动之日,而其最终决裂却是在袁世凯公然复辟帝制和辛亥革命确然失败之时,显然具有象征的意义:其交谊从一个侧面反映了辛亥革命一波九曲及其资产阶级知识分子走过的艰难历程。

章、刘交谊,说到底,是20世纪初年中国社会政治、文化思潮变动及其相互交感的时代条件的产物。是时中国民族民主运动的高涨,不仅表现为排满革命洪波涌起,而且还表现为要求保存国粹、复兴中国文化的国粹思潮的激荡。作为革命派一翼的国粹派的崛起,正是此种社会政治文化思潮变动、交感的重要表征。国粹派是排满革命论者,又是文化决定论者,相信学存国虽亡可复,学亡国必随之,且万劫不复。明乎此,便不难理解章、刘作为著名的国学大师、国粹派的两位主帅人物,其定交不限于共同的政治目标,更托情于复兴中国文化宏大的抱负。也唯其如此,在订交之初,他们志同道合,借经史助益革命和倡言"古学复兴",从政治、文化两个层面有力地彰显了民族精神,虎虎有生气。其交谊也因之令人神往。

导致二人交谊悲剧性结局的根本原因,无疑是刘师培的堕志丧行;章太炎为修复交谊表现出了足够的宽容与真诚,但其失误也无需讳言。这不单是指章一度悲观厌世及其错误地求贷于端方,客观上加速了刘的堕落;更主要是指他过分夸大了自己与刘师培所肩负的复兴民族文化的使命,并使之凌驾于政治的目标之上,从而忽视了对彼此交谊最重要的共同的政治前提的不断培植与加固。换言之,便是过分注重刘师培的国学才华,而对其"无德"即政治上的堕落,作过多无原则的宽容。例如,在刘变节之后,他不是谴责其叛变投敌,令其改过自新,而是首先担忧"中夏无主文之彦,经术有违道之谤",因而仅仅劝其归隐治学。同样,辛亥后力保刘师培,只一味强调其"学问渊博",而将其变节仅说成是"不应深论"的"小疵"。其结果是刘虽得到了革命派的宽容，但其本人却无幡然悔过之心，以至于在袁氏窃国浊浪中，故态复萌，再次堕落。同时，章也不懂得，离开了共和革命的共同大目标，他想与刘继续合作共倡国学、振兴中国文化，也是不可能的。刘上书端方主张设存古学堂，尊孔读经，和藉经术替袁氏鼓吹君政复古，无不说明随着政治上的堕落，其文化主张也较前大异其趋，是不足取的。总之，春秋责备于贤者，章既不懂得必须从政治上挽救刘师培，他也就无法维持他们的交谊。

同时，也应当承认，刘师培承家学渊源，学有专长，终因堕行丧志，身败名裂，盛年而亡，这对传统学术的发展，毕竟是一种损失。从这个意义上说，章、刘友谊的悲剧又是值得惋惜的。

北京师范大学史学探索丛书

主要参考书目

1. 《昌言报》
2. 《政艺通报》
3. 《俄事警闻》
4. 《警钟日报》
5. 《中国白话报》
6. 《浙江潮》
7. 《江苏》
8. 《河南》
9. 《湖北学生界》
10. 《新民丛报》
11. 《新世界学报》
12. 《寰球中国学生报》
13. 《醒狮》
14. 《国粹学报》
15. 《民报》
16. 《复报》
17. 《教育今语杂志》
18. 《新世纪》
19. 《女子世界》
20. 《东方杂志》
21. 《天义报》
22. 《克复学报》
23. 《天铎报》
24. 《古学汇刊》
25. 《国故月刊》

26. 《制言》

27. 《刘申叔先生遗书》，宁武南氏铅印本，1936年。

28. 《章太炎全集》第1～6册，上海人民出版社，1982～1986年。

29. 《章氏丛书》，1919年浙江图书馆刻本。

30. 《章太炎政论选集》上、下册，汤志钧编，中华书局，1977年。

31. 《章太炎选集》（注释本），朱维铮、姜义华编注，上海人民出版社，1981年。

32. 《太炎先生自定年谱》，《近代史资料》，1957年第1期。

33. 《章太炎年谱长编》上、下册，汤志钧编，中华书局，1979年。

34. 《章太炎的白话文》，吴齐仁编，泰东图书局，1921年。

35. 《天马山房丛著》，马叙伦著，民国铅印本。

36. 《我在六十岁以前》，马叙伦著，三联书店，1983年。

37. 《石屋余沈》，马叙伦著，上海书店，1984年。

38. 《蒹葭楼诗》，黄节著，民国铅印本。

39. 《黄节诗选》，刘斯奋选注，广东人民出版社，1984年。

40. 《柳亚子年谱》，柳无忌著，中国社会科学院，1983年。

41. 《自传、年谱、日记》，柳亚子著，上海人民出版社，1983年。

42. 《黄宾虹传记年谱合编》，裘柱常著，上海美术出版社，1972年。

43. 《朴学斋丛刊》，胡朴安著，1923年安吴胡氏铅印本。

44. 《苏曼殊全集》，柳亚子编，中国书店，1985年。

45. 《苏曼殊研究》，柳亚子编，上海人民出版社，1987年。

46. 《太一遗书》，宁调元著，1915年铅印本。

47. 《天梅遗集》，高旭著，1934年刻本。

48. 《南社纪略》，柳亚子著，上海人民出版社，1983年。

49. 《南社丛谈》，郑逸梅编著，上海人民出版社，1981年。

50. 《南社丛选》，胡朴安编，国学社，1924年铅印本。

51. 《南社文选》，胡朴安编，上海文化服务社，1936年铅印本。

52. 《黄季刚诗文钞》，黄侃著，湖北人民出版社，1985年。

53. 《吹万楼文集》，高燮著，1941年金山高氏刻本。

54. 《钱玄同年谱》，曹述敬著，齐鲁书社，1986年。

55. 《钱玄同先生传与手札合刊》，刘绍唐主编，台湾传记文学出版社，1972年。

56. 《梁启超年谱长编》，丁文江、赵丰田编，上海人民出版社，1983年。

57. 《饮冰室合集》文集，第1册，中华书局，1989年。

58. 《梁启超选集》，李华兴、吴嘉勋编，上海人民出版社，1984年。

59. 《清代学术概论》，梁启超著，中华书局，1954年。

60. 《革命逸史》，冯自由著，中华书局，1987年。

61. 《辛亥革命》第1册，中国近代史资料丛刊，中华书局，1957年。

62. 《辛亥革命回忆录》（一）、（六），中华书局，1961年。

63. 《辛亥革命前十年间时论选集》第1～3卷，张枬、王忍之编，三联书店，1977～1978年。

64. 《康有为政论集》上、下册，汤志钧编，中华书局，1981年。

65. 《宋教仁集》下册，陈旭麓主编，中华书局，1981年。

66. 《新学伪经考》，康有为著，中华书局，1988年。

67. 《经学历史》，皮锡瑞著，中华书局，1959年。

68. 《国学萃编》，沈宗畸编，光绪三十四年版。

69. 《中国近代教育史资料》上册，舒新城编，人民教育出版社，1980年。

70. 《戴震集》，上海古籍出版社，1980年。

71. 《清末汉语拼音运动编年史》，倪海曙著，上海人民出版社，1959年。

72. 《最近之五十年》，《申报》馆编，1923年。

73. 《严复集》（五），王栻主编，中华书局，1986年。

74. 《周作人回忆录》，湖南人民出版社，1982年。

75. 《中国历史教科书》第1册，夏曾佑著，商务印书馆，光绪三十年9月版。

76. 《鲁迅全集》第1、6卷，人民文学出版社，1987年。

77.《广州文史资料》第 10 辑。

78.《浙江文史资料》第 11 辑。

79.《仪征文史资料》1984 年第 1 辑。

80.《天演论》，赫胥黎著，商务印书馆，1981 年。

81.《群学肄言》，斯宾塞著，商务印书馆，1981 年。

82.《社会通诠》，甄克思著，商务印书馆，1981 年。

83.《科学史》，丹皮尔著，商务印书馆，1975 年。

84.《社会学》，岸本能太武著，广智书局，1902 年。

85.《王国维遗书》（五），上海古籍书店，1983 年。

86.《清代扬州学记》，张舜徽著，上海人民出版社，1962 年。

87.《西潮》，蒋梦麟著，台北，世界书局，1984 年。

88.《中国学术思想史随笔》，曹聚仁著，三联书店，1986 年。

89.《周予同经学史论著选集》，朱维铮编，上海人民出版社，
1983 年。

90.《范文澜历史论文选集》，中国社会科学院出版社，1979 年。

91.《社会契约论》，卢梭著，商务印书馆，1982 年。

92.《普列汉诺夫哲学著作选集》第 1、3 卷，三联书店，1961 年。

93.《西方哲学史》下册，罗素著，商务印书馆，1975 年。

94.《历史的概念》，柯林伍德著，中国社会科学院出版社，1986 年。

95.《日本近代史》，万峰著，中国社会科学出版社，1984 年。

96.《文艺复兴史纲》，陈小川等著，中国人民大学，1983 年。

97.《明治精神的构造》，松本三之介著，日文版，1981 年。

98.《近代日本哲学思想家辞典》，中村之等著，日文版，1982 年。

99.《日本哲学思想家》，永田广志著，商务印书馆，1978 年。

100.《日本近现代史》第 1 卷，远山茂树著，商务印书馆，1983 年。

101.《近代经学与政治》，汤志钧著，中华书局，1989 年。

102.《量守庐学记——黄侃的生平和学术》，三联书店，1985 年。

103.《辛亥革命史》中册，章开沅、林增平主编，人民出版社，
1980 年。

北京师范大学史学探索丛书

104.《南社》，杨天石、刘彦成著，中华书局，1980年。

105.《章太炎思想研究》，姜义华著，上海人民出版社，1985年。

106.《章太炎思想研究》，唐文权、罗福惠著，华中师范大学出版社，1986年。

107.《近代中国思想人物论——保守主义》，台湾《时报》文化出版事业有限公司，1982年。

108.《廖平学术思想研究》，陈德述等著，四川省社会科学出版社，1987年。

109.《清末的公羊思想》，孙在春著，台湾商务印书馆，1985年。

110.《章太炎的思想(1868～1919)及其对儒家传统的冲击》，王汎森著，台北，1985年。

111.《清末社会思潮》，吴雁南等主编，福建人民出版社，1990年。